21世纪

世纪

经济管理新形态教材

营销学系列

Consumer Behavior

消费者行为学

孟亮◎编著

U0367168

清华大学出版社

北京

内 容 简 介

本书紧密围绕"消费者行为的影响因素"主题进行阐述,深入探讨消费者决策、信息加工、内部与外部因素对消费行为的影响。为洞察复杂的消费行为,本书系统介绍了一系列心理学、社会学、经济学知识。在此基础上,介绍了学界和业界消费者行为研究的前沿领域,包括消费者神经科学、消费者决策旅程、数字营销、用户画像、商业实验、心理定价等。

本书可作为高等院校工商管理等专业本科生和研究生教材,也可作为相关领域从业人员的参考读物。

图书在版编目(CIP)数据

消费者行为学/孟亮编著. —北京:清华大学出版社,2022.1(2024.2重印)

21世纪经济管理新形态教材. 营销学系列

ISBN 978-7-302-59285-3

Ⅰ. ①消…　Ⅱ. ①孟…　Ⅲ. ①消费者行为论 – 高等学校 – 教材　Ⅳ. ①F036.3

中国版本图书馆 CIP 数据核字(2021)第 200450 号

责任编辑:刘志彬　朱晓瑞

封面设计:李召霞

责任校对:宋玉莲

责任印制:杨　艳

出版发行:清华大学出版社

　　　网　　　址:https://www.tup.com.cn,https://www.wqxuetang.com

　　　地　　　址:北京清华大学学研大厦 A 座　　　　　邮　　编:100084

　　　社 总 机:010-83470000　　　　　　　　　　邮　　购:010-62786544

　　　投稿与读者服务:010-62776969,c-service@tup.tsinghua.edu.cn

　　　质 量 反 馈:010-62772015,zhiliang@tup.tsinghua.edu.cn

　　　课 件 下 载:https://www.tup.com.cn,010-83470332

印 装 者:三河市人民印务有限公司

经　　销:全国新华书店

开　　本:185mm×260mm　　　印　张:16　　　字　数:360 千字

版　　次:2022 年 1 月第 1 版　　　　　　　印　次:2024 年 2 月第 4 次印刷

定　　价:45.00 元

产品编号:090334-01

本教材获得上海外国语大学教材基金、上海市高校本科重点课程建设项目资助。

　　这是一个最好的时代，开网店、做直播、拍抖音，似乎处处都是商机。但这似乎又是一个最坏的时代，用心做好产品的商家可能无人问津，而一些平淡无奇，甚至质量低下的产品却大行其道，获得巨大的商业成功。其实，我们每个人都是消费者，我们也都在试图吸引和取悦自己的目标消费者。而要真正做到这一点，单纯依靠大手笔的营销推广或许都无济于事，我们需要去深入洞察消费者的心理。这正是"消费者行为学"这门课想要揭示的玄机。

　　在开始学习"消费者行为学"这门课程之前，让我们先来思考两个问题：为什么要学习"消费者行为学"？"消费者行为学"的主要内容是什么？

　　首先是第一个问题：为什么要学习"消费者行为学"？这个问题的答案取决于我们的立场和视角。作为消费者，你是否有过这样的经历：在购物狂欢节，明明希望节省开支、控制预算，却抑制不住消费的冲动，购买了很多从未使用过的产品。从这个角度出发，学习这门课程，可以帮助我们更好地了解作为消费者的自己。

　　对于商家而言，学习"消费者行为学"又有怎样的意义呢？消费者近些年直观感受到市场竞争愈发激烈，商家也不惜在营销和推广上砸下重金；为了争夺消费者，商家在这个没有硝烟的战场上近身肉搏。众所周知，在快餐界，麦当劳与肯德基的店铺通常相距很近，但拉近双方的地理距离还不能算是最赤裸裸的竞争手段。在美国，麦当劳是汉堡王的头号对家。在汉堡王的广告中，曾多次向麦当劳公开宣战。最富有争议的一则广告声称：有200万顾客转投汉堡王，麦当劳叔叔都会来汉堡王买汉堡！这则广告甚至引发麦当劳诉诸法律，要求汉堡王停播广告、停止侵权。

　　不得不说的是，尽管很多商家在营销方面剑拔弩张，使得市场硝烟四起，但有些营销方式不仅无法打动消费者，甚至会让消费者感到反感。比如，欧派橱柜曾经发布一则广告：这款橱柜远销国内外，连农村人都在用。广告本意是想说明产品受到广大消费者的认可，但这种具有地域歧视意味的广告词很容易激发消费者的负面情绪，降低消费者的好感度。除此之外，那些不分时间、群体，大撒网式的电话推销，更是让消费者不堪其扰。究其原因，是因为很多商家并没有抓住消费者的心理，只是凭借自己的主观判断，想当然地开展营销和推广，这样难免会吃败仗。因此，对商家来说，了解消费者行为学的知识意义重大。

　　了解学习"消费者行为学"的必要性和意义之后，下一个问题是：《消费者行为学》的主要内容是什么呢？从定义上看，消费者行为学（consumer behavior）是研究消费者在获取、使用、消费和处置商品和服务过程中所发生的心理活动的特征和行为规律的一门科学。消费者行为学与市场营销学有紧密的联系，却又与市场营销学有本质上的区别。

从定义上看，市场营销学是创造、沟通、交付和交换对顾客、客户、合作伙伴以及社会有价值的市场供应物的活动、系列制度和过程。它的研究对象是市场营销活动及其规律。换言之，市场营销学研究的是企业如何识别、分析评价、选择和利用市场机会，从满足目标市场顾客的需求出发，有计划地组织企业的整体活动；通过交换，将产品从生产者手中转向消费者手中，以实现企业营销目标。一方面，市场营销学的终极目标是助力企业目标的实现，帮助企业实现利润最大化。企业为了实现这一目标，通过营销活动去影响消费者行为。另一方面，市场营销学的视角更为宏观，需要以市场主体消费者为视角，综合考量经济、社会、文化等市场活动的影响因素。我们可以这样理解消费者行为学与市场营销学之间的关系：消费者行为学为营销者提供了对消费者行为的理解和洞察，是帮助企业成功进行市场营销活动的基础。

消费者行为学作为一门独立、系统的应用科学诞生于工业革命后。19世纪末到20世纪30年代，随着工业革命的爆发，劳动生产率大幅度提高，生产能力逐渐超过市场需求，导致企业之间的竞争日益加剧。在这种情况下，有关消费者行为与心理研究的理论开始出现。1899年，美国社会学家托斯丹·邦德·凡勃伦（Thorstein B. Veblen）提出炫耀性消费概念，指出消费者花高价购买某些产品的目的并不仅仅是获得直接的物质满足和享受，更大程度上是为了获得心理上的满足。此后，以他为代表的学者的消费心理研究引发了企业的密切关注。

20世纪30年代到20世纪60年代，资本主义经济危机导致商品积压、产能严重过剩。此外，第二次世界大战后消费者的需求从军需向民需进行转变。这一切都驱使企业的营销思路发生变化，它们开始重视市场调研，重视消费者，对消费者心理与行为的研究越来越感兴趣。在这一时期，市场营销学的相关内容得到了广泛应用，这也为消费者行为学的发展和完善创造了有利条件，促使其成长为一门独立的学科。

20世纪60年代到90年代末，消费者行为学发生了重大的转变，相关领域的研究越来越多，消费者行为学也逐渐出现在商学院的课程列表中。1968年，俄亥俄州立大学的恩格尔（James Engel）、科拉特（David Kollat）和布莱克维尔（Roger Blackwell）合作出版了第一本消费者行为学教材《消费者行为学》。在此期间，其他新兴学科，例如计算机科学、经济数学、行为科学也被应用到消费者行为学的研究中，学科间呈现出渗透与交叉的大趋势。此后，消费者行为研究的发展被广泛应用于市场营销活动。通过简单梳理，我们可以发现消费者行为学的发展历程其实并不长，时至今日它仍是市场营销学科体系中的一门新兴学科。消费者行为学也被称为消费者心理学，这是因为心理是行为的基础，想要预测消费者的行为，就必须充分了解消费者的心理。

你知道消费者是有限理性的，在做出决策时很容易被商家所引导吗？你知道很多产品广告的目标是让消费者产生条件反射，从而下意识地做出购买行为吗？你知道如何去应用一致性原则改变消费者的态度吗？你知道东方卫视王牌节目《极限挑战》成功的秘诀所在吗？你知道网易云音乐是如何通过用户生成内容，获得听众的情感共鸣，在一众音乐播放类软件中脱颖而出的吗？以上这些有趣的内容，都是消费者行为学领域的常见话题。如果你想知道这些问题的答案，就让我们一起探索消费心理的奥秘吧！通过课程学习，希望读者能系统掌握消费者行为学的基础知识，真正走进消费者的心理世界，洞察消费者的行为。

具体来看，本书紧密围绕"消费者行为的影响因素"这一主题进行阐述，深入探讨了消费者决策、信息加工、内部与外部因素对消费者行为的影响。内部与外部因素对消费者行为的影响是本书重点讨论的内容。其中，内部因素包括感觉与知觉、学习与记忆、自我与人格、消费者的态度，外部因素则包括群体与社会化媒体、社会阶层与生活方式。消费者行为十分复杂，为洞察复杂的消费行为，本书的编写采用了跨学科的视角，较为系统地介绍了与消费行为相关的心理学、社会学、经济学知识。在此基础上，本书结合科技进步、消费形态改变的时代背景，介绍了学界和业界消费者行为研究的前沿领域，包括消费者神经科学、消费者决策旅程模型、数字营销、大数据用户画像、商业实验、心理定价等。

本书源于笔者在中国大学 MOOC 平台开设的"消费者行为学"课程。截至 2021 年 6 月 1 日，选课人数超过 2 万人，课程评价为 4.9 分（满分 5 分），在中国大学 MOOC 平台开设的全部"消费者行为学"课程中排名第一。后台数据显示，目前该课程被浙江大学、华东师范大学、吉林大学、东北师范大学等高校采纳为 SPOC 课程，具有较大的社会影响力。2020 年 9 月，笔者主讲的"消费者行为学"课程成功入选上海市重点课程（线上线下混合式课程）。在笔者撰写的"消费者行为学"MOOC 脚本基础上，上海外国语大学国际工商管理学院的硕士研究生陈晓蝶、钮蕾对教材内容进行了进一步扩充，让教材内容变得更加充实、有深度。此外，MOOC 选课同学提供的很多宝贵案例，也被采纳到书稿中。最后，笔者完成了全书的统稿工作。

本书在撰写过程中兼顾了学术研究和管理实践两个导向。学术研究导向方面，笔者试图确保本书中介绍的结论都源自严谨的科学研究，可以经受住时间的考验与实践的检验。"学术前沿"板块的设置是本书的一大亮点，也是本教材与市面上其他《消费者行为学》教材的重要区别。管理实践导向方面，笔者从事 MBA 的教学工作多年，了解管理者以及未来管理者的实际诉求，"消费者行为学""网络消费行为"两门课程都获得了 MBA 学生的高度评价。因此，教材的撰写没有停留在给出结论的理论层面，而是尽可能多地给出业界应用的实例，从而给读者启迪。这里提到的实例，既包括正文中简要提及的广告等案例，也包括每章线上资源给出的商业案例。本书可作为高等院校工商管理等专业本科生和研究生的教材，也可以作为相关领域从业人员的参考读物，希望每位读者都能从阅读中有所收获。

孟　亮
上海外国语大学国际工商管理学院

目 录

第 1 章

走进消费者

在消费时，你可以用任何语言；但在销售时，你必须使用消费者的语言。

——玛格丽特·斯佩林斯

在十年前，奶茶店里通常出售用廉价粉末冲调的饮料，虽然口味较为单一，但其便宜、快捷的特点受到众多消费者的喜爱。今天，"喜茶"凭借其种类丰富、原料新鲜、店铺设计美观等特点，受到消费者的关注和青睐，从一众奶茶品牌中脱颖而出。尽管喜茶的定价偏高，但消费者仍然愿意排长队购买。从这个例子中我们可以发现，随着物质生活水平的不断提升，消费者越来越重视食品品质；此外，消费者对于口感的追求和审美的眼光也越来越高。

社会的发展决定了消费者本身也在不断地变化、提升。贝恩咨询基于数据预测，到2025 年，Z 世代（1995—2010 年出生的人）和千禧一代（出生于 1980—1994 年的人）消费者的市场占有率将达到 55%，同时会贡献 130% 的市场增长。因此，对于商家来说，能否与时俱进、提供符合新时代消费者口味的产品，是其不得不面对的巨大挑战。尤其是对那些以拥有长久历史传承著称的品牌来说，是要向消费者"低头"，还是延续自己的一贯作风，已成为管理者需要审慎考虑的问题。蔻驰、迪奥等品牌选择品牌转型的方式来应对消费者的变化，挑选更加年轻化、高人气的代言人，调整设计风格，从而让产品更加符合年轻消费者的期望。不过，并不是所有商家都愿意对消费者的变化做出让步，爱马仕就是一个例子。尽管消费者年轻化的趋势已经很明朗，但其品牌发言人声称不会改变其目标消费者群体。

消费者是"消费者行为学"的主体，作为一个群体，它一直在变化，而消费者的一举一动也牵动着营销者的神经。本章是"消费者行为学"课程的起点，我们将对"消费者"的概念进行界定，并讨论一系列重要的基础性知识，为后续对于消费者行为的深入剖析夯实基础。

◆ 学习目标

1. 什么是消费者？消费者行为包括哪些方面？
2. 商家为什么要关注消费者的需要？
3. 动机在消费者行为中发挥怎样的作用？
4. 情绪对消费者行为有怎样的影响？

5. 消费者行为中涉及哪些商业伦理问题？

1.1 认识消费者

1.1.1 消费者行为

当我们乘坐地铁外出时，在追剧之余享用外卖时，在网络上查阅资料时，你是否意识到自己的这些行为都或多或少与消费相关，可以被划分到消费行为的范畴内呢？在日常生活中，消费行为无处不在，但要给消费行为下一个准确的定义，却并不是一件容易的事。学者们普遍认为，消费者行为指的是个体或者团体为了满足需要或者欲望而选择、购买、使用与处置商品、服务或体验的过程。

这个定义看上去有些复杂，也有些抽象，让我们把它拆解一下。从定义上看，消费者行为由消费者、消费目的、消费过程、产品四部分组成。首先，这里所说的消费者是一个统称。实际上消费者包含了两类人，即消费者可以是个体，也可以是团体。后者的典型例子是组织和家庭，很多时候人们是共同生活的。因此，消费决策也不再是一个人的事情。其次，为什么要进行消费？其实消费者发生消费行为的目的很简单，他们有一些需要或者欲望没有获得满足，发生消费就是为了满足这些需要或者欲望。在炎热的夏天你口渴了，此时你解渴的需要被唤醒。因此也就不难理解，你为什么会做出前往便利店购买饮料的行为。值得指出的是，在日常生活中，我们往往会把消费者行为简单化，实际上消费者行为绝不单单是指购买产品那么简单。消费者行为包含了一个复杂的过程，包括购买之前的选择、购买本身，以及购买之后的使用和处置，我们将在下一节"消费过程"中对其详细阐述。也正因如此，参与消费过程三个阶段中任一阶段的人，都属于消费者的范畴。无论你是为父母报名旅行团的子女、参加旅行团的游客，还是推荐他人报名旅行团的推荐者，都是消费者。

最后，消费者行为中不能缺少行为的对象，这里的对象不仅仅是有形的商品（如食品、衣物），还包括无形的服务与体验。在我们的日常生活中服务的例子有很多：你来到一家餐厅用餐，享受的是服务员的服务（见图 1.1）；你参加一个旅行团，在旅途中也接受了导游和司机的服务。体验的典型例子是观看演唱会（见图 1.2）或参加各种极限运动。

图 1.1　无形的服务示例：在餐厅用餐
图片来源：Pexels

图 1.2　无形的体验示例：观看演唱会
图片来源：Pexels

数据显示，在全球范围内都呈现出消费升级的态势，消费者在服务与体验上的消费支出占总消费支出的比重越来越高。为了简便起见，在本教材中，我们将有形商品、无形的服务和体验这三者统称为"产品"。

1.1.2　消费过程

消费过程，指的是消费者作出购买决策的过程。当消费者认识到自己产生了某种需要时，消费过程就开始了。如果简单地以发生购买行为作为分界线，消费过程可以划分为购买前、购买中和购买后三个阶段。

其中，购买前阶段又包含需要识别（need recognition）、信息搜集（information search）、评价方案（evaluation of alternatives）三个阶段。消费者需要的产生是整个消费过程的开端，接下来的 1.2 节会详细介绍"消费者需要"。消费者产生对一个产品的需要，对于现状的不满是第一驱动力，这要求营销者做到不失时机地采取恰当措施，唤醒和强化消费者的需要。在信息搜集阶段，商家还要知道消费者是如何搜索产品信息的，通常来说有四种渠道。关系渠道，比如通过家庭、亲友、邻居、同事的交流获取信息；商业渠道，比如通过广告、推销获取信息；公共渠道，比如通过大众传播媒体、消费者组织等来获取信息；经验渠道，比如亲自操作、使用产品以获取信息。在评价方案阶段，消费者通过对从不同渠道获得的可能相互印证，也可能相互矛盾的相关信息进行分析、评估和选择。在消费者收集的信息中，相互矛盾的情况并不少见，比如我们在网购平台上查看某一产品的购买者评论时，发现有的人说它质量很好、性价比很高，有的人却说它质量很一般、价格偏贵。因此，消费者在做出购买决策之前往往要花较多的心思进行辨别、甄选。在这一阶段，营销者需要思考的问题是，消费者对于特定产品的态度是如何形成的？这一态度是否有机会改变？我们将在消费者态度的章节进行讲解。此外，营销者还需要关注，消费者在不同的产品之间做出选择时，是通过什么线索做出对产品质量的判断的。营销者应意识到，消费者的选择标准并不是那么一致，这通常会受到消费者的个人因素（如年龄、性别、种族）、心理因素（如情绪、动机、经验、态度）、社会因素（如阶层、文化）等多方面的影响。

在购买中的阶段，营销者应当特别关注消费者的购物体验。营销者试图给消费者带来愉悦而非紧张的购物体验，他们希望通过消费者购买的产品更好地了解目标消费群体。此外，营销者关注影响消费者做出购买决策的情境性因素，比如时间压力、店面的布置。

在购买后的阶段，营销者关注消费者对于产品的实际使用体验，也就是消费体验：他们希望产品充分发挥了设定中的功能，给消费者带来了快乐；他们希望消费者对产品满意，在将来再次发生购买行为；他们还特别关注产品的口碑，希望消费者积极传播产品的正面口碑。

本教材的章节是根据消费过程的三个阶段设计的。通过后续学习，我们将对消费过程有更深入的理解。

1.1.3　消费者

在社会大众的认知中，消费者是可以决定是否在商店购买产品的人，是容易受市场营销和广告影响的人。不过，从我们之前给"消费者行为"下的定义中，我们知道消费者既可以是个体，也可以是团体。此外，消费过程的三个阶段中都可能会存在消费者的参与。结合消费过程的三个阶段，我们终于可以给消费者下一个定义。消费者指的是在消费过程的三个阶段中，识别或发现未满足的需要或欲望、做出购买决策或者使用产品的人。从这个定义来看，可以发现三类不同的人群都属于消费者，分别是购买者、使用者、影响者。让我们来设想这样的场景，假设你已为人父母，正在考虑为自己的孩子购买一套玩具，那么你扮演的是第一类消费者的角色，也就是购买者。你的孩子们是产品的使用者。他的同学、朋友则在很大程度上会影响你的购买决策，甚至可以说他们是你的信息来源。在这里，他们扮演的是影响者的角色。对"消费者"概念的完整认识，有利于我们在接下来的学习中明确消费行为的主体。

1.2 消费者需要

> 很多时候，人们不知道他们想要什么，直到你展示给他们。
>
> ——乔布斯

1.2.1 需求与需要

本节中，我们将集中探讨的是消费者的需要。首先我们一起来看一则麦当劳的广告（见图 1.3）。我给大家的问题是：这则广告为什么做出了这样的设计？商家希望传递的信息是什么？事实上，即便是一杯普通的咖啡也可以满足消费者的很多需要，其中之一就是提神。麦当劳通过生动的画面传递出这一重要信息，也就牢牢地抓住了这一部分消费者。

The "Wake up with a premium roast coffee" campaign features wind-up toys depicting a Worker, Mechanic, and a Salesman, all jobs that require starting fresh early in the morning. The toys are shown seemingly sleepy and without energy, and are invited to wake up with McDonald's new premium roast coffee.
2008年5月15日

www.trendhunter.com › trends › mcdonalds-coffee
Wind-Up Promotional Toys : McDonald's Cranks it Up for Coffee

图 1.3 麦咖啡广告与消费者需要
图片来源：Trendhunter

有一种观点认为，产品之所以被生产出来，是为了完成其使命——满足消费者的需要。举例来说，饥肠辘辘的时候，人们会购买食物和水用于饱腹、解渴。此时，食物和水满足了消费者的需要。在日常生活中，我们往往将需求和需要混为一谈。要注意的是，需求与需要并不完全等同。在经济学中，商家通常关注的是消费者需求，这里的需求有一个前提条件，指的是消费者具备支付能力的实际需要。也就是说，要成为消费者需求，须满足两个条件：一是消费者对产品存在实际需要，二是消费者愿意并且有能力支付。既然消费者需求与经济活动的联系更加紧密，我们为什么还要学习消费者需要呢？从需求的定义中可以看出，消费者的支付能力会对消费行为产生限制。但究其本质，消费者需求是由需要所决定的。因此，了解消费者的需要，能够帮助商家从根本上抓住消费者的需求。

尽管商家知道满足消费者的需要的重要性，真正要做到洞察消费者的需要却很困难。其中一个重要原因是，在很多时候即使消费者本人也无法准确地描述自己的需要。《乔布斯传》中提到过这样一个例子：如果亨利·福特在发明汽车之前询问消费者想要什么，他得到的答案一定是"希望得到一辆更快的马车"。如果亨利·福特朝着这个方向去努力，那么汽车的发明也许会晚上几十年。幸运的是，睿智的亨利·福特意识到，"马车"并不是消费者真正的需要，消费者的需要是"更快"，而"马车"只是消费者能够想到的一个需要解决方案。商家究竟应当满足消费者的需要，还是消费者的需要解决方案？在现实生活中，根据从消费者那里调查出的需要解决方案，致力于打造"更快的马车"的商家并不少见。比如，人们想要更加方便、快速地吃上一顿饭，于是商家推出了各种口味的方便盒饭，操作流程就像泡方便面一样简单。而选择抓住消费者需要的商家，选择的是研发线上外卖平台，使消费者通过手机操作便能轻松取餐、用餐，真正满足了消费者"解放双手"的需要。时至今日，外卖已成为都市生活的重要组成部分，我们要感谢那些洞察消费者需要并且变革性地为我们提出全新需要解决方案的商家。

对于消费者来说，通常他们只知道自己想要的是更方便、更安全、更健康、更美、更舒适、更有品位……也就是说，很多情况下消费者对于自身的需要感知是不明朗的。事实上，商家想从消费者的回答中得到所有答案是不现实的。正如乔布斯所言，消费者没有义务去了解自己的需要。因此，营销者才更要想方设法了解和洞察消费者的需要。一方面，来自消费者的声音和反馈可以给商家的产品设计提供方向；另一方面，商家的创造力不应被消费者不明朗的需要表述所约束，而要更进一步，从固有思维里的需要解决方案中跳脱出来。接下来，我们将深入了解消费者的多种需要，以期更准确地把握消费者的"脉搏"。

学术前沿 1.1

消费者选择的盲目性

来自瑞典隆德大学（Lund University）的研究者们曾在超市出口处摆设一个摊位，让消费者品尝不同口味的果酱，并挑选他们较喜欢的一款。首先，参与者们分别品尝桌上两个小罐子中的果酱。当参与者品尝完两种果酱并作出自己的选择后，研究者接着让他们再次品尝自己刚刚选择的那罐果酱，并说出自己喜欢它的理由。在这个环节中研究者悄悄做了点手脚，实际上参与者再次品尝的可能并不是他们之前选择的那个口味的果酱。

有趣的是，尽管不同果酱之间的口味差别很大，理论上参与者能够很容易地区分出不同的口味，在那些被调包的果酱品尝测试里，只有不到 1/3 的参与者发现自己选择的果酱被调包了。让人啼笑皆非的是那些未发现果酱被调包的参与者，却依然给出了十分令人信服的理由，洋洋洒洒地阐述他们"喜欢"这款未曾被自己选择的果酱的理由。即使是最简单的选择任务，消费者们可能也不知道自己的真正的偏好和选择是什么；当选择结果呈现出来后，人们就会为之找一个合理的借口。这一重要研究发现的实践价值在于，提醒营销者不能过度依赖自我报告式的顾客调查问卷，因为它可能不足以反映出人们的真实态度。

文献来源：

HALL, L., JOHANSSON, P., TÄRNING, B., SIKSTRÖM, S., & DEUTGEN, T. 2010. Magic at the marketplace: choice blindness for the taste of jam and the smell of tea [J]. Cognition, 117(1), 54-61.

1.2.2 需要的类别

现在我们已经认识到洞察消费者需要对于商家的重要性。那么，究竟什么是需要呢？消费者心理学家认为，需要是一种驱动力，在它未被满足之前，会驱动人们做出特定的行为。这背后的机理是，需要会诱发一种紧张的状态，这种状态会让人们感到不舒服，因而人们有足够的动力去削弱甚至彻底消除这种状态。在当前流行的需要理论中，研究者对人的需要进行了不同维度的划分，其中影响较广泛的有马斯洛需要层次理论和自我决定理论。

马斯洛需要层次理论认为，人们有生理、安全、归属、尊重和自我实现五个从低到高、不同层次的需要。马斯洛认为，人都潜藏着这五种不同层次的需要，但在不同的时期表现出的对不同需要的迫切程度有所差异，当下最迫切的需要才是激励人行动的主要诱因和动力。在这个理论模型中，生理需要指的是对水、睡眠、食物、性等的最基本的生理性需要。它代表一个人生存下来所必须满足的要求。马斯洛认为，只有这些最基本的需要被满足之后，其他的需要才能成为新的激励因素。此时，已相对获得满足的需要便不再成为驱使人做出特定行动的激励因素。

安全需要指的是个体对周围环境和事物抱有可确定、可预测、有秩序感，从而不会对外界环境的安全产生担忧的需要。当个体感知到自身缺乏保护、存在对未知的恐惧、面对危及生存的意外事件等不确定性情况时，个体就会产生不安全感。一个让所有国人感同身受的例子是：2020年1月，新型冠状病毒肺炎疫情在武汉暴发。由于其传染性强，政府实施了严格的居家令，暂时性地关闭了商场等公共场所。在新冠肺炎疫情阴影的笼罩下，许多人对未来的形势以及自身的收入产生了悲观情绪，这种不确定感使得人们停止大宗消费和享乐型消费，纷纷前往商店购买生活必需品，以便有充足的物资撑过漫长的防疫阶段。而当疫情逐渐被控制住、治愈者越来越多时，人们对可能出现的风险有预测和处理的能力。这时人们拥有了更大的控制感和确定感，安全需要获得满足，可以追求其他需要的满足。

归属需要指的是一个人对于自身受到组织、团体和他人认同的需要，是人对亲密情感关系的渴望，主要表现在对亲情、友情、爱情和社会认同的追求上。这种与他人联结的需要催生了大量的社交型产品。除了微信、QQ等传统的主打日常社交的软件，许多产品也将社交属性作为自己最大的卖点。在许多有情调的咖啡馆，商家除了售卖自制咖啡，也为顾客提供一个轻松、舒适的社交环境。在美国，百事可乐曾经推出过一句经典的广告词："你属于百事一代！"这满足的也是消费者的归属需要。

尊重需要指的是自尊、自重和被别人尊重的需要，具体表现为一个人希望自己在各种情境中能够表现出拥有实力、独立以及自信的状态，希望自己在社会中有地位、有威信，并希望得到他人的赏识和高度评价。尊重需要解释了在企业管理中，绩效排行榜等机制为什么会在一定程度上起到激励的作用。在消费情景中，人们往往会通过购买汽车、家具、红酒，逛高档商店来满足自身的尊重需要。

自我实现的需要，是指个体希望发挥自身的潜能，实现个人理想、抱负，最终成为心目中的自己。马斯洛认为，自我实现是人的终极目标。用通俗的话来说，自我实现就是努力做好自己想做的事情。而在自我实现需要的驱使下，人们会倾向于选择自己喜爱的工作，并作出负有责任感的行为。放在消费情景中，人们会为自己的兴趣爱好、继续教育及增长见识的旅行体验买单。

马斯洛需要层次理论认为，只有当低层次的需要，比如生理、安全需要获得满足之后，人们才会追寻更高层次的需要。随着管理学和心理学研究的不断深入，学者们普遍认为这一基本假设存在问题：即使低层次的需要尚未获得完全的满足，人们仍然可以追求高层次需要。换言之，即使人们的生活并不富足，仍然可以有自己的爱好，可以向往诗与远方。无论如何，这一理论指出了人们具有不同的需要，在管理学的发展中仍然发挥了重要的作用。

马斯洛提出需要层次理论之后，管理学与心理学领域最具影响力的动机与激励理论是著名心理学家德西（Deci Edward）和瑞安（Ryan Richard）提出的自我决定理论（self-determination theory，SDT）。它认为人有三种基本的心理需要，分别是自主需要、胜任需要和归属需要。其中，胜任需要是指个体希望能够掌控环境，对自己所能够达到的成就抱有信心，从中获得较高的自我效能。满足胜任需要的途径包括顺利完成一项有一定难度的任务、学会一项新的技能等。因此，成就需要在马斯洛需要层次理论的框架中属于自我实现需要，而在自我决定理论的框架中则属于胜任需要的范围。归属需要被定义为来自重要的他人的爱与关心，是与他人相连接的需要。

与马斯洛提出的需要层次理论不同，德西等学者认为，个体有一项最基本的心理需要，那就是自主性的需要——我们希望对自己的行为有选择和决定权。这是一种天性，即人们希望自己做出某种行为是因为他们想做，而不是他们不得不做。这种对于自主性的需要也广泛体现在消费行为中，比如那些广受好评的游戏软件通常都给予了用户极高的自由度，消费者可以选择喜爱的角色、搭配不同的技能、个性化的装扮、丰富的游戏场景等。

表面上看，需要层次理论和自我决定理论只是在包含的具体需要上有所差异。不过，其核心差异并不在于此。自我决定理论认为，人类存在普适性的、与生俱来的基本心理需要，它们不是通过后天习得的。此外，在任何情况下，人们都渴望获得三种基本心理需要的满足，并不存在层次之分。个体基本心理需要获得满足的程度，将对个体的幸福感和内在动机等产生重要影响。如果个体所处环境对其基本心理需要的满足给予了充分的支持和促进，个体的自我决定的潜能将得到更好的激发，从而获得更加健康的成长，体验到因积极生活而获得的幸福感。

在消费行为领域，有一个经典的效应"宜家效应"可以被自我决定理论解释。宜家效应指的是人们倾向于高度评价他们参与创造的产品。这一效应源于全球最大的家居品牌宜家。消费者在宜家购买家具后需要自行组装，这个过程提升了消费者的参与度，充分满足了他们的自我决定感和胜任感。由于消费者在产品的组装中付出了努力，这让他们在主观上赋予了产品更高的价值。他们可以骄傲地说："这件家具是我做的。"宜家效应本质上是一种认知偏差，可以在很大程度上影响消费者感知到的产品价值和意义，增强用户和产品之间的联系。

除了上文中介绍的需要层次理论、自我决定理论两类对于个体需要的系统的划分方法之外，消费者行为学领域对于消费者需要还有其他常见的划分方式。从大类上看，需要可以划分为生理需要与心理需要两类。前者的典型例子是饥饿，它会驱使人们购买食物。时至今日，相比生理需要，心理需要对于消费行为的影响更大，也更潜移默化。比如，生活中有四种比较常见的心理需要，分别是成就需要、归属需要、权力需要和独特性的需要。成就需要指的是，人们重视个人取得的成就。相应地，有这种需要的消费者会格外看重那些可以彰显成功的产品，比如奢侈品和高科技产品。归属需要指的是，人们希望与其他人建立起某种形式的联结。相应地，人们会选购那些以群体形式消费的产品，比如酒精性饮料、越野车。权力需要指的是，人们希望可以在一定程度上掌控自己所处的环境。为了满足这种需要，人们会选购那些可以对周围环境产生影响的产品，比如大排量的汽车。你或许没有想过，从你身边飞驰而过、对城市造成噪声污染的车主，或许只是为了满足自己在其他地方无法获得正常满足的权力需要。最后，独特性的需要指的是人们希望彰显个性。有这种需要的消费者，会通过香水、衣服等信号性产品的选购彰显自身的独特特质。

【思考题】 根据你自身的经验和经历，你能不能再列举出其他的心理需要？这些心理需要是如何影响你的消费行为的？

从另一个维度出发，需要还可以被划分为功能性与享乐性两类。功能性需要，表示消费者寻求从产品的功能中受益。受到功能性需要驱动的消费者，看重的是产品的客观和有形属性，比如汽车消耗每升汽油可以行驶的距离。再比如，人们选购牙膏等日用品时，更多的是满足自身的功能性需要。人们需要使用牙膏来清洁口腔，防止牙垢、牙菌斑的形成，避免蛀牙，清新口气等。消费者对于蔬菜，特别是有机蔬菜的需要更多也是功能性需要，这也解释了为什么我们有时候会为了健康选择去吃那些不怎么好吃的食品。除此之外，人们购买产品也可能出于享乐性的需要，即想要从消费行为中获得乐趣、愉悦、变化等感官满足。同样是食品，相比于蔬菜，薯片满足的是享乐性需要。毕竟，没有人会拿薯片当饭吃。我们吃薯片，更多的是为了获得唇齿间的美味所带来的愉悦享受。

1.2.3　消费者需要与市场细分

在观看一则广告时，你是否想过这些问题：这则广告为什么要这样设计？商家希望传递的信息是什么？不同品牌或产品在打广告时的侧重点常常会有很大差异。比如，炫迈口香糖的广告着重强调了其产品口味持久的特点；而德芙巧克力在广告中重点刻画和强调的是其产品的丝滑醇香。这是因为，消费者通过食用口香糖和巧克力来满足的需要不同。回到本章之前介绍过的例子：一杯普通的咖啡可以满足消费者很多不同的需要，其中之一就是提神。麦当劳通过在广告中描绘了一个无精打采、低垂着头的上班族形象，生动、传神地传递出麦当劳咖啡强大的提神功效，也就牢牢地抓住了这一部分消费者。

营销者去深入了解和洞察消费者的需要，为的正是"投其所好"。在市场营销中，商家为了将产品更好地提供给那些有需要的消费者，吸引其注意，常常会采取市场细分策略。市场细分策略指的是，通过将一个多样化的消费者市场划分为不同的、小规模的细分市场，将具有相似特征的消费者归类于同一个细分市场，以此为基础进行市场分析，并结合自身资源和市场环境情况，选择对自身发展最有利的细分市场。市场细分策略成功的前提条件，就是了解不同细分市场典型消费者的需要，并且针对其推出可以满足其需要的产品。

那么，营销者应如何开展市场细分策略呢？市场细分的第一步，是找到一组消费者的一个或多个共同特征，并以此为标准，将其划分到不同的群体，这些处于同一细分市场的消费群体被称为目标消费群体。在具体操作中，经常会用到人口统计学变量和心理图式变量。人口统计学变量是衡量人口发展，人口与社会、经济、生态环境等因素的相互关系的规律性和数量关系的指标。具体来说，在描述人口现象的数量特征基础上，进一步探明人口现象之间的各种内在联系，以揭示某类人口的性质与特点。与消费行为密切相关的人口统计学变量包括年龄、性别、家庭结构、社会阶层、收入和地理位置等。心理图式指的是人的大脑中已有的知识经验的框架网络，它决定了个体在做出选择时的倾向和偏好，比如在考试时做题的顺序，是否喜欢在餐食中加醋。与消费行为密切相关的心理图式变量主要包括消费者的个性、生活方式。基于人口统计学变量和心理图式变量，商家对于目标消费群体有了一定的了解，可以根据所选中细分市场的特点，通过有针对性的营销手段实现目标消费群体的需要与产品之间的精准匹配。

让我们分别来看几个例子。作为一款功能性饮料，红牛在中国可谓是家喻户晓。中国人对牛的感情很深，也喜欢红色，因此很多中国人误以为红牛是我国的民族品牌。其实，红牛是一家泰国公司，凭借对于中国市场发展前景的信心和前瞻性的战略眼光，早在1995年就开始大举开拓中国市场。那么，在全球范围内，谁是功能性饮料红牛的目标消费者呢？一开始，红牛公司将目标消费者设定为激情澎湃的年轻人，消费场景则包括酒吧、演唱会以及体育比赛场地。后来，他们意识到，年龄更大的人群也需要提神，也可以成为红牛的目标消费群体。因此，他们选择赞助高尔夫球比赛，并且向出租车司机免费发放饮料。正是通过年龄瞄准目标群体，红牛为自己打开了更大的市场。

通过性别来"瞄准"消费者的典型案例则是佳洁士牙膏，他们针对年轻女性群体推出了一款粉红色调的牙膏，充分满足了目标群体的少女心。此外，营销者还可以通过家庭结构进行市场细分：演唱会的主办方，会努力吸引单身人士或者刚刚组建家庭的新婚夫妇；有机蔬菜的目标群体，则是孩子处于幼年的三口之家；如果一个家庭中有正处于青春期的青少年，他们更有可能会光顾肯德基、麦当劳等快餐厅；如果一位退休人士不和自己的子女一起生活，则更可能需要家政服务。近年来，伴随着湖南卫视《声入人心》节目的风靡，坐拥音乐剧演员的摇篮——上海戏剧学院的上海市在音乐剧演出市场上取得了空前的成功。这其中的翘楚是上汽艺术中心，它深耕音乐剧领域，每年从国外版权引进和自主研发大量音乐剧作品。在一次媒体采访中，上汽艺术中心的高层坦诚说道，自家的音乐剧产品专注于明确的细分市场，吸引的是具有一定经济实力的大龄单身女青年。尽管这番言论引发了很大的争议，但上汽艺术中心的做法在商业层面上是极其成功的，可以说是通过家庭结构进行市场细分的典范。

在心理图式变量中，生活方式对于消费行为具有重要影响，例如户外装备的目标群体是喜欢表达和挑战自我的人。关于心理图式变量，我们将在第 5 章中进行详细探讨。通过细分市场策略，企业可以集中人力、物力、财力等资源并将其投入到适合自己的目标市场，有效地占领市场。市场细分也有利于企业生产出适销对路的产品，实现社会资源的有效配置。

不得不指出的是，有时不恰当的市场细分可能会适得其反。百事可乐曾经推出一款产品名为 Pepsi A.M.。从字面意思上看，这是一款供消费者在早餐时段享用的软饮料。百事公司希望凭借这款产品抢占咖啡和橙汁的市场份额。Pepsi A.M.这一产品打破了消费者不能在早餐时段喝可乐的传统认知，一开始在市场上大获成功。然而，市场细分也存在陷阱，消费者迅速形成了新的认知，那就是这款可乐是在早上喝的，因而在其他时段均不再饮用 Pepsi A.M.了。从这个角度上看，这一市场细分策略反而限制了该产品的市场表现以及市场空间。

1.3 消费者动机

每日沉浸于繁忙的学习或工作生活中，你还记得上次与好友煲电话粥是什么时候吗？正如上一节中介绍的需要理论所说，每个人都或多或少渴望与他人建立"坚不可摧"的友谊或其他情谊。但为什么你不会每天给朋友打电话，每天与朋友见面谈心呢？或许你也想要每天与朋友保持紧密的联络，但很多时候可能事情一多就忘记了。假想这样的场景：今天你在生活中遇到了不顺心的事，可能是你一周以来认真准备的工作成果出现了差错，因此受到领导的批评，也可能是你多年异地恋的伴侣突然提出了分手。如果发生了这些不顺心的事，即使今天的日常任务不比平时少，你也很有可能会在寻求归属感满足的动机驱使下，在今晚拨通好友的电话，或是在微信上点开与好友的对话框。

事实上，仅仅有需要并不意味着个体会做出相应的行为。心理学家发现，需要只有处于唤醒状态时，才会驱使个体采取行动。如何唤醒需要呢？内部刺激与外部刺激都可能促成需要的唤醒。在心理学中，"刺激"被用来指代任何数量的客体、机遇或事件。其中，内部刺激不仅包含饥饿、口渴等生理因素，也包括由身体姿态和肌肉运动产生的刺激。相比之下，外部刺激则通过外部情境作用于个体而产生，比如外部传来的声音、光亮等。在刚才的例子中，个体与他人联结的需要就可能被包括上司、老师、伴侣等他人言行在内的外部刺激所唤醒。意识到个体的需要可以被唤醒之后，商家手中似乎就有了尚方宝剑。不过，需要的唤醒也只能为个体的行为指明大致的方向，不能规定具体的行动线路。在前面的例子中，能够满足与他人联结需要的方式或途径有很多，你既可以找个烧烤摊与好友边吃边聊，也可以选择直接打电话、发微信。消费者为了满足自身被唤醒的需要，有多种方法可供选择。这意味着，唤醒消费者的需要或许并不难，真正难的是具有指向性，让消费者通过特定方式满足其需要。

前面的例子其实还引出了心理学中与需要密切相关，却有本质差异的另一个重要概念——动机。通俗来讲，我们可以将动机理解为行为的契机。它是由需要所推动的，是驱动个体向着特定的目标活动，做出特定行为或表现的心理过程。换言之，动机是一种驱动力。动机作为影响消费者作出购买决策的内在因素，以需要为基础。需要是动机的源泉。当人的某种需要没有得到满足时，可能会推动人去寻找可以满足需要的对象。尽管动机一定会诱发行为的产生，但需要与动机之间的逻辑链条没有那么稳固。一种需要如果没有被特定刺激唤醒或激活，或者尽管被唤醒了，却没有达到足够的强度，就仍然停留在需要的层面，不会转化为动机。大多数人对于金钱都有需要，不过只有极少数的人会形成动机并作出抢银行的疯狂举动，这个例子很好地揭示了动机与需要的本质差异。事实上，只有当需要推动人们表现出特定行为（如锻炼、进食行为），并且该行为指向某一目标时（如购买健身器材、营养餐），需要才转化为了个体的动机。

长期以来，动机都是社会心理学、管理心理学、消费者行为学等领域的研究热点，引发了学者们的广泛关注。学者们从不同的角度出发，对于动机提出了一系列分类方法。在消费者行为中，我们重点关注动机的四种经典分类。

1. 外在动机与内在动机

管理心理学领域通常将动机划分为内在动机（intrinsic motivation）和外在动机（extrinsic motivation）两类。如果个体从事一项活动的原因是活动本身具备特定要素，换言之，活动本身的特征诱发并且维持了个体的行为，这种驱动力被定义为内在动机；相应地，如果个体从事一项活动的原因是为了获得活动之外的结果，这种驱动力则被定义为外在动机。如果一个人是由外在动机驱动的，他关注的是通过做出一种行为获得外部奖励，比如金钱、名誉、成绩和他人的赞扬。值得注意的是，外部奖励并不局限于物质奖励，奖励可以是有形的，也可以是无形的、心理层面的。在外在动机下，个体只是为了获得外部奖励或避免惩罚而表现出某种行为。内在动机指的是由内部奖励（幸福感、满足感）驱动的行为。如果一个人是受内在动机驱动的，他会把从事某项活动本身视为一种享受，或者把它看作是一个探索、学习和发挥自身潜能的机会。

现在，试着思考一下你自己阅读、学习这本教材的动机。你是想通过学习这些内容从而能在相关课程上取得好成绩吗？如果是这样，说明你正在阅读教材以获得外部奖励（取得好的成绩），也就是说你的行为是由外部动机驱动的。反之，如果你阅读这本教材是因为你对学习更多有关人类心理和行为的知识感兴趣，那么你的行为更多是由内在动机驱动的。通常情况下，如果一项活动本身无法为个体提供足够的内在奖励，就必须提供足够的外在奖励。例如，一个在制造岗位工作的人可能会执行一些令人并不愉快的日常工作任务，这是因为完成这些任务能获得外在的奖励（工资），这让他有足够的动力去执行这些任务。

对于营销者来说，激励消费者进行消费的最佳方式是什么？有的商家选择从产品本身出发，着力于不断优化产品，为消费者带来沉浸式的体验，增强消费者使用该产品的内在动机。举例来说，很多相机品牌和型号都有自己的忠实拥趸，也就是那些相机发烧友，这些消费者选购和使用相机是发自内心的热爱。更多的商家选择从外在动机着手，着力于为消费者提供外在激励。比如，许多商家为吸引消费者，为其提供特殊的优惠或者额外的礼品。在网购平台上，消费者可以从两种渠道购买同一种商品：一种渠道是官方旗舰店，其价格与线下专柜持平，能够确保商品是正品；另一种渠道是非官方旗舰店，比如私人代购、代理商等，通常它的售价比官方店铺低，但货源渠道需要验证。为了吸引更多的消费者在官方旗舰店下单，品牌常常会给消费者赠送"超值的体验套装"来作为奖励。

2. 趋近型动机和回避型动机

人类的本性是趋利避害的。术语"趋近-回避"的首次亮相，是在著名学者勒温（Lewin）发表的田野研究中。他认为所有的刺激物都具有吸引或排斥的特性，这些特性会导致生物接近或避开它们。也就是说，面对不同的刺激，人们会做出趋向正性刺激和远离负性刺激的行为。这里的正性与负性是针对个体而言的，比如愉快与不愉快、可取与不可取。个体想要实现和趋近的，被称为趋近型动机（approach motivation）；想要回避和预防的，被称为回避型动机（avoidance motivation）。例如，"想要顺利通过考试"就是一种趋近型的动机，"不想挂科"则是一种规避型动机。又比如同样是早起，有些人是为了培养良好的作息，让自己充满活力，这就是趋近型动机；有些人则是为了不让自己迟到，这属于规避型动机。

事实上，每个人往往都有自己偏好的达成目标的方式。有的人偏好于采用趋近型的方式来实现目标，例如会常常提起"我要成功"；有些人则偏好用规避的方式来看待事物，比如常常担忧"我会失败"。研究表明，一个趋近导向的人更容易受到趋近动机的驱动来达成自己的目标，一个规避导向的人则更容易受到回避动机的驱使。因此，营销者可以根据目标消费者的不同取向来进行方案的调整。例如，一则补习班的广告，针对规避型人群可以说"不要让你的孩子输在起跑线上"；如果针对趋近型的消费者，则可以说"要让你的孩子赢在起跑线上"。

3. 理性动机和感性动机

理性动机是指消费者基于对某种产品清醒的认知和判断，并在此基础上做出理性决策的动机。感性动机是指人们根据个人主观标准和感受而产生的动机。在理性动机的驱使下，消费者做出目标选择是基于那些客观的产品标准，如大小、重量、价格等。感性动机驱使下的消费者，更多依据个人的偏好进行选择。

对营销者来说，识别出两类消费者并且在与消费者沟通的过程中有针对性地进行说辞上的转变，至关重要。比如在房地产销售中，为了让消费者接受其高昂的价格，站在感性层面上，可以说："家是自己住的，辛辛苦苦几十年，千万不要亏待自己。"理性层面上，则可以说："价格上分期 20 年，费用摊下来，每个月少买几件衣服就行了，这说明价格是可以承担的。"有针对性的话术，最终可以更有效地促成交易。

4．享乐动机和实用动机

享乐动机，是指个体追求情绪上的满足、愉悦的感受、远离痛苦的动机。比如在游乐场体验各种玩乐项目，购买果冻、薯片等小零食，这些消费行为通常是由消费者的享乐动机所驱动的。实用动机，是指消费者以追求产品的使用价值为主要导向的购买动机，它带有较为明确的功能性。在这种动机驱动下，消费者在选购产品时会特别重视产品的质量、功效，讲究性价比。相对而言，这类消费者对于产品的象征意义、所彰显的"个性"、产品的造型与款式等不是特别关注。对于这类消费者，商家应该重点突出产品实用性和性价比上的优势。

除了这四种经典的动机分类，营销者还可以关注一些生活中常见的消费动机。求新动机指的是消费者以追求商品、服务、体验的时尚、新颖性为导向的消费动机。在这种动机支配下，消费者特别注重产品的设计、流行度、独特性。相对而言，产品的耐用性、价格等成为次要的考虑因素。求新动机通常在收入水平比较高的人群以及青年消费群体中比较常见。面对这类消费者，营销者为产品打出"小众""原创""限量"等标签会更容易受到追捧。求名动机指的是消费者以追求名牌、高档产品，借以显示或提高自己的身份、地位的动机。当然，购买名牌产品，除了有显示身份、地位和表现自我等作用之外，还隐含着减少购买风险、简化决策程序和节省购买时间等多方面考虑。因此，面对这类消费者，营销者应当更加注重对自身品牌价值的维护以及强调高品质的商品和服务。

1.3.1　动机理论

一直以来，动机问题都是心理学家关注的焦点。因此，在动机方面也诞生了一系列具有重要影响力的理论，涉及认知神经科学、心理学等不同的领域。受限于教材的篇幅，我们着重介绍与消费者行为密切相关的几项理论。第一项理论是驱力理论（drive theory），它的核心观点是包括饥饿在内的生理需要会产生令人不愉快的唤醒状态，为了消除这一状态，人们会表现出特定的行为。这一理论或许可以解释人在饥饿的情况下为什么会觅食，但驱力理论仍存在两大重要缺陷。第一，这一理论没有考虑到心理需要也是消费者行为的重要驱动力。比如不少女士热衷于购买各种包，寺庙里人们供奉的香火不断，这些消费行为并不是由生理需要所驱动的。第二，驱力理论无法解释人们日常生活中延迟满足的重要现象。

延迟满足指的是为了更有价值的长远目标而放弃获得即时满足的选择取向，以及个体在等待期间展示出的自我控制能力。在现实生活中，这种忍耐推迟的满足感并不容易做到。在美国斯坦福大学开展的一项经典实验中，研究人员用棉花糖测试了一些儿童的延迟满足能力，儿童们可以选择立刻吃掉桌上的一颗棉花糖或是等待研究人员回来后再吃，到那时他们可以得到一颗额外的棉花糖作为奖励。他们还可以按响桌上的铃，研究人员听到后会马上过来。结果显示，大多数孩子坚持不到三分钟就放弃了。在实验结束后的若干年里，研究者对当年参与实验的孩子进行了追踪，研究了幼年时期表现出延迟满足能力的长远影响。通过向当年参加实验的孩子发放问卷，研究者了解到：当年马上按铃的孩子无论在家里还是在学校，都更容易出现问题行为，成绩也较差。他们在面对压力、集中注意力以及维系与他人的友谊上都遇到了不小的困难。而那些可以等上 15 分钟再吃糖的孩子在学习成绩上比那些马上吃糖的孩子平均高出了 210 分之多。由此可以发现，那些能够延迟满足的孩子通常拥有更强的自我控制能力，在没有外界监督的情况下也能够抵制诱惑，坚持不懈地保证目标的实现。

回到我们对驱力理论的讨论中，让我们设想这样一个场景：你正在减肥，所以尽管晚上你已经饥肠辘辘，你仍然选择少吃或者不吃碳水化合物。这一现象显然很难通过驱力理论解释，因为饥饿这种生理需要理应诱发觅食行为。类似地，为了即将出世的宝宝的健康考虑，怀孕期间的准妈妈往往也会压抑自身对不健康美食的渴望。种种迹象表明，人类的动机要比想象中复杂得多，真正驱动人们行为的是期望与愿景。这就引出了动机领域的第二项重要理论——期望理论。期望理论由维克托·H. 弗鲁姆（Victor H. Vroom）于 1964 年提出。期望理论认为，如果人们希望在未来获得想要的结果，这种期望会驱动人们做出特定的行为和表现。对于很多人来说，也许坚持锻炼是一件有些痛苦的事，但一想到将来可以拥有健康的身体或曼妙的身材，眼下的这点苦也就不算什么了。

动机领域的第三项重要理论，我们在探讨需要时已经初步介绍过。德西和瑞安提出的自我决定理论强调个体在动机过程中发挥的主观能动性。德西发现，如果人们做出某种行为的背后是内在动机的驱动，那么一旦为这一行为提供外在奖励，很可能会削弱其内在动机。这是因为，外在奖励的给予降低了个体的自我决定感。在一项研究中，学者们发现前往一家托儿所接孩子的家长经常迟到。为了让家长更准时地接走孩子，托儿所声明将对迟到的家长进行罚款。意想不到的是，迟到的现象却更严重了。这是为什么呢？因为在采取罚款措施之前，家长们是出于对孩子的担心而准时到达，此时家长的行为是被内在动机所驱动的。出现迟到时，家长们会感到愧疚。而采取罚款措施后，准时到达变成了一种外部的硬性要求，因此，家长迟到后不再感到内疚，因为他们缴纳了罚款，为自己的迟到行为付出了应有的代价。在这种情况下，家长会认为迟到也没什么关系，反正交罚款就可以了。在消费者行为学研究中，自我决定理论聚焦于探讨消费动机的内在、外在划分，以期获得对营销者有启示的发现。

学术前沿 1.2

消费者的自我决定与商家的营销手段

根据消费者在消费过程中的自我决定程度（拥有的自主权），可以将消费者的行为划分为主动消费和被动消费两类。主动消费是指消费者为了满足自身的需要，完全自主地选择商家及其产品的行为，其中又可以根据自我决定程度的高低分为完全主动消费和部分主动消费。例如，如果消费者光临一家餐厅单纯是因为自己想进去看看，而不是由于收到了商家的优惠券，这就是主动消费。我们还可以进一步深究消费者选择在这家餐厅就餐的原因。如果是被菜肴的香味、店面的装潢等这一餐厅的特有属性所吸引，则为部分主动消费；如果是由于餐厅离自己最近、最方便，有亲戚在餐厅里面工作等因素，则为完全主动消费。相应地，被动消费是指商家利用发放优惠券或投放广告等营销手段来

"引诱"消费者做出的消费行为。

那么，消费者的自我决定程度对营销结果会产生怎样的影响呢？莱斯大学的乌特帕尔·多拉基亚教授为此开展了几项研究。他首先调查了298名大一新生对校园里一家独立快餐店的光顾情况。该快餐店通常会在每个秋季学期开始时通过发放三明治、沙拉、薯片和饮料等产品的免费餐券来进行营销推广。通过询问研究参与者第一次前往该餐厅消费的理由（自发/被优惠活动吸引），研究人员将他们分别归类为主动消费型和被动消费型。结果发现，主动消费型的顾客在参与调查后的两周内去快餐店的次数更多，而且该餐厅所获得的顾客钱包份额（交易额占特定消费者的该类产品总消费额的比例）也更高。该结果说明自我决定程度较高的消费者（主动消费型）对于商家来说是更有利可图的。

不过，商家应采取什么样的营销手段来吸引不同自我决定程度的消费者呢？多拉基亚教授选择了一家大型汽车销售服务公司开展了另一项研究。基于消费者最初在该公司消费的方式，研究人员从公司数据库中随机选择了380名购买了特定服务的新客户。每位消费者的自我决定程度通过该顾客的首次消费方式进行衡量，若是支付全价，则为主动型消费者；若是通过报纸兑现一张"介绍性"的5折优惠券，则是被动型消费者。研究人员进一步将这些消费者随机划分到实验组和对照组。实验组中的主动型和被动型消费者会在第一次消费的90天后通过邮件收到一张5美元的提醒型优惠券，对照组中的消费者则不会收到该优惠券。之后，研究人员对参与研究的消费者进行了长达三年的追踪。结果发现，对于主动型消费的顾客来说，收到优惠券的效果是负面的；相比其他没有收到优惠券的主动型消费者，收到优惠券的顾客在该公司消费的次数更少、花费更少、消费间隔时间更长。与此相反，收到优惠券对被动型消费者却有积极的影响，收到优惠券的这类顾客消费次数更多、消费间隔时间更短。

为什么收到优惠券反而会降低部分消费者的购买意愿呢？其实这是内在动机在作祟，主动型消费在消费者看来是其与商家的一种自我决定程度较高的联结，而提醒型优惠券的发放被这类消费者看作是商家试图在更大程度上控制其行为，迫使其改变自身行为，从而获得折扣等奖励，因而破坏了这类消费者的内在动机。

在市场营销实践中，优惠券通常被用作关系营销工具，特别是在消费者有规律地购买产品的情况下（如理发、为汽车更换机油）。营销者通常认为，在预期的购买活动发生之前，通过给顾客发放优惠券来提醒他们，这不仅鼓励了重复购买，而且增强了商家与消费者之间的联系。但实际上，采用这种举措时需要充分考虑对象，对于自我决定程度高的主动型消费者来说，这种外在奖励会破坏他们与商家间的自主性关系。

在这种情况下，与提醒型优惠券相比，关系型奖励计划会更利于加强与顾客的联结，并向顾客表明其对公司的重要性。关系型奖励计划指的是为那些与公司保持一定关系的客户提供特定的福利。例如，银行可以为优质客户免除账户维护费，并为客户提供更高的利率。作为一种被广泛使用的关系型营销工具，关系型奖励更有利于与客户建立长期的关系，提升其对企业的忠诚度。

文献来源：

DHOLAKIA, U. M. 2006. How customer self-determination influences relational marketing outcomes: evidence from longitudinal field studies [J]. Journal of Marketing Research, 43(1), 109-120.

1.3.2 动机冲突

心理学家们认为，动机有两个重要的要素，一个是强度，另一个是方向。动机的强度描述的是人们愿意花多少精力达成一个目标。动机的方向指的是目标的效价，而效价可以分为正性和负性。效价为正时，消费者有可能作出消费行为；效价为负时，消费者则更偏向于回避这一类消费。当人们希望达成一个具有正性效价的目标时，表现出的是趋近动机；反之，当人们希望避免一个负性的结果时，表现出的是回避动机。举例来说，在禁烟或者禁毒的公益广告中，有时会出现让人恐惧的画面，其目的就是让人们对烟草或者毒品表现出回避动机。

由于人们有趋近和回避两种不同方向的动机，在做出消费决策时，可能会出现三种不同的动机冲突，分别是：趋近–趋近动机冲突、趋近–回避动机冲突以及回避–回避动机冲突。第一种冲突发生在人们面对两个选项，且这两个选项同样具有吸引力的时候，在这种情况下，人们往往会难以抉择。比如，当一名大四学生既考上了研究生，又找到了一份高薪工作时，就会面临这种困境。这时，如果人们不得不做出一个选择，往往会发生认知失调，这就使得人们要试图去合理化自己的行为和选择。由于认知失调这一现象非常重要，在日常工作和生活中有着诸多重要的应用，我们会在之后的章节中详细介绍。

第二种冲突是趋近–回避冲突，这种冲突发生在一款产品既有明显的优点，又有明显的不足时。如果人们无视不足、坚持选购这一产品，会产生罪恶感。举例来说，穿着皮草一方面是富有的象征，另一方面也可能被他人质疑不环保。这种情况下，为了帮助消费者消除这一动机冲突，最终促成消费，营销者需要尽力削弱消费者感知到的产品的缺点。比如强调自己出售的皮草采用的是环保、仿真的原材料。再比如说，在宣传冰激凌、巧克力等美味却不够健康的食品时，商家可以考虑主打低脂、低糖的概念，从而打消消费者的顾虑。

第三类冲突是回避–回避冲突，这时消费者面对的两个选项都不是他希望选择的。比如，在发生一场意外的交通事故之后，车辆损坏严重。车主只有两个选择：或者选择花一大笔钱去修车，或者选择重新买一辆车。这两个选择显然都是不那么理想的。这时，如果希望消费者做出其中的一个选择，营销者就要强调这一选项可以带来意想不到的好处。比方说，告知消费者可以借机重新购买一辆款式更新、更适合自己的车。如果消费者认同这一点，就很可能会做出购买新车的决定。近视眼激光矫正手术已日趋成熟。然而，很多近视眼患者仍然难以在终生佩戴眼镜和接受激光矫正手术的治疗之间做出选择，毕竟两者都有明显的不足。假如你是眼镜店的雇员，可以强调激光矫正手术的效果无法保证，患者接受激光矫正手术的治疗后，伴随着年龄增长容易患白内障或青光眼等其他眼部疾病，而佩戴合适度数的眼镜可以防止近视度数增加，并且对近视者日常生活的影响较小。

【思考题】 事实上，营销者在广告中大量应用三种动机冲突从而诱导消费者做出消费决策。你能想到哪些典型的例子？在日常生活中，你又打算如何应用这三种动机冲突呢？

1.4　消费者情绪

2009 年初，全球性的金融危机爆发，人们的心情变得沉重。此时，可口可乐公司拍摄了一款在人们心中植入温暖的广告——《一次快乐的邂逅》（*Coca-Cola Open Happiness*）。在这款广告中，102 岁高龄的老人约瑟夫给降临在人世间的新生命艾塔娜留言，同时也告诉所有正在经历危机的人们：所有的事情都会变得美好，不要浪费你的时间，也不要担心太多，做一些让你快乐的事情吧！而后，可口可乐通过户外广告等其他媒体的整合推广，让大众消费者参与进来拍摄和分享自己的"快乐邂逅"，并向新生命送上祝福。这一营销企划促使全球 113 个国家和地区近 40 万人浏览了活动网页，留下了近 1.6 万条祝福信息。更重要的是，该广告向公众充分展现了可口可乐"Open Happiness"（开启快乐）的品牌精神。不管是"快乐的邂逅"还是"肥宅快乐水"的风靡，可口可乐广告的成功在于将消费者的积极情绪充分调动，让可口可乐成为快乐的代名词。

1.4.1　什么是情绪

在了解消费者情绪之前，我们有必要先给情绪下一个定义。情绪是以个体愿望和需要为中介的一种心理活动，是人对客观事物态度的反映。具体来说，情绪包括生理层面的生理唤醒、认知层面的主观体验和表达层面的外部行为三个组成部分。

生理唤醒是指伴随情绪产生的生理反应。任何情绪都伴随着一系列的生理变化，而不同情绪的生理反应模式是不一样的：满意、愉快时心跳节律正常；恐惧时，浑身发凉、皮肤温度下降；暴怒时，心跳加速、血压升高、呼吸频率增加，皮肤温度会上升；痛苦时血管容积缩小等。消费者往往也会根据自己的身体变化来推断自己的情绪。心理学中著名的吊桥实验就是一个例子。学者将参与实验的男学生分成三组：一组在安静的公园里接受访谈，一组在一座牢固而低矮的石桥上接受访谈，而最后一组在一座危险的吊桥上接受访谈。在这个实验中，访谈他们的是一位漂亮的女实验助理。这位女助理把自己的名字和电话告诉给每一位受访者，表示如果受访者愿意进一步了解实验或者希望和她联系，可以给她打电话。研究发现，在危险的吊桥上接受访谈的人有更高的比例打电话联系女助理。为什么会这样呢？因为人站在危险的吊桥上时，感觉更加紧张，心跳加速。这时身边有漂亮的女助理做访谈，人们就会错误地把危险的吊桥引起的生理反应归因于这位女助理，即受访者把紧张、心跳加速解读为自己对旁边的女性产生了心动的感觉，所以实验结束后会尝试继续和女助理保持联系。也就是说，人们不仅会因为情绪的变化而产生生理反应，还会通过自己的生理反应和当时的情境来判断自己的情绪。

主观体验是个体对不同情绪状态的自我感受，如喜、怒、哀、乐、惧、爱等。每种情绪有不同的主观体验，并且在强度和性质上也有所不同。比如心想事成的快乐、事业成功的自豪、考试失利的难过等。人们对事物的不同态度也会产生不同的感受。比如面对喜欢的人，即使对方考试失败了，我们也不会感到讨厌；而面对不喜欢的人，就算对方拿了大满贯，我们也不一定会高兴。直接的主观体验是情绪不可或缺的组成部分，这些主观体验只有个人内心才能感受或意识到。例如，我知道"我很快乐"、我意识到"我很失落"、我感到"我很自豪"等。

外部行为通常也称为表情，它包括在情绪状态发生时身体各部分的动作形式，从面部表情、姿态表情到语调表情。面部表情是所有面部肌肉变化所组成的模式，如高兴时眉眼弯弯、嘴角上翘。姿态表情是指面部以外的身体其他部分的表情动作，包括手势、身体姿势等，如在开心时手舞足蹈，愤怒时咬牙切齿等。除此之外，语调也是表达情绪的重要形式。语调表情是通过言语的声调、节奏和速度等方面的变化来表达的。通常情况下，人们高兴时语调高昂、语速快，痛苦时往往语调低沉、语速慢。

当生理唤醒、主观体验和外部行为三者同时被激活、同时存在时，才能构成完整的情绪体验。由于人类心理的复杂性，有时会出现人们的外部行为与主观体验不一致的现象。例如，撒谎时明明心里非常紧张、害怕，表面看起来却镇定自若；又比如 DC 电影宇宙中的小丑这个角色，由于患有精神疾病，明明心里很难过，却控制不住地哈哈大笑。这提醒我们，不能单纯地通过外部行为去判断一个人的情绪。如果一个人只是假装在愤怒，只有愤怒的外在行为，没有真正的内在生理唤醒和主观体验，此时并不能称之为真正的情绪体验。

1.4.2　情绪的分类

让我们回到消费者行为的范畴，探讨消费者情绪对消费者行为的影响。好的产品设计不仅要满足消费者功能上的需要，更要引发消费者情绪上的共鸣。因此，了解情绪的分类能让我们对消费者情绪有一个更清晰的认识。

常见的一种分法，是根据情绪的不同性质，简单地将情绪分为正性情绪和负性情绪。正性情绪如开心、快乐，负性情绪如伤心、痛苦。这种分类方法本身没有问题，但未能说明不同的具体情绪在强度与意义上的区别。举例来说，同情、喜悦、佩服都是正面情绪，厌恶、后悔、绝望都是负面情绪。日常经验告诉我们，即使被归为一类，这些情绪之间也存在着很大的差别。

由于人的情绪有天生也有后天习得的成分。因此，情绪还可以被分类为与生俱来的"基本情绪"和后天学习到的"复杂情绪"。基本情绪是人和动物与生俱来的，一般认为，快乐、愤怒、悲哀和恐惧为情绪的基本形式。心理学家罗伯特·普拉切克（Robert Plutchik）提出了八种基本情绪，分别是悲痛、恐惧、惊奇、钦佩、狂喜、狂怒、警惕、憎恨。相比之下，复杂情绪则必须经过人与人之间的交流才能习得，因此每个人所拥有的复杂情绪数量和对情绪的定义都不一样。有一本书名叫《心情词典》，里面记录了 150 多种情绪以及相对应的名称。书里记载的绝大多数情绪都是人们经过后天习得的复杂情绪，其中有一种情绪叫"人去心空"，描述的是家里的宾客离开后，主人的心里常常会出现的一丝空空的、沉重的感觉。是不是很有意思呢？

心理学领域对情绪还有另一种分类方式，将其分为原生情绪和衍生情绪。原生情绪是指当我们面对突发事件时的第一反应，它没有经过大脑的加工，是一种近乎本能的情绪反应。衍生情绪则是指我们面对突发事件时，加入了自身想法所产生的情绪反应。想象一下，你站在高峰之上，耳边寒风呼啸，俯视着脚下的万丈深渊，第一反应通常是寒冷、畏惧。继而，你可能会因这壮阔的美景生发出喜悦之情。这里"寒冷""畏惧"等第一反应是我们的原生情绪，之后的"喜悦之情"则为衍生情绪。

1.4.3　情绪的功能

情绪为什么重要？正是因为情绪具备的功能与作用。它能反映人们的心理，甚至改变人们的行为。情绪的功能具体体现为以下四种。

1. 适应功能

正如人们常说的："既然不能改变环境，那就去适应环境。"情绪的适应功能是人类最基础的技能。它指的是情绪能够使个体针对不同的刺激事件产生灵活自如的适应性反应，并调节或保持个体与环境间的关系，这有助于个体适应环境。举例来说，同情、喜欢、友爱等情绪可以增强群体内的凝聚力，起到构建和维系社会关系的作用。在人际互动中，人们会通过情绪表达来彼此适应，比如见到朋友或上级会不由自主地微笑、点头，传递自己的友好态度。在消费情境中，营销者也常常通过察言观色来揣摩消费者的意图。除此之外，听一场令人热血沸腾的讲座，体验一次打折的促销活动，我们都有可能变得感性十足。人不只有理性，常常更需要感性的引领，感性情绪的产生也是情绪适应功能的一种体现。

2. 动机功能

情绪是动机的源泉之一，当我们产生某种需要时，往往还要通过一种放大的媒介，才能激发我们去行动，而情绪正是起着这种放大作用的心理过程。因此，情绪的动机功能使其成了个体行为的驱动力。例如人在遇到危险的情况下，产生了对于安全保障的需要，这种驱力可能没有足够的力量去激励行为。但是，这时人的恐慌感和急迫感就会放大和增强内驱力，使之成为行为的强大动力。情绪的动机功能还表现在它能激励人，提高人的活动效率。研究表明，积极的情绪对行为有促进作用，消极的情绪对行为有抑制作用。适度的情绪兴奋，可以使身心处于活动的最佳状态，推动人们有效地完成任务；适度的紧张和焦虑则能促使人积极地思考和解决问题。除此之外，情绪还会影响消费者对产品的偏好。例如，研究发现，尴尬的情绪会促使消费者选择能提高其颜值的产品，且消费者更倾向于选择商标不那么明显的产品。情绪的动机功能，值得消费者行为研究者深入探索。

3. 组织功能

情绪的组织功能是指情绪起到促进或破坏个体进行活动的作用。比如在考试之前，我们可能会拒绝出去游玩的邀请，推掉一些占用时间的业余活动；考试结束后，可以放松一会儿，这时我们就会安排一些外出的活动，或者去做自己喜欢的事情。情绪的组织功能通常表现为积极情绪有协调作用，消极情绪有破坏作用。例如，我们对于感兴趣的事印象很深，很难记住不喜欢的事。要注意的是，情绪的组织功能大小与其强度有关。研究表明，中等强度的愉快情绪，有利于提高认知活动的效果；而恐惧、痛苦等消极情绪会对活动产生负面影响，而且强度越大，效果越差。情绪的组织功能还表现在人的行为上，当人处在积极、乐观的情绪状态时，更容易注意事物美好的一方面，行为更开放，更愿意接纳外界的事物；而当人处在消极的情绪状态时，容易失望、悲观，放弃自己的愿望，或者产生攻击性行为。因此，营销者会在消费环境中塑造积极的情绪，如海底捞为等候的顾客推出美甲、零食等贴心服务，使顾客产生积极的情绪，促使其增加消费。

4. 社会功能

情绪和语言一样，具有服务于人际沟通的功能。情绪作为人们社会互动中的一种心理表现形式，其社会功能指的是个体将自己的愿望、要求、观点、态度通过一定的情感表达方式传递给他人，并对他人施加一定的影响。通常情况下，人们主要是通过情绪的外部表现——表情来传递情感信息和思想、愿望。在营销策略中，表情的使用也非常普遍。例如，服务业中常常给员工做标准化的微笑培训，要求每位员工微笑时必须露出 8 颗牙齿，以展示一种友好、乐意服务的形象。再比如奢侈品广告的模特常常保持着冷漠的表情。研究发现，奢侈品广告的模特之所以往往会采用冷漠的表情，是因为这种冷漠的情绪彰显了品牌的高贵感。

情绪的共享还可以构成人际的情感联结。情绪既可以作为社会的黏合剂，将人们拉近，如人们通常愿意与充满活力、积极向上的个体待在一起；情绪也可以作为一种社会的阻隔剂，使人们远离某些人，如面对暴怒、习惯埋怨的个体时，你可能会希望与其保持距离。值得注意的是，不同类型的情绪对于人际联结的作用是不同的，相比于高兴和愤怒情绪，在悲伤情绪的社会共享下，人际联结水平更高。这也解释了为什么人们常说"患难见真情"。

学术前沿 1.3

笑容，也需要量体裁衣

笑容是人们彼此表达善意的符号，也往往是建立信任的开端。大量证据表明，笑容能够传递正面的信息，可以为他人带来愉悦以及被尊重的感受。在市场营销活动中，"面带笑容"也已经成为一个公认的服务准则，营销者希望用笑容来塑造消费者心目中积极的印象、提升消费体验、与消费者建立良好的关系。不过，只是对"笑容服务"做强制要求，并不一定会收到积极效果。事实上，消费者不仅会关注笑容的存在，还会关注笑容的真诚度和强度。学者在对航空业的访谈中发现，很多消费者会对乘务员的笑容做出推理。当消费者认为乘务员的笑容是发自内心时，会认为乘务员有提供良好服务的诚意，也更愿意基于信任接受其建议或要求。而当消费者认为乘务员的笑容是不真实的、仅仅是职业性微笑时，消费者会倾向于认为这些笑容只是为满足公司要求而展示的，从而降低对其的信任，并更容易引发不满的情绪。

除此之外，笑容越灿烂，效果就越好吗？一项来自佛罗里达大学的研究发现，笑容的强度并不总是越大越好，在特定条件下，出于善意的笑容未必能带来好的沟通效果。在实验中，参与者们对不同弧度的笑容图片进行评价。结果显示，当一个人展现出灿烂的笑容时，相比于浅浅的微笑，他被认为更友好、更温暖；与此同时，也被认为竞争力较弱、执行力更差。这是因为在社会交往中，热情的笑容是显示友好和温暖的信号，但与此同时，开怀的大笑传递出一种无忧无虑、随遇而安的态度，从而降低了他人对其攻击性或竞争力的感知。

因此，对于营销者来说，笑容的强度和真诚度要根据顾客特征和服务环境来确定。在对服务的要求是快速或者常规的环境下（例如在快餐店中），友好而快速的服务会带来良好的顾客反馈，此时灿烂的笑容更有利于舒缓顾客的情绪。而在那些服务过程非标准化、顾客对服务步骤的熟悉度较低的情境下，企业则应侧重员工笑容的真诚度，并适当减弱微笑的强度，以获取顾客更多的信任和认可。

文献来源：
WANG, Z., MAO, H., LI, Y. J., & LIU, F. 2017. Smile big or not? Effects of smile intensity on perceptions of warmth and competence [J]. Journal of Consumer Research, 43(5), 787-805.

1.4.4 情绪与消费行为

由于情绪的产生受到个体期望与动机的影响，当事物符合主体的需要和愿望时，通常会引起积极、肯定的情绪（正性情绪），相反则会引起消极、否定的情绪（负性情绪）。消费动机很多情况下会受到正性或负性情绪的驱动。接下来，我们分别从正性、负性两方面介绍与消费者行为密切相关的一些情绪表现。

1. 正性情绪

向往美好是人类的天性，每个人都希望让自己拥有更多的正性情绪，并努力减少负性情绪的产生。研究表明，积极的情绪能够提升观众对产品的喜爱程度。这也启发营销者要抓住消费者的正性情绪。在生活中，利用正性情绪开展营销的例子并不少。例如大获成功的威士伯油漆广告。威士伯没有落入俗套、去强调油漆的功能性，而是反其道而行之，将不同的油漆色彩比喻成不同的生活态度，通过涂绘多种生活场景，激发人们对于美好生活的期待和向往。

视频1.1　威士伯油漆广告1

正是因为意识到了正性情绪的魔力，正性情绪在业界有着非常广泛的应用。《快乐大本营》《王牌对王牌》等综艺节目以搞笑为主要卖点，收获了大批粉丝。为了激发消费者的正性情绪，迪士尼乐园将童话中的人物搬到现实中，给消费者筑造了一个梦想中的世界，并鼓励所有消费者保有一颗童心，在乐园里度过无

视频1.2　威士伯油漆广告2

忧无虑的快乐时光。迪士尼乐园也因此被称为创造快乐的地方，深受世界各地的消费者喜爱，甚至某些园区获得了高达97%的重游率，堪称商业奇迹。

除了常见的正性情绪之外，自豪感也与消费行为密切相关。当个体对自身的状态以及自身价值的评价较高时，就会产生一种自豪感。由于对自豪感知的来源不同，又分为两种情况：一种是傲气的自豪，指个体关注于自身的个性特质，比如认为"我成功就是因为我很厉害"；一种是真实的自豪，通常发生在个体通过努力取得一定的成绩或目标进展之后，比如认为"我成功是因为我很努力"。研究发现，当消费者产生傲气的自豪感时，消费者更可能选择具有独特性的产品以及象征高贵、彰显身份的奢侈品。而当真实的自

豪感被激活时，消费者更倾向于选择品位消费，比如选择那些有突出文化内涵、表现生活品质的产品。许多商家也通过引发消费者自豪感来获得更多的关注。在阿迪达斯的"这就是我"系列广告中，阿迪达斯针对年轻消费者被公众贴上的"太傲慢""太浮夸""太完美"等标签，通过"太不巧，这就是我"这句台词给出对年轻消费者的肯定，通过激发出年轻消费者的认同感和自豪感，增加他们的品牌忠诚度。兰蔻的奇迹香水的经典广告语——"天地间，你就是奇迹"，同样激发出消费者的自豪感，也非常符合其高贵的品牌形象。

2. 负性情绪

虽然正性情绪体验是人们常常追求和向往的，为了从大量的营销活动中脱颖而出，越来越多的商家开始另辟蹊径，考虑激发消费者的负性情绪。我们主要介绍五种和消费者行为紧密相关的负性情绪，包括悲伤、后悔、恐惧、内疚和尴尬。

悲伤是最常见的负性情绪。前面我们提到，相比于高兴情绪共享下的人际联结，在悲伤情绪的社会共享下，人际联结水平更高。这种联结也深刻体现在消费行为中。有人收集了网易云音乐中 44 万多条乐评，通过对其进行分析后发现：其中半数以上的评论，与"孤独""痛苦""伤心"等负性情绪挂钩，而上热评最多的用户，其乐评抒发的情感也以"后悔""悲伤"为代表。事实上，这种悲伤略带煽情的氛围反而将网易云音乐用户紧紧地联结在一起，这也是网易云音乐收获大批粉丝的重要原因之一。

恐惧是一种基本情绪。心理学认为，恐惧是个人试图摆脱、逃避某种情境时的一种情绪体验，它反映了人类的本能。当遇到危及人身安全的事物时，出于恐惧，我们会本能地做出逃跑、后退等行为。当人们感到恐惧时，通常会有一种无助的弱小感，并希望得到外界力量的干预。因此许多广告会通过激发消费者的恐惧，接着将想要推销的产品或观念作为解决这一问题的方案，促使消费者对其产品或观念产生信任感，从而达到其推广目的。例如电脑上的杀毒软件通常会提醒你："你的系统有安全风险，请及时查杀。"电视上耳熟能详的"亮甲"产品广告："得了灰指甲，一个传染俩。问我怎么办？马上用亮甲！"以及采用夸张标题来夺人眼球的推广性文章，如《警惕！不会这种洗脸方式的人都长痘了！》。

后悔指的是人们将既定结果与更好的结果相比较而产生的一种自责。在消费环境中，人们既可能因为决策的损失而后悔，也可能因为没有在有利的情境下更多地投入而后悔。许多商家也针对后悔情绪开展了一系列的营销活动，例如在淘宝"双十一"活动中，派发大量的优惠券和赠品，借此不断地告诉消费者，"双十一"就是最合适的购买时机。许多消费者为了不让自己后悔，就会购买大量的产品。而为了预防消费者在购物后后悔，许多网购商家也会贴心地给没有享受到优惠的消费者返差价、提供无理由退换货等服务。保健品的广告也经常调动消费者的后悔情绪，并且提供了解决方案：如果你不想后悔，请购买保健品。

内疚指的是个体在社会环境中由于关注他人对自身或自身行为的评价所产生的一种情绪，它来源于个体对自我的一种负面评价。研究发现，在内疚情绪下，消费者更偏好享乐型产品而不是实用型产品，并且内疚情绪可以显著提升消费者在消费享乐型产品过程中获得的满足感。例如，对于正在减肥的消费者来说，吃巧克力是一种"自我纵容"，但同时也会带来更多的快乐。又比如，人们都知道抽烟有害健康，不过，即使不被长辈认可，很多年轻人仍然乐于去尝试。内疚营销则是通过营造心理情境、制造心理落差，增加摆脱禁忌和束缚的冲动和刺激，从而起到拉动内疚个体消费的作用。例如劲酒的这句经典广告词——"劲酒虽好，可不要贪杯哦"，看似在提醒消费者不要多饮、贪杯，其实巧妙地勾起了消费者跃跃欲试的欲望，其结果可能是真的贪杯。

尴尬是个体理想身份与表现出来的身份之间存在差异的产物。在社会交往中，人们会根据所处场合的规则约束自己的行为。如果人际交往中每个个体的行为能够与这些设想中的规则相一致，交往得以顺利进行；而当个体的行为与规则不一致时，尴尬就会产生。虽然尴尬是一种令人不舒服的心理状态，但研究发现，尴尬的表情能修复社交关系，并且更容易得到他人谅解。例如，当一个人撞到超市的指示牌时，比起面无表情，当他表现出明显的尴尬表情时，人们会对其做出更积极的评价。消费者的尴尬情绪如何影响消费者的消费行为呢？在购买意愿上，尴尬会对消费者的购买意愿产生负向影响。例如人们为了避免在购买或使用仿品时被他人发现或察觉而引发尴尬，会降低消费仿品的意愿。因此，也催生出越来越多"以假乱真"的假冒商家、第三方鉴定平台。此外，当服务人员引发消费者尴尬时，会降低消费者对店铺的再次惠顾意愿。尤其是当服务人员批评了消费者或侵犯了消费者隐私时，消费者就更可能抵触其服务。在产品选择上，尴尬的消费者也会更加钟爱那些能象征性地修复自己面容的产品，例如修护型化妆品等。最后，尴尬还会影响消费者的购买渠道选择。比如对于避孕套等引起尴尬的产品，消费者更倾向于在线上购买，以避开他人的注意。

情绪与消费者行为的关联还体现在很多方面。如微博、百度贴吧之类的社会化媒体平台之所以如此成功，其中一个重要的原因就是它们为消费者提供了释放情绪的出口。而这也为营销者提供了商机：商家可以通过社会化媒体实时监控消费者的情绪状态，并且做出相应的反应。举例来说，相比于以往的客户满意度调查问卷、投诉邮件等方法，情感分析这项大数据技术已经被营销者广泛应用。通过在社会化媒体上搜集和分析人们描述产品或者公

拓展阅读 1.1　情感分析的商业应用

司的关键词，然后对其进行正、负性情绪的区分，营销者可以及时全面地了解消费者与消费相关的情感体验。除此之外，利用情绪捕捉技术，营销者还可以进行"点对点"的直接推送。比方说，一家啤酒经销商发现一个人在微博上写下"心情不好，想喝酒"这样的话，便可以直接发送一张电子优惠券到他的账户。当然，这可能涉及侵犯消费者隐私权的商业伦理问题。

1.5　消费与伦理

随着网络的普及，只要打开手机，消费者足不出户就能了解到最新的产品资讯。不管是在网页还是朋友圈中，营销广告可谓是无孔不入。逛小红书、上微博，总能看到同龄人晒出的好物、有趣的生活，人们不断被"种草"，"剁手""吃土"也要拥有那些尚未

拥有的产品。为了追求持续的自我满足，许多消费者通过"花呗""白条"等消费贷款来提前消费，从"月光族"变成"月欠族"。消费者经济给予了消费者太大的诱惑，于是在追求理想自我（将在第5章中探讨）的过程中，我们不可能时刻保持理性。再加上循循善诱、唯利是图的商人和不断降低的信贷门槛，消费者的欲望和权力得以被随意支配。当如马克思所说的"工业文明的消费方式打开了人的感性欲望的闸门"后，消费也不再是物品的占有和消耗，对消费作为见证身份的符号的追求超过了对物的功能的需求。这种状况也被称为"消费异化"或"异化的消费"。正是因为出现了异化的消费，消费伦理问题被提出并受到越来越多的关注。

消费伦理的本质是以道德和社会规范等手段去引导、规范人们的消费行为，进而形成个人健康的消费观以及整个社会正当、稳定的消费观，并最终形成反映消费者对美好生活期待与向往的消费理念。本节主要从商业伦理和消费者伦理两方面分别来探讨消费领域的伦理问题。

商业伦理是指导商家在市场中行为的准则和规范。近年来，社会公众对于商业伦理问题越来越关切，他们要求企业在追求自身利润最大化的基础上，也承担起应有的社会责任。这其中，就有不少问题与消费者行为密切相关。相信大家都有过类似的经历：原本并没有打算购买某款产品，但看了广告之后，突然就有了购物的冲动。那么，请大家思考一个问题：如果消费者对于特定的产品原本并没有需要，营销者有办法创造这个需要吗？可能很多人的答案都是肯定的。那么让我们来举个例子。一位女士在看到女性剃须刀的广告之后，她会选择购买吗？相信大家都会给出否定的答案。营销者们认为，他们从来都无法创造原本并不存在的需要；他们能够做的，是通过传达信息，唤醒人们内心中沉睡的需要，让人们意识到这种需要的存在。而这，正是市场营销的魔力。

市场营销的力量是巨大且影响深远的，这也引发了许多商业伦理方面的争议，比如一个非常典型的议题：广告是否导致了物质主义的盛行？众所周知，营销者在广告中总是尽可能地强化一款产品的吸引力，所以有社会舆论谴责他们，认为是这种营销方法让整个社会变得更加浮躁、更加物质化。你是否同意这一观点呢？营销者们并不认同。所有的产品都是用来满足消费者已经存在的需要，广告只是起到传递信息的作用，也就是告诉消费者，他们可以通过购买特定的产品来满足这种需要。

2020年12月，京东金融的借贷短视频因价值观扭曲引发了社会公众的口诛笔伐。果壳网创始人姬十三就曾在微博上发表这样的评论："京东金融这样的广告视频，不是第一个，也不会是最后一个。广告诉求是要打人性中的最弱点——快速暴富、贪心。为了追求不断'精进'的效果，难免就会演化出这样的产物。信息流里如何投放视频以达到最好的转化效果，背后是巨大的产业。无数'聪明人+系统'，日复一日快速迭代，不断A/B测试，为的是让你在刷娱乐视频的时候，在广告条目多停留0.1秒，多转化1%的人点击广告。针对什么人群、什么心理，无一不在计算范畴。这样的系统，想要'攻击'人性弱点，如果毫不受约束，很难不'有时'产生'极致'畸形的结果。但凡体系想要让你沉迷，个体几乎没有招架之力（除去小比例的群体）。想起有个同事参加家长会，对老师说，'指望低年级孩子们游戏自律是不现实的'，因为要对抗的是整个游戏工业背后的无数'聪明人+系统'日复一日让你沉迷的努力。孩子凭一己之力怎么可能成功？这好比你想凭一己之力，对抗食品工业百年演进，在甜食等高卡路里食物前保持克制。只有相当自律的人才可能成功。人脑演化至今，不能够对抗庞大的工业体系。"诚然，我们无法将广告等营销手段归结为导致各种社会伦理问题的罪魁祸首，但它的确对社会生活的一些方面产生了负面的影响，我们倡导营销者在进行宣传推广时注意分寸、坚守底线，正确引导消费者。

消费与伦理的另一面，是消费者的伦理问题。消费者伦理指的是为个体的过度消费行为设定必要的消费原则——人们可以消费的，未必是应当消费的。这一原则考虑的前提是人类的可持续生存。在要求企业承担起社会责任的同时，作为消费者也应当以身作则，避免做出对于我们自身及社会有害的消费行为。

一种非常普通的现象——消费成瘾，就涉及消费者伦理。消费成瘾，指的是对于特定的商品或服务产生生理或者心理性依赖。抛开沉溺于毒品、酒精、赌博等严重的成瘾性消费不提，不少人会表现出一定程度的消费成瘾，比如沉溺于微信、手机游戏，这可以概括为对科技的成瘾。对于商家来说，这种成瘾性消费似乎是件好事，但对于消费者而言并不尽然，因为这意味着消费者失去了自我控制能力。因此，各国政府都出台了相关规定，要求商家对用户的成瘾行为加以限制和约束。比如，我国要求网络游戏平台接入防沉迷系统，进行实名认证，控制游戏时长等。对于商家来说，如何在不牺牲自身经济利益的情况下，兼顾社会责任，这真是一个不小的挑战。

另一个与消费者伦理有关的现象是强迫性消费（compulsive consumption），它指的是一种重复性的并且过度的购买行为。换言之，个体无法控制自己的购物欲望、疯狂消费，而不考虑后果，也就是我们常说的"买买买""剁手"行为。强迫性消费之所以不是一种健康的消费行为，是因为它有以下几项典型特征：首先，这种消费行为，已经不是为了生活所需而消费，而是由于难以控制自己的消费欲望，已经成为一种强迫性的花钱习惯，不再是消费者自发性的主动选择；其次，尽管消费者可以从中获得暂时的解脱，但这种快乐非常短暂，接下来伴随消费者的，是较长时间的悔恨与负罪感。

当人们处于负性情绪的笼罩之中，感到紧张、焦虑、沮丧或者无聊时，很可能会选择用购物时的短暂快乐充当低落情绪的解药。有大量的研究发现，在消费情境中我们真正感受到的快乐，其实只有一小部分是购物直接带来的，更多是由我们在购物时产生的憧憬带来的。这份憧憬源于我们对未来使用这些新产品时的情景的想象，是我们对未来的美好期许。遗憾的是，这份期许却很容易让人失去理性，走入重复性、过度消费的怪圈。要走出怪圈，归根结底我们要从自身入手。当心情糟糕时，我们要明白，在生活中出现低落情绪是人之常情，没有人能永远春风得意、激情澎湃。首先，我们要意识到这是正常现象，学会和自己和解。接下来，我们应当选择其他渠道，从低落的情绪中走出来。比如多参与运动锻炼，一方面，可以暂时性的转移注意力，不去想那些烦心事；另一方面，有科学研究显示，人在运动时会分泌多巴胺，它会让我们感到更快乐，从而击溃低落情绪。

除了强迫性消费、把消费当作负性情绪的解药，作为消费者，我们还应警惕透支消费。当周围现实的一切都与"消费"挂钩的时候，更要保持自己的理智。当收入无法匹配消费欲望时，想要实现自己的理想生活，"买买买"并不是一条捷径，甚至可能因为过度消费，而陷入消费贷无法自拔。消费者应该保持"适度、合适、匹配"的消费伦理观，让使用价值重新成为消费的主要目的，而不是以占有欲支配消费行为。这样的消费更本真，也更接近人的本质和新时代经济生活的本质。

本章小结

消费者行为指的是个体或者团体为了满足需要或者欲望而选择、购买、使用并且处置商品、服务或体验的过程，它包含购买之前的选择、购买本身、购买之后的使用和处置。

商品被生产出来，是为了满足消费者的需要。消费者对于自身需要的感知是不明朗的，因此营销者不能完全依靠消费者的回答来了解其需要。营销者要想方设法洞察消费者的需要，同时不应被消费者不明朗的需要感知和表达所约束。

动机作为影响消费者作出购买决策的内在因素，以需要为基础。当人的某种需要没有得到满足时，它会推动人去寻找满足需要的对象。应注意，在营销活动中为消费者由内在动机驱动的行为提供外在奖励可能会适得其反，破坏其内在动机。

好的产品设计不仅应满足消费者功能上的需要，更要引发消费者情绪上的共鸣。情绪能激励人的活动，积极的情绪通常对行为有促进作用，消极的情绪通常会对行为有抑制作用。在消费环境中营造恰当的情绪，有利于促进消费者后续的消费行为。

在消费与伦理问题中，消费者在要求企业承担起社会责任的同时，也应以身作则，避免做出对自身及社会有害的消费行为，比如消费成瘾、强迫性消费。

案例分析

李宁公司品牌重塑的"悟道"历程

线上资源

本章测试

第 2 章

消费者决策

作为消费者，你在选购不同类别的产品时，或者在不同情境中选购同一产品时，是否会始终坚持同一种策略？如果不是，有哪些因素在影响你对策略的选择呢？如果这个问题过于抽象，我们把它具体化一下：你在购买汽车、矿泉水和 T 恤衫时，分别是如何做出购买决策的？在策略的选择上什么区别吗？商家在制定营销策略时有必要理解消费者做出购买决策的过程。而消费者在面对不同产品时，确实会选择不同的决策策略，就像消费者决定购买一栋房屋与购买一瓶矿泉水时，往往会经历截然不同的两个决策过程，这其中的决定性因素就是涉入度。

消费者的决策策略可以划分为认知性、习惯性和情感性三类。认知性决策指的是经过理性、深思熟虑并且按照步骤做出的决策。相比之下，习惯性决策是在无意识状态下自动做出的。情感性决策是基于强烈的正性情绪在一个瞬间完成的。产品的涉入度对于消费决策策略的选择具有重要的影响：假如我们购买的是一个低涉入度产品，比如一瓶矿泉水，通常我们会做出习惯性决策。假如我们考虑的是高涉入度产品，比如一辆汽车、一台电脑、一部手机，一种情况是我们会去搜集足够多的相关信息，通过对相关信息的分析和整合，基于理性做出认知性决策；另一种情况是我们本身对某种品牌已经产生了强烈的正性情绪，比如作为"花粉"或者"果粉"，我们可能会基于这种正性情绪做出情感性决策。在本章，让我们深入洞察消费者决策。

◇ 学习目标

1. 消费者涉入是什么？产品涉入度高或低有着怎样的表现？
2. 影响涉入度的因素有哪些？
3. 涉入度是如何影响消费者决策类型的？
4. 消费者的认知性决策是如何做出的？
5. 对于消费者来说，选择是越多越好吗？
6. 个体在做出习惯性决策时常用的"启发式"有哪些？
7. 消费者可能会做出哪些非理性的决策？

2.1　消费者涉入

1985 年，可口可乐公司的管理者宣布将改变可口可乐的老配方，推出"新可乐"，并宣称"新可乐"的味道更加甜美，更接近于消费者在盲品试喝时偏好的百事可乐的味道。这似乎只是对一种价格低廉、看似没那么重要的软饮料做出的一点小小改变，然而忠实的可口可乐拥趸们感到非常愤怒，自发组织起来要求可口可乐恢复老配方。为什么消费者会更关心一些产品和品牌，而不是其他的产品和品牌？为什么有些消费者会非常主动地搜寻某产品的相关信息，而其他消费者却对该产品没有任何的兴趣？在消费者行为中，这些问题都与消费者的涉入度有关。

涉入度的概念最早是为了衡量个体态度而被学者提出，克鲁格曼（Krugman，1965）首先将涉入度的概念引入营销领域，并提出涉入度是信息接收者将广告信息与个体生活经验相联结的次数。不过，学者们对涉入度给出的定义并未达成一致。米塔尔（Mittal，1983）认为涉入度指的是个体对于某一目标或活动的意向，反映个体对目标或活动感兴趣的程度；扎科夫斯基（Zaichkowsky，1985）则提出涉入度是个体基于自身需要、价值观和兴趣而对某事物感知的相关程度。总的来说，涉入度是一种心理状态，尽管在开展具体研究时学者会根据不同的对象以及情境而对涉入度作出不同的阐释，但它的核心是表明个体与某一事物或活动的相关程度。

消费者行为学中所说的涉入度指的是个体对于客体的重视程度，或者客体对于个体的重要性，它衡量了消费者对某一产品的关注和感知重要性，比如该产品是否在很大程度上代表了消费者的自我形象、价值观念，是否具有较大的经济价值、功能价值等。在消费决策中，涉入度有高、低之分。我们可以通过注意力水平、消费过程中信息搜索或加工所付出的时间和努力程度，以及产品潜在价值的大小来界定涉入度的高低。比如同样是选购汽车，如果汽车对你来说是高涉入度产品，你会非常重视对其的决策，并在购买前充分做好功课，了解清楚它的性能和各项指标。反之，如果你并不在意它的话，很可能仅凭自己对颜色的喜好来做出选择，这就成了一种低涉入度的决策过程。从这个例子中可以看出，消费者的涉入度充分体现了其对该产品的重视程度，并反映出消费者对于产品的关注与感兴趣程度。

2.1.1　涉入度与消费决策

当我们的衣服被水打湿，需要购买一包纸巾时，通常会在货架上随意选择，并不会深思熟虑。这种涉入度最低的消费决策被称为习惯性消费，在这种情况下，消费决策是通过惯性做出的。也就是说消费者经常购买某种品牌的产品是基于习惯，没有花费太多精力在挑选、比较上，因为消费者缺少认真比较备选产品的动机。在惯性消费下，消费者的品牌忠诚度是较低的，当有新的更吸引人的包装或宣传时，消费者很容易就会转换品牌的选择。对于低涉入度决策，消费者的价格敏感性非常高，由于品牌之间的差别很小，消费者常常仅基于价格就决定是否购买。因此，低价、优惠券、赠品活动就足以影响到消费者的决策。惯性消费在超市购物中非常常见，体现为折扣活动、陈列位置、试用活动、产品外包装等因素对消费者影响很大。

当一个品牌是市场上的领军品牌时，鼓励惯性消费对其是最有利的，因为在低涉入消费决策中，消费者常常会因为熟悉和信赖而购买领军品牌的产品。不那么知名的品牌则可以突出自己的独特性、推出优惠活动等，从而吸引消费者的眼球。

与之相对的一种高度涉入的消费决策被称为认知性决策，也叫复杂决策，一般来说在购买电脑、保险、汽车等高价值、与个人密切关联的产品时，消费者会采用认知性决策的策略。认知性决策包括以下步骤：问题识别、搜集信息、评估信息、购买决策、购买行为、购后评价。首先，消费者为了满足某种需要而产生消费的动机。比如晕车的乘客，需要购买晕车药才能继续乘车。下一步是通过搜集信息以确定备选方案，然后做出选择，即乘客可以通过上网搜索哪种晕车药效果更好、安全性更高来选购某一款晕车药。最后，消费者实施其决策并在决策后进行评价。例如乘客购买并使用了某品牌晕车药之后，发现该晕车药很快就起效果了，最终产生对该产品的正面评价。在认知性决策下，消费者高度参与到对产品的购买过程中，因此需要处理大量的信息，对于营销者来说，及时提供给消费者真实且满足其需要的信息非常重要。网购平台的兴起，使得人们花费越来越多的时间在网店里浏览产品，但是他们对于"买家秀"与"卖家秀"之间存在巨大差距的担忧增添了消费的不确定性。因此，许多网购平台开放直播间实时展示产品全貌以及使用效果，让消费者可以直观、快速地了解产品的信息，从而有利于促进消费者做出购买决策。

在高涉入度的极端状态下，消费者完全沉浸在消费决策过程中，这种状态被心理学家称为心流。当人们达到心流的状态时，他们全神贯注地投入到一项活动中，体验到一种掌控感以及精神的愉悦，并且感受不到时间的流逝。当你在使用一款商品或服务时，是否达到过心流的状态呢？我想答案是肯定的，玩游戏的过程便是一种最典型的心流体验，除此之外，跳舞、打篮球、下棋等个体热爱的日常活动也可以使个体达到心流状态。在选购产品的过程中，其实也可以获得心流体验，这种情况通常出现在选购自己非常感兴趣或者心仪的产品时，比如一位摄影发烧友，就很有可能会在选购相机和镜头时达到心流状态。

决策的心流体验或许没那么常见。在消费体验中，心流体验可以吸引消费者主动、持续地参与，并减少消费者对于价格的敏感度。举例来说，迪士尼、哈利·波特等情景类主题乐园通过布置和设计让主题故事演绎得更加逼真，使旅游产品更具有新奇感和沉浸感，从而让游客进入心流状态。密室逃脱、剧本杀、沉浸式戏剧等产品也通过引导消费者进入心流状态，让消费者在想象和现实两种维度都能真正参与到故事中，从而受到众多消费者的青睐。

2.1.2 消费的涉入度类型

消费涉入度分为几种不同的类型，常见的有产品涉入度和信息涉入度。接下来，我们分别进行介绍。

1. 产品涉入度

产品涉入度指的是个体对于产品的重视程度，或者产品对于个体的重要性。当产品被消费者认为可以反映自我形象，并且具有高成本及高度决策风险时，就会增加产品涉入。高产品涉入会使消费者经历持续时间更长、更复杂的选择过程，在不同产品的特性中寻找最大期望满足点，并主动、积极寻求各种可行方案，留意产品的信息来源，并对各品牌间的差异进行比较，最后做出选择。对手机涉入度较高的消费者，会去搜寻大量不同品牌的手机信息，他们可能逛更多的商店，观看更多的开机视频、更多的广告，花更多时间和精力进行品牌的评估和比较。而面对低涉入产品，比如购买一盒口香糖，消费者只须在货架上浏览一下熟悉的品牌里自己想要的口味即可。在低产品涉入下，消费者是信息的被动接受者，基本没有主动的信息搜索步骤，做出决策的过程更加简单。

此外，当消费者感知到潜在的风险，并且希望通过使用一款产品消除这种风险时，该产品对于消费者来说就是高涉入度产品。在广告中，营销者经常利用到消费者的这一心理，通过在广告中强调其产品具备降低风险的功效，来获得消费者青睐。比如，止汗喷雾的广告常常会强调其产品具有降低社交风险的功效，能够让你避免因出汗而在社交场合产生尴尬。一款防脱发产品会通过向消费者强调其可能面临的脱发风险，从而推销其产品。在一则本田汽车的广告中，商家通过展示几种人们极力希望避免的情况，来试图告诉消费者：如果你不希望让你的约会伙伴苦苦等待，开会时不得不坐在老板身旁，因迟到而错过航班，那么，你应当选购本田汽车，从而降低迟到所带来的风险。

对于大多数的商家来说，消费者对其出售的产品具有高涉入度都是一件好事。由于选择错误产品的风险极大，代价极高，只要你的产品质量过关、能够让消费者满意，消费者就很容易形成品牌忠诚度。因此，商家也想方设法地提高其产品的涉入度，大众化定制就是其中一项成功的举措。大众化定制不同于私人定制。后者是为每一位顾客量体裁衣，这样的高附加值服务固然可以增强消费者的满意度，却在很大程度上增加了生产成本。此外，私人定制产品的价格不是普通的消费者可以承受的，也注定不能获得大多数消费者的青睐。大众化定制是建立在较大规模的消费者基础之上的，当一款产品拥有足够多的消费者时，商家就可以允许消费者按照自己的偏好定制产品。比方说，在耐克的官网上，你可以自行选择运动鞋的款式、图案、颜色（见图 2.1）；在苹果的官网上，你可以为自己订购的笔记本电脑，选择配置更高的声卡、显卡、硬盘，甚至定制雕刻的图案。这种大众化定制，增加了消费者的产品涉入度，从而也牢牢地抓住了消费者的心。

不同的产品涉入度也会影响到消费者对于广告的看法。对于低涉入度产品，消费者更容易去注意或感知广告的趣味性等特点，从而激发愉悦的情绪体验，并由此改善对其广告和产品的态度、被广告说服。但对于高涉入度产品广告的刺激，消费者更倾向于保持理性的态度，看重信息的专业性和可信度，诸如网络语言的有趣运用等因素并不会对高涉入度产品产生显著的说服效果。因此对于低涉入产品，营销者应在广告中更多使用知名代言人或典型消费者代言人；而对于高涉入产品，应选择专家代言人，从而赢得消费者更大的信任。

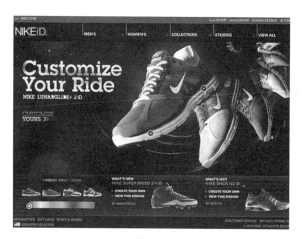

图 2.1　耐克提供的大众化定制举措

图片来源：耐克官网

2. 信息涉入度

信息涉入度指的是消费者对于不同信息媒介的关注程度。事实上，消费者对于不同信息媒介的关注程度是有很大差异的。电视是低涉入度的媒介，尽管观众可以换台，却无法选择电视播放的内容。相比之下，纸质媒介和手机是高涉入度的媒介，因为人们可以主动介入信息的处理，并且灵活地把握信息处理的节奏。一般认为，高信息涉入度媒介能增强广告的说服效果，假如商家将产品广告投放到低涉入度的媒介上，则应当想方设法吸引消费者的注意力，比如邀请明星作为产品代言人、重视用户生成内容。比如在现实生活中，电影院里正式播放电影之前总会有几个贴片广告，此时观众基本入座，即使对这些广告信息心存抵触，但也不得不耐着性子把广告片看完。又比如，在电视综艺节目中最令人紧张的淘汰环节，主持人常常会卖关子说："到底结果如何呢？广告之后为您揭晓！"此时不想错过答案的观众只能等待广告片结束。此外，还可以创造新的、意想不到的信息媒介，比如公交车座位的背面、安装在汽车车身上的移动 LED 投屏以及飞机的机身。这些意想不到的信息媒介，可以很好地抓住消费者的眼球。

2.1.3　影响涉入度的因素

消费者在购买过程中的涉入度受到许多因素的影响，例如价格、兴趣、认知风险、情境因素和社会的可见性等。其中，扎科夫斯基（Zaickowsky，1985）将影响涉入度的因素划分为个人因素、产品因素和情境因素三类。

（1）个人因素。主要包括性别、年龄、收入、学历、价值观、自我概念、对该事物的需要与兴趣、产品知识和先前的使用经验等。消费者对其特别感兴趣的产品，会主动去搜集相关的信息和情报，涉入度通常很高；而面对兴趣较低的产品时，就会较为随意地做出决策，涉入度往往很低。例如，面对纯牛奶这款产品，有的消费者关注成分，重视其营养价值，会进行仔细的挑选，此时的涉入度较高；有的消费者则认为不同品牌的纯牛奶没有很大的差别，在品牌的选择和更换方面较为随意，此时消费者在购买过程中表现出的涉入度较低。此外，研究发现收入与消费者的涉入度呈负相关关系，收入较高的消费者常常有较低的产品涉入度。

（2）产品因素。主要包括产品价格、认知风险、功能性、品牌象征意义、媒体形态等几个方面。产品因素通过影响消费者对于产品的关注以及产品与消费者自身相关联的程度而导致涉入度的变化。通常来讲，产品价格越高，涉入度越高。消费者刚开始使用产品时，可能遇到的风险越大，涉入度就越高。另外，正如之前介绍过的那样，消费者接收产品信息的媒介类型也会影响消费者的涉入度。研究发现，消费者对杂志广告的涉入度高于电视广告，因为相较于电视广告，人们可以自主性地控制杂志广告信息出现的次数及时间长短。此外，如果产品自身技术较为复杂，消费者了解和掌握的产品知识较少，例如普通消费者在选购电器时通常不具备相应的产品知识，这种情况下消费者对该产品的涉入度就会明显高于纸巾、保鲜袋等日用品。

（3）情境因素。情境因素是影响个体的内在因素未能涵盖的场景性因素，主要涉及外部实体环境、消费的社交环境、时间因素、行为目的、顺序状态等。消费者在不同的情境下可能会对品牌及其产品表现出不同的关注程度。比如在顺畅的网络环境下，人们可以更快速便捷地浏览信息，从而有利于提高涉入度。又比如在轻松愉悦的购物环境下，人们更愿意花费时间在产品、品牌之间进行比较并做出选择。

2.1.4　涉入度的测量

既然涉入度会影响消费者的决策策略，那么对于营销者来说，了解消费者对于特定客体的涉入度就变得至关重要。不过，消费者涉入是一个抽象的概念变量，无法进行直接测量。为此，学者们通过选取一些代表涉入程度的指标来衡量个体的涉入度，其中较为典型的是学者扎科夫斯基开发并修订的个人涉入度量表（revised personal involvement inventory），该量表包括重要性、兴趣性和相关性等 10 个测量题项（见表 2.1）。

表 2.1　学者扎科夫斯基提出的涉入度量表的中英文对照

英文版			中文版		
Buying ×× is _____			购买×× _____		
1	important to me	unimportant to me	1	对我而言很重要	对我而言不重要
2	boring to me	interesting to me	2	对我而言很无聊	对我而言很有趣
3	relevant to me	irrelevant to me	3	对我而言很相关	对我而言没有关系
4	exciting to me	unexciting to me	4	对我而言让人激动	对我而言不令人激动
5	means nothing to me	means a lot to me	5	对我而言没有意义	对我而言富有意义
6	appealing to me	unappealing to me	6	对我而言有吸引力	对我而言没有吸引力
7	fascinating to me	mundane to me	7	对我而言令我着迷	对我而言很平凡
8	worthless to me	valuable to me	8	对我而言没有价值	对我而言很有价值
9	involving to me	uninvolving to me	9	对我而言让我有参与感	对我而言没有参与感
10	not needed to me	needed to me	10	对我而言完全不需要	对我而言很有需要

注：10 点量表，第 2、5、8 和 10 项反向计分。

时至今日，最常见的测度涉入度的方法仍然是请目标消费者填写问卷，让他们评价一个客体对于他们来说有多重要。这种方法比较简便，但也有许多弊端。第一个弊端是问卷的发放可能没有代表性，这样会导致结果并不可靠。第二个弊端是消费者不一定充分了解自己，因此很难真正从消费者口中了解到真实的涉入度。在大数据时代，网络平台记录了消费者的海量数据，营销者了解消费者的涉入度变得易如反掌。他们可以分析消费者的浏览记录，关注消费者在做出购买决策之前搜索、比较了多少个备选项，以及产品在购物车中停留了多长时间，从而了解消费者的涉入度水平。

2.2　认知性决策

认知性决策是消费决策的三种类型中最重要的一类。认知性决策是指基于理性的深思熟虑并经过特定步骤完成的决策。一个典型的认知性决策包含若干个阶段，最终消费者从一系列备选项中选择其中之一。认知性决策包含的四个重要步骤为问题识别、信息搜索、备选项评估和产品选择。以手机为例，假设你觉得自己目前正在使用的手机的拍照功能不够强大，已经无法满足你的需要，并且意识到自己需要换一个新手机，这就是认知性决策的第一个阶段：问题识别。接下来，你上网搜索了大量信息，了解了目前市场上主流的手机型号，这就是信息搜索阶段。第三个阶段是对备选项的评估阶段，通过比较若干备选项各自的优势、劣势以及品牌和产品口碑，进而进入第四个阶段，在一系列备选项中做出产品的选择。当然，这只是一次认知性决策的结束，随着时间的推移，你可能觉得更换后的手机过时了，或者手机技术出现了突飞猛进（比如 5G 时代的到来），这些都将促使你进入新一轮的认知性决策。接下来，我们分别讨论认知性决策的四个阶段。

1. 问题识别

问题识别指的是，消费者发现当前状态与理想状态之间存在差距。相应地，问题识别有两个不同的来源，一个是需要识别，另一个是机会识别。需要识别指的是理想状态不变，但当前状态下降。比如牙膏快要用完了，你需要囤一支以备不时之需；再比如你乔迁新居，需要购置大量的家具。机会识别指的则是当前状态不变，但理想状态上升。提到机会识别，还记得你第一次出国的体验吗？如果出国旅游给你带来了极大的震撼，你意识到还有另外一种生活方式，自己可以通过在海外求学进一步提升自我，这就是机会识别。又比如身边的朋友都换上了炫酷的新款手机，这激发了你对于使用新手机的想象，从而引发你购买新手机的动机。机会识别为营销者提供了绝佳的营销契机。比如一句"你值得更好的"。简短的一句话，却能激发出消费者对于美好生活的无限向往，这就是机会识别的力量。

2. 信息搜索

认知性决策的第二个步骤是信息搜索，即搜索产品相关信息。根据信息渠道的不同，可以分为内部搜索与外部搜索两类。内部搜索指的是，从记忆库中搜索产品的已知信息，这需要调动大脑中对于品牌、产品的记忆；外部搜索则有很多不同的信息来源，包括广告、身边的朋友，甚至是在商场中观察到的其他消费者。在消费过程中，消费者会感知到各种风险，比如：有的产品价格很高，选购伴随着较高的金钱风险；有的产品使用方法非常复杂，一旦错误使用就无法实现其功能，这类产品伴随着较高的功能性风险；有的产品（比如服装）的使用会向外界传递使用者是怎样的人的信号，这类产品伴随着较高的社会性风险。消费者感知到的风险会显著影响他们进行信息搜索的时间和深度：当我们在选购对于我们来说非常重要或者风险很高的高涉入度产品时，我们倾向于进行更为深度的信息搜索。

有趣的是，对于消费者而言，并非信息搜索的深度越高越好：前期进行了过多的信息搜索，反而会影响我们使用产品时的体验。设想你和伙伴一起到欧洲自由行，你负责策划线路、预订酒店，你的伙伴只需要整理好心情出发，那么有很大概率你的小伙伴要比你更享受此次旅行的过程。对于他们来说，处处都是惊喜；对于你来说，提前了解的大量信息很有可能会在无形中拉高你对旅程的期望，当出现未能达到预期的状况时，对于旅程的体验感就会降低。在心理学中，这叫作幸福的无知者效应，指的是有时我们知道的信息少一点，反而会更幸福。

在现实生活中，消费者并不总会进行最为深度的信息搜索。一方面取决于他们的决策目标，其追求的是最优解，才会尽可能多地搜集信息；如果追求的只是满意解，则不会这么做。另一方面，行为经济学的大量证据显示，消费者是不可能做到完全理性的，因为时间以及获取并记住信息的能力是有限的，消费者很可能只能进行有限程度的信息搜索，基于启发找到相对来说较满意的解决方案。

3. 备选项评估

认知性决策的第三个阶段是备选项评估。让我们先来做一个小测试：尽可能多地列举出你所知道的手机品牌。你可能马上会想到苹果、华为、三星、小米、OPPO、vivo，等等。然后，你或许会发现自己一时间想不出更多的手机品牌，过了很久才想到了锤子和黑莓。第二个问题是：在以上列出的品牌中，你真正考虑购买的品牌有哪些？通常情况下，尽管你知道很多品牌，但只会考虑其中的一小部分。刚才的小测试其实引出了消费者行为学中两个重要的概念，分别是唤醒集和考虑集，唤醒集包括消费者知道、能够想到的品牌集合，考虑集指的是消费者真正会考虑的品牌集合，考虑集是远远小于唤醒集的。对于品牌来说，首先要被消费者记住，也就是进入消费者的唤醒集，在此基础上还要被其认可，才能进入考虑集，可谓是任重而道远。此外，品牌在成功地进入到消费者的考虑集之后也不能轻易松懈，还必须特别关注产品的质量。一旦出现负面新闻，该品牌可能会在很长时间内被消费者置于考虑集之外。

被消费者放在同一个唤醒集当中的产品，通常具备很多相似之处。正是因为相似，消费者更容易在特定的消费情景中想起这些产品。产品在认知上的归类对于营销者也有重要的意义。一方面，它可以帮助商家对自己的产品进行定位，比如之前我们讨论过的Pepsi A.M.，百事可乐的这款产品就把自己定位成了早餐时橙汁的替代品。另一方面，产品分类可以帮助商家识别自己的竞争者。从经济学角度看，观看芭蕾舞表演和打高尔夫球绝对不互为替代品，因为它们的功能有很大差别，但在营销者眼中，它们却是实实在在的竞争者。原因在于，它们的目标消费群体都是中产阶级，又都被划分为到了享乐型产品的心理账户中。由于这一心理账户的预算有限，当人们把钱花在了购买芭蕾舞表演的门票上时，可能在那个周末，就不会选择再打高尔夫球了。因此对于营销者来说，了解产品在消费者认知上的分类是非常重要的。

在评估备选项的阶段，备选项的数量会对消费者的决策以及产品满意度产生重要的影响。作为消费者，你希望自己的选择是越多越好还是越少越好呢？许多消费者都希望有更多的选择，但其实选择并不是越多越好。假如你在超市选购一款果酱，一种情况下你面对 5 种选择，另一种情况下你面对 20 种选择。哪种情况下，你更可能购买到满意的果酱呢？事实上，消费者面对相对较少的选项时，更有可能做出令自己满意的选择。这里的结果可能会有一点反直觉，但大量实证证据显示，当消费者面对过多的选择时，会产生很高的认知负荷，出现选择过载的现象。在这种情况下，人们往往会对没有选择的产品产生好奇，抱有执念，因此更有可能对自己的选择后悔，从而难以做出令自己满意的选择（见图 2.2）。学者们发现，当可供选择的数量既不是太多也不是太少时，消费者才更有可能找到自己满意的选择。这一发现，或许值得商家深思。

图 2.2　消费者面对过多选择时，会承担很高的认知负荷，难以找到满意解
图片来源：Pexels

除此之外，研究者还发现，通常情况下，过多的选择还会使消费者从享乐型产品转向功能型产品。这是因为在选择过多的情况下，消费者需要寻找一个足够正当的理由来减轻选择困难所带来的心理负担，来让自己快速做出选择。功能型产品的功能属性，就可以充当消费者的正当理由。例如，当面对过多的饮品选择时，你可能会倾向于选择鲜榨蔬果汁而不是奶昔、冰激凌，因为选择鲜榨蔬果汁显然有更加正当的理由——对健康有利，这一正当理由有助于消费者迅速做出选择。不过，当我们赋予了选择享乐型产品一个正当理由时，这种效应就会产生反转。例如，当你通过了练习已久的驾驶证考试时，广告告诉你要犒劳自己，你就会更倾向于选择奶昔、冰激凌，而不是鲜榨蔬果汁。

4. 产品选择

认知性决策的最后一个阶段是产品选择。在这一阶段中，人们可能遵循截然不同的决策准则。在这里我们着重讨论两类决策准则，分别是非补偿性准则和补偿性准则。非补偿性准则指的是，消费者在考虑消费的目标对象时，不允许产品在某一属性上的缺点或弱点由其他属性的优点来弥补。也就是说，一旦一个品牌在一项重要指标上未达到标准，就会被否决。比如，有的消费者会选择只认大品牌，那些小品牌的产品，即使质量过关、价格更低，也不会引起这些消费者的注意，更不会被选择；再比如说，有的消费者只选择包含某种特定成分的护肤品。通常情况下，当我们对一个产品的熟悉程度一般，或者缺乏足够的动力去处理复杂的信息时，会选择非补偿性准则。遗憾的是，这种准则通常不能带来最优化的消费决策。相反，如果我们采用的是补偿性准则，则会把产品看作一个整体。每款产品都有缺点，只要一款产品优点远大于缺点，就有可能被选择。让我们一起来思考下面的例子。外出采购食材时，我们看到了一袋因过熟而打折的进口甜香蕉。尽管它存在明显的不足，既没有那么新鲜，也不利于长期储存，但它性价比高。假如我们最终买下来这些打折香蕉，应用的就是补偿性准则，用其低价的优点补偿了不利于长期存放的不足；如果我们非常看重食材的新鲜程度，把它作为决策的首要标准，最终因为香蕉的新鲜度不符合标准而放弃购买，应用的就是非补偿性准则。大量证据显示，采用补偿性准则的消费者一般具有较高的涉入度，也更有可能做出最优的消费决策。

【思考题】 回顾一下你的日常消费经历，你通常采用的是哪一种决策准则？

2.3 习惯性决策与情感性决策

相比于认知性决策过程中较为理性的问题识别、信息搜索、备选项评估，最后做出一个最为满意的选择，习惯性决策更多是依靠经验、记忆和感觉，情感性决策则更多是依靠消费者决策期间的情绪体验。这三种决策类型在现实生活中都很常见。

2.3.1 习惯性决策

习惯性决策是指消费者在购买涉入度低并且品牌差异小的产品时常做出的购买决策。一般来说，消费者对于功能简单、购买频繁、有多种替代选择、品牌差异小的产品会采用习惯性决策。由于消费者在此类决策中认为自己没有必要去深入收集信息、评估选项，因而在日常生活中经常会根据经验法则来做出习惯性决策。这些经验法则，在学术研究中有一个专业术语"启发式"（heuristics）。消费者在做出购买决策时，经常用到的启发式包括产品信号、市场信念和原产地。

产品信号指的是根据外部属性判定产品的质量。尽管很多时候它并不靠谱，但是我们却很容易受到它的影响。在选购二手车时，我们很可能依据车身的保养情况做出购买决策，反而忽略了车的性能；当我们看到一家餐厅门前排起了长队时，我们的第一反应是它的菜品很美味。产品的品牌也是一种外部属性，比如我们倾向于认为张小泉等百年老店出产的产品，一定质量上乘。价格也是一种重要的外部属性。研究显示，尽管在盲测中，消费者并没有品尝出两款葡萄酒的区别，但消费者一旦看到了价格标签，就会倾向于认为标价更高的葡萄酒味道更好。尽管消费者拒绝承认，但他们对于产品质量的评估确实会无意识地受到价格的影响。

市场信念指的是消费者个人持有的对于品牌、产品、广告等的看法和态度。这些态度不一定是正确的，却会实实在在地影响其消费决策。一位消费者可能会认为，需要花大力促销的产品，往往质量不会很高。相应地，他不太可能会选购这样的产品。对于大多数消费者来说，优先选择熟悉品牌的产品也是一种市场信念。尽管这对知名品牌来说是件好事，品牌仍然需要深入了解这种选择背后的原因。有的消费者遵循的是市场领导者法则，认为市场占有率排名第一的品牌所生产的产品质量最好；有的消费者可能仅仅是出于惯性与惰性，他们已经养成了选购固定品牌产品的习惯，不愿意多花精力进行比较；有的消费者则是出于对品牌的忠诚而表现出重复性购买。对于品牌而言，显然第三种才是最理想的状态。

卡帕帆布鞋曾推出一则大获成功的广告，其亮点就是对原产地效应的应用。广告传递的信息是，制作这双鞋用到的帆布，产自意大利，质量上乘。要知道，当年达·芬奇正是在意大利出产的帆布上创作了著名的肖像画《蒙娜丽莎》。对于很多产品来说，在消费者的认知中都有明显的原产地效果，这其中的典型例子是腕表和红酒。对于来自某种优质产品原产地的商家，这是一个独到的优势。而对于希望进入这一市场的其他厂商则是很大的挑战。对于他们来说，或许可以反其道而行之，通过原产地效应破局：如果你生产腕表，可以雇用瑞士的工程师和技术人员；如果你生产红酒，可以与法国的酒庄签订供货协议。有了这些与知名原产地相关的元素背书，新进厂商就能在激烈的市场竞争中迈出第一步。

学术前沿 2.1

送物品还是送体验？

我们常常会在特殊的日子给朋友、家人送上一份礼物，这象征着一份良好的关系和美好的祝愿。但究竟要送什么样的礼物，却一直都是道难题。通常来说，体验式礼物（如旅行、电影票、音乐会）会带来更高的幸福感，有利于加强彼此的社会联系。但在现实生活中，人们在大多数情况下还是会选择送实物（如衣服、家具等），这是为什么呢？

一些学者对此展开了研究，他们首先让被试想象一个关系很亲密的朋友（或关系很疏远的朋友）并写下他们名字的首字母，然后给被试一个节日礼物清单。清单中包含同等价位的 10 个礼物：5 个体验性礼物（如音乐会门票、烹饪课程等）和 5 个实物性礼物（如手工钢笔、太阳镜等）。然后请被试针对每一个礼物评价将它送给其一开始想象的那个朋友的意愿。结果发现，被试更愿意给关系很近的朋友买体验性礼物，而给关系比较疏远的朋友买实物性礼物。

这意味着，送礼者和收礼者之间的社会距离会影响双方对体验性礼物的偏好。社会距离指的是两个人关系的亲密程度，包括互动的频率、互动方式的多样性和互动的强度。也就是说，只有当送礼者感觉与收礼者关系足够亲密时，送礼者才更愿意送体验性礼物，因为这种情况下能避免与收礼者个人偏好不匹配所产生的社会风险。正因为体验性礼物往往更具个性化和独特性，因此在比较了解对方的情况下，才不容易出错。当送礼者与收礼者的社交关系较远时，他们的偏好更倾向于实物性礼物，因为实物性礼物往往是更为保险的选择。

文献来源：

GOODMAN, J. K., & LIM, S. 2008. When consumers prefer to give material gifts instead of experiences: the role of social distance[J]. Journal of Consumer Research, 45 (2), 365-382.

2.3.2 情感性决策

情感性决策指的是，基于情绪反应而非理性思考做出决策。事实上，我们做任何事都会带着一定的情绪。我们购买一件产品仅仅是因为冲动或情绪的驱使，而没有去全面地搜集产品信息时，我们做出的就是情感性决策。正如在之前章节提到过的，情绪会对我们的行为产生很大影响。研究发现，当预测到决策结果会带来后悔情绪时，消费者就会拒绝可能导致后悔情绪的决策行为。

之前我们介绍过的威士伯涂料，正是因为其广告激发了消费者正性情绪，而在市场上大放异彩；我们访问售楼处时，往往会被精致装修、精心布置后的样板间深深吸引，产生正性情绪，甚至在其驱动下进行消费。另一个典型案例是可口可乐公司曾经开展过的一次非常成功的市场推广：在这一活动中，消费者只要拥抱可口可乐专属的自动售卖机，就可以免费获得一罐可乐。在后续章节中我们会介绍，拥抱带来的触觉体验，会让人们感到温暖而快乐。体验过这次活动后，消费者获得的绝不仅仅是一罐可乐，而是将可乐这款产品与正性情绪联系起来，形成一种正性的情感联结，这对可口可乐公司来说可谓以小搏大、意义深远。

学术前沿 2.2

真的是一分钱一分货吗？

消费者在购物时，如果面对两款价格差异较大的产品，通常会认为价格高的产品质量更好。在许多情况下，使用更优质原材料、更先进技术的产品有着更高的成本，因此"一分钱一分货"的观点似乎没什么问题。但有趣的是，即使面对同一个厂商生产出来的服装，在不同的价格下，即使它们的质量没有任何差别，消费者还是会下意识地认为价格高的服装拥有更好的质量、版型。在一项品尝葡萄酒的实验中，即使被试者分几次品尝了同一款普通葡萄酒，但当被试者得知每一次品尝的葡萄酒有不同的价格时，便会倾向于认为价格高的葡萄酒更好喝。这种由于价格差异，面对相同产品却产生不同感知的现象称为"营销的安慰剂效应"。

首先我们来了解一下安慰剂效应，安慰剂效应指的是患者尽管没有获得有效的治疗（比如服用一颗没有任何疗效的药丸），但由于"预料"或"相信"治疗有效，而让患病症状得到真实缓解的现象。事实上这种安慰剂效应的存在并不是因为被试在说谎，学者们通过功能性磁共振成像技术（fMRI）扫描发现，标价较高的葡萄酒可以更显著地激活大脑的奖赏系统，从而释放多巴胺，这反过来会显著提升个体的口味体验。这似乎意味着，"一分价钱一分货"的信念和期望对我们消费产品的体验的影响是真实存在的。为了进一步探究这一问题，哈佛商学院的学者开展了一项研究。

这项研究招募了 204 名本科生，参与者们被告知，如果喝下一款已经被验证了功效的能量饮料，参与者的认知能力会提升，也就是说会变得更聪明。在饮用能量饮料之前，参与者会阅读该饮料的成分列表，并被告知该饮料来自最新生产的批次。接着参与者们被分为两组，一组喝下原价购买的该能量饮料，另一组则喝下通过折扣渠道购买的该能量饮料。之后，参与者们进行解字谜的任务。结果发现，喝了原价的"能让人变聪明"的神奇能量饮料的参与者，比喝打折饮料的一组参与者解开了更多的字谜。此外，在饮用正常价格能量饮料的条件下，参与者比在降价条件下感受到更加敏锐的信息捕捉力，这与该饮料所宣扬的变聪明的作用一致。该研究还发现，高价带来的高期望导致安慰剂效应的过程是在无意识的状态下发生的。这也就解释了，为什么人们都声称自己不会因为价格而对同一产品产生不一样的评价，即使他们确实这样做了。

为什么消费者通常会认为价格和质量之间有强烈的关联？这项研究给出的解释是，价格代表了消费者期望中的一种自我实现，而这样的期望可能会导致低价产品的性能表现得较差，无论它们在客观的质量指标上是否真的更差。在现实生活中，营销人员可能会将原有的产品进行重新包装并显著提高价格，这种行为其实会暗示消费者该产品具有相比原来更大的功效，因此价格上涨是合理的，即使该产品的成分并没有发生任何变化。以上研究结果告诉我们，即使花了更多的钱买到同样的产品也不一定就是不好的，因为花费的价格高低不仅会影响我们感知的产品质量，而且事实上会影响产品在我们身上发挥的实际功效。

文献来源：

SHIV, B., CARMON, Z., & ARIELY, D. 2005. Placebo effects of marketing actions: consumers may get what they pay for [J]. Journal of Marketing Research, 42 (4), 383-393.

2.4　有限理性的消费者

在传统的经济学假设中，每个参与经济活动的个体都应该是"理性人"，也就是说人们都力图让自己用最小的经济代价去获得最大的经济收益。在这种完全理性的假设下，人们能够为实现自己的目标找到所有可能的备选方案，并且能够预见这些方案的实施结果，再根据可预见的结果从这些方案中做出最优化的选择。在前面的章节中，我们也讨论了认知性决策这一种在理论上较为理性的决策策略。在完全理性的假设下，消费者永远不会乱花一分钱，"剁手买买买"也不复存在。然而，在现实生活中，消费者并不总是理性的，我们常常会出现各种决策偏误。也就是说，很多情况下，我们无法做出最优决策。在学术中，这叫作有限理性。

"有限理性"相关的理论最早在 1947 年由著名经济学家赫伯特·西蒙提出，由于他在这项理论以及其他领域做出了突出贡献，于 1978 年获得了诺贝尔经济学奖的表彰。西蒙认为，由于心理变化等多种原因，人具备理性，但并不是完全理性的，而是有时理性，有时不理性，甚至是在有些问题上理性，在其他问题上不理性。换言之，理性是有限的。由于外部环境不确定，信息不对称，再加上人的认知能力和计算能力是有限的，一个人不可能获得所有必要的信息来做出一个最完美的决定。因此，人只能具备有限的理性。也就是说，在复杂的现实情况下，消费者在决策过程中所选择的并不是最优化方案，而是一个相对满意的方案。

让我们来思考这样一个场景：你正在沙滩上享受难得的假期，突然心血来潮，想喝百威啤酒。你的小伙伴非常善意地提出帮你去买啤酒。过了一会儿，你接到了他的电话。

他告诉你找到了卖啤酒的地方,只是啤酒价格有点高,问你要不要买。你可能会问他:"你在哪儿呢?"如果他告诉你,他正在一家奢华的度假村中,你可能会选择购买;如果他告诉你,他找到的是路边的一辆餐车,你可能就放弃购买了,因为觉得不值。事实上,无论是在度假村还是餐车,提供的啤酒本身并没有任何差别。然而,你的购买决策却受到了与产品本身无关的外部信息的影响。这就是人的有限理性的例子。接下来,我们分别来探讨几种常见的决策偏误,分别是由心理账户的不同分类所导致的决策偏误、损失厌恶、沉没成本效应、默认选项效应、锚定效应和禀赋效应。

1. 心理账户

视频 2.1 "有限理性的消费者"内容讲解

心理账户反映了人们在心理上对结果(尤其是经济结果)的编码、分类和估价,它揭示了人们在进行决策时的认知加工过程。通常消费者会根据产品的类别将其放入不同的心理账户中,并且设置相应的预算。2008 年金融危机爆发时,美国的汽油价格大幅度下降,在短短几个月内下跌幅度超过了 50%。假如不存在心理账户的话,美国的消费者在汽油方面的开支降低了,理应增加家庭其他方面的开支(如食品、衣物、度假等)。单纯从开支的角度看,对于任何家庭来说,在汽油方面支出的一美元,和在食物或者家具方面支出的一美元没有实质性的区别。因此,一个理性的家庭,会对家庭的开支进行统筹安排。有趣的是,金融危机爆发后,美国家庭在各方面的日常开支都降低了。这意味着,交通相关心理账户中的预算没有花完,并没有影响人们在其他心理账户中的消费。

从大类上来看,消费者一般设有功能性产品、享乐型产品两个基本的心理账户。比如我们在超市购物中的支出,会被放入功能性产品的账户;而观看演出的支出,会被放入享乐型产品的账户。这种心理账户的划分会对我们的消费行为产生重要的影响。

让我们来思考这样一个例子:假设你是某位歌手的粉丝,打算去看他的演唱会。假如你已经花了 1 000 元购买门票,但不小心把门票弄丢了,你愿意再花 1 000 元重新购买一张门票吗?如果你不是铁杆粉丝,很可能会选择放弃观看这场演唱会,因为你不愿为一张门票花费两倍的价钱。假如你还没有购票,但在购票前丢失了 1 000 元现金呢?尽管损失的价值相同,但丢钱却不太可能影响你购票,因为你不会把丢的钱计入演唱会门票所在的享乐型产品账户中。

每个人对不同类型心理账户的记账方式并不完全一样,比如有的消费者认为在护肤品等享乐消费上的可消费额度是 1 000 元,而对于日常餐饮等功能性消费则只愿意分配 300 元的额度,而另一些消费者为两个账户设置的额度相反。除此之外,不同来源的收入也会被人们放在不同的心理账户中,这会影响消费者的决策。比如,与辛辛苦苦赚到手的工资相比,当人们通过打牌娱乐等方式获得财富时,人们通常会更大方地进行消费。这也解释了为什么在大大小小的赌场附近,都有着大量的奢侈品商店,为的就是方便人们在赢钱之后进行消费。

2. 损失厌恶

第二种常见偏误是损失厌恶。它指的是,面对同样数额的损失与收益,损失带来的痛苦远大于收益带来的快乐。在一项研究中学者们发现，当参与者获得额外的收益时，人们获得的快乐是收益增量的 0.5～1 倍；但当参与者赔钱时，即使损失增加的数额与之前收益的增量相同，人们感知到的痛苦却高达增量的 2.5 倍。也就是说，比起获得，人们更厌恶失去。研究显示，如果可以避免损失 100 元，我们大多数人愿意放弃赢得 150 元的机会，即使两种情况发生的概率相同。我们明知道这不科学，但却难以避免这一倾向。关于损失厌恶，一位学生分享过这样的经历：有一次她在地铁售票机上购买一张地铁票，投币 3 元，机器却没有出票。于是，她觉得这一天会诸事不顺。另一天，她在路上捡到 5 元钱（比 3 元钱的损失还要多 2 元），然而她几乎没有感到开心。

损失厌恶在市场营销活动中有很多应用。比如，美团外卖推出会员月卡的活动，购买后赠送一定数额的红包，由于"损失厌恶"的存在，消费者为了尽量减少损失，不浪费红包，就会多次使用红包下单点外卖，美团外卖从而获得了更高的销售额。损失厌恶还可以解释为什么总价相同的产品中，包邮的产品会更受欢迎。很多消费者发现需要另付邮费才能获得产品时，很容易打消购买的念头，转而去选择那些直接包邮的商品，即使总花费是相同的。这其实是因为在消费者看来，付邮费的过程是一种二次损失，相比于包邮情况下的一次损失，支付邮费增加了人们支付时的痛苦感。花呗等信用支付手段之所以广受欢迎，能够刺激消费，是因为其将多笔消费进行合并且延迟了付款时间，从而大幅度降低了消费者花钱时的痛苦。在广告中，商家除了列出产品的当前价格，还会列出其原价，有时甚至是一个虚假的原价，搭配上"不要错过我们的促销"这样的广告词，消费者们很难抵挡住诱惑。

有时，心理账户与损失厌恶还会共同对我们的消费决策产生影响。假如我们的爱车出现了严重的故障，需要花一大笔钱进行维修。如果我们把这件事看作一件好事，比方说给了我们一个更换一辆自己满意的新车的机会，我们也就更有可能去购置新车，而不是维修旧车。

3. 沉没成本效应

人们进行某项决策时，既会关注从这一决策中能够获得的收益，也会关注成本。我们把诸如时间、金钱、精力等不可收回的付出称为"沉没成本"。从经济学的角度看，沉没成本已经产生、无法收回，不应影响理性人的决策。然而，在消费行为领域，沉没成本效应普遍存在，它指的是，如果我们已经为一个产品花过钱，就更不愿意浪费掉它。让我们再次思考观看演唱会的情景。假如在出门前，你发现大雨倾盆，硬着头皮去看演唱会的话，估计会被淋湿，弄不好还会生病。假如这张票是你自己花钱买的，可能你会排除万难出门；如果这张票是朋友送给你的，可能你就会犹豫一下，甚至放弃去看演唱会了。一位同学曾在一家健身会所购买了两年会籍和 30 节私教课。会籍快到期时，他需要在另一个城市住上一年。此时他的私教课还剩 20 多节，如果会籍到期，他就无法再上私教课。在沉没成本效应的驱动下，他选择了为会籍续费，希望有朝一日可以上完剩余的私教课。另一位同学某次在自助贩售机上购买巧克力，售价 5 元，付款后巧克力却卡在金属架上。她并没有对机器做出暴力行为，而是十分"冷静"地再次购买一块巧克力，试图这一块巧克力能把卡住的巧克力顶下来。结果很不幸，花了 10 元的她，只能等待贩售机补货员"解救"她的两块巧克力。

沉没成本效应其实也是损失厌恶的一种表现，消费者会为了规避损失，而选择持续消费。为了让消费者在已经付出的事情上持续不断地付出，商家热衷于给消费者制造"沉没成本"。比如奶茶店的积分换饮品活动，意在提醒消费者已经消费的数量，来鼓励消费者进行持续性消费以获得免费的饮品。又比如在满减优惠活动中，商家会设立一个并不那么容易达到的满减值来促使消费者购买更多的产品。许多消费者会这样考虑：反正消费的金额已经快接近满减额了，不如再随便买点产品，从而选购了一些其实并不那么需要的产品。类似的，最近几年的"双十一"购物狂欢节期间，商家会让消费者在预热期间先付定金，等到狂欢节正式开启再支付尾款，这样一来，获得的成交率比直接发放代金券时要高。看得出来，洞察消费者心理的商家也在不断进化。

4. 默认选项效应

在介绍默认选项效应之前，我们先思考这样一个例子：在考试中，你遇到了一道拿不准的选择题，在纠结之中先选择了 B 选项。现在让我们假设两种情况：一种是你坚持选择了 B，但是错了；一种是你把 B 改成了 A，结果错了。哪一种情况的发生会让你更加后悔呢？大多数人都表示，对于第二种情况更后悔。尽管这不是典型的默认选项效应，默认选项效应可以对这一常见的心理现象给出解释。

人们通常会在默认选项（人们心中的常态）和非默认选项（偏离常态）之间进行选择。行为学家们发现，人们会对选择非默认选项造成的后果更加后悔。因此，当默认选项存在时，人们很大程度上会选择默认选项而不是尝试去改变。在现实生活中，默认选项效应非常普遍，甚至在关乎民生的退休金储蓄计划选择中也有体现。事实上，默认选项效应背后的机制非常复杂，并不仅仅是损失厌恶。比如，人们在做出选择时往往会表现出从众的倾向，而人们对默认选项其实也有先入为主的印象，认为选项设计者会将默认选项设置为大多数人选择的选项。再比如说，努力是要付出成本的。大多数情况下，人们都不想在简单的日常决策中付出额外的认知成本，进而倾向于选择默认选项。

在人体器官捐献中，很多国家都存在供给不足的问题，这也是一项很难解决的社会问题。熟知人类决策偏误的心理学家，将器官捐赠表格中的默认选项由"不捐赠"改为了"捐赠"，在保障个体有充分选择权的基础上，大幅提升了器官的捐赠率。在市场营销中，这一计策也可以为商家所用，只需把你最想推销的款式设置为默认选项就够了。许多消费者都曾经遇到过这样的情形：本来只是想下载、安装某一款软件，但安装结束后却发现电脑上多了一堆没见过的软件，这是因为商家在下载、安装过程中添加了一些默认同意的选项，而许多消费者并没有过多留意。这也能解释最畅销的汽车外观颜色往往是品牌宣传册上的主打颜色的现象：主打推荐色就是消费者的默认选项。餐馆的菜单上总有几道价格不低的推荐菜，很多消费者也会去尝试这些菜，因为当不知道要点什么的时候，推荐菜就变成一种默认选项。

学术前沿 2.3

默认选项的深层影响

默认选项（defaults）是人们在没有明确选择意愿的情况下获得的来自外部的确定的

选择。在汽车销售中，将高配置的车辆作为默认选项进行展出或者提供试驾机会时，消费者更有可能购买该高配置的车辆。诸如此类的例子不胜枚举，大量研究发现，默认选项的设定可以非常有效地在不知不觉中影响人们的选择。

戈斯瓦米（Goswami）等学者尝试在一场慈善募捐的呼吁活动中设置一个默认的捐赠选项，进而探究这会对人们具体的捐赠金额产生怎样的影响。研究人员通过对捐赠默认选项数值大小的改变，收集了共计 11 508 名参与者及其做出的捐赠决策。研究结果显示，默认选项对平均捐赠金额、捐赠率以及由此产生的捐献收入都存在影响：首先，默认的捐赠金额越高，平均捐赠金额也越高；默认的捐赠金额越低，平均捐赠金额则越低。这很好理解，因为按照之前的理论，许多人会直接选择按照默认选项的数额进行捐赠。即使没有选择默认选项，默认选项的金额作为参考值，也会对人们产生影响，促使人们选择与其数额相近的金额进行捐赠。其次，默认的捐赠金额越低，捐赠率越高。这可能是由于人们会将默认的金额作为参考，当金额较高时，门槛也较高，捐献率就会下降。最后，引入任何默认的捐赠选项都会降低人们受到的其他内容（例如募捐者提供的正性慈善信息）的影响。

在之前的研究中，添加默认捐赠选项往往被发现有利于增加捐赠收入。然而，新的研究发现表明，默认选项有时还会产生一种自我抵消的效果，即默认选项会使人们心生抗拒，这又影响了人们的捐赠决定，最终导致默认选项并没有对捐赠收入产生任何实质性影响。默认选项的设置在某种程度上是对消费者决策过程的一种干扰，在一定程度上降低了消费者在决策中的自主权和自由度。此时，个体会把默认选项的设置解读为对其决策自主权的干涉，进而在后续的行为中拒绝选择默认选项，即产生了默认效应的反作用。默认效应反作用是指在某些情况下默认选项设置会产生适得其反的效果，即由于默认选项的存在反而使得人们对该选项的选择偏好降低。例如，在注册某些商业平台账户时，可能会出现默认关注某些账户的设置，消费者有可能会认为这是商家的一种强制性手段，进而选择拒绝关注其推荐用户。当然，默认选项并不总是被看作是对个体的操控，有时也会被消费者视为善意的信息推荐，比如菜单上的优惠套餐活动、奶茶店常默认添加半份糖等。

默认选项带来的显著影响使得人们不禁担忧，商家应该如何道德地、负责任地使用它们呢？有人认为，向公众披露设定默认值的真实意图有助于保护消费者的选择权益，从而避免他们在不知不觉中被人操纵。研究表明，虽然消费者们希望事情能变得更加公开透明，但事实上，即使商家披露其意图，消费者受到的这些默认设定的影响依旧没有减小。这是因为，消费者根本不知道该采取何种方式来消除这些默认设定对他们判断力的影响。一个更有效的方法是，让消费者在一个更加公开透明的信息环境中对默认选项及其替代选项进行选择。通过鼓励人们更多地表达他们对于默认设定及其替代选项的偏好，比如迫使其从二者中进行选择，可以更加有效地转移人们对于默认选项的关注，从而降低默认选项所带来的影响。

文献来源：

GOSWAMI, I., & URMINSKY, O. 2016. When should the ask be a nudge? The effect of default amounts on charitable donations [J]. Journal of Marketing Research, 53 (5), 829-846.

5. 锚定效应

在消费行为中，人们常常会通过对比来做出判断，而不是经过理性的分析，因此人们的选择很容易受到人为设置的参照物的影响，我们也把它称为锚定效应（或参照效应）。让我们回想一下在外就餐的经历，你是否发现，几乎每家餐厅的菜单上都有几道价格十分昂贵的菜品呢？你可能会感到困扰，有谁会为这些华而不实的菜品买单呢？其实，这些昂贵的菜品起到的作用是充当参照物。有了它们作对照，其他菜品都显得物超所值，点单量也就上升了。

我们在选购各种服务套餐时，也会遇到类似的情况，有了价格昂贵的顶配套餐做对照，其他套餐都显得特别划算。除此之外，商家在产品促销价的旁边往往会标示一个很高的原价或者市场价，这让消费者觉得用促销价格买下产品是非常划算的。麦当劳快餐厅就深谙此道，其常常推出各种组合套餐，并在套餐价旁边标注上原价以吸引消费者。每一道菜品都可以被单点，但是相比套餐就会少了许多价格优势，因此许多消费者都会选择套餐，而麦当劳也获得了更高的交易额。

6. 禀赋效应

禀赋效应指的是，当人们拥有某项物品或资产时，对其价值的评估要远高于不拥有这项物品或资产时。比如面对一把平淡无奇的雨伞，如果问一个人愿意花多少钱买这把雨伞，他可能会说 5 元。如果这把伞属于一个人，你问他愿意花多少钱卖掉这把雨伞，他可能会报出一个远高于 5 元的价格。这一现象非常稳定和普遍，内在机制也与我们之前讨论过的损失厌恶有关。

为了更加科学地验证禀赋效应的存在，学者们开展了一系列经典实验。在高校课堂上完成的一项实验中，共三个班级的学生参加了实验。任课老师向班级 A 的每一位同学发放了一个马克杯作为小礼物，班级 B 的同学获得的礼物是巧克力棒，班级 C 的同学一开始没有获得礼物。接下来，老师告诉同学们，其实有马克杯和巧克力棒两种礼物供选择。对于班级 A 和班级 B 的同学来说，如果更喜欢另一件礼物，可以把之前的礼物拿出来交换；班级 C 的同学则可以在两件礼物之间进行自由选择。让我们猜测一下实验结果。班级 A 的同学中，有多少人选择把之前获得的马克杯换成巧克力棒呢？实验结果显示，只有大约 11% 的同学这么做。班级 B 的同学中，有多少人选择把之前获得的巧克力棒换成马克杯呢？结果很类似，只有 10% 的同学这么做。而在班级 C 中，同学们选择两件物品的比例相对接近（41% 与 59%）。这个实验的结果说明，一旦一个物品被人们经手过，人们就会对它赋予更高的价值，对它表现出更高程度的偏好。

在另外一项实验中，任课老师向一些同学发放了免费的马克杯，并且问他们："如果有人愿意花钱买他们手中的马克杯的话，最少需要出多少钱？"从均值上来看，这些同学给出的售价是 4.5 元。在另外一个班级中，任课老师带来了很多马克杯，并且告知同学们，这些马克杯是用来出售的，问同学们愿意出多少钱来买。从均值上看，同学们的平均出价只有 2.25 元。仅仅是让同学们经手了一下，同学们对马克杯评估的价值就翻了一番。禀赋效应能够解释人们在自助的体验式农场中，为什么往往愿意花更多的钱买下自己亲手摘的水果，亲自钓上来的鱼。我们乘坐绿皮火车时，很多推销员会先把小商品拿给我们把玩一番，他们的目的也是利用禀赋效应提高商品的成交率。很多国家二手市场都不景气，买家买不到便宜的东西，卖家也找不到合适的买家。按照常识分析，有买家也有卖家，市场应当很繁荣才对。二手市场不景气的原因是什么呢？其实也是禀赋效应。卖家时常高估自己物品的价格，买家却因为价格高而放弃购买。回想我们在闲鱼上挂出自己的物品时，定价相对来说总会偏高。当别人还价时，我们常常觉得别人不懂这个物品的价值。回想一下自己在现实生活中的经历，这些决策偏误是否也曾经发生在你身上呢？

学术前沿 2.4

消费者选择的盲目性

支持理性人假说的经济学家认为，每个个体都有着明确的偏好，并且根据自己的偏好做出决策。然而，越来越多的研究表明，即使是做一个非常简单的选择任务，人们也可能不知道自己真正想要选择的是什么。我们把这种现象称为选择盲目性。选择盲目性指的是个体不能察觉到其喜爱的与其选择的不一致。这个概念第一次提出是在 2005 年一篇发表在顶级学术期刊《科学》（Science）上的文章中，这篇文章的作者是瑞典隆德大学的心理学家彼得·乔纳森（Peter Johansson）和拉尔斯·霍尔（Lars Hall）等人。在这项研究中，研究人员给实验参与者同时展示两张不同的女性照片，接着让参与者指出比较有吸引力的一张，之后研究员会询问其选择该照片的理由。参与者不知道的是，在部分实验条件下，研究人员做了手脚，把那张没有被选择的照片递给了参与者，然后询问他们为什么选择了这张照片。然而，即使这张相片和参与者最初选择的相片并不相同，有高达 73% 的参与者并没有意识到他们在查看的是那张自己并没有选择的照片。而当参与者解释他们选择这张相片的原因时，他们开始编造出一系列理由去支持自己所谓的"选择"。

文献来源：
JOHANSSON, P., HALL, L., SIKSTRÖM, S., & OLSSON, A. 2005. Failure to detect mismatches between intention and outcome in a simple decision task[J]. Science, 310 (5745), 116-119.

本章小结

消费者的决策策略可以划分为认知性、习惯性和情感性三类。认知性决策指的是基于理性、深思熟虑并且按照特定步骤做出的决策。习惯性决策是指消费者在购买涉入度低并且品牌差异小的产品的情况下所做出的购买决策。消费者在做出购买决策时，经常用到的启发式包括产品信号、市场信念和原产地。情感性决策是基于情绪反应而非理性思考做出的决策。

涉入度指的是个体对于客体的重视程度或者客体对于个体的重要性。产品的涉入度对于消费者决策策略的选择具有重要影响。大多数商家想方设法提升消费者对其产品的涉入度，一种常见的有效举措是大众化定制。

典型的认知性决策包含了若干个阶段，最终消费者从一系列的备选项中选择其中之一。认知性决策包含的四个重要步骤分别为问题识别、信息搜索、备选项评估和产品选择。在认知性决策的每个阶段，商家都大有可为。

由于外部环境不确定、信息不对称，再加上人的认知和计算能力是有限的，个体只具备有限理性，不具备完全理性，在决策中常常会出现各种决策偏误，例如因心理账户的设置、损失厌恶、沉没成本、默认选项效应、锚定效应、禀赋效应所导致的决策偏误。

案例分析

究竟是"剁手"还是钟爱品牌？

行业洞察

"Z世代"消费者的消费动机

线上资源

本章测试

第3章

影响消费者的内在因素：感觉与知觉

你有想过在一个完全黑暗的环境下用餐吗？在电影《时空恋旅人》（*About Time*）中，男女主角的邂逅就发生在一家幽暗的餐厅中。两人在看不到对方的情景下聊天、品尝食物，并约定在餐厅外碰面，从而开始了一段浪漫的恋情。通常情况下，想要进入"黑暗餐厅"，食客们需要戴上遮光眼罩，并在服务员的带领下来到自己的位置。在这样一个伸手不见五指的环境下用餐，人们需要摸索着桌上的餐具来进食，甚至常常扑空。"黑暗餐厅"似乎是一个反常识的存在，连食物都看不见，要怎么吃呢？但黑暗餐厅带给了消费者全新的感官体验：当今时代，人们过于依赖视觉刺激，其他感官变得有些迟钝。剥夺视觉刺激后，人们的其他感官都变得更加敏锐。这家餐厅因此闻名于全球，吸引了众多消费者前去尝试。

依靠为消费者提供优质感官体验而获得成功的还有新加坡航空（以下简称新航）。在视觉上，与大多数航空公司标准正式的单色西式套裙不同，新航空姐统一身着蜡染彩花面料的传统沙笼柯芭雅服饰，并且面部每个区域的妆面颜色都要严格遵守航空公司市场部的规定，以期展现出高度和谐统一的视觉观感。1994年，新航空姐作为新航的标志，其蜡像成为享誉全球的伦敦"杜莎夫人蜡像馆"展出的第一个商业人像。在听觉上，针对各种情境下的空姐对话、机长通知，新航专门聘请广告公司统一撰写文案，形成标准话术，连语气也有特别的规定，从而达到乘客听觉上的统一。在触觉上，为了给予乘客温暖舒适的触觉体验，新航全面升级其座椅宽度和舒适度。此外，新航还是首家为乘客提供热毛巾的航空公司，通过提供热毛巾、新袜子来让乘客在旅途过程中获得全方位的放松。在味觉上，乘客可以提前两天在网上预选精致的餐食，且每份餐食都会按照菜系，让相关国籍的厨师提前准备（例如中餐由中国厨师准备，意大利菜由意大利厨师准备），从而向乘客提供正宗的美食体验。嗅觉的应用更是新加坡航空的一项标杆级的品牌传播手法。他们邀请调香大师斯蒂芬·弗罗里达专门为机舱和空姐调制了一款香水，在给旅客提供的温毛巾中也混有这种香水的气味。这种香水对品牌辨别度的提升能达到怎样的效果？曾有乘客在机场大厅迷路，循着香味便找到了新航的登机口。新航作为实施顾客感官管理的先驱和典范，凭借其全方位高标准的服务被消费者赞誉为"五星级航空公司"。

◆ 学习目标

1. 消费者的感觉和知觉有什么区别和联系？

2. 什么是感官营销？

3. 不同的感官体验会如何影响消费者行为？

4. 如何塑造品牌的感官印记？

5. 如何获取消费者的注意？

6. 消费者的知觉是如何形成的？

7. 为什么要了解消费者的知觉？

3.1　感　觉　系　统

不得不承认的是，我们生活在一个感官刺激大爆炸的时代。我们的身边充斥着各种各样的气味、各种各样的声音、各种各样的画面。而我们，也会或者有意，或者无意的对这些来自外界的刺激，做出响应和选择。这里涉及两个有很大区别却又密切相关的概念：感觉和知觉。感觉指的是我们的感受器对于外部基本刺激做出的直接响应。这里的感受器包括眼睛、耳朵、鼻子、嘴巴和手指，外部基本刺激涵盖了光线、颜色、声音、气味和质地。知觉是在感觉的基础上对刺激进行的选择、组织、解释等认知加工。

我们先对感觉系统进行介绍。感觉是一切复杂心理活动的基础。研究发现，不同的感官体验对于我们的消费决策会产生不同的影响。具体来说，你可能有过"触景生情""闻香识人"的经历，这正是因为我们会存储感官记忆，如果我们曾经对某个品牌有过好的感官体验，那么当我们再次处在同样或类似的情境下，就会唤起我们潜意识中的记忆或体验，进而成为影响我们决策的重要因素，促使我们做出感性的决策。在一场营销活动中调动到的感官越多，消费者对于产品信息的接受程度也会越高。

在线上消费迅猛发展的当下，其便利性与快捷性使得大量消费者在权衡利弊之后放弃了购物过程中的感官体验。不过，仍然存在大量消费情境，在这些情境中，消费者希望享受购物的过程，获得全方位的体验。因此，以实体商店为代表的商家应当把握机会改善顾客的感官体验，将视觉、听觉、嗅觉、味觉、触觉五种不同感官刺激引入品牌营销的整体策划和设计中，让品牌形象与购物体验变得更加生动、立体、丰富，进而提高品牌的附加值。下面我们分别从五种感官的角度进行探讨。

3.1.1　视觉

视觉是五个感受器中最强大的一个，视觉体验也是品牌带给我们的第一印象。实验心理学家赤瑞特拉发现，高达83%的日常信息是通过视觉接收的。不管是广告图片、产品外观还是宣传文字，消费者从视觉中获取的信息是最直接的。正因如此，一直以来视觉元素都是品牌营销中最被重视的要素。其中信息的呈现形式、颜色、光线强度等视觉信息都会对消费者行为产生重要的影响。

1. 信息的呈现形式

不同的信息呈现形式，往往会给消费者带来视觉上的认知偏差。它指的是人们根据看到的形状、长度等空间特征，错误地估计产品的容量、质量等量值。例如，消费者通常会认为高瘦形的容器比矮胖形的容器能容纳更多的饮料，尽管它们的容量其实是一样的。因此，奶茶店通常都会选用高瘦形杯子。研究者还发现，盘子的大小会影响人们的进食量。当食物装在大盘子里的时候，人们会不自觉地吃得更多；而当同样的食物装在小盘子里时，人们会认为食物太多，从而减少进食量。另外，在一些火爆的店铺前常常会排起长龙，这让很多消费者望而生畏，从而放弃购买。一个可行的解决方案是，将排队的人们引导成"之"字形排列，就像机场候检的队伍一样。让队伍变宽可以减弱消费者对队伍长度的感知，从而使消费者更有耐心排队等待。这些认知偏差的出现是因为人们不能通过肉眼来准确地计算空间条件下的面积与体积，更多地以视觉捕捉到的突出长度值或宽度值作为依据估计面积或体积，这会影响到消费者的决策和实际行为。

除此之外，空间特征的隐喻意义也会影响消费者行为。空间特征的隐喻意义指的是消费者对形状、位置等空间特征赋予空间属性之外的意义。例如，某品牌可能被消费者认为是有距离感或友好亲近的，这反映了某些空间特征（如品牌产品包装的尖锐程度）与抽象概念（如品牌关系）在消费者头脑中的联系。其中，形状隐喻和位置隐喻是空间特征隐喻的两种主要形式。

（1）形状隐喻。品牌标识作为品牌最重要也最突出的视觉符号，其形状信息不仅体现了品牌的文化及个性，还会显著影响消费者对该品牌产品的评价以及认知。在英国知名品牌价值咨询公司"品牌金融"（Brand Finance）发布的"2020 年全球最具价值品牌年度报告"（Global 500，2020）中（见图 3.1），排名前十的公司品牌标识中，有使用圆润形状（如中国工商银行），也有使用带拐角形状（如脸书）的品牌标识。研究发现，在公开的产品购买情境下，在"独特性需要"方面具有显著差异的消费者，也会对不同形状的品牌标识具有不同的偏好。比如独特性需要更高的独立型自我的消费者，偏爱多棱角的品牌标识，因为棱角分明往往被认为是有个性的；而独特性需求较低的依赖型自我的消费者，偏爱圆润的品牌标识，因为圆润形状是更加温和的。此外，消费者会将品牌标识的长宽比与时间长度联系在一起。相比正方形标识的空气清新剂，他们往往认为具有

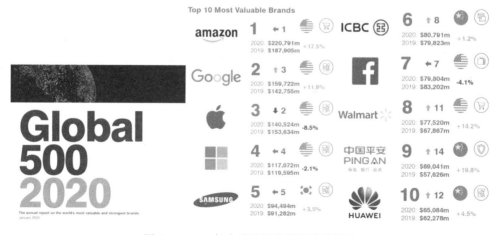

图 3.1　2020 年全球最具价值品牌排行榜

图片来源：Fortune 官网

长条形标识的空气清新剂的香味持续时间更久。有边框的品牌标识和产品外观，也能给予消费者更多的心理上的稳定感和控制感。商家在进行产品设计时也常常使用隐喻手法。例如在交互设计中为了让用户快速熟悉界面，采用与现实情境相关的图标帮助用户进行联想，比如用垃圾桶样式的图标表示删除、丢弃的功能。

（2）位置隐喻。什么样的广告在消费者眼里是更有效的呢？研究发现，广告中产品图片（如灭蚊剂）和作用对象的图片（如蚊虫）之间的距离会影响消费者对产品效果的判断。两者距离越近，消费者会觉得产品的效果越好。位置隐喻也影响消费者对品牌关系的认识。有的品牌将自己定位为"消费者生活的引领者"，因而在其广告中，产品出现的位置应比消费者的位置更高；有的品牌将自己定位为"消费者的伙伴"，其产品在广告中的位置与使用者处于同一高度上，这样更有助于获得好评。消费者对产品的评价还会受到不同陈列位置的影响。如有研究发现陈列位置的高低暗含着地位高低的隐喻，进而影响消费者对产品的评价。另外，具有不同用手习惯的人对于产品的位置也有着不同的偏好。研究表明，右利手的人对摆放在右侧的产品评价更高，而左利手的人恰好相反。

【思考题】 请尽可能多的列举出你知道的不同颜色，如红色、橙色、黄色、蓝色、绿色、紫色的品牌 logo。然后思考一下，选择了相同颜色 logo 的品牌之间，是否存在什么共性呢？

2. 颜色

颜色是一种重要的视觉刺激。不同的颜色承载着不同的意义，并对人们的情感、认知和行为产生重要的影响。例如有研究发现，在不同颜色的背景下人们会做出不同的行为。在红色背景下，人们在完成需要注意细节的任务时表现更好；而在蓝色背景下，人们更善于运用创造力完成任务。相比蓝色的网页背景，网页的背景颜色为红色时，消费者在购物网站有更多的消费行为，这也解释了为什么购物网站多采用红色背景。另外，在讨价还价时，红色背景让购买者还价更狠。学者还发现，相比于绿色，在红色背景下的消费者对一些不诚实、不友好的行为（如隐瞒并保留了店员多找的零钱等）会有更高的接受度。

颜色对人类的影响是广泛且深刻的，其中一些影响是在人类的进化过程中保留下来的，比如红色是大多数动物血液的颜色，因此人们会对红色产生显著的生理和心理反应，这有助于生物体躲避风险、提高生存和繁衍的机会。这也解释了为什么人们往往对红色投入更多的注意力，认为其是"显眼"的；而红色也往往导致更高的唤醒水平和攻击行为，并有利于提高性吸引力和竞争表现。这也解释了为什么当危险信号出现时，往往用红色来警示。相比于灰色背景，当用红色背景来展示一种可能导致重大疾病的病毒时，人们更愿意接种疫苗来防止感染。

在市场营销中，有两个与视觉颜色密切相关的方面，一是产品包装的选择，二是品牌标志（logo）中颜色的选择。品牌 logo 颜色的选择体现出了品牌风格，可以传递出重要的品牌形象信息。比如可口可乐、红牛等公司为自己的 logo 选择了红色，传递出了激情与能量；以芬达为代表的公司选择了橙色，传递出了激情与快乐；以 DHL 国际快递公司为代表的公司选择了黄色，寓意品牌形象乐观、年轻，特别能够抓人眼球；福特与三星选择了蓝色为基调，希望传递出安全、可信赖的信息；星巴克选择了绿色，与休闲、放松、环保联系在了一起；黑色隐喻静默，容易让消费者联想到奢华和权力，香奈儿就将黑色作为品牌的主色调；还有一些公司 logo 选择了紫色，在消费者看起来，这些公司神秘而富有创造力。关于不同颜色的品牌 logo 传递出的意象及其在市场营销中的应用，可以参考表 3.1。

表 3.1　品牌标志（logo）采用的常见颜色及其品牌意象

颜色	传递的意向	市场应用
红色	能量、活力	清仓促销
橙色	进取	行动号召，订阅、购买
黄色	乐观、年轻	吸引消费者的注意力
蓝色	信任、安全	银行
绿色	环保、财富	营造舒适的购物环境
紫色	神秘、抚慰	美妆以及抗衰老产品
黑色	权力	奢侈品

学术前沿 3.1

色彩饱和度增加产品的感知尺寸

色彩无处不在，是视觉中最重要的要素之一，能够对消费者的行为产生多样且深远的影响。绿色代表自然清新，蓝色给人沉稳大气之感，消费者往往会选择不同的色彩来匹配和表达自己的个性。营销者在广告、产品设计、包装设计、店内环境等多个场景中也经常运用色彩来提高消费者对产品的评价和购买意愿。

色彩的种类很多，主要可以分为黑白色和彩色两类。彩色指的是可见光谱色中的七种基本色（红、橙、黄、绿、蓝、靛、紫）以及它们之间的混合色。彩色具有三大属性，分别是色相、明亮度和饱和度，而黑白色没有色相和饱和度属性，只有明亮度属性。其中，色相对应于一个色彩主导波长的电磁可见光谱，是红、蓝、紫等色彩之间相互区别的重要属性。饱和度是指色彩的鲜艳程度或纯度。例如，番茄与苹果都呈红色，但两者相比，番茄红色的纯度更高一些，苹果红色的纯度低些。明亮度是指色彩的明暗程度。色彩的明亮度越低，越趋向于黑色；明亮度越高，越趋向于白色。

我们已经了解到许多不同色彩对于消费者行为的影响。你是否想过，产品的颜色还会影响消费者对其外观尺寸的感知呢？一项研究发现，物品颜色确实会影响消费者对其外观尺寸的感知，而这种影响取决于物体颜色的饱和度。在颜色的色相和明亮度相同的情况下，同一物品具有高色彩饱和度时，会看起来更大，且能够吸引更多的注意力。因为高度饱和的颜色会提高唤醒水平从而引起消费者的注意，最终影响消费者的尺寸感知。色彩的饱和度不仅会影响消费者对物体本身大小的感知，还会影响消费者对物体周围环境和空间大小的感知，当相同大小的物体处于同一环境中时，消费者会认为高饱和度物体周围的空间较小，而低饱和度物体周围的空间较大。例如，使用高饱和度颜色的脚凳作为基准时，人们会估计房间的天花板高度较低。除此之外，研究发现，当人们寻求大（小）尺寸的物品目标时，对于饱和度高（低）的产品，人们会做出更正面的评估，并且支付意愿也更高。

高饱和度的色彩具有很强的唤醒作用，这给营销者带来的启示是，可以在广告中使用高饱和度的色彩来提高消费者的兴奋度和唤醒程度，让消费者对广告投入更多的注意力和精力。不过，有研究发现，当电脑屏幕上呈现高饱和度色彩时，人们的唤醒程度会进一步增强。因此，假如营销者希望消费者更加放松，应避免在网页背景中使用高饱和度的色彩；反之，选用低饱和度的色彩会让人更为放松，从而减少对网页加载速度的焦虑。

文献来源：

HAGTVEDT, H., & BRASEL, S. A. 2017. Color saturation increases perceived product size[J]. Journal of Consumer Research, 44 (2), 396-413.

3. 环境亮度

除了颜色之外，光线作为产生视觉感知必不可少的条件，也会影响消费行为。在不同亮度的环境下，消费者的视觉体验不同，这会影响到消费者的选择。研究发现，环境亮度的降低会导致不道德行为的增加。比如在著名的斯坦福监狱实验中，那些虐待犯人的看守会自然而然地戴上一副墨镜。当消费者处于明亮的环境下时，其警觉性会提高，从而会偏向选择健康食品。这也解释了为什么人们更偏好在夜晚吃烧烤、小龙虾。这项发现也为餐饮业商家提供了一种低成本、高效率的经营策略：通过对饮食环境的光照强度进行巧妙的改变，比如根据其主打菜品的类型来选择适合的光线强度，就可以轻而易举地促使消费者进行消费。

学术前沿 3.2

视觉美学的巨大作用

美学对选择的影响是巨大的。高颜值往往意味着更好的人缘，在产品选择中更是如此，具有高度审美价值的消费品可以从消费者那里获得溢价。具有美感的设计占据视觉上的优势，因此在现实生活中，人们选择消费那些更具美感的物品并不稀奇。对于包括时装、装饰品在内的享乐型产品来说，只要一款产品与艺术挂钩，这款产品就会给人一种无形的奢华感。学者认为对于美的感知往往与情感挂钩，而不是发生在个体的认知领域。那么，在人们更常调用认知加工过程的场合，美学的力量也如此巨大吗？一项针对金融决策的研究发现，即使是在这样一个特别鼓励使用认知而非情感的领域，美学的力量依然不容小觑。

在研究一中，研究者给 255 名参与者一份企业年报，并要求参与者阅读年报后对该公司的市值进行评估。年报中的文字和财务信息都是从一家真实的公司取得的。这份年报有两个版本，报告中提供的所有信息完全相同，它们的唯一区别是审美水平。审美水平体现在所展示的图像、图像的布局和总体设计方面。结果发现，良好的财务文件设计会显著增加公司的感知价值。

在研究二中，参与者被要求想象自己拥有某制造商的股票，并作为股东阅读公司的年度报告。结果发现，在美学更为重要且对公司成功具有内在影响的产品类别中，财务文档美学不会影响公司估值（如服装、广告公司）。在美学重要性较低、对于公司的市场表现作用不大的产品类别中，财务文档美学反而会影响公司估值（如泡泡纸制造商）。有趣的是，当参与者意识到美学对决策的潜在影响后，他们都能够认识到并克服这种偏见、纠正自己的评价。

由于前两个实验都选择了非金融相关职业人士作为参与者，与真实情况下的公司市场价值评估不符（真实情况下，由受过正规金融训练的经验丰富的投资者进行评估，长期受到的训练和积累的经验告诉他们，要关注特定的信息，而忽略那些不相关的信息）。因此，研究者在研究三中采用了实际的年度报告，招募了一群接受过金融训练的个体。结果表明，即使是受过专业训练的有经验的投资者也会受到年报美学的影响，而实际年报中出现的审美变化足以产生这种效果。令人欣慰的是，与之前参与研究的样本一样，如果经验丰富的投资者能够提前意识到文档美学对其判断产生的影响，并考虑是否应该将其考虑在内，那么文档美学对公司认知的影响是可以被克服的。

这项研究给我们带来了什么启示呢？视觉上的美学刺激对行为的影响非常大，而那些为了创造更漂亮的产品、包装、广告而产生的成本是值得的。此外，与享乐或设计相关的产品相比，这种在美学上的投资对于生产功能性和非设计相关产品的公司影响更大。尽管一家品牌价值来自美学的公司必须在其所有流程和产品中达到某种审美设计的门槛水平，但当决策者不受产品类别的影响、相对忽视美学的重要性时，审美设计可以带来的额外投资回报率反而会更高。

文献来源：

TOWNSEND, C, & SHU, S. B. 2010. When and how aesthetics influences financial decisions[J]. Journal of Consumer Psychology, 20 (4): 452-458.

3.1.2　嗅觉

电影院里的爆米花的甜美气味，冬天路边摊上新鲜出炉的糖炒栗子的香气……尽管嗅觉刺激具有强大的作用，但相比视觉感官的直接刺激，嗅觉营销往往更为隐蔽，因此在早先时候它并没有受到太多营销者的关注。不过，人们需要作出情感反应的时候，嗅觉却是更为强大的导火索。研究发现，嗅觉与人类情绪、记忆和行为有着不可忽视的联系，而在我们每天的日常生活中，几乎 75% 的情感活动都受到了气味的影响。有调查显示，在怡人的芳香气味下，尤其当这种香味能引起美好的回忆时，人们的心情可以改善40%。这也能够解释为什么很多功能性的日用快消品，比如洗衣液，也会注重打造其产品给消费者带来的独到嗅觉体验。洗衣液的功能和效果大同小异，一款奶香洗衣液很可能在竞品中脱颖而出。随着越来越多的商家重视感官营销，将"调动消费者嗅觉"作为营销策略重要组成部分的理念，也逐渐被很多商家所采纳。例如新加坡航空、三星和蔻驰都有自己独特的香氛。

豪华汽车品牌劳斯莱斯就是一个使用嗅觉来树立品牌独特性的典范。它在 1965 年所创造的经典气味，成为其在市场竞争中的一大优势。其实，劳斯莱斯的管理人员一开始并没有意识到气味带来的巨大影响，只是有一段时间很多用户抱怨说新款汽车没有旧款汽车好，这让他们觉得很奇怪。后来，经过深入调查才发现，新旧两款汽车的气味不一样。老款汽车中含有很多天然材料，如木头、皮革、亚麻、羊毛，其产生的气味让人觉得有种天然的高贵感。但随着技术的发展，这些天然材料逐渐被其他材质所代替。为了重新调制出原来的那种气味，他们组建专业团队，对老款的气味进行分析，最终设计出一个独特的气味配方，将老款的气味经典重现。后来这个气味也成为每辆劳斯莱斯汽车出厂时的标配。此外，劳斯莱斯还在其杂志广告的插页上使用特殊技术，只要撕开插页，其特制的香味就会慢慢溢出，让消费者在阅读杂志广告时就能闻到劳斯莱斯汽车的高级香味。

对于很多产品来说，具有独特而有吸引力的气味，是它们的制胜法宝，典型的例子就是咖啡。对于光顾咖啡店的顾客来说，研磨咖啡豆的时候散发的香气具有极强的吸引

视频 3.1　福爵咖啡的经典视频广告

力。那么，无法将气味带到真实情境中的广告应该怎么做呢？福爵（Folgers）咖啡的一则经典广告就做出了一个很好的示范。在广告片中，在卧室中休息的母亲通过咖啡的香气知道久未回家的儿子回来了，因为在欧美国家，很多人会在早餐时亲自磨咖啡。该广告成功的秘诀就在于它精准地抓住了这一点，将咖啡的气味与家庭生活的温馨联系在一起，从而与消费者之间建立了正性且强烈的情感联结。时至今日，这则广告还常常被人谈起。

除此之外，气味还可以用来弥补环境的缺点。研究发现，当购物环境过于拥挤或空旷时，释放可以诱发与之相反感知的气味，能够减缓消费者的不适感。例如可以在拥挤的场所释放令人感觉空旷的气味（如海滩气味），或者在人少的场所释放令人感觉空间密闭的气味（如壁炉气味），这样一来，可以让消费者感到更加舒适，从而延长停留时间。

考虑到嗅觉对于顾客的微妙影响，线下实体店的管理者应当具备管理顾客感官的意识。让我们来思考这样的情景：你是某咖啡连锁品牌一家门店的店长，近期你的店里发生了一件事，处理起来比较棘手。事情的起因是，一位顾客在排队点单时点燃了一支香烟。你的店员温和地提醒了这位顾客，但没有起到作用。这时这位店员停止了点单，较为严厉地制止了顾客。这位顾客感觉自己受到了冒犯，愤然离店。作为店长，你会如何评价这位员工的举动？是表扬、批评还是不置可否？店长应嘉奖这名员工，而不是对顾客听之任之。因为顾客的嗅觉体验太重要，"星巴克只能有咖啡的气味"。

3.1.3　听觉

如果运用得当，声音也可以成为产品或品牌的专属标签。例如克莱斯勒汽车公司专门成立了一个研发部门，来研究"完美开关车门的声音"，以打造其独特标识。除此之外，消费者还会通过产品本身的声音属性来对产品质量作出判断。一项调查显示，36%的日本消费者和28%的美国消费者都声称他们可以通过车门关闭的声音来判断汽车的质量。

又比如，咀嚼食物时听到的声音也可以影响消费者对食物质量的判断。研究发现，当消费者听到自己咀嚼薯片时发出的声音较大时，会认为该薯片更加香脆可口。

音乐作为声音的重要形态，会对人的行为产生重要的影响。澳大利亚和丹麦的一些城镇会在夜间的街道上播放古典音乐以代替警察巡逻，这种做法显著降低了街头犯罪率。这也正好印证了山叶钢琴的一句著名的广告语——"学琴的孩子不会变坏"，它抓住音乐有利于孩子身心成长的特点，来吸引父母为孩子购买钢琴。具体来说，音乐之所以会对人的行为产生影响，是因为它会影响人们情绪的唤醒程度和快乐程度。例如，商场中令人愉悦的音乐能够让消费者觉得时间过得比实际要快，而不受消费者欢迎的音乐则让消费者度日如年。音乐节奏的快慢也会潜在地影响消费者的行为。研究发现当餐厅播放快节奏的音乐时，消费者会不由自主地加快进食的速度；而在慢节奏音乐下，消费者的停留时间更长。因此那些快餐厅往往播放快节奏的音乐，甜品店则更喜欢播放舒缓、悠闲的音乐作为就餐背景。

你或许听过《飘扬的旗帜》（*Waving Flag*）这首歌，这是可口可乐公司在 2010 年南非世界杯期间打造的广告曲。由于这首歌的曲调非常"洗脑"，每当歌曲的前奏响起，消费者就会立即想起可口可乐，以及激情与能量。这首广告曲如此成功，以至于很多人都以为它是当年世界杯的主题曲。在营销领域，音乐就常常被打造为品牌或产品的个性标签。例如华为、苹果等品牌为其手机产品打造专属的来电歌曲铃声，使其产品具有极高的辨识度，当

视频 3.2　《飘扬的旗帜》世界杯宣传版

其铃声一响，人们就能说出是哪一品牌的产品。又比如当消费者打开酷狗音乐软件时，便能听到其内置的清脆女声"Hello，酷狗！"，让人印象非常深刻。音乐对消费者的影响还体现在实体店播放的背景音乐中，运动品牌店一般播放动感十足的音乐，而咖啡厅恰恰相反。我国餐饮界有一家独树一帜的餐厅，就是南京大排档，它也是应用声音标签的成功案例。顾客们在享受美食的同时，还可以享受现场的苏州评弹表演。在戏曲的萦绕下，食物也似乎变得更加美味了。

3.1.4　触觉

一旦人们闭上双眼、蒙住耳朵，就可以切断与外部的视觉和听觉的联系。不过，人却不可能一直悬浮在空中不接触任何事物，即使人们静止站立、进入梦乡时也不会切断触觉。触觉感官的体验是无时不在的，这也是触觉与其他感官体验的不同之处。我们往往会通过皮肤传递的触感来评估物品的质感以及对其的喜好度，这会对我们的消费行为产生影响。比如服装的材质、手感，穿在身上的触感往往会成为我们对服饰做出购买决策时的关键性指标；购买汽车时，我们会在乎方向盘的手感、离合器的脚踏感、内饰的触感。在一项调研对象覆盖 13 个国家的市场调研中，有 49% 的消费者表示，触感的舒适性是他们购车中主要考虑的因素。烘干机厂商在推销自家产品时，也可以着力于打造消费者的触觉体验。让消费者亲自触摸刚烘干完的湿毛巾，或许比促销员天花乱坠的讲述更有说服力。

近年来，触觉的影响越来越受到商家重视，最近越来越流行的"猫咖"就是很好的例子。相比于普通的咖啡店，猫咖给顾客提供了撸猫的机会，对于一些家里不能养宠物但需要解压的人来说，这种体验一定很治愈、很温暖；哪怕这家店的咖啡（其主要经营业务）并不是很好，但对于那些不太在意咖啡口感的顾客来说，猫咖提供的触觉附加服务显然更具吸引力。

在线下的消费场景中，有时我们会脚踩在光滑的大理石或柔软的地毯上，有时我们的手会在不经意间碰到沙发和抱枕，这些环境触觉看似与店内提供的产品没有直接的关联，但却可能在潜意识中影响我们对产品的评价和决策。例如，有研究表明，比起光滑的触感，粗糙的触感使人们更具有同情心，更愿意捐赠，因为在粗糙的触感体验下，人们更容易关注他人所经历的痛苦。此外，研究者还发现在环境中放置具有柔软触感的物体，比如舒适的座椅或柔软的抱枕、地毯，可以让消费者更有耐心等待，对于失误的服务人员有更包容的态度。因此，在处理消费者投诉的地方，可以铺上柔软的地毯，使用柔软的沙发，这样更有利于缓和消费者的不良情绪。

不仅是不同光滑度、柔软度的触感会影响消费者，对重量的感知也会影响消费者。有研究者做了一个实验，让消费者拿着一块写字板，并记忆上面所写的单词。研究结果发现，当消费者拿的写字板更重时，消费者觉得自己的记忆效果更好。这可能是因为当我们触感到重物时，会下意识认为自己在做一件更重要的事情。在一项可口可乐官方对一批忠实用户的调研中发现，相比塑料包装的可口可乐饮料，更多人偏爱更重的玻璃瓶装的可口可乐，背后也是同样的原因。

研究发现，产品重量的触感对人们购买欲望的影响是"倒U形"的，即产品的重量在一定的区间内时，人们的购买欲望是最强的。当产品过轻时，拿在手中缺乏真实感，对其使用的感知不确定性增加；但当产品重量达到甚至超过该产品的舒适认知边缘时，购买欲望会逐渐下降。例如有企业以钛为原材料，希望开发出超轻的新式餐具供消费者使用，尽管外表与以往的传统餐具无异，甚至更加美观，但因为其重量过轻，让很多消费者对其重量产生的消极反应超过了它的美学吸引力，以至于这一新式餐具并没有取得大量消费者的青睐。智能手机等产品的重量感知对于消费者来说也具有这样的边际效应，当手机过重时，会显得笨重，产生疲劳感；但手机也不能过轻，否则就会显得质感不足。

商家常常通过触觉的合理应用来吸引消费者。在《乔布斯传》中记录了乔布斯对产品触觉的看法："当你打开 iPhone 或者 iPad 的包装盒时，我们希望那种触觉体验可以为你定下感知产品的基调。"大家有没有注意过瓶装可口可乐的瓶身设计？曲线形的瓶身，握在手里的感觉很好，这样的设计也一直被沿用至今。由于它提供了非常特别的触感，即使撕去可口可乐的商标，消费者仍然能够辨认出可口可乐的瓶身。很多品牌的体验店之所以大获成功，部分原因就在于，它们为消费者提供了触摸产品的机会。不要小瞧触觉的魔力！有研究显示，哪怕只是短短几秒的触摸，也会显著提升消费者对于产品的评价以及最终购买产品的概率。这也就解释了，为什么超市的促销员在进行商品促销时，一定要让你触碰一下商品。甚至有研究显示，当餐厅的服务生无意间碰到顾客时，也会获得更多的小费，尽管顾客并没有意识到这一点。

研究人员发现，通过身体接触获得的信息在消费者对产品的评价中起到核心作用，而触觉体验的缺乏也被认为是限制线上购物的关键因素之一。那么线上商家如何弥补消费者的触觉缺失呢？研究表明，营销人员为消费者提供更多有关触觉的文字信息能够对触觉感官缺位有所补偿。此外，如果其他消费者的购后评价中包含有触觉信息的话，潜在消费者也会认为这样的信息更有用，从而提高购买信心。最后，如果能激发消费者在网购过程中看到产品图片时想象一下触摸它的感受，也能有效地缓解触觉体验的缺失，提升消费者的购买欲。

尽管有许多研究表明触摸对消费者信息搜索和产品评估有积极的影响，但也有研究发现，消费者与产品的接触实际上可能是一把"双刃剑"。你是否有过这样的经历？在服装店里试穿了一件衣服，试穿的效果很令你满意，但在购买的时候，你希望售货员能给你一件全新的衣服打包带回家。在消费情境中，这样的情况经常出现，消费者会打开产品的包装来触摸和感受它们，但通常会选择购买他人没有触碰过，或者至少看上去没被碰过的产品。这种现象也被称为"消费者污染"，它指的是人们认为产品会由于与其他消费者产生接触而变脏，因此消费者对于被触摸过的产品往往具有强烈的反感。而当消费者意识到另一个消费者曾经接触过某一产品时，他们对该产品的评价和购买意愿也会随之降低。那些产品曾被使用或触摸过的暗示性信息，如撕掉的标签或凌乱的展示，都会引起消费者对污染的担忧，并对消费者的产品评价产生负面影响。

对于商家来说，必须努力将触摸污染的显著性和负面影响降到最低，比如在产品陈列时把深色的产品放在消费者可以够得着的地方，而把浅色、白色的产品放在高处，看得见但不容易摸到。消费者污染效应得到了许多商家的关注。例如，MAC 化妆品公司要求其员工接受消除污染的培训，在消费者试用前和试用后都要对样品口红进行擦拭，并在促销活动中推出一次性的睫毛膏、腮红等产品以供试用。优衣库常常会对那些吊牌破损的产品进行打折销售。虽然污染效应常常带来负面的影响，但有时也有其积极的一面。这种正面的污染效应的产生通常出现在某产品的污染源是已知的，且与消费者有强烈的积极情感联系时。例如妈妈不会嫌弃孩子咬过一口的苹果，体育迷们愿意花高昂的价格买下其喜爱的选手所穿过的上衣。这也是营销者们常常邀请知名度高、受到喜爱的公众人物试用其产品的一个重要原因。

3.1.5 味觉

味觉是人与生俱来的感觉，尽管一次味觉体验过程可能会引起数千种化学反应，但人们能够清晰定义的味道却只有酸、甜、苦、咸等寥寥数种。从中可以看出，人类对味觉的判断力并不强大。在现实生活中，味觉也很容易被如视觉、嗅觉、听觉、触觉等其他感官的信息所影响。比如，人们看到树上的青梅就会觉得酸酸的，看到色泽诱人的食物便会下意识觉得其味道也不错。在视觉的影响下，有研究发现，果汁的颜色改变后，消费者对其所属的水果口味的识别准确性会大幅降低。也就是说即使之前品尝过，我们也很难认出一杯绿色的橙汁、蓝色的西瓜汁。

不同颜色的视觉线索还会影响人们对食品清爽程度的判断，例如相比于有色饮料，人们认为透明的饮料具有更清爽的口感。嗅觉作为伴随味觉的主要感觉，在识别味道的过程中发挥着至关重要的作用，研究发现，如果人们不能闻到食物的气味，感知到的味觉体验会下降 80%。听觉也会对味觉产生影响。当人们因咀嚼食物而发出较大声音时，也会下意识地认为该食物是更加新鲜可口的。在触觉的影响下，温度高的食物往往会诱发甜蜜和苦涩的味觉感知；而在进食冰冷的食物时，人们更容易产生酸和咸的味觉感知。而在硬度感知上，消费者往往认为装在硬杯子的饮料比装在软杯子的饮料更好喝，这些科学知识都值得商家了解和在实践中运用。

【思考题】 本节对于五种感官刺激的讨论对你是否有所启发？你最容易受到哪一种或者哪几种感觉的影响呢？

3.1.6　塑造感官印记

既然感官营销如此重要，那么商家应当如何实施呢？这就要提到塑造"感官印记"，一个卓越的品牌往往会在消费者的心智中烙下"感官印记"。感官印记（sensory signature）是指某种特定的感官体验与某个具体的品牌之间的双向联想。如果某种特定的感官体验（如闻到某种香味）能够让消费者联想到某个具体的品牌（如祖·玛珑香水），或是从品牌本身到感官体验的反向联想（如提到祖·玛珑香水就能想起其经典的香味），那么这个品牌就成功地塑造了一种感官印记。在五种感官刺激中，营销者使用最多的感官印记是视觉印记，其次是听觉印记。不过，嗅觉、触觉和味觉感官对于消费者形成与品牌、产品相关的记忆也具有不可忽视的作用，营销者也应该加以关注。下面我们对五种感官印记的塑造进行介绍。

1. 视觉印记

视觉是最受到营销者重视的感官刺激，而消费者最为熟悉的视觉印记是品牌标识。品牌标识作为最常见的视觉印记，发挥了与其他企业或产品形成区隔和识别的重要作用。此外，研究表明，品牌标识的形状、文字字体的完整性、画面动态感等因素也会影响消费者对品牌的感知。例如，在品牌标识中采用笔画线条不完整的字体设计，比如 FILA 的断连式标志、New Balance 百叶窗式的视觉呈现（如图 3.2 所示），会让消费者觉得品牌更有趣，企业更具创新力；具有较高动态性的品牌标识，如标识图形为一端翘起的、具有动态意象的，往往能吸引消费者更多的注意。此外，消费者会将品牌标识的长宽比与时间长度联系在一起。前文介绍过一项有趣的研究发现：相比正方形标识的空气清新剂，消费者认为拥有长条形标识的空气清新剂的香味持续时间更久。因此对于营销者来说，在品牌标识的设计上不仅需要考虑美观与设计感，更要考虑其对消费者可能产生的心理影响。

图 3.2　采用笔画线条不完整字体设计的品牌标识

图片来源：品牌官网

　　除此之外，商家还可以采取其他打造视觉印记的途径，一种方法是打造品牌与产品的专属颜色。例如潘通公司为珠宝厂商蒂芙尼制作出私有颜色"蒂芙尼蓝"。此后，蒂芙尼对其店面、包装、网站底色、珠宝衬底等视觉场景统一使用"蒂芙尼蓝"进行装点，"蒂芙尼蓝"一度成为许多消费者最喜爱的颜色。"蒂芙尼蓝"为蒂芙尼专属，其他任何品牌都无法拿去使用。另外，品牌还可以通过其他设计元素打造视觉印记，比如巴宝莉的经典苏格兰格纹。考斯（KAWS）的玩偶形象也很经典，其与优衣库的联名款 T 恤在首发当天遭到顾客者疯抢。

　　2. 听觉印记

　　在听觉方面，英特尔的"等灯等灯"无疑是最为成功的听觉印记之一。最近大火的"口红一哥"李佳琦，也是因其独特的带货标语"Oh my god!""所有女生，买它"而引发众人模仿并风靡网络。此外，我们在之前提到过，华为品牌为其手机消费者打造了专属歌曲铃声《我的梦》（*Dream It Possible*），即使是没有使用过华为产品的消费者也对此耳熟能详。除了听觉标识、广告歌等听觉印记手段之外，营销人员还应在为产品起名字的时候充分考虑它的发音。有研究发现，消费者往往认为大开口的元音意味着物体有更多内容，因此名为 Frosh 的雪糕比叫 Frish 的雪糕会给人更加丰富、香浓的感觉，而消费者并不会意识到名字的发音改变了他们的判断。

　　3. 触觉印记

　　在触觉营销方面，美国著名的巧克力公司好时是先行者。好时很早就发现，在剥开"好时之吻"巧克力的锡箔包装过程中，人们会获得乐趣，而这种乐趣也让享用好时巧克力成为一种特殊的体验。对于触觉印记，理想的情况是，消费者在光线不佳的情况下，仅依靠对产品的触摸，就能通过触觉体验成功辨别出其品牌。不过，这种能力往往只有少部分经验丰富的专家型消费者具备，对于大多数消费者来说是比较困难的。由于建立积极的触觉印记较为困难，许多商家常用的做法是利用触觉来引发回忆，并以此加深消费者对产品的记忆。例如，著名的产品设计师深泽直人曾设计出一种果汁的包装盒，命名为"果汁的肌肤"。他的做法是将真实水果表皮的质感移植到了包装盒上，当人们通过这种包装盒喝果汁时就像是在吃真正的水果一样，这就是用触感唤醒了人们在吃水果时的记忆。

　　有趣的是，研究发现，消费者喜欢通过触觉来判断产品的质量和技术含量，因此营销人员可以采取措施来避免让消费者形成消极的触觉印记。前面我们提到，对重量的感知会影响人们对质量的判断，因此一些希望满足消费者高质量需要的产品不能做得太轻。比如丹麦的高端音响品牌 B&O，为了让消费者感知到整套音响是很有技术含量的，该品牌向遥控器里增加了一些没有任何功能价值的铝块，使遥控器显得更有分量。

　　4. 嗅觉印记

　　嗅觉是人类感官中最敏感的，也是与记忆和情感联系最密切的感官。不同于视觉与听觉，它是一种凭直觉反应的感觉，需要借助大脑的理解与分析。研究证明，人的鼻子可以记忆高达一万种气味，而且嗅觉记忆的准确度比视觉记忆要高一倍之多。许多品牌也善于利用嗅觉营销，努力开发自己独有的专属香味以形成嗅觉印记，并增强消费者对品牌的嗅觉识别，特别是航空和酒店等服务业公司会通过开发专有香味的方式加强消费者对服务体验的记忆和联想。比如威斯汀酒店会在房间中的物件（如圆珠笔、洗护套装）上喷上该酒店专属的香水。消费者往往会将圆珠笔这样的小物件随身带走，这样一来，每当消费者使用该笔的时候，都会闻到笔上属于该酒店的独特味道，从而引发消费者对美好入住体验的回忆。

5. 味觉印记

味觉感官营销的对象一般是食品、饮料等产品。有研究发现，消费者对味觉的偏好往往已经成形，并且不容易被消费者描述出来。比如，当人们形容一家餐馆的菜品很符合自己的口味时，常常会说"这家餐馆的菜有一种家的味道"。因此，对于食品业来说，打怀旧牌或亲情牌便不失为一种聪明的营销手段，比如强调某一种产品是"妈妈的手艺"。尽管每个人的妈妈都可能有其独特的烹饪手法，做出的菜的味道各不相同，但只要让消费者从味觉的描述中回忆起一些记忆中的味道，那么这种味道标签就很可能获得正面的评价。

综上所述，在信息爆炸的时代，消费者往往会有意识地抵抗自己看到、听到的广告信息，但是对于嗅觉、味觉、听觉等感官的警觉程度却没有那么强，而这些感觉仍然持续影响着消费者的行为和决策。因此，营销者在宣传过程中可以考虑多感官的调动。值得注意的是，对于商家来说，感官营销更应该是一个加分点，也就是说，商家在做好产品质量等的基础上，感官营销才能最大化地发挥作用。

学术前沿 3.3

圣诞节的甜蜜"陷阱"

提到圣诞节，人们的脑海中开始浮现挂满彩灯与礼物的圣诞树、麋鹿、穿着红衣的白胡子老爷爷、烤鸡以及轻快的圣诞歌。圣诞节虽然是西方的传统节日，但随着文化的传播与交融，每当圣诞节来临时，我们也能在中国的大街小巷看到许多丰富的圣诞元素。在圣诞期间，商店里往往也会进行圣诞元素的装饰，并不断循环播放圣诞歌曲。这是一种非常明智的选择，因为在这样的购物环境下，消费者们情绪高亢，花钱也更大手大脚。圣诞节期间也是西方每年最主要的购物旺季。新闻报道中引用的数据显示，在美国，感恩节过后一直持续到圣诞节和元旦，这段时间的销售额占到了美国零售商全年业绩的20%~40%。

由于圣诞购物季与圣诞歌是紧密相连的，因此有学者好奇：即使不是圣诞节期间，圣诞歌本身是否也会增强人们的消费意愿呢？有学者就对此展开了研究。由于实验是在非圣诞节期间进行的，而气味是最能唤起人们记忆的，因此研究者选择在购物场所散发圣诞节的气味来营造圣诞节气氛。实验的参与者被随机分配到有/无圣诞气味与有/无圣诞音乐组合的四种情境之一，让其对一些产品和店铺进行评价。结果发现，人们对于既没有音乐也没有气味的情况与既有音乐也有气味的情况具有相当一致的评价。而一旦有音乐、没气味或者有气味、没音乐，那么被试对于产品、店铺的态度以及购物的意愿都会出现下降，他们情绪的愉悦感、唤醒度、掌控感以及对环境的积极情绪也会出现下降。

也就是说，如果与环境氛围不匹配的话，播放圣诞音乐不但不会起到好的效果，还会影响销量。这是为什么呢？可能有两个原因。一方面，音乐对消费者行为的影响主要是通过情绪来发挥作用的。如果播放的音乐对消费者来说是愉快的，那么消费者更愿意在播放音乐的场所里多停留。但是，圣诞期间商铺往往是反复循环播放圣诞音乐，并且圣诞音乐往往非常相似。从"曝光效应"来看，当消费者接触一种单调的事物过多次，就可能不再兴奋，这种不断重复的刺激反而会变得令人厌恶。另一方面，消费者都希望在消费中获得主动权以及掌控感。也就是说，消费者希望感受到：我之所以买一款产品是因为我想买，而不是因为商家想要卖给我。当音乐和气味很匹配（包括没有音乐和气味）时，人们会认为整个购物环境是很协调自然的；而当音乐和气味不匹配时，例如突然出现了圣诞节的音乐或者气味，人们会认为这是商家在刻意诱导顾客多消费。此时，消费者反而在购物时会更加小心、谨慎。

本研究带来的实践启示是，零售商需要意识到，并非音乐和气味的所有组合都会对购物者产生积极影响。一个不协调的组合可能会带来负面影响。最保险的方式是，零售商使用一种单一的环境提示（音乐或者气味），而不要冒险引入音乐和气味的不恰当组合。

文献来源：

SPANGENBERG, E. R., GROHMANN, B., & SPROTT, D. E. 2005. It's beginning to smell (and sound) a lot like Christmas: the interactive effects of ambient scent and music in a retail setting[J]. Journal of Business Research, 58(11): 1583-1589.

3.2　知觉过程：暴露

感官营销的机制从整体上可以描述为：外界信息首先对五种感官进行刺激，让人们产生对应的感觉，之后经过意识和理解过程，形成知觉，从而影响到认知、情绪以及行为。之前我们已经讨论了五种感觉系统，了解到在营销领域可以施加给消费者的各种感觉刺激。不过，来自大千世界的感觉刺激，只有一小部分能被我们注意到。而这其中又只有更小的一部分能够被留意到。接下来，人们对于这些进入意识范畴的刺激进行认知加工。这就是知觉的总体过程，共包含暴露、注意和解释三个重要阶段。

经过了知觉的过程，原始刺激才能转化为有意义的信息。举例来说，人们在看到一瓶红色的液体，也就是接收到视觉刺激后，再经过知觉的过程，可能会做出这瓶液体很烫或者很辣的判断。对于营销者来说，只有深入了解消费者知觉的过程，才能理解各种感觉刺激如何被消费者接收，又是如何去影响消费者的。接下来，我们将分别对知觉的三个阶段进行探讨。知觉的第一个过程是暴露。尽管我们每时每刻都面对着不计其数的感觉刺激，但其中只有很小的一部分刺激暴露在我们面前。这是因为生理的限制为我们过滤掉了大量的感官刺激，也就是说我们的感受器存在感觉阈限。感觉阈限分为两类，分别是绝对阈限和差别阈限。

1. 绝对阈限

绝对阈限指的是我们的感受器能够察觉到的最小刺激量。也就是说，当有刺激作用于人体的时候，我们能够感觉到与感觉不到的那条分界线，就是绝对感觉阈限。由于绝对阈限的存在，人耳听不到很多动物发出的高频或者低频的声音；在一定的距离内，看不清小于某种尺寸的字体、无法辨别声音信息。因此，对于市场营销者来说，了解消费者的绝对阈限是非常重要的，并且应当注意刺激材料的音量、字体，确保它们处于个体的绝对阈限之内。比如确保消费者是否能看清道路两旁商铺的名字；在商铺内，物品摆放的位置不能离消费者太远或者被遮挡；要让消费者坐在沙发上能听清楚电视广告中的品牌和产品信息；等等。

为此，商家可以选择采取措施来达到绝对阈限的下限。例如，麦当劳广告牌上的金色拱门总是十分巨大，且麦当劳总会将广告牌放置在高处，使其更加显眼。不过，有时很难通过增加刺激强度来达到绝对阈限下限，可以考虑多感官刺激。例如地铁上的环境非常嘈杂，使得视频广告中声音的绝对阈限非常高，此时通过调高广告音量的方式让消费者听清其品牌名称是非常困难的。一个有效的措施是强调其他感觉通道，例如在广告视频的画面中将品牌标识放在显眼位置，使得那些听不清声音的受众也能获知品牌信息。

2. 差别阈限

差别阈限（或者相对阈限）指的是，感受器能够察觉两种刺激之间存在不同之处的能力。差别阈限的例子是个体对广告牌的大小改变、商品包装变化的感知。个体刚刚能够察觉到的两种刺激之间的最小差别称为最小可察觉差别。对于大多数人来说，把一对同卵双胞胎区分开来都是一件特别困难的事，因为他们之间的差别很可能小于个体的最小可察觉差别。商家如果想要让消费者察觉到其对品牌标识、产品包装等做出的改变，就要了解消费者的差别阈限，否则这些举措的效果就会大打折扣。1898—2009 年，百事可乐的品牌 logo 不断发生变化。百事是我们非常熟悉的品牌，但很多时候，我们却没有意识到其 logo 的变化，这也是因为变化的幅度较小，小于我们的最小可察觉差别。

在不同环境中，个体对于两种刺激之间差别的识别能力也有所不同。有时我们能清楚地区分开谈话的内容与环境中的噪声，但在另一些时候我们却很难区分它们。朋友之间的对话，如果发生在嘈杂的大街上，可能很难被听清；如果发生在安静的图书馆中，同样音量的对话反而可能会显得过于吵闹了。

【思考题】 在什么情况下，营销者希望消费者察觉到与品牌和产品相关的变化？在什么情况下，他们又不希望这样的事情发生呢？

有时，营销者希望消费者注意到正在发生的改变，比如产品正在促销，品牌的定位或 logo 发生了变化；有时，它们则极力避免消费者发现这种变化，比如产品小幅度提价或者商家偷偷缩小产品的净含量。在这里，商家应当遵循韦伯定律：如果希望个体察觉到一处改变，那么发生改变的幅度应当与初始刺激材料的强度成正比。换言之，初始刺激材料的强度越高，那么就必须做出越大的改变，才能被注意到。举一个简单的例子：对于一款原价 3 元的产品来说，降价 1 元是非常大幅度的改变，很容易被注意到；反之，对于一款原价 80 元的产品而言，降价 1

拓展阅读3.1 阈下广告示例

元则不太可能引起注意，更不容易带动销量的提升。

尽管感觉阈限非常重要，但有营销者反其道而行之，在人类的感觉阈限之外做广告。由于这样的广告信息在感觉阈限之外，只能通过消费者的潜意识起作用，他们希望能在不知不觉中操纵消费者的行为，这种做法叫作阈下广告。阈下广告的一个经典案例是一则"都市传说"，即有些电影院在播放电影之前的贴片广告短片时，会插入一闪而过的爆米花的镜头。电影院希望通过这种手段，在潜意识里刺激消费者，提升爆米花的销量。阈下广告在很多国家都是被明令禁止的，因为法律不允许营销者对消费者进行操纵。

此外，学术界对于阈下广告的有效性也打了一个大大的问号。一方面，不同个体在感觉阈值上存在不小的差异。如果设定的刺激强度过大，能够被很多人察觉到，那就不再是阈下广告；反之，如果刺激的强度过小，绝大多数人都不会察觉到，那广告也变得没有意义了。另一方面，营销者无法保证消费者对于刺激材料投入绝对的注意力。比方说，看电影的人可能完全没有留意电影播放之前的贴片广告，因而也就不会受到一闪而过的爆米花镜头影响。基于以上原因，阈下广告目前不成风气，停留在商家充满恶趣味的尝试层面。

3.3 知觉过程：注意

你是否能说出昨天看过或听过的广告信息呢？事实上，很少有人能记清楚。每个营销者都渴望获得消费者的注意，不管是采用电视、报刊上的纯广告宣传，还是打造出各种软广告来诱发消费者的好奇。不过，现实情况很残酷：绝大部分广告并没有获得消费者的有效注意。这也催生了新的商机，许多媒体公司和内容创作者专门收集人们的注意，注意力俨然成为被出售的产品。那么，究竟什么是"注意"呢？注意是知觉过程的第二个阶段，它指的是个体在信息加工过程中对于特定刺激材料的投入程度。在当下这个信息爆炸的社会，每个人都处于超负荷接收信息的状态中。由于注意力资源的有限性，我们只能对少量信息进行认知和加工。换言之，我们的注意力是具有选择性的。不信的话，请扫描二维码测试一下。

视频 3.3 注意力测试

在哈佛大学开展的经典注意力实验中，研究人员让参与实验的志愿者观看一段视频，视频中有几个人在玩传球游戏，有人穿白衣服，有人穿黑衣服。研究人员让这些志愿者数那些穿白衣服的人传球的次数。观看结束后，研究人员问他们有没有在视频中看到一只大猩猩，结果有一半的人都没有注意到。在视频中，的确有一只人类扮演的大猩猩出现，并在画面中间手舞足蹈，总共出现了约 8 秒的时间。但参加实验的人太专注于数传球的数目，因而忽视了明显的大猩猩。假如你成功地注意到视频中有大猩猩出现的话，也不要高兴得太早，你很可能忽视了其他重要细节：视频中有人中途退场，幕布颜色发生了变化。这样的一个小测试让人们清醒地认识到，人类的注意力资源是多么有限。

3.3.1　认知选择

由于大脑处理信息的能力有限，每一位消费者注意到的信息都是具有选择性的，这个过程叫作认知选择。认知选择中包含了两个重要的机制，分别是认知过滤器和适应。

认知过滤器指的是，我们长期以来对于信息进行加工、处理的经验，决定了我们对于信息的注意程度。与此相关的一个现象是鸡尾酒会效应（cocktail party effect），指的是在鸡尾酒会这样嘈杂的场合，两个人却可以顺利地交谈。尽管周围噪声很大，但两人耳中听到的只有对方的说话声，似乎周围的各种噪声都被忽视了。如果此时酒会中有其他人提到了你的名字，即使声音并没有很大，你也很可能会注意到。由于自己的名字对每个人来说都是一个敏感且与我们自身高度相关的刺激，这个刺激会立刻调动我们的注意力。这也解释了为什么有时候听别人说话，我们会"左耳朵进，右耳朵出"，因为我们的认知过滤器会自动屏蔽不想听的内容。这其中包括两个机制：知觉警惕和知觉防御。接下来分别进行介绍。

知觉警惕指的是，我们更容易留意到与我们当下的需要相关的刺激材料。举例来说，之前你可能对汽车兴趣不大，也缺乏了解，因而你对电视上重复播放的汽车广告几乎没有任何印象；然而，一旦你下定决心买车之后，就会发现原来电视节目中插播了如此多汽车广告。当我们结束一整个上午的会议或者课程的学习，感到饥肠辘辘时，更容易被无意中看到的麦当劳广告所吸引。阴雨绵绵的黄梅天，我们可能更加留意烘干机的广告。一位朋友和我分享过这样的亲身经历：有一次，他早上着急开车出门，忘了自己当天汽车限行。没过多久，他就收到了交通违章的通知短信。当他根据短信的提示，打开专门的 APP 缴纳罚金后，他注意到罚金缴纳成功的界面有一则新能源汽车的广告。平日里他在其他场合看到新能源车的广告，并没有过多注意。不过这一次，他把这则广告记在了心里，开始认真考虑要不要入手一辆新能源车，从而避免限行。这款新能源车的营销者，一定很了解知觉警惕。

知觉防御指的是，我们会对刺激材料进行主动选择：我们倾向于去接收那些我们希望看到的刺激，而拒绝去接收那些我们不希望看到的刺激。当我们感受到一项刺激材料可能会对我们造成威胁时，有两种不同的应对策略：第一种是拒绝对其进行加工。举个例子，假如一部热门的影视剧中有一个肥胖的主角，身材不够苗条的观众可能会拒绝观看这部影视剧。第二种应对策略是改变这项刺激原本的含义，从而更容易去接受它。比如，消费者可能选择去曲解某一禁烟公益广告的含义。他们可能告诉自己，吸烟没那么可怕，只要不是吸烟过度，就不会有问题。

适应指的是，当我们对一项刺激材料非常熟悉时，就不再对它投入注意力了。当我们的办公室装饰一新时，在最开始的一个星期我们会注意到很多令人惊喜的小细节，但时间一长，我们就熟视无睹了。当路边的广告牌更换新广告之后，一开始路过时我们可能会多看几眼，但后来我们就懒得再去看了。对于营销者而言，这是一个很严重的问题，这个问题难以完全避免，不得不积极应对。那么，营销者应当如何去应对呢？有一些因素可能会导致适应的产生：如果刺激材料的强度较低，对感官产生的冲击较小，就容易产生适应；如果刺激材料过于简单，也容易产生适应，因为人们无需去注意细节；有时营销者为了追求曝光度，会让一项刺激频繁出现，但这样也容易导致适应；最后，应当选择与受众具有相关性的刺激材料，因为无关或者不重要的刺激会引起适应。

【思考题】　了解到导致适应的因素之后，营销者在做广告的时候有什么可以改进的地方？

在市场营销中，近来有一种新的举措值得推广，那就是制作系列广告。系列广告针对的是同一款产品，围绕的是同样的主题，但在具体的刺激材料上有所不同。这样一来，一方面保证了广告的高曝光度；另一方面，也因为刺激材料在细节上的差异，给消费者带来一种常看常新的惊喜，不容易因为适应而降低注意力。例如京东"双十一"的系列广告。参与"双十一"活动的很多平台往往会由于购买量太大而导致配送速度变慢，而京东配送历来以"快"出名。因此，京东在系列广告中，通过强调日用品的急需性，吸引消费者选择在京东购物。

在刺激材料的选择方面，营销者为了争夺消费者的眼球，常常会应用对比效应的法则，也就是说将其想要展示的刺激材料与周围的其他刺激形成鲜明的对比，从而吸引人的注意力。比方说，营销者为自己的广告争取尽可能大的版面。此外，很多商家为自己的产品选择了很少用于类似产品的颜色来让人眼前一亮。例如，一家生产线的制造商把自己的生产线刷成了亮黄色，而不再是千篇一律、死气沉沉的灰色，从而在激烈的市场竞争中脱颖而出。为了吸引消费者，所有的营销者都为自己的产品或广告争取最容易被消费者注意到的位置，比如在超市中占据与消费者的视线平齐的位置。他们甚至绞尽脑汁，在竞争较小且出人意料的地方打广告。这些年来，我们在飞机的机身、电梯间、购物车的后侧、体育馆的地面上看到了越来越多的广告，这些都是营销者的创意之举。

在当今的广告界，一种被广泛使用的手段是内容植入。那些没有融入其他媒体内容的广告形式被称为"硬广告"。例如，许多商家会在移动端视频播放前和播放过程中插入广告以"强迫"消费者不得不等待其播放结束。互联网媒体的广泛使用催生了越来越多的"软广告"。现在，越来越多的手机用户选择通过购买会员的方式去除观看视频过程中插入的广告，使得营销人员想方设法将营销信息"软化"，例如在电视剧的台词、场景中插入不违和的品牌信息（如古装剧中出现名为"御泥坊"的化妆品店铺），又或者通过公众号文章植入的方式将营销信息变得喜闻乐见。例如，某美容品牌向"丁香医生"公众号投放软文广告。该公众号经常邀请权威的医学专家介绍通俗易懂的身体保健知识，并因此获取了大批粉丝和稳定的阅读量。"丁香医生"在一篇介绍皮肤护理知识的文章中推荐了该品牌的保湿身体乳，感兴趣的读者只需点击文章下方链接即可完成购买。这种不单纯为了推广产品，还提供有价值信息的广告植入更容易获得消费者的信赖，往往也更可能促使消费者产生冲动消费。

在视频广告中，一项创新性的举措是观众在视频网站上观看影视剧时看到的创意中插广告。这些广告的主角是影视剧中的角色，他们甚至穿着戏服在影视剧中的场景中拍摄广告。由于影视剧的观众本身就不反感这些演员，甚至对他们充满了好感。因此相应的，消费者也更容易被这些创意十足的广告所吸引。近年来，各大视频平台都在不断推出养成系的男团、女团选秀节目。观众目睹了练习生们参加节目期间获得的成长，与他们建立起了情感联结。正因如此，尽管节目正片中穿插了大量练习生参与拍摄的广告，观众们仍看得津津有味。

3.3.2 注意力碎片化

"我觉得我不再像以前那样思考了，阅读时这种感觉尤其强烈。沉浸于阅读一本书或者一篇长文章在过去很容易。现在已经很少发生这种情形了，现在读两三页之后我的注意力就开始分散，变得烦躁，跟不上作者的思路。"《哈佛商业评论》前执行总编尼古拉斯·卡尔如是说。此时此刻，在阅读这本教材的同时，你的注意力是否也被其他事物所牵扯呢？可能在阅读的过程中，你会忍不住刷新一下朋友圈，又或是被附近的声响短暂地吸引了注意力。现如今，微信、QQ、微博、抖音、腾讯、爱奇艺、小红书、伙伴、家人，包括这本书都可能是向四周奔跑的马，而处于中间被撕扯的就是我们的注意力。在互联网 3.0 时代，我们的注意力正在被这些全方位的信息撕成碎片。

极光大数据 2019 年的调研结果显示，微信月活跃人数为 9.9 亿，用户平均每天打开微信 17 次，平均每天使用微信超过 1 个小时，超过 5 成用户表示比较依赖或者非常依赖微信，而对微信不依赖的用户占比仅为 5.1%。除此之外，有 9 成用户每周都刷朋友圈，其中 6 成用户每天都刷。在现代强大媒体的推波助澜下，人们不停地在不同的媒介和渠道之间进出，看电视的时候玩着手机，发完朋友圈再刷一下微博。人们对一件事物投入持续、集中注意力的时间变得更加短暂，对信息的接收往往只能停留在浅层次的阅读表面。这也解释了为什么人们热衷于刷抖音、快手等短视频，因为这些短视频往往只有几十秒的时间，大大满足了人们注意力碎片化的要求。

汽车、服饰、快消等品牌主正在改变过去粗放式的广告投放策略，营销活动慢慢从"大路牌"转向"小屏幕"，这也使得"碎片化"营销登上舞台，成为营销的新模式。"碎片化"营销的一个最大特点就是短小精悍。之前在微信小程序中火爆的小游戏"跳一跳"成功的原因就在于其不会耗费太多精力和时间，刚好能消磨掉人们被现代生活切割的"零碎时间"。这也要求营销者推出更加简洁明了的广告，例如只传递出产品最突出的一个特点。在这种情况下，消费者对广告创意性的要求也会提高。许多商家深谙"碎片化"的精髓，例如抖音、快手等短视频平台，将视频时长严格控制在一分钟以内，让消费者产生一种看一个视频花不了多少时间、精力的错觉，这种可以快速获得信息的快感可以让消费者连续看几个小时而不自知。

3.4　知觉过程：解释

面对同样的事物，不同的人可能会产生不同的知觉。就像父母很乐意听到孩子的嬉笑打闹声，但是陌生人却很可能认为这是刺耳的噪声。对于同样的产品，不同消费者的知觉也可能完全不同。以大屏幕手机为例，有的消费者非常喜欢大屏幕带来的视觉效果更好、使用更舒适的感受，其他消费者则认为大屏幕手机更大、更重，不方便携带。从中可以看出，人们的知觉具有很强的主观性。

知觉的最后一个环节是解释（interpretation）。知觉就是一种解释，是对感觉赋予含义的过程。在一款汽车广告中，尽管汽车没有直接出现，但广告中的座椅及其布置非常像汽车内部。消费者为这项刺激材料赋予了汽车的含义，这就是解释。

3.4.1　个体对刺激材料的知觉模式

我们是如何形成知觉的呢？对于这个问题的回答，有两种经典的理论解释。一种是格式塔理论，另一种是基于学习的推理理论。格式塔理论强调大脑的结构是如何影响我们将刺激材料解释为有意义的、有知觉的。基于学习的推理理论则强调后天习得的影响，包括预期背景和文化力量对感知的作用。总的来说，格式塔理论强调先天因素，基于学习的推理理论强调后天的习得因素。

1. 格式塔理论

或许你曾注意到街上的一系列霓虹灯招牌，这些灯给人一种在移动、跳跃的错觉，实际上这些灯并没有动。当我们听音乐的时候，尽管曲调是由孤立的音符组成，但我们感觉到的仍然是整体的悦耳旋律。因此，一群德国心理学家认为大脑天生就有一种感知刺激的模式，他们把这种模式叫作格式塔，即德语中的"感知模式"或"形式"。格式塔心理学认为，大脑在为刺激材料赋予含义的过程中，遵循的刺激材料的组织原则是：整体大于局部。具体来看，有三项原则：封闭性原则、相似性原则和图形–背景原则。

封闭性原则指的是，即使刺激材料有残缺或者留白，我们仍然可以脑补出缺失的部分，从而为其赋予含义。比如，你看到一个将半个脑袋从墙后探出来的人，你的头脑会自动填补这个人的脸以及藏在墙后的那部分身体。即使图形存在空隙、不平衡和不对称，我们也倾向于把这些图形刺激变成完整的、平衡的和对称的。基于这项原则，尽管有时商家的灯牌有所缺失，我们也很容易明白其主营业务。

相似性原则指的是，当有多种刺激物同时存在时，我们倾向于把具有相似物理特征（如大小、形状、颜色等）的刺激材料放在一起，在知觉上将它们归于一类。"物以类聚，人以群分"的谚语就反映了这种倾向。但有时候，刺激物的特征并不十分明显，甚至人们在各刺激物之间找不出能够将它们加以区分的特征。在这种情况下，我们常根据以往经验，主观地寻找刺激物之间的关系，从而获得有意义的或逻辑合理的知觉经验。

如图 3.3 所示，A 图与 B 图同样是由 20 个圆点组成的方阵。观察各个圆点，会发现它们之间不容易找出可供分类组织的特征。但在观察中我们会发现，两图中圆点之间的间隔并不完全相等。A 图中两点之间的上下间隔相比其左右间隔更近，因此我们倾向于认为 A 图是由 20 个点组成的四个纵列；B 图中两点之间的左右间隔相比上下距离更近，因此看起来更像是 20 个点组成的四个横列。这种按照刺激物之间的距离关系而形成知觉经验的心理倾向也被称为接近法则。

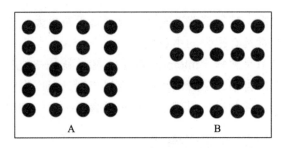

图 3.3　知觉中的接近法则

在格式塔心理学中，图形是吸引我们注意力的一个简单的模式或格式塔，剩下的则成为背景。图形-背景原则指的是，我们会将刺激材料的一部分视为主导性刺激，而把其他部分视为背景。我们在背景之上感知图形。比如你正在手工制作一个生日蛋糕，生日蛋糕由奶油、馅料和蛋糕坯构成。当你专注于馅料时，馅料就成了图形，其他的就成了背景。而当你专注于奶油装饰时，奶油装饰成为图形，馅料等就成了背景。图形和背景会根据我们的注意点而进行换位。

一则邮政服务广告是该原则的直接应用。通常人们会首先注意到图片中的女性，此时她占据主导性地位，而背景是一位由文字构成的男性。在图片中，两个人来了一场跨越空间与距离的拥抱。这幅图片的寓意是：有了邮政服务，人们可以与远在千里之外的人通过文字交流，这个人尽管远在天涯，却又似乎近在眼前。

2. 基于学习的推理理论

1866 年，赫尔姆·霍茨指出学习在知觉过程中发挥的重要作用。他的基于学习的推理理论，强调人们如何利用预先的学习来解释新的感觉信息。基于预先的学习经验，观察者对感觉的含义进行推理。这也是为什么在看到插着蜡烛的蛋糕时，我们会推理此处正在举行一场生日聚会。一般情况下，这些感知推理是比较准确的，但是形成准确知觉的重要的因素还包括背景、预期和知觉定势。背景和预期指的是，一旦你界定了一种背景，你就会对可能碰到的人、事物或事件形成预期。比如，一个你认识的人出现在你认为他不可能会出现的场合时，比如在不同的城市或者是新的社会群体中，你很可能不太容易认出他来。这并不是因为他的长相发生变化，而是因为背景的不寻常：你没有预想到他会出现在这里。在知觉定势的影响下，我们更容易被某种刺激线索所吸引。也可以说，知觉定势让我们在特定背景下对特定的刺激有更高的警觉，比如初为人母者对婴儿的啼哭声就非常敏感。

心理图式（schema）是知觉的一种实际表现。心理图式的核心观点是，消费者会根据自己过去的经验来解读和理解当前遇到的事物。有研究表明，3～5 岁的儿童已经会用自己已有的经验来对食物做出评价，例如相比装在普通纸袋里的鸡块和胡萝卜，他们更喜欢装在麦当劳纸袋里的同样的食品。

在心理图式的应用中，无印良品酒店是启动消费者正面经验的典范。主打简约、性冷淡风的无印良品以商品设计简单、大方、实用而又不缺乏设计感而备受消费者喜爱。因此，无印良品酒店的开业让消费者充满了期待，而无印良品酒店也确实延续了无印良品一贯的极简、大气的品牌理念。客房内的陈设大到桌椅床具，小到毛巾牙刷，都是无印良品自家的产品，对于喜爱无印良品风的消费者来说，这是巨大的福利。在营销实践中，不仅要注意启动消费者的正面经验，还应当避免唤醒可能导致负面评价的经验模式。例如，一家以药物洗发水闻名的品牌推出了一款功能饮料，即使付出了巨额的营销费用也可能以失败告终。因为在消费者心中，其品牌就意味着"这是洗发水"，而看到饮料上的品牌名称就会激活消费者的这种经验，导致消费者会将这个饮料看作"像洗发水一样的"饮料，自然不愿意进行尝试。

3.4.2　知觉属性与知觉定位

我们围绕知觉讨论了这么多，那么对于品牌而言，知觉有怎样重要的意义呢？通常情况下，我们对于品牌的知觉包含两种重要属性：功能性属性和象征属性。象征属性指的是，我们希望通过使用一款产品去表达什么。对于成功的品牌而言，产品能够做什么固然很重要，但更重要的是这款产品对于消费者来说意味着什么。由于消费者会对品牌形成一定认知，营销者可以基于这种认知对品牌进行定位，这种做法叫作知觉定位。

成功的品牌通常在知觉定位这方面都表现得非常出色。让我们来思考可口可乐与百事可乐的案例。在美国，可口可乐的市场占有率以及在消费者中的美誉度远高于百事可乐。然而，在对可乐饮料口味的盲测中，百事可乐一直更受好评。也就是说，如果撕掉可乐的标签，让消费者品尝两款可乐后给出评价，更多的消费者认为百事可乐更好喝。为解决这一问题，可口可乐公司在 20 世纪 80 年代修改了产品配方，并且在盲测中取得了对于百事可乐的优势。没有想到的是，这一举措受到消费者的强烈抗议，可口可乐公司被迫恢复了原来的配方。直到这时可口可乐公司才意识到，可口可乐这款产品早已与开心、乐观的美国式的生活方式紧密联系在了一起。这才是可口可乐产品经久不衰、受到几代人持续追捧的秘诀。

在具体操作中，营销者可以通过不同的维度建立起品牌在市场中的定位。举例来说，大多数人对苹果公司的第一印象是科技感，而不只是一家生产手机、电脑等电子产品的公司。福特将自己定位成了一家以质量为导向的汽车公司。相应地，如果消费者想要购买质量可靠的汽车，就很容易想到它。有的化妆品品牌为自己打造了高性价比的品牌形象，它们让消费者们认为，它们销售的化妆品的化学成分与大品牌类似，价格却要实惠得多。还有很多品牌将目标消费者设定为了中产阶级，把自己的品牌形象与中产阶级的生活方式联系起来。绿箭口香糖则基于使用场合，把自己定位成了香烟的替代品，从而大获成功。

本章小结

感觉指的是我们的感受器（包括眼睛、耳朵、鼻子、嘴巴、手指）对于外部基本刺激做出的直接响应，包括视觉、听觉、嗅觉、味觉、触觉。在感觉的基础上，我们会对其进行选择、组织、解释等认知加工，这就是知觉。知觉的总体过程包含暴露、注意和解释三个重要的阶段。

感觉是一切复杂心理活动的基础，感官体验会对消费决策产生重要的影响。实施感官营销的一个主要途径是塑造感官印记，即形成某种特定的感官体验与某一具体品牌之间的双向联想。感官营销应该是一个加分点而不是基本注意点。也就是说，商家在做好保证产品质量等基础动作的前提下，感官营销才能最大化地发挥作用。

经过知觉过程，原始刺激才能转化为有意义的信息。知觉的第一个过程是暴露。来自大千世界的刺激材料中，只有很小的一部分暴露在我们面前，这是因为生理的限制为我们过滤掉了大量的感官刺激。绝对阈限是我们的感受器能够察觉到的最小刺激量。差别阈限指感受器能够察觉到两种刺激之间存在不同之处的能力。

注意指的是个体在信息加工的过程中对于特定刺激材料的投入程度。注意力资源是具有选择性且有限的，我们只能对少量信息进行认知和加工。认知过滤器会自动屏蔽掉人们不想听的东西。它包括两个机制——知觉警惕与知觉防御。知觉警惕指的是，我们更容易留意到与我们当下的需要相关的刺激材料。知觉防御指的是，我们会对刺激材料进行主动选择：我们倾向于去接收那些我们希望看到的刺激，而拒绝去接收那些我们不希望看到的刺激。

解释指个体赋予感觉刺激物的意义。不同的人对于完全相同的客观刺激，可能会给出不同的解释。心理图式的核心观点是，消费者会根据自己过往的经验来解读和理解当前遇到的事物。

案例分析

感官营销力

线上资源

本章测试

第 4 章

影响消费者的内在因素：学习与记忆

"学习"是我们日常生活中的一个高频词。在心理学中，学习指的是由经验带来的行为上的相对长期的改变。这个定义非常抽象，我们来举一个简单的例子：我们在很小的时候，没有接触过可口可乐，不知道它意味着什么。直到有一天，我们品尝了一罐可口可乐，记住了这个滋味。接下来，当我们再次看到可口可乐的商标时，就会意识到它是一款软饮料。这就是学习的过程。对于营销者而言，了解消费者是如何学习和了解他们的品牌和产品的，是非常重要的一件事，这其中又有很多市场营销可以介入的环节。

◇ 学习目标

1. 消费者的学习指的是什么？
2. 消费者学习的途径有哪些？
3. 工具性条件反射发生的方式有哪几类？
4. 如何在产品中加入游戏化设计的要素？
5. 消费者如何实现社会化？
6. 为什么要了解消费者的记忆？
7. 如何加深消费者对品牌或产品的记忆？

4.1　行为主义学习理论

消费者学习是潜在的消费者获取和购买消费信息与未来相关消费经验的过程。学习可以是有意的，也可以是偶然的。消费者对于品牌和产品的学习，可以划分为三种不同的类别，分别是直接学习、观察学习和偶发学习。直接学习指的是我们通过亲身的体验，获得对于品牌和产品的了解，本章开篇时举到的可口可乐的例子就属于直接学习的过程。再比如说，我们亲自品尝了一款食物，从而了解到这款食物是否合我们的胃口；买车时通过亲自试驾，体验真实的手感。在很多情况下，我们可以通过观察来学习，而不一定要自己亲身体验，比如我们可以通过观看他人的开机测评视频去了解一款新上市的电子产品，也可以通过观察身边的朋友对美妆产品有初步的了解。偶发学习指的则是在不经意间发生的学习行为。在这个信息大爆炸的时代，我们时时刻刻都处于信息的海洋中，这其中，会发生大量的偶发学习，我们在不经意间就会了解到许多有关品牌和产品的信息。

与消费者学习有关的理论分为两类：行为主义学习理论和认知学习理论。本节主要对行为主义学习理论进行探讨。行为主义学习理论关注的焦点是刺激材料与行为响应之间的联结。它们把消费者的学习过程视作一个黑箱，仅仅去关注消费者针对不同的刺激材料，会产生怎样的响应，并不去关注其中的认知加工过程。就像我们在中学"生物学"课程中学过的那样，行为主义学习理论的两大代表是经典条件反射和工具性条件反射，工具性条件反射也被称为操作性条件反射。

4.1.1　经典条件反射

在经典条件反射中，有两种不同的刺激。第一种刺激的呈现可以无条件地诱发个体的某种反应，我们称之为非条件性刺激。第二种刺激不能单独诱发这种反应，我们称其为条件刺激。当我们把这两种刺激材料进行配对时，随着时间的推移，第二种刺激也可以诱发个体相应的反应。让我们一起来回顾一下生物课本中的例子：对于狗来说，食物是一种非条件性刺激，因为它们看到食物时，会自然而然地分泌唾液。当狗听到铃声时，不会做出任何的反应，因而铃声不是非条件性刺激。如果我们让铃声与食物配对出现，随着时间的推移，铃声会变成一种条件性刺激。当狗单独听到铃声时，也会表现出分泌唾液的条件反应。

2015年，《琅琊榜》横空出世，收获了空前的市场关注度和口碑。有趣的是，片中梁帝出场时，一些观众不自觉地流下口水。梁帝的扮演者人到中年，从外形上看比不上胡歌、王凯等偶像与实力兼具的青年演员，观众流口水的背后必有玄机。当你发现梁帝的配音者是著名的配音演员李立群老师时，是否恍然大悟了呢？事实上，这一现象可以被经典条件反射所解释，让我们一起从中找到经典条件反射的各个要件。其中，非条件性刺激是美食的影像，非条件性反应是流口水。之前，李立群老师最为深入人心的作品是美食纪录片《舌尖上的中国》，他的声音贯穿三季共三十集纪录片，成了伴随美食影像出现的条件性刺激。久而久之，观众们建立起了经典条件反射。因此，在《琅琊榜》中李立群老师的声音没有伴随美食的影像单独出现时，也诱发了观众流口水的条件反射。

让我们来看另外一个例子：在图4.1所示的这则广告中，沙滩是一项非条件刺激，因为当我们看到沙滩时，通常会产生愉悦的情绪。对于消费者来说，广告中出现的这款陌生的饮料并不能直接带来愉悦的情绪，因而它不是非条件性刺激。在这则广告中，沙滩与饮料总是配对出现，随着广告的持续投放，有一天我们在超市中单独看到这款饮料，也可能会产生愉悦的情绪，就这样，饮料变成了一种条件性刺激，而这正是广告商的目的所在。

【思考题】　在第七季《奇葩说》中，面对"孩子的作业太多总是写到半夜，我该不该跟老师理论？"的辩题，武汉大学副教授、知名辩手陈铭提到了经典条件反射，站在正方的立场上，认为应当与老师理论。他说道："孩子学习到深夜就困，久而久之，在非深夜时段学习也会困，原因是条件反射的刺激场形成了。"陈铭在分析这一问题过程中对于经典条件反射的引用和解释是否正确？如果不正确，具体错在哪里？

图 4.1　经典条件反射在广告中的应用
图片来源：科罗娜官网

经典条件反射应用于消费者行为领域中最成功的案例莫过于信用卡。在信用卡还没有普及的阶段，人们习惯于使用现金，信用卡只出现在消费者需要进行大额消费的场景中。随着信用卡与需要进行大额消费场景不断配对出现，信用卡变成了一项条件性刺激：当人们从钱包中掏出信用卡时，就会不自觉地花掉更多的钱。

【思考题】很多营销者都会在产品广告中使用背景音乐，有时他们会创作新的歌曲，有时则会选用人们耳熟的旋律。有趣的是，很多情况下，他们会选择花更多的钱以使用人们耳熟的旋律，而不是重新创作一首新歌。营销者为什么愿意这么做？你能基于行为主义学习理论给出合理的解释吗？

如果希望消费者在条件性刺激与条件性响应之间建立起稳定的联结，那么非条件性刺激与条件性刺激之间的重复配对出现非常重要。一旦这种重复不够频繁，就会发生消退的现象：个体不再对条件性刺激做出条件性响应。让我们回到最初的例子中，如果条件反射形成后我们只摇动铃铛而不给狗喂食，长此以往，铃声与分泌唾液之间的联结也就不复成立；接下来再听到铃声响起时，狗也就不会再分泌唾液了。

在经典条件反射中，有一个有趣的现象叫作刺激泛化。它指的是，当我们看到与条件性刺激非常相似的刺激材料时，有可能会做出与看到条件性刺激时相似的响应。比方说，我们都知道李施德林是著名的漱口水品牌，它的产品包装也有鲜明的特点。突然有一天，某一品牌的漱口水也采用了类似的包装。我们无须仔细查看说明，就会知道这也是一款漱口水。这就是刺激泛化的魔力。现在，大家应该不难理解为什么很多普通品牌在产品包装上会模仿知名品牌了吧？

对于知名品牌自身来说，刺激泛化也可以为其所用，一个经典的例子是产品线延伸。一个知名品牌，在拓展自己的产品线时相比普通品牌总是会容易许多，这正是由于刺激泛化现象：消费者在看到熟悉的品牌商标时会产生条件性响应，认为这个品牌生产的产品都是高质量、值得信赖的，因此即使是全新研发的产品系列，往往也能获得较高的市场认可度。

4.1.2　工具性条件反射

刚刚我们介绍了行为主义学习理论中的第一类——经典条件反射，接下来探讨工具性条件反射。工具性条件反射的原理非常简单，它基于的是人类趋利避害的基本倾向。当人们为了获得正性的结果、避免产生负性的结果而学会表现出特定的行为时，就发生了工具性条件反射。比方说，商家告知消费者，在进店消费后可以享受 20% 的折扣，这将激励消费者将来再次做出进店消费的行为。

工具性条件反射发生的方式有三种：正强化、负强化和惩罚。正强化指的是，如果我们做出某种行为后获得了奖励，这种行为就会获得正强化。每当我们在商场购物后，商场发给我们的供下次使用的优惠券就是正强化的例子。对于女性来说，由于穿着得体而获得了他人的称赞，也是一种正强化。这种正强化可以鼓励个体重复其行为。

负强化指的是，如果我们做出特定行为后，可以避免出现负性结果，那么我们的这一行为就会获得强化。不知你是否发现，限时抢购页面中倒计时的设置，就是负强化原理的应用（见图 4.2）。消费者通常将错过促销视作一种损失，为了避免出现这种损失，他们会在冲动下完成抢购。士力架巧克力的广告应用的也是负强化。它试图告诉消费者，如果你不希望自己在学习、工作的关键时刻精力不足、掉链子，那就使用士力架来补充能量，保持最佳状态。

图 4.2　负强化的应用：限时抢购页面中倒计时的设置
图片来源：手机淘宝

【思考题】　负强化在日常生活中的应用非常广泛，你能想到哪些例子？

与负强化不同，惩罚指的是由于我们的不当行为导致了难堪局面，为了避免类似事件的发生，我们会尽可能避免再次做出类似的举动。比方说，如果我们因为衣服不合体，或者体味过重，而受到其他人的嘲笑。接下来，我们很可能就不会再穿这件衣服，选择使用香水，从而营造良好形象。

视频 4.1　经典条件反射与工具性条件反射解析

对于营销者而言，工具性条件反射在实践中有多种不同的表现形式。

1. 固定时距强化

固定时距强化指的是每隔固定时间，就给消费者一次正强化。比方说，每个季度的最后几天，很多时装品牌都会做一次季末清仓活动，这一举动会吸引到很多对价格敏感的消费者。

2. 不定时距强化

不定时距强化指的是，每次给予消费者正强化的时间间隔不确定。研究结果显示，不确定性有一种独特的魅力。当人们不知道奖赏什么时候到来时，会始终对奖赏保持憧憬。为了参与商家的促销活动，消费者会增加来到商场闲逛的次数。不定时距强化的一个巧妙应用是企业集团总部雇用的神秘购物者（secret shopper），这些神秘购物者被用于检测并监督加盟门店员工的服务质量。门店员工知道他们的存在，却永远不知道他们会什么时候到访。为了以防万一，门店员工也就有动力持续提供高质量的服务。如今，银行业也普遍采用了这种做法。

3. 固定比率强化

固定比率强化指的是，当个体表现出特定数量的行为后可以获得奖励，这种举措鼓励消费者重复某一种特定的行为。比方说，每购买 10 杯咖啡就可以免费获得 1 杯咖啡；再比如说，航空公司的常旅客计划，通过累积航空里程可以减免费用、兑换升舱奖励等。

4. 不定比率强化

不定比率强化指的是，当个体表现出一定数量的行为后可以获得奖励，然而，个体永远不知道奖励具体会在什么时候降临。老虎机对于消费者的巨大诱惑力就在于此。消费者们只知道，坚持投币，终归会获得奖励。大量研究结果显示，通常情况下人们会对不确定性表现出厌恶，这是人们与生俱来的天性。唯有一种情况例外，那就是当人们面对的所有可能结果都是正性结果时，人们会接纳或主动追逐这种不确定性。此时，不确定性会带给人们无穷的快乐。2020 年 12 月 11 日，知名潮玩品牌泡泡玛特在香港上市，市值一度突破千亿港元。除了不断出新、与包括哈利·波特等大型 IP 开发联名系列产品外，泡泡玛特的制胜法宝是抽盲盒。抽盲盒之所以给消费者带来了极致体验，恰恰是因为它提供了不确定性奖励。

4.1.3　游戏化设计

近年来，游戏化的概念常常被提及。在消费者行为领域，游戏化指的是在非游戏的场景中加入游戏的元素，从而达到牢牢抓住消费者的目的。实际上，游戏化可以被视为个体自主执行的工具性条件反射。人们努力去做出特定的行为，从而获取奖赏，避免获得负性的结果。

耐克有一个消费行为领域游戏化设计的经典案例。2006 年，耐克跑步鞋的市场占有率下降至历史最低点，而一年后其股票却逆势上涨了 10%。这一年中耐克做出的改变是开发了一款名为 Nike+的应用，用户可以将运动数据上传至网络，每一位用户都可以参与排名、挑战并赢取奖励。Nike+利用一个非常简单的概念创造了一种快速反馈的游戏化系统，这个概念是"打败你自己的最佳成绩"，这与耐克的品牌定位非常契合。

很多手机应用的设计都融入了游戏化的理念。支付宝的蚂蚁森林就是将游戏化思维应用在产品设计中的成功案例，这款产品精准把握了用户的心理，从而有效增加了用户黏性，让支付宝在一系列支付产品中立于不败之地。蚂蚁森林的终极目标是通过积攒绿色能量、在沙漠中认养树苗的方式，为用户的行走、支付、生活缴费等日常行为赋予更崇高的价值与意义；行走的步数越多、支付的频率越高就能获得越多的绿色能量、在排行榜中占据越高的位次，用户也从中获得了进步与成就感；偷取能量的功能更像是朋友之间心照不宣的小把戏，你来我往之间完成了一次次的互动，很好地满足了用户的社交需要。与之类似，拼多多的用户在多多果园界面可以通过浇水、施肥以得到虚拟水果，进而兑换真实水果。用户需要通过购买产品来获得种水果所需的水和肥料。这一活动有效刺激了用户消费。

在产品的游戏化设计中，有很多常用的元素应用了一些心理学原理：比方说短期与长期目标的设置、及时而有效的反馈、友好的竞争环境以及适度的不确定性。首先，为用户设立可以快速实现的短期目标，而不是一个需要较长时间才能达到的长期目标。短期目标的快速达成以及及时而有效的反馈机制可以让用户明确看到自己的努力和奖励之间的关系，促使用户不断进取，以达到下一个目标。比如在淘宝中可以使用淘金币来抵扣一定的消费金额，用户只需要在淘宝币领取界面上进行签到即可获得一定数量的淘金币（短期目标加上及时反馈）并且将自己"居住"的小镇不断升级，如想要获得更多的淘金币或是大额红包（长期目标），则需要进行连续签到或者参与农场种植小游戏（见图 4.3）。其中，用户可以在农场种植小游戏中与好友互动（友好的竞争环境），随着好友之间互动程度的提高，可以获得更多具有不确定性的奖励，从而激发用户的好奇心与参与欲。

事实上，游戏化在现实生活中的应用已经非常广泛。在商业领域，优步为帮助新手司机学习城市周边最佳路线，推出了一款免费移动游戏。在游戏中，玩家首先依靠自己的判断寻找城市周

图 4.3　游戏化设计的典型应用：
淘金币领取界面
图片来源：手机淘宝

边路线，选择他们认为最快的路线。结束送客旅程后，游戏会向司机展示最佳路线，并根据司机选择路线与最佳路线的接近程度奖励司机相应的虚拟货币，同时还通过五星评级系统对司机作出评价，给予相应的额外现金奖励。玩家司机可以使用虚拟现金将他们的汽车升级到豪华轿车或在城市动态定价区域接单。在学术圈，为学术期刊审稿是无偿的义务劳动，因而很多学者没有足够的动力去做这件事。为了走出这一困境，爱思唯尔出版集团为旗下期刊的审稿人颁发勋章，并且随着审稿数目的增加，颁发的勋章也会不断升级（见图 4.4）。通过这么一个有趣的小设计，就较好地调动起了学者们无偿审稿的积极性。

图 4.4　游戏化设计在学术界的应用：艾斯维尔出版集团为审稿人颁发勋章

【思考题】　在管理领域，你知道哪些游戏化的成功案例？有没有公司应用游戏化，有效提升了员工的工作动机？有没有产品应用游戏化，增强了用户黏性呢？

4.2　认知学习理论

音频 4.1《游戏化设计，玩转工作新体验》（主播：孟亮）

上一节中，我们介绍了行为主义学习理论的基本思想，其仅关注刺激材料与行为响应之间的联结，将消费者的学习过程视作黑箱。与行为主义学习理论不同，认知学习理论试图打开消费者决策过程的黑箱，强调内部心理过程的重要性。它把消费者视为问题解决者和主动的学习者，认为个体是具有主观能动性的，会积极地通过周围的信息来掌控所处的环境。在消费者行为领域，认知学习理论的观点是，我们会通过观察他人的行为来学习有关产品的信息。换言之，我们无须亲自使用产品，然后亲自获得正性或负性的强化，同样也可以完成学习的过程。我们需要做的，是观察他人的行为及其获得的反馈。举例来说，在之前的一次聚会中，你观察到你的一个朋友穿了一款时尚的连衣裙，并且获得了大家的一致好评。你在下次采购衣服时，可能会模仿她的行为，选择同样品牌或者类似款式的服装，因为你也希望获得他人的好评。

这种对他人的模仿是一种高效的学习方式，也是人类的天性。在日常生活中，大量的学习过程都是通过模仿完成的。但必须要指出的是，人类的模仿倾向也可能会带来负面的结果。这种情况在传播度较广，容易引发观察学习的影视业很常见。目前，很多国家对于影视作品都有非常严格的审查制度。一旦一部作品中出现了暴力、犯罪等场景，那么就会禁止向少年、儿童放映。这是因为，少年、儿童不具备完全的判断力，可能会模仿作品中的暴力、犯罪等行为。

消费者完成观察学习的过程，需要经过几个步骤，同时也需要具备几个前提条件，这几个步骤比较抽象，分别是注意、记忆、产生和动机。接下来分别进行介绍。

1. 注意

消费者需要关注到被观察对象的行为及其收到的反馈。通常情况下，被观察对象对于消费者来说必须具备吸引力，消费者愿意去模仿这个被观察对象，可能的原因包括对方外形靓丽、能力突出、社会地位高，或者与消费者自身具有一定的相似性。

2. 记忆

消费者通过注意感兴趣对象的行为，再把这种行为存储于记忆中。能够记住被观察对象的行为是未来发生模仿行为的前提。

3. 产生

它指的是消费者有能力做出其记忆中相同的行为。举例来说，在产品货源充足、购买渠道畅通等外在条件下，消费者有足够多的钱用于购买相同的产品。

4. 动机

它指的是所处的环境驱动消费者去做出同样的行为。比如说你非常喜爱的一位明星代言了某服装品牌，刚好下周你要参加一个聚会，需要置办一套新衣服。此时，在有能力购买的情况下，消费者就很有可能会模仿被观察对象，做出同样或类似的消费行为，也就是去购买相应品牌的产品。

很多奢侈品品牌都会选择明星作为代言人，对于普通的消费者而言，这些明星极具吸引力，他们也愿意去模仿明星的行为。毕竟，有谁不想像明星那样，一直保持光鲜亮丽呢？商家常常通过在广告片中，展示明星使用了其产品后所获得的一系列正性反馈，比如旁人的赞美等来激发消费者类似的需要。许多人都看过《歌手》这档歌唱类竞技综艺节目，当张韶涵出现在舞台上时，被顶上热搜的不仅是她的歌声，还有她精致、美丽的妆容。很快，她所使用的同款化妆品就在各个平台上火了起来，甚至迅速售罄。

4.3　无意识学习

认知学习理论认为，学习是在个体有意识的情况下发生的。但很多情况下，学习也可以在无意识的状态下发生。举例来说，王老吉的广告在各种媒体上大量投放。尽管你不会有意去关注这些广告。但当你在餐厅吃火锅时，很可能会想到"怕上火，喝王老吉"的广告语，从而选购这款饮料。更为甚者，无意识的学习可能是由我们的感官完成的。你知不知道，咖啡的温度会在不经意间改变我们对他人的认知呢？耶鲁大学的学者曾经做过一个实验：实验助理需带领参与实验的同学搭乘电梯到达实验室，由于实验助理携带了许多材料，在电梯中，实验助理请参与实验的同学帮忙拿一下咖啡杯，好腾出手来，在实验信息登记表中记录下参与实验同学的个人信息。这一看似无意的举动，其实是整个实验中最重要的一环。参与实验的同学中，有一半的人接过的是一杯热咖啡，另一半人接过的则是一杯冰咖啡。在正式的实验中，参与实验的同学阅读了同样一篇描写人物的文章，并按照要求对这一人物的性格进行评价。接过热咖啡的同学，认为这个人更加热心、随和、大方。总之，具有一系列积极品质。而接过冰咖啡的同学则没有对其做出这么高的评价。

类似的例子还包括：当我们闻到空气清新剂的气味时，就不会那么努力地打扫卫生了；在办公室中，如果你看到了公文包，会变得更加争强好胜；相比直接把简历拿在手中，如果应聘者将简历放在厚重的公文夹中，面试者会对应聘者的能力等属性做出更为积极的评价。不得不说，学习是一个神奇的过程，关于学习的理论也在不断深化。无论如何，学习都会对消费者的行为产生重要的影响，而了解到这一点之后，营销者也大有可为。

4.4　消费者社会化：个体如何习得消费行为

每个人从诞生时对社会的一无所知，到能够适应一定的社会文化、参与社会生活、扮演社会角色、成为社会人的过程，被称为社会化。个体到消费者的转化，同样需要经过后天学习的社会化过程，学者称其为消费者社会化。消费者社会化指的是消费者获得各种与市场活动相关的技巧、知识和行为的过程。消费者可以通过三种学习渠道——模仿、强化和社会互动来实现社会化。那么，影响消费者学习的因素有哪些呢？研究表明，作用因素包括家庭、学校、同辈群体和大众传媒等。社会化是一个持续的过程，同样还需要个体自我发展水平的支撑，因此现有的大部分研究关注个体从幼年到成年时期的社会化发展过程。

下面我们结合个体自我发展阶段，探讨家庭、同伴与大众传媒这三种主要影响因素是如何对个体施加影响的。在个体自我发展水平基础上，根据个体从儿童成长为成熟的消费者的过程，有学者将消费者的社会化分为三个阶段：感知阶段（3～7岁），此时个体可以认出品牌和零售店，但其消费行为还未得到完全发展，主要依靠父母来完成消费过程；分析阶段（8～11岁），此时个体对产品的类别、价格、广告、品牌都有了更好的理解，并学会使用说服技巧来得到他们想要的东西；操作阶段（12～15岁），此时个体已经对品牌、价格、广告、促销活动等有了很清楚的理解，并形成了自己的消费价值观。

1. 家庭的影响

正所谓父母是孩子的第一任老师，家庭对个体社会化的影响不仅是最初始的，而且是最主要的，因为他们提供了最重要和有效的方式来灌输消费者的习惯和信念。而这些特定的信念和态度，决定了他们对特定商品和服务的偏好。

具体来说，父母的消费价值观会显著影响其子女的消费价值观。研究发现，在不同的家庭结构中，父母会向子女传递不同的消费价值观。例如，在大家庭中（包括核心家庭以外的亲属，几代人同住在一个屋檐下），父母倾向于通过限制子女的消费来实现子女的服从，而在小家庭中（由父母和他们的孩子组成），父母则强调自主性和自立性，鼓励消费独立。此外，在不同文化背景的家庭教育下，个体参与消费决策的时期有所不同。例如，日本的父母倾向于让孩子较晚地参与消费决策，而美国父母则提倡让孩子尽早独立做出消费决策。家庭消费价值观也会显著影响消费行为，例如崇尚节约的家庭会偏好储蓄并减少非必要支出，这会为家庭中的其他成员灌输类似的消费观念。

由于孩子天然就会通过观察和模仿父母的行为来进行学习。比如母亲经常涂口红、喷香水，儿童也会对此类行为产生兴趣。利用孩子想要模仿父母的心理，营销人员有时会把成年人的产品做出儿童版，比如儿童可用的化妆品、指甲油等。除此之外，研究发现，父母对于某种产品的偏好还会产生跨代际的影响，造就深层次的品牌忠诚。

2. 同伴的影响

在现实生活中，每个消费者身边都有一些同伴。这里的同伴指的是除了家庭成员以外的所有直接或间接影响个体态度、行为和价值观的人或群体，如同学、老师、单位同事、邻居。随着消费者从家庭中发展出更多的独立性，个体与同伴有大量的接触，这使得来自同伴的影响变得更加重要。在消费者社会化过程中，同伴主要通过积极和消极的评论、建议和讨论来施加影响，而这种同伴群体的影响主要表现在个体与同伴之间有大量相似的消费行为和消费态度。有研究表明，与日常消费品相比，同伴对于个体在奢侈品选择上的影响更显著。此外，为了让自己融入某个同伴群体，消费者可能会购买其他同伴正在使用的类似品牌，或者避免购买其他同伴没有使用的其他品牌。这种情况下，对于个体来说，品牌的价值在很大程度上是由同伴的喜爱程度所决定的，而不是由其营销价值决定的。

3. 大众传媒的影响

大众传媒包括报纸、广播、电视、网络等，是绝大多数广告的直接载体。消费者在幼儿期由于感知有限，对于广告的认知并不充分。随着年龄增长，他们对广告的目的和说服意图的理解也不断加深。研究证实，儿童在 5 岁时，已经能区分广告和一般的电视节目。9 岁时，对广告标语的认知度就可以达到父母的水平。

在互联网时代，消费者有大量的时间在网络上接触广告信息，对于逐渐成熟的消费者来说，广告及其他促销手法成为影响他们做出购买决策的重要因素。在第 3 章中我们介绍过知觉防御，有研究发现，在与媒体互动的过程中，消费者有时会有意或无意地降低自己的知觉防御，接收来自媒体中广告的信息。这使得接触大众媒体的消费者发生行为和思维方式上的改变，比如对一个品牌增加认知、产生喜爱，从而使得消费者能够在商店货架上识别它。

4.5　消费者的记忆

记忆是什么？当你在脑海中浮现出几分钟前、几天前甚至几十年前的事，这就是记忆在发挥作用。记忆指的是获取和存储信息，从而在需要的时候提取。记忆是伴随我们终身的一种能力，它渗透进我们生活的方方面面，但记忆并不会存储我们纷繁的生活事务中的所有细枝末节，它只保留了我们生活的轮廓与脉络，以帮助我们做出决策。我们的记忆因个人经历而不同，而这些与众不同的记忆又组成了我们本身。

正因为有记忆，消费者才能把过去掌握的商品、服务、消费体验等的知识和经验保存起来，并影响其心理和行为。消费者的记忆对象既可以是曾经使用过的品牌和产品，也可以是在某个时间、某个地点进行消费的体验过程，还包括消费者对相应产品的态度和评价。例如，你可能还清晰地记得小时候特别喜爱的玩偶、生日那天在游乐场里乘坐旋转木马时的情景，以及直播间里主播对某个产品的测评。

记忆具有模糊性、遗忘性，当进入大脑的信息得不到强化时，它在我们脑海里的印象就会逐渐减弱，甚至完全消失。对于商家而言，消费者能不能记住有关品牌和产品的信息，并且应用到购买决策中，是一件至关重要的事。还记得我们之前讨论过的唤醒集的概念吗？一个品牌首先要被我们记住、进入唤醒集，才有机会进入考虑集，最终被我们购买。对于很多重要性程度一般的产品，有没有被记住决定了我们未来会不会购买它，这也是手机上很多购物清单类应用的由来。

4.5.1　记忆过程与类型

从信息加工过程来看，记忆的过程包括三个重要的阶段：编码、存储与提取。编码是接收、加工并整合信息的一种过程。信息并非以其原本形式储存在我们的记忆之中，因此在存储信息之前，我们需要对信息进行编码，即用一种可以被系统识别的方式输入信息。在存储阶段，这些新的知识与已经存储在大脑记忆中的其他知识综合在一起，存入记忆的仓库。存储是在编码阶段对信息获取和巩固的结果，此时信息被长久记录并成为短时记忆或长时记忆。最后，在提取阶段，为了应对现实生活中的各种状况，个体在记忆仓库中提取所需的信息，从而根据相关的记忆做出合适的行为和决策。从类型上来划分，记忆系统包括感觉记忆、短时记忆与长期记忆三类。

1. 感觉记忆

当我们乘坐公交车时，除非特别注意，否则窗外的街道、店铺等大多只是在眼前掠过，马上就会被忘记，这种现象就属于感觉记忆。感觉记忆就像一个信息接待室——它有较大的容量去登记我们从感官中获得的几乎所有信息，但这些信息此时还处于未经加工的原始状态。比如我们触碰到某种物体的感觉、眼前掠过的景象、空气中弥漫的气味、耳边的声音，如果不加注意，这些信息很快就会消失。就好比学生在看书时注意力不集中，即使看了很久，大脑依然一片空白。感觉记忆是非常短暂的，通常持续 1 秒左右的时间，但这种短暂的印象也会对我们造成影响，比如我们在火车停下后仍然有汽笛在耳中轰鸣的感觉。又比如当我们路过面包店或者咖啡店时，一股烘焙的香味窜入鼻中。这种感觉持续的时间非常短暂，但足够让我们做出进店里看看的决定。虽然感觉记忆阶段的信息筛选更多是在无意识状态下进行的，但那些对于个体而言，特别有意义的信息比较容易被其感官捕获，进行感觉登记，被进一步加工处理。

2. 短时记忆

感觉记忆的信息如果通过了注意的阀门，就会转化为短时记忆。短时记忆也叫工作记忆。在短时记忆阶段，我们会去理解并处理外界获得的信息。短时记忆的信息保持时间大约为 1 分钟。在短时记忆中存储信息的时间也是非常短暂的。这也是为什么我们会在刚刚听了某个人的自我介绍之后，却很快忘记了他的名字；我们在考试后很难回想起英语听力试题。不过，这种短时记忆的能力也使得服务员能在专注于听顾客说话的情况下，不需要用笔写下，也能记住顾客的要求。

相比起长期记忆，短时记忆的容量是有限的。我们可以把它类比为一个很小的电脑的运行内存，此时所有信息都准备就绪，可以随时被我们提取出来用于完成即时任务，如学习、理解、思考和运用等。短时记忆存储的是我们当前正在使用和加工的信息。当我们用大脑记忆陌生的电话号码、在超市中拿起两款产品进行详细比较时，用到的都是短时记忆。

来自短时记忆的信息，如果要真正被我们记住，需要经过深度加工的过程。在这一过程中，我们会仔细思考信息的含义。具体来说，我们可以通过组块化和复述这两种方式进行信息的存储，使得短时记忆的信息进入长期记忆之中。组块化指的是通过意义、经验的连接，将碎片化的信息变成有逻辑性的更大的组块来进行记忆，这种方法可以让信息变得不那么分散，更少占用记忆的容量，从而提升记忆效果。比如围棋选手会记忆"定式"、布局，学生会记许多典型数学题的解题步骤。复述也是短时记忆信息存储的有效方法，指的是通过出声或不出声的重复加强记忆，比如不断重复要拨打的电话号码、重复要求背诵的知识等。

3. 长期记忆

当信息经过充分加工后，短时记忆转化为长期记忆。例如我们在日常生活中表现出的技能、语言、文字、态度、观念等有组织、有系统的知识，都属于长期记忆。进入长期记忆的信息会长时间地保留在我们的记忆系统中，虽然长期记忆也容易受到遗忘过程的影响，但是一般可以持续几天到几十年。与短时记忆相比，长期记忆的容量是相当大的，甚至可以说是无上限的。事实上，如果你可以记住几分钟前发生的事情，那么它就是一种长期记忆。长期记忆根据所储存信息的不同特征，又可以分为陈述性记忆和程序性记忆。

我们日常所说的"记忆"，其实是陈述性记忆，它包括我们对于个人和世界的认识，可以被我们用言语所表达，具体又可以细分为情景记忆和语义记忆。情景记忆指的是对于在某个时间、空间下个人亲身经历的事件或情景的记忆。例如，昨天晚上回家后我喝了一杯牛奶，在生日那天我购买了一件外套，我在广场上看到许多人在跳舞。情景记忆可以让我们作为时间旅行者回到过去，重新体会一场球赛或是浪漫之旅。

语义记忆指的是我们个人经历以外的客观、事实性的记忆，包括概念、规律、公式等概括化的知识或者对事物的描述，比如五星红旗是中国的国旗，华为是国产品牌，使用洗衣液可以去除衣服上的污渍。又比如，消费者记住了商家的广告语——"怕上火，喝王老吉"，但并没有真正尝试过王老吉时，对这句话的记忆就属于语义记忆。相反，当消费者亲自体验过王老吉之后的记忆便是情景记忆。在生活中，语义记忆和情景记忆并不是泾渭分明的，它们常常会一起参与到我们的决策中。比如我们在选购笔记本电脑时，可能会想起某天朋友谈到的对某品牌电脑的使用感受（情景记忆）。我们还会考虑电脑的内存、处理器等硬件配置情况，因为语义记忆里的知识储备告诉我们内存更大、处理器更新的电脑具有更好的性能。

程序性记忆是对习得行为和技能的记忆，包括习得的运动技能记忆、固定的行为习惯、经典条件反射、操作性条件反射所形成的记忆，其特点是记住的事情会自动转化为行动，因此常常难以用语言进行清楚的描述。例如已经习得的游泳姿势、遇到蛇时会下意识躲避，系鞋带的动作。陈述性记忆与程序性记忆也会一起参与我们的日常活动中，比如踢足球时，我们熟知的规则和方法属于陈述性记忆，但出脚、发力这些运动技巧则属于程序性记忆。与陈述性记忆相比，程序性记忆的形成通常需要更多次的练习，但一旦形成则不容易忘记。

要注意的是，并不是所有长期记忆的唤醒机制以及唤醒程度都是一样的，更重要的信息会产生印象更深刻的记忆。比如大多数人都能清晰地回忆起自己婚礼上的动人画面、毕业季的一些美好而伤感的瞬间、第一份工作的内容或孩子出生的场景，而不是几天前的晚上吃了什么。在市场营销中，这种印象深刻、历久弥新的与个人相关的重要事件的记忆（即片段记忆）也被营销者广泛应用。在营销企划中唤起消费者的记忆，就很容易抓住消费者的心。一所国外高校在募捐中拍摄了一支宣传片，在这支宣传片中，图书馆、操场、食堂等一系列校友们熟悉的场景依次出现（如图 4.5 所示）。这支宣传片唤起了校友们大学时代的美好回忆，从而募集到了更多的捐款。

图 4.5　片段记忆的应用：某高校的校友募捐宣传片
图片来源：爱荷华大学官网

【思考题】　如果你供职于一家红酒厂商，能否利用片段记忆的元素拍摄一支广告？你会如何设计自己的广告？

另外，人们经常使用的记忆，其强度也会更高，更容易回忆。这就解释了为什么一遍又一遍地背诵或者阅读相关知识点可以帮助我们在考试时更好地回忆它们。而没有被回忆起的记忆有时会变弱，甚至丢失或被其他信息取代。因此对于商家而言，它们要不断让消费者听到或者看到其品牌及产品的信息，从而让消费者在有需要的时候在第一时间想起它们。也就是说，商家需要在合理的范围内增加广告的曝光率，让消费者对产品充分熟悉。这样的话，消费者更容易回忆起这款产品。

4.5.2 如何增强记忆

由于人脑记忆的空间有限，在源源不断的外界刺激下，旧的信息很快就会由于新信息的涌入而流失。消费者对产品的选择源于记忆中存在的对产品的认知，因此将产品信息输入消费者的记忆是营销工作的基础。正如上节所说，感觉记忆和短时记忆在大脑中存储的时间都是非常短暂的，为了让品牌以及产品信息从消费者的短期记忆转移到长期记忆，营销者需要了解能有效增强记忆的方法、技巧，进行策略上的设计，让消费者对于日常的所见所感有更清晰的印象和更深的记忆。

我们记住某个事物的前提是要先注意到它，因此前面章节中提到的影响注意的因素同样也会影响到记忆。在这里我们主要介绍几种记忆过程的信息加工方式，分别是分组、复述和阐释，这些信息处理方式既可以影响短时记忆的形成，也可以提高短时记忆转移到长期记忆的可能性。

1. 分组

这种方法也叫分组归纳法，它是在对信息进行理解的基础上进行再组织或者再编码。分组起源于认知心理学家安道尔·托尔文（Endel Tulving）在记忆力研究中的发现：人们在记忆时，总是会按照不同信息的意义对其进行分组，且分组越准确，对于这些信息的记忆效果也越好；在进行回忆的时候，得到的线索与分组时的线索越贴切，回忆的速度越快。比如我们需要记忆 9 种事物：汽车、猫、苹果、老鼠、船、可乐、飞机、鸟、汉堡。如果将每种事物单独记忆，会发现很难记住。但如果根据它们的不同属性将其分为交通工具、动物、食物，会大大降低记忆的难度。此时我们的记忆压力从回忆全部 9个事物，变为回忆每组中的 3 个事物，这减少了在短时记忆中所占据的信息单位。此外，每组中的 3 个事物具备共同属性，为回忆提供了线索，使记忆更加容易。从中可以发现，这种方法要求对信息进行清晰的梳理，比如寻找最大的差异、最大的共同点。此外，每个组别的共同属性要和信息有很强的关联性，才能够获得更好的回忆效果。

分组归纳法对于营销者的启示是，可以将大量的信息进行整合并分组来促进消费者将短时记忆中的信息转移到长期记忆。比如，使用缩写的品牌名称更容易同时被消费者想到，如 CK；此外，可以使用受认可的官方认证标志来体现产品优势，如食品袋上的"绿色食品"标识、家电产品上的"CCC"认证。将品牌、产品信息进行简化更利于传播，也有助于消费者记住品牌以及产品的内容。

2. 复述

当我们在看一本书时，常常会觉得很多内容我们都知道，但是在不看书的情况下要把这些内容写出来或者复述出来，我们却很难做到，这也被称为"熟练度假象"。复述方法要求我们在记忆的基础上进行思考，对原材料的内容进行一定的整合与组织，从而让信息保持在短时记忆中，并向长时记忆转移。

复述方法可以分为梳理、复述和回忆三个步骤，前面提到的分组方法就可以完成对信息的逻辑梳理。复述又可以分为两种形式：保持性复述和整合性复述。保持性复述又称简单复述或机械复述，指的是对短时记忆中的信息进行不加思考的、机械的重复，这样可以使记忆痕迹得到加强，但不一定能进入长期记忆；没有经过深层次加工的信息会随着时间流逝，记忆很容易丢失。因此，需要进行整合性复述。整合性复述的加工水平较高，具有更强的主动性，有利于信息向长期记忆进行转移。整合性复述又称精细复述，通过对短时记忆中的信息进一步加工和组织，使之与已知的记忆建立联系，从而有助于回忆并加深记忆。

通常消费者在有特定需要时，才会去复述某些信息。比如，当我们对某种成分过敏时，就会在选购产品的过程中仔细查看其是否包含该成分。又比如，为了提升自己在网络游戏中的操作技术，许多消费者会观看游戏"大神"教学视频，通过复述来记忆走位、装备等信息。营销人员也可以在广告中运用一些令人印象深刻的音乐或是朗朗上口的广告语来促使消费者进行复述，比如 2007 年的步步高手机广告中唯美的背景音乐受到许多年轻消费者的喜爱，至今还有许多消费者能随口哼出其旋律。除此之外，步步高点读机朗朗上口的广告词——"哪里不会点哪里，步步高点读机！"可谓是家喻户晓。然而，复述也可能会带来营销上的反效果。有研究发现，关于价格的记忆会提醒消费者购买该产品所需的开销，如果消费者在购买之前回忆其上次购买的某件产品的价格，这会导致其再次购买的意愿大幅降低。

3. 阐释

阐释是指将新信息与已知信息关联起来进行记忆的方法。前面所介绍的两种方法都需要用到阐释，从而使短时记忆转为长时记忆。比如，分组过程需要以对信息的详细阐释为基础，在整合性复述中也需要将信息进行联系以加深记忆。持久的记忆依赖于更深度的加工，将新的信息与之前的知识和经验关联起来，有助于我们在需要时快速调取记忆。许多人在设立账户密码时常常会使用自己的姓名缩写、电话号码或是出生日期。尽管出于风险考虑，我们并不建议大家这么做，但这就是选择调用已有知识结构中的信息来帮助我们更好地进行记忆的例子。

借助准确且相关的阐释可以提升调取记忆的效果。在一项实验中，参与者被分为四个组，四组参与者都要阅读并记忆一些文字。这些文字的主体内容是一致的，但有的内容经过了适当阐释，有的没有进行阐释或进行了与之后测验无关的阐释。随后的记忆测验结果发现，阅读加入相关阐释文字的参与者回忆的准确率最高。如果人们靠自己想出了既准确又相关的阐释，那么回忆的准确性甚至高达 91%。

阐释与消费行为的关联性在于：当消费者认真观看某则电视广告并且仔细思考其内容的时候，他们也更容易记住里面的信息。因此，营销者可以在广告中加入引导性内容，引发消费者对产品使用场景和使用效果的想象，从而对产品和广告形成更加深刻的记忆。比如，美的空调的广告中展示出消费者使用其空调后安睡一整晚的景象，并打出广告语"一晚只需一度电"，表现出其产品强大的节能效果，让人印象深刻。又比如 OPPO 手机在其广告中引入日常生活中常见的因通话时间较长而导致手机快速耗电的场景，并推出经典的"充电五分钟，通话两小时"的广告语，既宣扬了其强大的快充技术，又促使消费者进入日常使用情境的想象中。

学术前沿 4.1

"拍拍拍"，是否会增强我们的记忆？

在这个数字化的时代，我们出去旅游一趟，手机或相机里可能就多了几百张照片。人们拿起手机、相机"拍拍拍"，很大一部分原因是担心眼前的美景会从记忆中悄悄溜走，从而磨灭掉这份美好的回忆。照片里的景象如此清晰，似乎意味着我们的记忆也永远不会消退。不过，"拍拍拍"真的会增强我们对美景的记忆吗？

在一项研究中，作者招募了 130 多位被试参与实验，实验内容是自由游览斯坦福纪念教堂。这是一座相当恢宏华丽的建筑，值得人们仔细观赏。参与者被分为三组，并被告知自己需要在游览期间做些什么：其中一组参与者在游览期间不能拍照；另一组参与者可以在游览期间随意照相，但这些照片只能供自己观赏；最后一组参与者则被要求在游览过程中拍摄至少 5 张照片，并且需要把照片分享到个人社交网站上。随后参与者们进入斯坦福纪念教堂并随意游览。在游览结束后的 2 周内，参与者们又完成了一项在线的突击记忆测试，在这项测试中他们需要回答在游览过程中理应记得的一些细节。结果发现，在游览期间拍照会大幅削弱人们对观光景点的记忆，不管是否将照片分享。

这似乎与我们的设想不符，为什么会这样呢？这是因为使用相机会分散游客的注意力，所以游客记不住那些本应专心欣赏的东西。事实上，不仅是拍摄照片，即使在听讲座时记笔记也会损害人们对事物的记忆。除了分散注意力之外，拍照损害记忆的另一个原因是，我们利用媒体设备进行"认知减负"。简单来说，就是我们将一部分的脑力劳动"外包"给了媒体。研究发现，如果告诉参与者某段信息已经录入了电脑，那么他们记住这条信息的概率就会降低。在社会化媒体如此发达的今天，人们利用媒体进行认知减负已经非常普遍与频繁。比如说，有了手机通讯录后，你还记得几个人的电话号码呢？

虽然拍照会损害我们的记忆，但也有新的研究发现，拍照能增强我们对特定体验的记忆。同样请参与者参观博物馆，研究人员要求其中一部分人进行拍照，另一部分人则不能拍照。结果发现，相比没有拍照的人，接受了拍照指令的参与者更容易记住游览过程中的视觉信息；不过，拍照的参与者也会更容易忘记自己所听到的信息。也就是说，智能手机改变了我们注意力的焦点。当我们试图拍一张美照的时候，注意力会专注于一个特定的景象，从而忽略了耳边的微风、清新的空气、远处孩童的嬉戏，我们在不自觉间"收窄"了自己的感官体验。因此，即便这些美好的照片和文字被保留，它们也只是单薄的片段，无法取代在现实生活中释放所有感官获得的丰满、完整的体验记忆。

文献来源：

BARASCH, A., DIEHL, K., SILVERMAN, J., & ZAUBERMAN, G. 2017. Photographic memory：the effects of volitional photo taking on memory for visual and auditory aspects of an experience[J]. Psychological Science, 1056-1066.

TAMIR, D. I., TEMPLETON, E. M., WARD, A. F., & ZAKI, J. 2018. Media usage diminishes memory for experiences[J]. Journal of Experimental Social Psychology, 76, 161-168.

4.5.3 记忆的提取

消费者在品牌、产品之间进行选择时常常需要调用记忆中的信息，因此记忆的提取也从侧面反映了营销、广告对于消费者的有效性。品牌、产品、广告相关的记忆是否能够轻易被消费者提取出来，对于消费者态度和消费的选择都会产生影响。有研究发现，对某家银行名称再认程度的降低导致了日本消费者对该银行使用率的降低。根据消费者在进行记忆提取时的意识参与程度，可以划分为外显记忆和内隐记忆这两种提取记忆信息的过程。

1. 外显记忆

外显记忆指的是需要我们有意识地进行努力才能使信息恢复的记忆。在通过外显记忆提取信息的时候，人们需要有意识地在大脑里搜寻那些过去的经验。比如，当你回忆第一次上舞蹈课的情景、上次在同一家餐厅就餐时点了什么菜、家里购买的第一只宠物时，这些信息都需要我们进行意识上的控制去回溯。具体来说，消费者从外显记忆中提取信息的过程包括再认和回忆两种方式。

再认指的是当我们面对过去的经验或记忆过的事物时仍能确认和辨认出来，即我们能意识到某个事物是曾见过的，并对此有熟悉感。比如，你或许不记得你用过的所有沐浴露品牌，但在超市的货架上看到相应的产品时，却可以大致识别出来。对营销者来说，消费者是否能够正确辨认出那些曾经见过或听说过的品牌、广告是至关重要的。你是否有过这样的发现：即使过了很多年，包括大白兔奶糖、娃哈哈饮料在内的许多经典产品的包装也没有进行较大的改动，因为这样可以促进消费者的品牌再认和产品再认，帮助消费者快速找到其想要购买的品牌和产品。

回忆指的是即使过去已知的事物不在眼前出现，我们也能在头脑中自行呈现。比如学生考试时对某篇文章进行默写、消费者能自行复述一些印象深刻的广告语。消费者在做出购买决策的过程中，通常会在前往货架前就有了对某种品牌产品的印象，此时消费者做的就是通过回忆对没有出现在眼前的广告信息的内容进行头脑再现，从而根据这些印象做出选择。根据是否有目地进行回忆，可以分为有意回忆和无意回忆。在考试中回忆知识点、回忆某种工具的使用方法，这种为了特定目的和任务而回想起过往经验的例子属于有意回忆；无意回忆指的是不自觉地想起以往经历，例如人们在某个熟悉的场景会"触景生情"、在异乡听见一句家乡话也会勾起人们百般思绪。此外，回忆还会受到情绪状态的影响，比如在愉悦、轻松、平和的情绪状态下更有利于回忆，紧张情绪则会抑制回忆的效果。这也是为什么人们在重要场合中一旦过于紧张，头脑就变得一片空白。因此这也启示营销者要营造一个轻松愉悦的购物环境，这样更有利于消费者对已识记的品牌、产品的回忆。

2. 内隐记忆

内隐记忆指的是那些在我们完全没有意识到的情况下就会影响我们行为的记忆，因此内隐记忆也叫自动的、无意识的记忆。有时候人们并没有认识到自己拥有这种记忆，也没有下意识地提取这种记忆，但它却在特定任务的操作中表现出来。

内隐记忆的作用表现在：对那些不能再认和回忆的材料，由于曾经学习过，再学时就会缩短时间。或许你也有过这样的经历，在床边播放英语音频，即使你并没有认真注意里面的内容，但第二天进行认真识记时，发现自己很快就记住了。虽然我们对于某些不经意间听到的事物并不在意，但我们很可能已经加工处理了耳畔的信息，即便我们并不记得自己听到了什么。这也是为什么人们更容易找到自己整理的东西，也更容易快速理解熟悉的布局模式。

由于内隐记忆具有保持时间较长且不容易被外部刺激干扰的特性，营销者要在尊重消费者的内隐记忆的同时利用内隐记忆的特性，比如充分尊重消费者的内隐记忆，保持消费者内隐记忆与产品设计的一致性，维护用户熟悉的产品使用体验。一个反面案例是Windows 10 的"开始"菜单变化很大，这使得许多习惯了 Windows 7 的用户在第一次使用更新后的菜单时感觉非常迷茫——原来很容易就能找到的内容，现在却不得不费力去找。这个设计方案也遭到了众多消费者的吐槽。当然，这并不表示商家不能对产品进行创新性的改动。事实上，在苹果手机面世时，其交互设计风格以及一个主控键的设计都与当时市面上的许多手机有很大的不同，但其清晰、简单的操作设计仍然让许多消费者愿意改变自己以往的用机习惯，变成苹果的忠实粉丝。因此，对于商家来说，改变虽然有风险，但当改变能够带来产品效率或使用体验上的飞跃时，这样的改变是值得尝试的。

除此之外，当产品发生较大幅度的改动后，为避免老用户不适应，可以为用户提供退回之前版本的选择。比如，很多网站在更新后，仍然会保留一个之前版本的入口，满足部分老用户的需要。这种做法能够大幅减少用户因不习惯而产生的负面情绪，也可以让产品的适应能力变得更强。

营销者还可以利用内隐记忆来影响消费者的选择和偏好。比如人们在万圣节前一周会在各种场所看到橘黄色，从橘黄色的糖果、橘黄色的装饰到布置成橘黄色的超市。这是因为，当消费者一直沉浸在同一种颜色的环境中时，环境会对消费者的内隐记忆产生潜移默化的影响。有研究发现，相比于万圣节之后的一周，消费者在充满节日氛围的万圣节前一周更容易想到橘黄色的饮料，例如芬达和橙汁。

4.5.4　如何促进记忆提取

如何促进消费者提取品牌、产品相关的记忆，一直是营销者非常关注的问题。之前我们已经介绍了分组、复述、阐释等几种有助于提升记忆的方法。当信息已经储存在记忆中时，消费者就可以通过有意识的外显记忆对相关信息进行再认或者回忆。除此之外，营销者还可以从改变信息的特点等方面出发，去影响消费者对记忆的提取。

1. 信息的突出性

当某项信息具有更加突出、明亮，或者处于运动状态的特点时，消费者会更容易被其吸引，这项信息也更容易被消费者从复杂的大环境中识别出来。消费者会对突出信息进行更深层次的加工和处理，从而加深记忆。比如，拥有更加复杂图案与色彩的服饰往往会比单调的图案、颜色设计带给人更大的视觉冲击效果；而动态的广告也比静止的文案更容易让人印象深刻。

一项可行的营销启示是在广告以及产品设计中采用新颖的刺激材料，让品牌相关信息在消费者的记忆中处于更高的激活程度。一项有趣的应用是神秘广告：在观看这种广告时，好奇心一直驱动着消费者的观看过程，直到答案揭晓的那一刻，消费者才恍然大悟，终于搞清楚这究竟是什么产品的广告。这种广告，哪怕消费者只看过一次，也会在脑海里有深刻的印象。比如在一支急支糖浆广告里，一只豹子在追赶一位女生，平常人可能都想不到，原来豹子是想要女生手里的急支糖浆，这则令人出乎意料的广告果然很快便被大家记住且津津乐道。

视频 4.2　神秘广告示例

2. 信息的代表性

消费者常常更容易记住最具代表性的或者最著名的品牌。由于这些品牌经常被消费者提起和传播，关于这些代表性品牌的记忆线索就不断地被强化。此外，这些品牌很有可能和记忆中的其他概念相关联，从而令其更有可能被激活。因此，很多公司不惜花费大量的财力、物力，希望成为某个产品品类的领头羊，以此取得长期的市场成功。

3. 信息传播媒介

营销者常常会考虑某种信息传播方式是否比其他方式更能提升消费者的记忆，这也是研究者一直在探索的问题。比如，广告商试图确定，在互联网广告上投入大量资金是否比把钱花在传统媒体广告上更能提升消费者对品牌的记忆，但目前尚未获得定论。一些研究发现，消费者常常记不住甚至忽略互联网广告；另一些研究结果则表明，这些广告确实比传统的媒体更能有效地促进消费者形成品牌记忆。

对于营销者而言，消费者忘记它们的产品是一件非常让人头疼的事情。导致遗忘发生的原因有两个：一个是衰退，一个是干扰。衰退指的是，随着时间的推移，记忆的自然消退。干扰指的是新旧信息之间的相互干扰。干扰分为两类。有时，获得的新信息会取代原有的信息。比方说，消费者学会对于某一刺激做出某种反应之后，如果对于同样或者类似的刺激又学会了新的反应，那么就会遗忘原有的刺激——反应之间的联结。举例来说，一款新上市的软饮料可以轻而易举地取代其他饮料在我们日常生活中的位置。有时，之前学习的内容会干扰新学习的内容，典型的例子是，我们学习英语后，如果再学习与英语类似的语言，可能会经常混淆。对于品牌而言，为了尽可能避免干扰的发生，应当去强调品牌的独特性。

学术前沿 4.2

最后一口的味道：记忆是如何影响食物消费决策的？

我们每天都需要进食，而选择吃什么常常是一道难题。此时我们就要在记忆里回想之前吃过什么好吃的、什么难吃的以及上一次吃某一种食物是什么时候，最终做出一个决定。可以说，我们选择一种食物很大程度上受到曾经吃过它的记忆的影响：回忆用食一种食物的坏记忆可以引导我们在未来避免吃这种食物，而回忆一种食物的美好记忆会增加未来我们对这种食物的选择。研究发现，人们对食物的记忆是深刻的、历久弥新的。不过，这份记忆往往是吃到的最后一口食物的记忆。

通常来说，当我们饿肚子时，吃的第一口食物一定是最美味的。不过，进食常常是一种高度重复的体验。比如一杯果汁、一碗冰激凌或一袋薯片，它们含有许多单位的非常相似的刺激物，人们将它们全部吃掉通常只需不断重复喝一口或咬一口的动作。根据微观经济学中的边际效用递减规律，随着我们进食量的增加，会越来越有饱腹感，之后的每一口食物都变得不如前一口令人享受，这种效用的不断降低一直持续到我们吃最后一口。研究发现，此时人们的饱腹感基本决定了人们对该食物的最终记忆，而初尝食物的美好记忆已经被不断重复的体验所覆盖。这也是为什么人们常说"好吃的东西吃太多，就会变得不好吃了"。

一项研究发现，人们在一次消费体验结束时的饱足（satiety）程度所留下的记忆，会影响到人们在未来再次消费相同食物的间隔时间。在该实验中，参与者选择并食用一种自己喜欢的口味的饼干，其中一些人被要求只能吃 5 块饼干，而另一些人被允许吃 15 块饼干。之后，所有参与者都通过电子邮件收到了该饼干的一份免费兑换券，并被要求选择他们的提货日期。结果发现，当一个人在实验中食用该食物的饱腹感较强时，他再次选择消费该食物的间隔时间变得更长。

这项发现有助于理解记忆在食物消费决策中发挥的关键作用，通过识别记忆中感官的饱足感就可以推测消费者会在何时进行重复消费。当然，这种影响也是可以被改变的。研究者发现，假如鼓励人们回忆最近一次消费经历的初始时刻，就可以减少由于大量进食而引起的饱腹感对该食物消费的影响。除此之外，在人们进食某种特定食物的过程中，鼓励他们食用一种新食物来中断原来的进食过程，也可以减少饱腹感，进而增加对原食物的享受度。

这一发现带给营销者的启示是，无论是对消费者还是商家来说，对较大分量食物的偏好可能都是不利的。首先，较大的分量意味着会增加消费者的食物摄入量和饱腹感，进而降低人们对食物的享受程度。此外，这种不佳的回忆会让人们考虑在更长的时间间隔后才再次选择该食物或返回同一家餐厅。当食物之间有较大的差异时，例如每咬一口带来的味觉体验都明显不同于之前的那一口，那么人们就更不容易将美好滋味的记忆磨灭。或许这也是为什么珍珠奶茶比普通饮料更容易让消费者反复购买的重要原因。

文献来源：
GARBINSKY, E. N., MOREWEDGE, C. K., & SHIV, B. 2014. Interference of the end: why recency bias in memory determines when a food is consumed again[J]. Psychological Science, 25(7): 1466-1474.

4.6　记忆与市场营销

4.6.1　增强消费者记忆的技巧

在前面的章节中，我们了解了消费者记忆的过程及分类。营销者的一大目标就是帮助消费者记住他们的品牌及产品。投入充分的注意力是形成记忆的重要前提。为了让品牌以及产品信息从消费者的短期记忆转移到长期记忆，营销者要想方设法让消费者主动去关注到这些信息。以下是很多营销者可以用到的与记忆有关的策略和技巧。

第一项技巧是记忆的状态依存性提取。有研究显示，如果同学们在平时上课的教室中参加考试，通常就会在考试中有更好的表现。这是因为，如果我们在回忆时的内心状态与获取这一信息时相同，从记忆中提取信息的过程会变得更加容易、顺畅。这带给市场营销的启示是，在广告中，营销者应当努力去唤起与消费者在购物或享用产品情境中相同的情绪，这样一来，在购物环境中，消费者也就很容易想到这款产品。比方说，乐堡啤酒、可口可乐等饮品的广告中大量出现聚会时的欢乐场景，并创作出与快乐相关的广告词，如"乐堡啤酒，拉开快乐""可口可乐，畅爽开怀"，这些精心的设计都是为了唤起消费者愉悦的心情。这样一来，当消费者在类似场景中有快乐体验时，就更容易想到这些饮品了。

第二项技巧是增加广告的曝光率，让消费者对产品充分熟悉。这样的话，消费者更容易回忆起这款产品。有研究发现，当一个事物频繁出现时，我们对它的喜欢程度就会在潜移默化中增强。因此适当增加品牌的曝光度有利于提升其在消费者心目中的形象。此外，曝光度的增加也可以促使消费者形成更深的印象。但这一做法的弊端在于，长此以往，消费者可能不再关注相关信息，因为他们觉得自己已经不能在广告中获取新的知识。要解决这一问题也不难，可以采用我们讨论过的制作系列广告的做法，比如用几段不同广告拼成一段完整的故事，这样既可以提升曝光度，又可以通过故事情节的设置吸引消费者继续关注。

第三项技巧是使用视觉语言。之所以使用视觉语言，是因为图像给我们带来的视觉冲击力要远大于文字。当然，这种做法也有风险。其实图像难以准确传达非常复杂的信息，有时消费者并不能很好的理解广告商希望通过影像传达的含义。举例来说，在 Mini Cooper 的一次行为艺术形式的广告中，一个印有 Mini Cooper 图像的包装盒被扔在垃圾桶旁边。事实上，这则广告希望传递的信息是：Mini Cooper 车身紧凑，可以被塞到礼物的包装盒中。但遗憾的是，对于很多消费者来说，Mini Cooper 和杂乱的垃圾出现在一起，可能并不是一件好事。

4.6.2　记忆在市场营销中的应用

对于很多品牌或产品来说，记忆已经成为它们制胜的法宝。比如迪士尼乐园 2012 年的一次营销企划的主题便是"让记忆开始"。这一活动试图告诉消费者，迪士尼乐园是留下亲子之间美好回忆的地方。除此之外，很多网上或者移动端的产品都有"时间线"的功能，比如 QQ 空间里的时间轴、支付宝的年度账单、网易云音乐的年度歌单等，类似功能的设计为消费者记录下时间的足迹，从而为消费者营造出美好的回忆，这也是这些产品成功的秘诀之一。

拓展阅读 4.1　迪士尼乐园回忆主题的营销企划

此外，怀旧也是市场营销的一把利器。对于每个人来说，那些有苦有甜的回忆，都是我们珍藏一生的财富。最近几年里，很多影视作品都通过打"怀旧牌"轻松地俘获了观众的心，比如火爆的青春偶像剧等。2021年，《老友记·重聚特辑》上线，引发了一轮高热度的"回忆杀"。对于品牌来说，也是如此，百事可乐的一支视频广告就是很好的例子。通过向观众展现几代人畅饮百事可乐的不同场景，百事可乐将怀旧元素应用到了极致，其目的是希望消费者回忆往昔，从而意识到百事可乐是陪伴几代人成长的国民品牌。

拓展阅读 4.2　百事可乐回忆主题的营销企划

在广告片中，有一种被广泛采用的技巧是叙述或者讲故事，这是一种非常有效的传递品牌或产品信息的方式。比如，农夫山泉在一则经典广告中讲述了一名水厂厂长的一天。跟随厂长的活动轨迹，镜头里呈现出白雪皑皑的长白山、清澈的山泉、干净先进的工厂设施。厂长质朴的话语既展示了农夫山泉的专一以及对产品品质的高度追求，又完美地切合其天然、健康的品牌形象。

视频 4.3　采用叙述或讲故事技巧的成功广告示例：农夫山泉

讲故事这种手段之所以有效，是因为每个人都在记忆中以故事的形式存储了大量信息。尽管广告片中讲述的是他人的故事，但我们很可能有着类似的经历，这种广告很容易引发我们的情感共鸣。我们会更加正面的评价品牌和产品，也会更愿意为其买单。

【思考题】　最近你看过其他采用叙述或讲故事方式打造的令你印象深刻的广告吗？

在市场营销中，另一种常见的做法是经典复刻。都说时尚是个轮回，商家把几十年前曾经风靡一时的款式或设计重新推向市场，可以获得那些怀旧的消费者的青睐。比如，国民品牌大白兔奶糖新推出了奶糖味香水、润唇膏等周边产品，还将大白兔的形象应用于品牌服装，进行联名款设计。正是这一系列的经典复刻，让这个国民品牌重焕生机。

学术前沿 4.3

怀旧情绪增强消费者的耐心

"怀旧"一直是市场营销中的一把利器。不管是《千与千寻》时隔 18 年再次上映，上映四天就突破 2 亿元票房，还是肯德基重新推出了下架多年的"嫩牛五方"，一时间朋友圈全被"打卡"刷屏，都印证了商家打怀旧牌的巨大威力。不过，"怀旧"还有其他作用。通过对 1 227 位美国和亚洲消费者进行调查，研究者发现刺激消费者"怀旧"能减缓等待的负面效应——消费者一旦开始怀旧，通常就变得更富有耐心，不会觉得等待了很久。

在这项研究中，学者们首先进行了一项实地调查。研究人员在午餐和晚餐时段来到新加坡的一家餐厅，并调查了排队等候用餐 10～20 分钟的 90 位顾客。这些顾客每人拿到了一个文件夹，文件夹的左边放着一张灰色的纸，右边夹着调查问卷。其中，有一半的灰色纸张上写着"怀旧——怀念过去的美好时光"，另一半文件夹中的灰色纸张上什么也没写。随后，研究人员让他们估计自己已经等待的时长。结果发现，那些被激发出怀旧情绪的人平均感觉只等待了 5.80 分钟，而那些没有看到怀旧信息的人平均感觉等待了8.33 分钟。这一发现说明，怀旧感会让人们感觉等待的时间更短。也就是说，被激发出怀旧情绪的人更有耐心。

在一项后续的研究中，研究者招募了 80 名南洋理工大学的本科生参与。一半的参与者被要求回忆一件自己怀念的旧事，其他参与者则被要求回忆平淡的一天。接着，他们被告知可以参加幸运大抽奖，如果赢了的话，可以在两笔奖金中选择一笔。一个选项是立刻拿走 14 美元，另一个选项是一个月后拿到 22 美元。结果显示，只有 65% 回忆平淡一天的大学生愿意等一个月，从而赢取较高奖金，而 93% 的"怀旧"大学生都选择等一个月以获得较高奖金。看来，在收益面前，怀旧感也能够让人更加耐心。

为什么怀旧情绪会让人们更有耐心呢？研究人员发现，能够引发怀旧情绪的回忆往往是非常珍贵、独特的体验，并且常常与家人、朋友或伴侣联系在一起，这种美好经历往往很难再次发生，因此人们愿意花时间去珍惜和回味这段经历，于是淡忘了正在处理的事情，从而变得更加有耐心。这给营销者带来的启示是，如果想要缓解客人在等待过程中的负面情绪，可以播放一些家喻户晓的视频或者经典的音乐，让顾客沉浸在回忆中，从而缓解排队等候带来的烦躁不安。

文献来源：

HUANG, X. I., HUANG, Z.T., & WYER, R.S. 2016. Slowing Down in the Good Old Days：The Effect of Nostalgia on Consumer Patience[J]. *Journal of Consumer Research*, 43(3): 372-387.

本章小结

消费者学习指的是潜在的消费者获取与购买和消费有关的信息以及未来相关消费经验的过程，可以划分为三种不同的类别，分别是直接学习、观察学习和偶发学习。学习可以是有意识进行的，也可以是偶然发生的。

行为主义学习理论关注消费者针对不同的刺激材料会产生怎样的响应。行为主义学习理论的两大代表是经典条件反射和工具性条件反射。工具性条件反射指的是人们为了获得正性的结果、避免产生负性的结果而学会表现出特定的行为。

认知学习理论强调内部心理过程的重要性，把消费者视为问题解决者和主动的学习者，认为个体具有主观能动性，会积极通过周围的信息来掌控所处的环境。

消费者社会化指的是消费者获得各种与市场活动相关的技巧、知识和行为的过程。消费者可以通过三种学习方法——模仿、强化和社会互动，来实现社会化。

记忆指的是获取和存储信息，从而在需要的时候提取。正因为有了记忆，消费者才能把过去对于商品、服务、消费体验等的知识和经验保存起来，进而推动后续的消费行为。

怀旧、叙述或讲故事、经典复刻是在市场营销活动中应用记忆要素的成功方式。

案例分析

"山海关"品牌从休眠到复苏的振兴之路

线上资源

本章测试

第 5 章

影响消费者的内在因素：自我与人格

近几年，综艺节目《奇葩说》十分火爆。这档节目自开播以来，每一季都可谓千呼万唤始出来，因为观众对它太期待、太热衷了。这档辩论类节目每一期都会选用一些大众关注的存在较大争议的议题，节目的正反方辩手有很多都不是专业的辩手，而是来自各行各业。很多忠实观众评价自己喜欢这档节目的原因时会提到：在这档节目中没有绝对的对错，因为每个不同观点背后，都是不同的个性与人生。我们知道，世上没有性格完全相同的两个人，而这档节目让观众接触到不同个性的人对待同一问题的不同看法，让观众了解到，原来这个世界上对于同一问题还有另一种看法。其实，个性是自我与人格的一种体现，自我与人格不仅会影响一个人对问题的看法，还会影响消费者的行为。接下来，让我们通过本章的内容来深入了解自我与人格对消费行为的影响。

◆ **学习目标**

1. 什么是自我？自我与消费行为之间的联系是如何产生的？

2. 什么是自尊？自尊与产品之间存在怎样的联系？产品的购买与使用是否会影响消费者的自尊？商家应当如何利用消费者的自我提升动机？

3. 自我差异是什么？它是如何产生的？如何理解现实自我、理想自我与应该自我？商家应该如何利用消费者的自我差异，寻找一个平衡点？

4. 自我形象一致性模型是什么？更高的一致性会给消费者带来什么感受？

5. 现代人为什么越来越重视印象管理？人们如何通过消费行为来进行印象管理？印象管理是否总是利大于弊？如何正确、合理地做好印象管理？

6. 什么是多重自我？什么是延伸自我？多重自我与延伸自我是如何联结消费者的消费行为与自我概念的？这对商家有着怎样的启示？

7. 人格是什么？特质理论与消费行为有怎样的关系？金钱能买来幸福吗？

8. 大五人格模型包括哪些人格特质？不同人格特质的消费者的消费行为有什么不同？应用大五人格模型是否会影响甚至改变一个人的决策？

9. 品牌个性是什么？它有哪些维度？如何通过品牌个性打造自己的品牌？

5.1　自我与自尊

5.1.1　自我概念

学过哲学或者对哲学有一定了解的人，应该都知道哲学中的一个经典问题——"我是谁？"这个古希腊经典哲学问题至今仍被人们不断探讨，关于这一问题，从古至今从未有人给出过明确的回答，因为每个人的回答都会不一样，每个回答反映的都是不同的自我。事实上，自我这一概念看似空洞，却在不知不觉中影响我们的行为。如果你是一位阳光、开朗的男生，有一天你的自信心却受到了打击，因为你向心仪的女生表白却遭到了拒绝。她给出的理由是你过于不修边幅。从那天起，你开始关注潮牌穿搭，变得越来越时尚，也从中找回了自信。

再举一个工作中的例子：假设你是一个对待工作非常认真，工作效率很高的人，有一天你接到了一个挑战性很大的任务，这个任务甚至远远超出了你的能力范围，然而为了保持你一贯认真、高效的自我形象，你还是会接下这个任务并竭尽全力做好它，这是因为你在认识自我的过程中，有着保持一致性的动机。我们再来看另一个例子：很多公司为了进行团队建设、增强团队的凝聚力，往往要求员工统一着装。然而，这一举措的弊端是员工丧失了展示自我的机会，这在一定程度上降低了他们的工作积极性和效率。因此，近年来许多公司允许员工在周五穿着私服，以此兼顾集体精神与员工的个性化。

举了这么多例子，自我概念到底是什么呢？自我概念（self-concept）指的是个体所持有的关于自身特征的信念以及对于这些特征的评价。自我概念包括很多不同的维度：特征的积极性，自我概念的稳定性，自我评价的准确性、客观性等，这些维度从静态和动态的角度诠释了自我概念。其中，特征的积极性反映的其实就是自尊。自我概念的稳定性描述的是自我概念的内容和结构随时间变化而表现出的稳定不变的特征。自我评价的准确性、客观性指一个人的自我概念在多大程度上准确地反映了自身的真实情况。它由两方面决定，一是自我评价与个体行为的一致性程度，二是自我评价与他人评价的一致性程度。

一般来讲，哪怕一个人再自卑，在潜意识中，他都对自己有着相对积极的评价。在希拉里竞选美国总统期间，学者们假借民意调查的名义开展了一项有趣的研究。在这项研究中，受访者观看了希拉里的照片，并且回答自己有多大可能支持希拉里当选。一半的受访者看到的是希拉里的真实照片，另一半受访者看到的则是修图后的照片，这些照片中融入了受访者的面部特征。有趣的是，实验结果发现，如果受访者看到的是融入自己面部特征的照片，那么其支持希拉里当选的概率会更高。这项实验另一个有趣的发现是，这种影响是发生在潜意识中的。换言之，受访者并没有意识到这种影响的存在。

高于平均效应也与自我概念相关，它指人们会倾向于认为自己的表现比大众的平均水平好。在美国曾有一个针对80万学生的调研，结果显示95%以上的人在评估自己与他人相处能力时，都认为自己高于平均水平；除此以外，还有调查发现，88%的人都认为自己的驾驶技术高于平均水平。这就是自我概念的魔力。

5.1.2　自尊

在本章开篇时我们提到过，自我概念对于消费行为有着重要的影响，那么这种影响是如何产生的呢？在解答这一问题之前，我们先来探讨一个人们在日常生活中经常谈及的概念——自尊。自尊指的是人们对于自我的一种正性的情绪感受，它是自我概念的积极性和正面性，对于消费行为有着重要的影响。根据自尊的高低程度，可以把个体划分为高自尊的人与低自尊的人，这两类人在消费方面往往会做出截然不同的选择。举例来说，如果一个低自尊的人正在减肥中，那么相比高自尊的人，他会倾向于选择分量较小的蛋糕，因为他不相信自己有足够的自控力。此外，不管收入如何，低自尊的人往往不好意思迈进奢侈品店。高自尊的人往往会更舍得在自己身上花钱，因为他们会觉得自己能够合理利用并发挥这些钱的最大价值。一般来讲，人们对于自我的情绪感受会有一种自我提升动机，即试图将其维持在积极且正面的状态。因此，低自尊的人会有强烈的动机去提高自己的自尊；当然，对于高自尊的人来说，他们也会想要积极地维持甚至提升自己的自尊。

自我概念与消费行为之间的关系十分复杂。自尊会影响个体的消费行为，人们使用的产品也可能反过来对自尊产生影响。对于一位都市女性来说，手挎维多利亚的秘密的购物袋，会让她们感到更加自信。从安妮·海瑟薇主演的著名电影《穿普拉达的女王》中也能看出这一影响。女主角上司的第一助理艾米莉认为自己对于时尚十分了解，并且总是身穿各种时尚大牌的服饰，这给她带来了很大的自信。针对这一现象，研究者们曾经做过一项经典的实验。在这项实验中，参加实验的同学们被安排参与一项测试，测试时一部分同学使用的是带有 MIT（麻省理工学院）标志的中性笔，另一部分同学使用的则是普通的中性笔。实验结果显示，使用带有 MIT 标志的中性笔的同学在测试中取得了更好的表现。究其原因，是因为这些使用带有 MIT 标志中性笔的参与者在潜意识中认为，使用 MIT 中性笔的自己更聪明。由此可见，产品对人们的自尊的影响也是很大的，而这种影响既有好的一面也有坏的一面。一方面，它也许能帮助人们提升自信，挖掘自身的潜能；另一方面，这种影响可能会导致拜金主义、刻板印象的负面现象。

最后，产品的使用会影响他人对我们的评价和判断。这一点在电影《穿普拉达的女王》中也有所体现。初入职场的女主角正是因为穿着"土气"，能力受到了许多人的质疑。当然，在这部电影中，这种现象的出现有一部分原因是女主角工作的行业是时尚圈。不过，即使就职于其他行业，着装也会影响他人对我们的评价和判断。试想一下，如果你是一位面试官，你是否会关注面试者的穿着呢？虽然最终的面试结果主要取决于面试者的能力，但我们也不得不承认，面试者的穿着确实会影响面试官对他的第一印象和判断。

5.1.3　自尊与消费行为

在探讨自尊的概念时，我们提到了自我提升动机。在日常生活中，我们每个人都会主动去维系并提升自己的自尊，这种动机给商家带来了新的商机。聪明的商家首先会让消费者对一些自我特征产生负面的情绪感受，然后再让消费者认为自己提供的产品能帮助他们有效改善这些带来负面评价的自我特征。由于人们都有自我提升的动机，这种做法能起到很好的营销效果。以护肤品行业来说，细心留意不难发现，许多护肤品的广告会首先指出消费者的皮肤存在的各种问题，让她们觉得自己的皮肤很差，然后再告诉她们自己的产品能帮助她们有效改善肌肤问题。

视频 5.1 耐克推出的 "Better For It" 广告

另外，还有许多营销者使用自尊式广告，即在广告中强调自家的产品可以提高消费者的自尊心，以此提升消费者的购买欲。知名运动品牌耐克就曾在其 "Better For It" 广告中采取这种营销策略。在这则广告中，三名女性在健身时，虽然筋疲力尽，觉得自己的训练枯燥、艰难，但是她们仍然坚持了下去，最终突破自我完成了训练。这项广告是耐克专门为女性用户制作的，它很好地触及目标用户的自我提升动机，从而起到很好的宣传效果。

除此之外，由于产品的使用会影响他人对我们的评价和判断，因此，当一个人感觉周围的人对自己的评价和判断不高时，他的自尊就会下降，这是心理学家马克·莱亚里提出的社会测量理论的核心观点。该理论指出，自尊是人类在进化过程中产生的一种用来监控自己在多大程度上被他人接受和尊重的测量仪：一个人的自尊水平会与周围人对他的接受和尊重程度呈正相关；有时这种他人对个体自尊的影响甚至会超过个体自身对自尊的影响。因此，对于商家来说，从他人入手降低消费者的自尊，并提出相应的解决方案，就是一个更好的选择；也就是说，相比于直接改变消费者本身对某一产品的态度，告诉他周围的人都更喜爱这款产品，从而激发消费者的自我提升动机的做法，效果会更好。举例来说，在软饮料行业的两大巨头——百事可乐与可口可乐激烈的市场竞争中，双方都在充分利用这一点。在他们各自的广告中，都在竭力宣传大众更爱自己的产品。这种捆绑式竞争一方面使得消费者认为他们的产品更好，另一方面使得消费者在选择软饮料时，直接放弃了其他产品，只在可口可乐与百事可乐中纠结。国内与这两家公司类似的竞争案例便是王老吉与加多宝，在这二者的竞争中，双方都得到了极大的曝光，最后黯然离场的反而是同类型的和其正。

不过，商家在利用消费者的自我提升动机时也要谨慎。尽管大多数时候自我提升动机能够帮助商家卖出产品，但是商家应当意识到，有时利用消费者的自我提升动机的广告也可能会产生事与愿违的结果。举个例子，当消费者看到由艾玛·沃特森代言的某款眼霜的海报时，内心可能会想："算了吧，我永远无法做到像她一样完美。"从而有可能会放弃购买这款产品。在这一点上受挫的典型品牌是维多利亚的秘密（以下简称维秘），一直以来维秘倡导的就是 "The perfect body"，为此它从不生产大码内衣。尽管它的出发点是希望顾客保持"完美"身材，然而这种"完美"的要求过于苛刻。近年来，维秘销量大幅下降，甚至 2019 年的维秘大秀都被取消了。因此，商家在利用消费者的自我提升动机时，要掌握好其中的度。不仅是那些销售实体产品的企业，手机应用等线上产品的运营商也应引以为戒。有研究显示，在手机的社交类应用中，当大多数用户都使用精修后的光鲜亮丽的头像时，会让一部分使用者在使用这款社交应用的过程中，由于自尊心受到打击而感到长时间的情绪低落。

其实，了解到利用消费者的自我提升动机过程中的市场陷阱后，有一部分聪明的商家，已从中悟出了新的商机，选择反其道而行之，美体小铺（The Body Shop）公司就是其中的一员。在美体小铺的一则广告中，它试图告诉消费者：在现实生活中，像芭比娃娃一样完美的长相是非常罕见的，甚至是不现实的，所以你应当接受这种不完美。当然，这只是所有选择的其中一个，还有

拓展阅读 5.1 日化品牌多芬推出的以自尊为主题的营销企划

另一个选择是变得更美，而变美的方式就是使用我们的产品。通过这种形式的广告，美体小铺在保护了消费者自尊的同时，提升了消费者对自身品牌的好感度，从而获得了成功。在明星带货大行其道的当下，小红书也收获了不错的市场份额，主打亲民性的"素人"展示是其成功的一大秘诀。我们或许永远无法像明星那样光彩夺目，但我们可以像身边的"素人"一样，通过使用特定的产品让自己变得更美、更自信。知名的日化品牌——多芬也有过这类成功案例。它曾推出一次以自尊为主题的营销企划。在这次企划中，利用化妆、摄影和修图技术，多芬为许多普通女性制作出了堪比好莱坞影星的精美海报，这一企划帮助女性发现了她们的真我之美，从而直击人心，获得了空前的市场反响。这些例子告诉我们，消费者心理是非常复杂的，在对消费者心理进行研究时，我们需要对所有的心理和行为进行深入的探究，在使用广告等宣传策略时，要事先做好充分的调研。

学术前沿 5.1

自尊会影响消费者感到尴尬时的品牌偏好

在日常消费中，许多商品的购买会让人感到尴尬。作为一种负性情绪，尴尬会影响一个人的消费偏好与选择。近期一项研究表明，自尊程度不同的人感到尴尬时，会使用不同策略应对他们受到威胁的公众自我形象（public self-image）。

之前的研究表明，当人们的自我概念受到威胁时（比如感到尴尬时），会做出特定的产品选择，这项研究则进一步探究了自尊水平如何影响消费者的产品选择。在这项研究中，研究者进行了三项子研究，分别让被试在公共场合唱一首令人尴尬的歌、回忆一个令人尴尬的场景、观看并讨论一个令人尴尬的产品广告，并让他们对不同显著程度的品牌做出选择。研究发现，感到尴尬时，低自尊的消费者可能会有更强的动机来避免社会对自我的关注，也就是说他们会选择标识不显眼的品牌；高自尊的人则恰恰相反，在他们感到尴尬的时候，会表现出他们想要的自我的特质，从而激励自己去修复受到威胁的自我形象，也就是说他们会选择标识显眼的品牌。由此我们可以看出，尽管人们具有共性，面对同一事物或现象时往往会产生相同或相似的感受，对这种感受的反应却可能因个人的自尊水平而不同。此外，不仅是自尊水平，包括人格特质在内的一系列内在因素，都会影响消费者最终的决策。

文献来源：

SONG, X., HUANG, F., & LI, X. 2017. The effect of embarrassment on preferences for brand conspicuousness: the roles of self-esteem and self-brand connection[J]. Journal of Consumer Psychology, 27(1), 69-83.

5.2 自 我 管 理

5.2.1 现实自我、理想自我与应该自我

之前介绍到自尊时，我们提到了维秘的例子。在这一案例中，维秘营销策略的适得其反其实是消费者的自我差异过大导致的。自我概念可以进一步细分为现实自我、理想自我和应该自我。理想自我描绘了我们希望自己成为的样子，现实自我是对于自身特质的更为客观的评价，应该自我描述的则是我们认为自己应该呈现的样子。应该自我与理想自我的主要差别在于，没有实现理想自我往往带来的是失望和低落，没有实现应该自我带来的则是羞愧与自责。举例来说，对于学生来说，成为一个认真、努力学习的学生是应该自我，成为第一名则是理想自我。理想自我与应该自我又统称为自我导向或自我标准，即引导个体的现实自我的标准。自我差异是现实自我与自我标准之间的差异。在现实生活中，这种差异是必然存在的，因为没有人能做到完美。

正如上文中提到的那样，当存在自我差异时，由于自尊的存在，人们通常会有更强的动机去缩小差异。然而，当自我差异过大时，人们就不一定会积极向上了。研究表明，无论是理想自我与现实自我之间的差异，还是应该自我与现实自我之间的差异，都会导致不同程度的消极情绪与行为，从而导致个体对理想化的目标产生回避行为，消费者对维秘产品的抵触就属于这种回避。

那么，商家应该怎样做才能把握这种理想自我、现实自我与应该自我之间的平衡呢？其实，相较于强调理想自我，商家应该尽量去强调应该自我。仍然以维秘为例，维秘的理念过于强调理想自我，它不卖大码内衣，通过精挑细选的维秘天使来宣传消费者"应该"追求理想化的完美身材（显然，这并不是应该自我，而是理想自我）。然而，对于我们多数人来说，按照来自模特界的维密天使们的身材标准来要求自己无疑太过苛刻，久而久之就产生了消极情绪以及回避行为。试想一下，如果维秘的模特都是我们身边的普通人，她们都不是完美身材，但是她们通过健康的身材管理从而穿上维秘的内衣，品牌采用这样的宣传和定位会不会起到更好的效果？一来这没有改变维秘期望消费者进行身材管理的理念；二来消费者会认为，身边的普通人都在为获得理想的身材而努力，做好健康的身材管理是一个应该自我目标。由此一来，做好身材管理从而穿上维秘内衣的要求就不再显得那么苛刻了。

事实上，如今维秘已经意识到这一问题的严重性，正在采取措施挽回消费者。2020年4月20日，维秘高调宣布全新的大中华区品牌代言人为著名演员周冬雨，这也是维秘首次选用明星作为品牌代言人。周冬雨的形象定位是邻家女孩。维秘表示，通过与周冬雨的合作，希望能够突破传统的性感定义，启发更多女性拥有积极乐观的态度和追求卓越的自信，从而形成自己的独特风格，勇敢地去定义性感。

5.2.2 自我形象一致性模型

自我概念与消费行为之间的关系可以通过自我形象一致性模型来描述。这一模型认

为，我们选购并使用某款产品，是为了与我们的自我概念相匹配。一方面，我们会选购与现实自我匹配的产品，通常情况下，它们是功能性产品。比方说，如果你是一个热爱运动的人，你可能花很多钱用于购买运动器材。另一方面，由于现实自我与理想自我之间不可避免地存在一定的差距，我们可以通过使用表达性产品（expressive good）帮助自己更接近理想自我。对于大多数女性来说，典型的表达性产品是化妆品，甚至对于一部分女性而言，化妆品的表达性之高让她们认为化妆品必不可少。类似的，对于大多数男性来说，典型的表达性产品是汽车。在汽车的品牌和车型的选择上，男性往往会非常仔细、慎重，从而彰显自我。

国外曾有研究结果显示，购买与自我形象一致的产品会让人感到更幸福。对于大多数人来说，理想自我无疑是我们追求的终极目标。遗憾的是，有时理想自我是可望而不可即的。精明的营销者敏锐地从中嗅到了商机，他们通过产品及其广告充分满足消费者的幻想，以吸引他们购买。拜耳公司出品的一款洗发水广告就采用了这个思路。这则广告通过女主角使用洗发水泡沫摆出的女王造型向消费者传递了一则信息：想成为自己的女王其实很简单，只需要使用这款洗发水就够了。由于我们每个人都希望追寻理想自我，拜耳公司的这种营销策略成功地打动了消费者的内心，促使很多消费者购买其产品。

5.2.3　印象管理

人们对于自我形象的关注程度很高，甚至有时候人们自己都没有意识到。这种对自我的关注一方面来自人们自身，另一方面来自社会。在现在这个互联网高度发达的信息社会，我们每个人都常常会感受到来自社会的压力，这种压力使得我们越来越焦虑，究其根本，是因为我们非常在意其他人对于我们的看法。在我们认识自我的过程中，有一个很重要的自我概念，它反映出他人对于我们的看法和评价会在很大程度上影响到我们对自身的评价，这个概念是镜中自我，它指的是消费者从他人关于自己的看法和评价中认识的自我。了解了镜中自我的概念，我们也就能够理解为什么我们会对他人的看法如此关注，进而产生焦虑。为了减轻这种焦虑，大多数人会进行印象管理，即人们会有意识地选择特定的服装和其他产品，让自己看起来更为出众，从而去"管理"其他人对于自己的看法。

印象管理这个词看似高大上，实际在日常生活中无处不在，比如很多人会努力地刷微信步数，这就是印象管理的一种日常体现：对大多数人而言，刷微信步数为的就是营造出一个爱运动、爱生活的正面形象。微信读书排行榜显示好友的阅读时长排名，人们为了打造爱学习的形象，会频繁使用这款应用。微信朋友圈更是印象管理的"重灾区"。打开朋友圈，我们看到的往往都是精心编辑的分享内容。人们之所以这么做，为的就是营造出一种他们认为的优秀的形象。不过，尽管绝大多数时候印象管理能帮助我们更加积极向上，但有时它也可能会在不知不觉中对我们产生一些负面影响。举例来说，假设你是一位学生会的骨干或公司的优秀员工，一直以来你的表现都非常出色，然而有一天你的上级给你分配了一项非常困难的任务。在找借口放弃接受任务会比失败更好的情况下，你会不会更容易选择放弃？国外有研究团队针对这一问题开展了实验研究。结果证实，对于高绩效员工来说，在面对挫折时，他们更容易放弃。事实上，历史数据显示，在网球大满贯赛事中，交手双方中排名较高的一位，在比赛期间也出现了更多的"因伤退赛"（因伤退赛是官方唯一认可的理由，但这似乎更像是借口）。因为对于这类人而言，一直以来的精英形象使得别人对他们的期待很高。因此，为了做好形象管理，他们也许会选择早早放弃以避免可能出现的失败。由此可见，印象管理有好有坏，注意管理自己的形象固然是有益的，但也要时刻警惕印象管理对于心理的负面影响。

那么，印象管理作为一种自我管理的手段又是如何影响我们的消费行为的呢？前面我们提到，为了营造一个良好的形象，人们会有意识地去选择服装等一切能够代表自身形象的产品，这就是印象管理会对消费行为产生影响的主要原因之一。不过，印象管理对消费行为的影响并不限于此，印象管理还在其他一些方面悄然影响了人们的消费决策。比如，人们会对别人如何评价他们的消费决策产生一个预期，而这个预期会影响他们的消费决策。甚至，当人们预期自己的某个消费决策会帮助塑造他人对自己的印象时，相比于选择自己最喜欢的产品，他们会选择对自己的外在形象更有利的产品。举例来说，你是否曾经在购物时让别人陪你一起去，希望他们帮你把关？如果你独自购物，选择的都是自己喜欢的产品，容易让别人觉得你局限在某一个风格里，无趣而又刻板。但当有朋友或家人陪同你去购物时，可以参考他们的建议，从而有不一样的选择。

学术前沿 5.2

伪装的代价：伪装了外表却贬低了内心

人们对于自我形象进行管理，很多时候就是为了维持并展示出一个较好的自我形象。除了购买与自我形象一致的产品，有时候，人们会选择购买超出自身水平的产品来展示一个更"高大上"的自我形象，例如购买一些大牌产品。不过，有时大牌产品的价格令他们望而却步，于是他们选择了大牌的仿冒品。尽管这些"伪大牌"价格便宜，却能使他们迅速改善外在形象，从而使他们获得更高的自信。如此看来，购买大牌仿冒品似乎能够为人们带来很多好处，然而这也助长了虚荣心，甚至还在无形中贬低了他们的内在形象。这究竟是怎么回事呢？

北卡罗来纳大学的吉诺（Gino）、哈佛商学院的诺顿（Norton）和杜克大学的艾瑞里（Ariely）等人就通过一项研究发现：使用仿制品会降低个体内在的自我形象，让人更容易做出不道德的行为。该研究随机招募了 85 位女大学生参加一项太阳镜用户测试，测试中她们被要求佩戴蔻依（Chloé）的太阳镜完成一系列体验任务。其中一半被试被告知，她们佩戴的是正品眼镜，而另一半则以为她们佩戴的是仿制品（事实上，所有被试佩戴的均为正品眼镜）。在测试过程中，所有被试都要完成复杂的数学难题并按绩效获取报酬，同时，在整个过程中，研究者让被试在无人监督的情况下，递交答卷并自评成绩，这样一来，被试会认为作弊时不会被发现。研究者们在暗中拍摄下了整个实验过程。研究结果发现，仿制品组中参与作弊的被试占据了绝大多数（71%）。尽管少数（30%）正品组的被试也修改了自己的分数，但总体而言，更高比例的仿制品组被试选择谎报了自己的成绩，也就是说，佩戴仿制品的被试更容易做出不诚实的行为。此外，研究还发现，相比于正品组，仿制品组的被试更倾向于认为别人的行为，甚至是一些常见的言行举止是不诚实的。

尽管对很多购买伪大牌的人来说，使用仿制品的本意是提升自我形象，但这却让他们付出无形的心理代价。由此可见，想要骗过他人或许很容易，但想要骗过自己的内心却很难。为了不属于自己的外在形象，而在不经意间贬低了自己的内在形象，实在是得不偿失。

文献来源：

GINO, F., NORTON, M. I., & ARIELY, D. 2010. The counterfeit self: the deceptive costs of faking it[J]. Psychological Science, 21(5), 712-720.

5.3 自我与消费行为

前面我们介绍了自我的概念以及人们会如何进行自我管理，也提到了自我是如何影响消费者的行为的，接下来我们要介绍两个重要的自我概念——多重自我与延伸自我，继续探讨消费行为是如何与自我产生联系，并且被自我所影响的。

5.3.1 多重自我与消费行为

消费行为与自我产生联系的一个重要方面是多重自我。在日常生活中，我们每个人都会在不同的场合中扮演很多不同的角色。例如，一名在校大学生，他在学校是学生，在家庭中是父母的孩子，而在他服务的社团组织中他可能是一位志愿服务者，在兼职的公司里他还扮演实习生的角色，这就是多重自我。

多数时候，我们扮演的角色之间是存在很大相似性的，但也不乏有些角色之间存在很大的差异，此时，我们就可能需要一些不同的产品来帮助我们扮演不同的角色。举例来说，如果你是一位正襟危坐的警察，当你晚上下班后，想要去酒吧与朋友闲聊，缓解一天的疲劳。由于长时间的警察身份使得你看上去非常严肃，与酒吧的氛围显得有些格格不入，那么此时，你就需要一些商品来帮助你融入角色，例如说一件浮夸的夜店风外套。这使得多重自我中蕴藏了许多商机。

对于商家而言，首先要做的事是了解消费者有哪些角色以及消费者在这种角色下使用产品的偏好，从而在自己的产品设计中突出这种特性。接下来，商家应当帮助消费者找到隐藏的自我。以知名男装品牌七匹狼为例，其广告中就利用了多重自我的概念。七匹狼的广告语是"男人不止一面"，它的所有广告都在展示不同角色的男性形象，时而是锐意进取的商人，时而是勇敢冒险的探险家。通过这些广告，七匹狼鼓励消费者去发现新的机遇，寻找不同的自己，而七匹狼恰恰能够帮助他们发现不同的自己，获得精彩的人生。除此之外，尽管很多时候我们扮演的角色是长期性的，但还是会有一些特定场合需要使用一些特定的产品，比如功能性饮料、主题派对的服装等。因此，商家可以着力于开发一些适用于特定场合的产品，从而满足消费者不同的需要，这也是多重自我的商业应用。

5.3.2 延伸自我与消费行为

消费行为与消费者自我之间的联系来自于多个方面，其中一个重要的方面是消费者要通过产品来补全自我的概念。举例来说，思考一下这样的情境：当你要推断一位你认识但并没有打过太多交道的朋友的性格时，你的依据是什么？通常情况下，人们对他人做出判断的依据，甚至一个人定义自我的依据，都是与消费形式相关的外部线索，包括穿着、珠宝、家具、装潢、汽车、休闲活动以及他们对于食物的偏好。在莫泊桑的著名短篇小说《项链》中，罗塞尔太太在收到高级宴会的请帖时，因为自己没有华丽的礼服和首饰而感到自卑与窘迫，不愿去参加宴会，在借来珍贵的项链后才有勇气去参加。虽然那串项链是假的，但是毫不知情的罗塞尔太太却因为这串项链获得了自信。这则小说的讽刺意味很重，却也在侧面反映了很多时候人们会通过消费行为来判断和定义他人甚至自己的身份地位。因此，当自我概念不完全时，人们会借助产品补全自我概念，就像罗塞尔太太一样。

现实生活中，人们在购买和使用产品时都或多过少有补全自我概念的动机，比如说汽车、香烟与滑板三种产品共同的目标消费者可能是年轻男性，因为在这一阶段男性还并不成熟，他们希望通过购买这一系列具有男子气概的产品来彰显自身的男性魅力。当然，这种补全也要注意分寸，一旦过度，会使得消费者对于某一产品过于着迷，从而产生依赖性，我们的身边也不乏这样的例子。

与过于依赖某些产品、希望通过它们来维系甚至补全我们的自我概念这一现象相关的另一个概念是延伸自我，它指的是消费者在与特定产品的情感联结上把产品视为自我的一部分；换言之，此时产品已不再是补全他们自我的工具，而是在他们的自我组成上成了不可替代的一部分。例如，在日常生活中，部分女性会沉迷于买包，对于她们来说，包就是她们密不可分的一部分。根据这种社会现象，有些商家就通过宣传"我们出产的手提包应当是你重要的一部分"来推销他们的产品（见图5.1）。

图 5.1　上海市内免税店推崇"延伸自我"理念的雕塑

由于自我概念与消费行为密切相关，近年来，还诞生了一种新的营销方式——身份营销，它指的是消费者改变自身的一部分为品牌或产品打广告。新西兰航空就曾经邀请消费者剃光头并在他们的头皮上打广告，同意这样做的消费者可以在一年内免费搭乘新西兰航空。由于自我概念是神圣而不可侵犯的，这种营销方式会让其他消费者认为"如果有人愿意改变自身的一部分去为品牌打广告，那么该品牌一定有它的魅力所在"。

5.4　人格与消费行为

5.4.1　人格与特质理论

在日常生活中，我们或多或少都做过一些人格测试。那么什么是人格呢？人格指的是一个人独特而相对稳定的行为、思维及情感模式。人格之所以重要，是因为可以通过它来预测一个人通常情况下会表现出怎样的行为。在学术界，关于人格有很多不同的理论，目前最主流的是特质理论，它关注那些可以定义一个人的可识别特征。

在人的可识别特征中，有许多与消费行为密切相关，包括创新性、物质主义、自我意识、节俭程度等。创新性，反映一个人愿意去尝试新鲜事物的可能性。商家推出全新产品时，应当重点去吸引创新性程度高的人。这些人非常乐意去尝试新鲜事物，而他们对于产品的使用体验，可以为其他消费者提供重要参考。物质主义，反映一个人对于获取以及拥有资源的态度。高物质主义的人会非常注重外在物质为他们带来的价值，因而他们是奢侈品重点吸引的人群之一。自我意识，反映一个人有意识地监控自身在他人眼中的形象的程度。高自我意识的人对生活中的各个方面都很关注，更倾向于通过产品的选择来表达自我，因此也会更容易被以外在形象为导向的广告所吸引。节俭程度似乎无须专门下定义，节俭的人会尽量避免计划外的消费，并且会努力利用好自己已经拥有的产品。

5.4.2　大五人格模型

在对人格类型的分类和评价中，获得最深入研究、被学者们普通认可的是大五人格模型，目前在业界被应用最广泛的也是大五人格模型。一家咨询公司甚至应用这一模型，通过仅仅几万名脸书（Facebook）用户的数据，就影响了美国大选的选情，在 2016 年美国大选中对特朗普当选总统产生了影响。该咨询公司通过网络爬虫抓取了几万名脸书用户的居住地址、社交网络、喜好等各方面信息，利用一套算法，精准地算出海量用户在大五人格中的人格类别，进而根据他们的人格类别定向推送宣传信息。也就是说，虽然每个人收到的宣传信息不同的，但是这个信息在最大限度上符合人们的内在偏好，从而实现宣传效果的最大化。这一事件在国际上引起了轩然大波，也让社会公众充分地意识到人格的重要性。

视频 5.2　一公司通过脸书用户人格信息影响美国大选选情

顾名思义，大五人格模型包含五项主要的人格特质，分别是外向性、尽责性、宜人性、经验开放性、神经质。外向性反映了一个人在外界投入的能量程度。高外向性的人喜欢与人接触、充满活力、情感充沛、热爱运动与冒险。在一个群体中，他们非常自信且健谈，喜欢引起别人的注意。相比之下，内向性的人普遍谨慎冷静、乐于做事而不是与人打交道、喜欢并享受独处。外向性的人和内向性的人，喜欢的商品和服务可能有很大的差异，例如外向性的人更喜欢带有一定冒险性的产品，在购物时倾向于主动与销售人员沟通，易受产品广告影响；而内向性的人更喜欢保守、不易出错的产品，在购物时不会表露自己的态度，不易被产品广告影响。对于这两种类型的人，商家和营销者应当分别考虑，做到针对性。

尽责性也叫审慎性，它反映了一个人做事的条理性、可靠性、目标性以及自律的程度。一般情况下，审慎程度高的人不喜欢发生计划外的消费。他们喜欢通过时间表来管理时间；他们通常会拒绝临时邀约。因此，他们往往会是收纳柜等家居用品的目标人群。审慎度低的人容易受到广告的影响，产生计划外的消费行为，甚至是冲动性消费。在教材的第 7 章我们也会深入探讨人们是如何产生冲动性的消费行为的。

宜人性反映了一个人的友善程度。宜人性程度高的人，通常是善解人意的、友好的、慷慨大方的、乐于助人的，他们甚至愿意为了他人放弃自身的部分利益。在周围人遇到困难或情绪低落时，这些人往往会愿意帮助周围人走出难关。针对宜人性程度高的人，商家可以着重突出产品的分享属性。例如，奥利奥的广告标语是"满是心奇分享"，它的广告曲中也强调了"分享让你我更靠近"，鼓励人们与他人分享。在其 2015 年发布的一则广告中，一个小男孩在春节返乡火车上和其他乘客一起分享奥利奥，让这个寻常的回家之旅变成一次神奇、有趣的旅程，这则广告片受到很多好评，这样的产品定位无疑会吸引宜人性程度高的消费者。此外，为了吸引这类消费者，商家们在产品设计方面要注重选择环保材料，并在广告的设计上强调产品的环境友好性，这会引起善良、友好的高宜人性消费者的共鸣。

大五人格模型中的经验开放性，与我们日常所说的开放性含义有所不同。日常生活中我们所认为的开放性主要指对于一些新兴事物的接受程度较高，而大五人格模型中的开放性要多一些特质，它描述的是一个人的经验开放性：经验开放性高的人，更富有想象力和创造力，对于未知的大千世界充满热情。因此，经验开放性高的人会是一些新型产品的主要目标消费者。开放性程度低的消费者更注重秩序和产品的实用性，比较传统，更喜欢熟悉的事物，因而有时他们的忠诚度也会较高。但是，这种忠诚度不一定是来自于对产品本身特别的喜爱，而有可能仅仅是不愿改变。对于商家而言，这意味着，在进行产品的创新时，需要考虑如何才能让那些不愿接受新事物的消费者，尝试去接受新推出的产品。

最后，神经质反映了个体情绪的稳定程度以及体验消极情绪的倾向。高神经质的个体，更容易体验到愤怒、焦虑、抑郁等消极情绪，对情绪的调节能力较差，因而他们对价格的敏感程度较高，容易受到促销策略的影响，也更容易进行冲动性消费和强迫性消费行为。

【思考题】 基于你对大五人格模型的理解，如果你是特定产品的商家或营销者，你将如何运用大五人格模型，从而在最大程度上吸引你的目标消费者？

学术前沿 5.3

金钱可以买到幸福吗？当消费符合购买者个性时，似乎确实可以

金钱到底能不能购买幸福？这个问题一直被大众广泛讨论。一项研究发现，支付金

钱是否能够产生幸福感实际上取决于消费者将金钱花费在哪里，当消费符合购买者的个性时，金钱是能够买到幸福的。这一结果来自剑桥大学贾奇商学院和心理机构研究者出具的一份研究报告。这项研究招募了 625 名被试，研究者对这些被试在英国银行系统发生的 76 863 次支出交易记录进行研究，将所有的支出交易初步归为 112 个支出类别，并进一步合并归为 59 个类别。此外，每位被试还填写了一份个性问卷和一份幸福感问卷。

通过前文对大五人格模型进行的介绍我们可以发现，日常生活中的支出类别与大五人格模型中的五个特质能够进行相应的匹配。例如，外向性程度高的人可能更喜欢把钱花在社交活动上；对于高尽责性的人来说，健康与保健是其最乐意支付的领域。因此，研究者比较了被试实际的支出去向以及他们在量表中展现出的个性，结果发现人们往往会在与自己的个性匹配的事物上花更多的钱。例如，一个高外向性的人相比低外向性的人每年会多花约 52 英镑在酒吧消费上，一个高责任心的人相比低责任心的人每年会多花 124 英镑在"健康与保健"项目上。

为了进一步验证这个发现，研究者还展开了另一项实验，他们给外向型和内向型的被试发放了一些代金券，让他们随机在与自己个性相匹配或不匹配的书店或酒吧里把钱花掉。例如，不匹配的情境是让外向型的被试在书店内消费或让内向型的被试在酒吧内进行消费，匹配的情境则是让外向型被试在酒吧消费，以及让内向型的被试在书店消费，在此过程中，被试还填写了一份负性情绪量表（positive and negative affect schedule，PANS）。实验结果显示，让外向的人在酒吧里花掉这些代金券，会比让他们在书店里花掉代金券给他们带来更多快乐；而相比于在书店花费代金券，让内向的人在酒吧里花掉代金券，会使他们的快乐感大幅降低。

通过这项研究我们可以发现，相比人们的总收入和总支出，消费支出与个性的匹配程度对个体幸福感的影响更加显著，并且在与自己个性相匹配的方面支付金钱会让人更加快乐。也就是说，当我们把钱花在与我们的个性特质匹配的产品上时，由于它很好地满足了我们的心理需要，这时金钱支出确实会提升我们的幸福感。

文献来源：
MATZ, S. C., GLADSTONE, J. J., & STILLWELL, D. J. 2016. Money buys happiness when spending fits our personality[J]. Psychological Science, 27(5), 715-725.

5.5 品 牌 个 性

在上一节中我们总结了人格及人格特质相关理论。其实许多品牌也有自身的品牌个性，这是一种品牌拟人化的体现。品牌的个性是人们赋予品牌的一系列拟人化的特征。举例来说，如果提到海尔集团，你首先会想到的一定是探索和进取精神，以及真诚的态度，这主要得益于海尔集团投资拍摄的经典动画片《海尔兄弟》。通过动画片《海尔兄弟》的深入人心，消费者将海尔兄弟传递出的精神特质与海尔集团紧密联系在了一起，赋予了品牌拟人化的特征，从而使得海尔从众多品牌中脱颖而出。相比从前，当今的市场竞争更为激烈，市场上生产同类产品的品牌越来越多。对品牌而言，打造一个独特并被消费者认可的品牌个性，无疑是应对激烈市场竞争的一项可行举措。

举例来说，宜家集团的商业理念是提供种类繁多、美观实用、普通人能买得起的家居用品。市面上的大多数家居品牌走的都是高端、精致路线，瞄准经济水平高的小部分消费者。从一开始，宜家就选择了相反的路线。它决定响应全世界具有不同品位、梦想和收入水平的人们的需要，希望通过自己的努力，最大程度上改善人们的家居体验。对应到大五人格模型，宜家集团在宜人性方面十分突出，成功地打造出宜人的品牌个性。宜家把品牌名 IKEA 翻译成了宜家，与自己的品牌个性高度契合，不得不说是神来之笔。

RIO 鸡尾酒也是一个很擅长打造品牌个性的品牌。在 RIO 的广告片中，往往会呈现丰富的色彩与各种不同的场合。这样一来，人们提到 RIO 就会想到创新、大胆、多元等形容词。靠着这种独特而又鲜明的品牌个性，RIO 在年轻人中备受推崇。许多服装品牌喜欢与可口可乐合作推出联名产品，不仅因为可口可乐具有品牌效应，更因为可口可乐品牌的鲜明个性。与可口可乐合作的大多是运动品牌或者街头潮服，他们希望借助可口可乐的品牌形象传递出积极、开放、热情、自我等个性，而这正迎合了购买时尚潮服的消费者的心理诉求。

对于品牌来说，如果能够打造出个性鲜明的形象，并且与目标消费者的人格相匹配，就拥有了品牌价值，这种品牌价值会让消费者对于这一品牌持有积极的态度，并产生强烈而稳定的情感联结，从而愿意为品牌支付溢价，即为同等品质的产品支付更高的价格。由品牌忠诚度带来的品牌溢价，也是驰名品牌的产品总是卖得更贵，却依旧销量不减的重要原因。

事实上品牌个性这一概念早在 1955 年就被提出，不过，直至 20 世纪 80 年代，才有学者明确指出任何品牌或产品都应该具有个性。到了 1997 年，阿克（Aaker）类比心理学中的"大五"人格理论模型将品牌个性分为五个维度：真诚（sincerity）、刺激（excitement）、野性（ruggedness）、教养（sophistication）、胜任（competence）。

真诚包括务实、诚实、快乐、健康等属性。如果品牌希望塑造真诚的品牌个性，可以考虑采用儿童、基层员工等形象（例如在广告片中出现农民、快递小哥）。这样一来，更容易让消费者感受到真诚，前文提及的海尔兄弟就是典型案例。

刺激维度涵盖了大胆、活泼、想象力、现代感等属性，百事可乐就具有活泼、充满想象力这类特质。一般提到百事可乐，我们都会想到可口可乐。不过，就品牌个性而言，二者其实有着明显的区别：大众通常会认为可口可乐的品牌形象正宗、传统、充满快乐，百事可乐的品牌形象则是年轻、活力、充满激情的。其实，百事可乐最初进入市场时，一直都在模仿可口可乐，但由于二者口味上差异不大，而可口可乐又先一步进入市场，百事可乐一直不占优势。后来百事可乐开始注重品牌个性，成功地打造出与可口可乐截然不同的品牌形象，最终与可口可乐一起成为碳酸饮料市场的两大巨头。

野性维度包括强壮、户外等属性，体育运动品牌、男士用品一般会注重这方面的个性特质。万宝路香烟的广告，选择浑身散发粗犷、豪迈、英雄气概的美国西部牛仔为品牌形象，以强调万宝路香烟的男子汉气概。然而刚开始的万宝路香烟并不是这样的形象。万宝路自 1924 年问世以来，直至 20 世纪 40 年代都无人问津，公司刚开始的宣传口号是"Mild As May"（柔弱五月）。1936 年，为了更加迎合女性的偏好，吸引更多的女性顾客，更是将滤嘴换成了红色，将男性顾客"拒之门外"。1954 年，一筹莫展的公司找到了著名的广告人李奥·贝纳，让他帮忙想想"怎样才能让更多的女士购买并消费万宝路香烟"。在对市场进行分析并且深入思考后，李奥·贝纳做出了一个大胆的决定，对万宝路进行了"变性手术"，将目标消费群体相对小的女士香烟"变性"为充满野性和豪气的男士香烟。具体来说，加重香烟的口味，采用当时首创的平开盒盖技术，外盒的颜色也选择了象征力量的主要色调。李奥·贝纳还将"MARLBORO"的字母尖角化，以展现男性的刚强，释放男人风味。这次大胆的改变拯救了万宝路香烟，使得万宝路香烟"起死回生"。1955年其销量跃居为美国第十位，之后其排名也一直上升，现在的万宝路香烟更是全世界最畅销的香烟品牌之一。

教养维度主要包括高贵、精致、迷人等特质，具有这类个性的品牌往往有其独特的魅力与气质。奢侈品品牌一般都会选择设定这类品牌个性，原因是这种品牌个性可以更好地凸显奢侈品特色。例如，香奈儿就在香水广告中塑造出一个个优雅而又不失个性的形象，这与香水本身的作用也高度契合。

最后，胜任维度涵盖信任、责任、智慧等特质，汽车、手机、科技公司往往更注重打造这方面的品牌形象，这对公司的整体形象至关重要。细心观察就可以发现，注重胜任维度的品牌，其广告宣传都以黑色、深蓝色等深色系为主色，因为这些颜色会让品牌更稳重，更有科技感。

消费行为工具箱

你的公司有人格吗？请查收拟人化使用指南

在日常生活中，我们习惯于把人类的品质赋予非人类的对象。比如，人们会形容自己的爱车"很酷"。类似的，人们会说雨水是"伤心的"，武器是"冷酷的"，海洋是"愤怒的"或"平静的"。很多时候，我们甚至都没有意识到自己赋予了身边的事物那么多人类的特点。这似乎是我们与生俱来的一种能力，心理学家把这种现象叫作"拟人化"。我们之所以会将身边的事物"拟人化"，其实是因为希望通过这种方式来增强我们与身边事物的联系，并加深我们对于这种联系的理解。比如，我们通过给宠物穿衣服、扎小辫子、取名字，加深我们与宠物之间的伙伴关系和情感联结；对于很多人来说，座驾和手机已经成为生活中不可或缺的一部分，因此，在关键时刻我们会叮嘱自己的汽车和手机要"给力"。

除此之外，人们也会对知名的品牌进行拟人化。比如人们会认为"苹果"是"很有创意的"，"华为"是"有爱国情怀的"，"阿里巴巴"则是"强势的"；那些损害了公众利益的品牌，我们会说它们是"黑心的"。品牌的营销人员经常会利用人们的拟人化倾向，通过聘请明星代言人来让社会公众相信，这些代言人就是其品牌的化身。比如，中国人寿聘请姚明做自己的全球形象代言人，从而让消费者形成一种中国人寿就像姚明一样可靠、值得信赖的品牌认知。老干妈也一直坚持采用其创始人头像作为品牌标志，不经意间，给了消费者一种怀旧感和亲切感。

职场人士喜欢用"温情""友好""有竞争力"等标签来形容所在的组织，而不是从组织的业务范围去定义它在我们心中的位置。通过把组织身份拟人化，我们会倾向于把组织当成人来进行互动，并在互动中体验到社会性情感。在不久前，网易的一名员工发出一篇帖子，讲述了自己被暴力裁员的经过。许多人看了报道之后纷纷感叹：自己有一种被背叛的感觉。为什么人们会在这个事件中体会到背叛的社会情感呢？这正是因为，网易公司一直打造的就是有情怀、有温度的企业人格形象，而作者也提到，自己曾因是网易人而感到骄傲。可以看出，网易的拟人化形象较为深入人心，而此次暴力裁员事件则在一定程度上打破了公众对其温情形象的认知，从而导致企业内部人员和外部公众有了一种被背叛的感觉。

当我们将价值观、信仰以及人的特征赋予组织之后，就会或多或少地与组织建立起心理契约，并希望能看到组织对这份契约表现出有责任的担当。这意味着，组织在确定出自己想要塑造的人类属性之后，管理者就应努力在行动、人员配备以及规章制度上体现出这种属性。在这一点上，海底捞就做得很不错。说起海底捞，人们首先想到的就是服务好。消费者印象中的海底捞是体贴的、温暖的，而这些特质一方面是通过海底捞员工对顾客的热情与个性化服务来体现的，另一方面则通过海底捞对旗下员工的信任与关爱来体现。之前网上有一个很流行的段子，讲的是一个人想自己开火锅店创业，于是去海底捞学习经验。一年后朋友问他去创业了吗，他说："不去了，我怎么能离开我的家人！"从中可以看出，如果企业的作所作为与其人格高度一致，企业雇员就会拥有很高的忠诚度以及组织认同感。

那么，如何为企业树立一个高度一致的拟人化形象呢？研究表明，一个常见的路径是自上而下的形象传递，比如管理者以公司的名义向新员工发送欢迎信，并且在日常会议中向员工介绍组织是如何关怀内部成员的。另外一个常见的方法就是公司采用官方的社交媒体账号与组织内外的成员进行互动交流，这些举措能促使人们拟人化地看待企业。为企业确立一个契合的人格形象后，管理者应坚持制定和实施基于组织拟人化特点的战略：通过将人们的注意力从企业是"做什么的"转变到企业"是什么样的"，引导社会公众在内心中形成企业的人格形象。这会充分激发员工的自豪感，增强对企业的认同感，对公司和员工来说是双赢。

说到企业的拟人化，其实可以投射于企业的人格特质非常多。在现实生活中，有什么特质是备受大家欢迎的呢？心理学家发现，人们对他人的判断通常看两个主要方面，即他人有多大的热情和能力。"热情"通常包括对慷慨、善良、诚实、真诚、乐于助人、值得信赖和体贴的综合衡量，能力则通常从信心、智力、技巧等竞争力维度中作出衡量。研究表明，热情和能力的得分通常会影响到员工招聘、领导选拔以及伴侣选择。斯坦福大学的一项研究发现，它们也是消费者用来评价企业的关键指标。当两家企业分别表现出"热情"和"能力"时，人们更倾向于在有能力的公司购买产品。也就是说，情怀和质量二选一时，人们更倾向于选择质量更能得到保证的产品。但当一家公司同时拥有"热情"和"能力"两个特质时，人们就会对其产生一种敬畏感，从而显著增强其购买产品的意愿。这提醒企业管理者，在管理实践中可以大胆尝试为公司打造出"热情"和"能力"的人格。

音频 5.1　你的公司有人格吗？请查收拟人化使用指南（主播：孟亮）

本章小结

在本章中我们主要探讨了影响消费行为的两个内在因素，自我和人格。我们首先根据自我的概念，指出自尊是自我概念的积极性与正面性，进而探讨了自我提升动机如何影响消费行为：人们会通过产品的购买和使用来维系和提升自尊，这一动机可以帮助商家更好的销售其产品。

接下来，我们深入介绍了与自我差异相关的若干概念，包括现实自我、理想自我与应该自我，并通过自我形象一致性模型具体阐述了消费行为与自我概念的关系。人们关注自身形象的原因一方面来自本身，另一方面来自与他人保持一致的社会焦虑，而人们减轻这种焦虑的重要手段就是印象管理。现实生活中人们的印象管理总与消费行为息息相关，然而这其中也存在过度印象管理的隐患。

在与自我的相关概念中，多重自我与延伸自我是两个连接消费者的消费行为与自我的重要概念。其中，多重自我扩展了一个人使用产品的多样性，延伸自我则帮助消费者通过使用特定产品补全自我概念。这些对于商家来说，这里面都蕴藏着商机。

作为影响消费行为的另一项内在因素，人格的概念可以帮助我们更好地理解个体差异，其中最科学、业界使用最广泛的大五人格模型能够帮助我们更清晰地了解具有不同人格特质的个体在各种行为偏好，包括消费偏好上的差异。除了消费者的人格，品牌也有自身的人格特质，它被称为品牌个性。不同的品牌个性代表了不同的品牌追求，品牌个性的打造能够帮助消费者加深对品牌的理解，从而帮助商家更好地吸引和服务自己的目标消费者。

案例分析

三只松鼠——打造你的品牌个性

线上资源

本章测试

第 6 章

消费者的态度

2016 年夏天，一家公司组织年度旅游，目的地是韩国济州岛。因为团队中女同事居多，并且大多对韩国的产品比较认可，所以在行程安排中加入了购物之旅。购物之旅中遇到的一位导购员，给这家公司整个团队上了宝贵的一课。那是旅行的最后一站，来到了城邑民俗村。导游风趣幽默地介绍了民俗村的文化和历史，在一片欢声笑语中把大家带进了一个房间。大家在房间里坐下，听一位说着流利中文的韩国美女导购细致地介绍各种蜂蜜、马骨粉、马油。美女导购非常幽默，并没有机械地介绍产品，而是采用了讲故事的方式，从海女的故事，到民俗村的特色，每个产品都穿插了一个很精彩的故事。期间她还分享了自己在中国学习中文的经历和各种糗事，让大家不知不觉中对她介绍的产品产生了兴趣。几位同事已经蠢蠢欲动，准备买单。

当然，团队中还是不乏非常理性的同事，在听故事和产品介绍过程中带着排斥的态度。他们认真地帮助几位蠢蠢欲动的同事分析其中的套路，大家逐渐冷静下来，在导购的多次明示、暗示下，仍然没有动摇。这时，几位同事开玩笑地说道："我们已经不能再买了，我们前一站去了高丽红参馆，钱都用来买红参了！""哎呀！要是你们先来我们这就好了！"导购一拍大腿，很懊恼地感叹一声。在当时的情境中，所有人都认为导购接下来要说的一定是"你们上当了""买贵了"之类的话。没想到，导购非常遗憾地说道："红参是非常好的，你们很会选。太可惜了，下次你们先来我们这，就不会错过我们的产品了。"导购拍大腿的举动，加上遗憾的语气，最终使得好几位同事毅然决然地下单了。

在这个真实的案例中，这家公司的团队成员分为了三个派别，面对导购的促销持有三种不同的态度。第一组从一开始就看清了旅游过程中的购物套路，并不会轻易被说服；第二组则对导购的介绍持怀疑态度，觉得她对产品功能的介绍过于夸张了，因而举棋不定；最后一组人被导购的风趣幽默所吸引，很信任她介绍的产品，从一开始就决定要下单。导购最后的言行举止，直接促使信任的那一组人下单，另外两个组中也有人改变了态度，最终决定下单。在本章中，我们就将探讨什么是消费者的态度，以及如何改变消费者的态度。

◆ **学习目标**

1. 消费者的态度为什么很重要？
2. 消费者的态度是如何形成的？

3. 什么是认知失调？在工作和生活中有哪些例子？

4. 如何在营销中应用认知失调理论？

5. 如何应用态度相关理论改变消费者的态度？

6.1　态度与投入

6.1.1　消费者的态度

对于营销者而言，促使消费者对其产品形成积极的态度，是一件非常重要的事情。很多欧美国家的酒吧，为了平摊经营中的固定成本，会选择在客流量较小、生意一般的时段降价促销，它们将这一时段委婉地命名为"态度调整时段"，消费者态度的重要性可见一斑。那么什么是态度呢？

在心理学中，态度指的是我们对于一个客体的持久而概括性的评价，这个客体也就是态度所指向的对象：态度对象。态度对象是多种多样的，可以是一个人，可以是一则广告，也可以是一个事件。

对于营销者而言，消费者的态度之所以至关重要，有两个原因：一方面，消费者的态度影响了他们后续的购买行为，营销者可以通过对消费者态度的调查，对于产品的销量进行预测。另一方面，态度是相对稳定而持久的。如果消费者对于品牌或产品有着积极的态度，除非发生了严重的负面舆情事件，这一态度都不容易被改变。在三星手机发生爆炸事件之前，三星品牌在中国市场中一直有着较高的知名度和美誉度。遗憾的是，手机爆炸事件发生之后，品牌方没有在第一时间产生足够的重视，在舆论形势越发严重，甚至发展为品牌危机时，尽管三星做出了召回处理，但忽视了中国市场消费者。在质量存在严重缺陷的情况下又被民众指责其区别对待，一时间，广大手机用户对三星手机的态度急转直下，三星手机在中国的销量也一落千丈。直至现在，尽管事件已经趋于平息，提到三星手机时，许多消费者还是不再对其抱有信任的态度，三星在中国的市场地位已一落千丈。

从这个例子中可以看出，消费者的态度对其行为的影响非常重大。因此三星也在事件后反思改变，不断尝试各种方法，试图重获消费者的信任。事实上，对于商家来说，在整个品牌运营的"历史长河"中出现的大大小小的危机事件是难以完全规避的。那么，如何在危机发生之后改变消费者对其负面的态度呢？先别着急，在试图影响消费者的态度之前，营销者有必要先去了解态度是如何形成的。事实上，我们是通过学习形成了态度。具体来说，包括我们之前讨论过的三种方式，即经典条件反射、工具性条件反射和观察学习。

形成态度的第一种方式是经典条件反射。如果商家希望消费者对于品牌或产品形成积极的态度，那么就要选择能够诱发消费者积极情绪的刺激材料，然后将品牌或产品与这一刺激材料匹配，让它们不断成对出现。比如，为可口可乐的广告选择《旗帜飞扬》这首令人愉快的歌曲。这样一来，消费者就会将可口可乐与激情、能量等联系在一起。

　　第二种方式是工具性条件反射。如果消费者在使用产品的过程中获得了正性的强化，那么就会对这一产品形成积极的态度。比方说，如果消费者在口渴时开怀畅饮了一瓶可乐，可乐带给他的愉快体验很可能会使消费者爱上可乐这一款产品。

　　第三种方式是观察学习，即消费者通过观察他人的行为形成对于产品的态度，这也解释了为什么各大品牌竞相邀请明星担任代言人。通常情况下，我们对代言人的态度也会投射到其代言的产品上。如果我们喜爱一位明星，那么通常也会对其代言的产品形成积极的态度。比如中国人寿邀请姚明作为代言人，有助于将公众对于姚明可靠、有责任感等一系列的积极态度投射到中国人寿的产品上。因此，对于商家来说，选择符合自身品牌形象和特质的代言人，更有利于消费者将积极的态度与产品联系在一起。

6.1.2　态度的投入水平

　　对于营销者而言，确保消费者对于自家的产品持有积极的态度固然很重要，但这还远远不够，因为同样是持久、积极的态度，消费者在对于态度的投入程度上可能有很大的差别。总的来说，消费者的态度有三种不同的投入水平。

　　第一种投入水平是顺从。此时消费者的投入程度最低，态度也最容易发生改变。顺从的态度之所以会形成，是因为消费者可以从产品中获得奖赏或避免惩罚。举例来说，一位咖啡的狂热爱好者可能会在买不到咖啡时购买其他饮品，此时消费者就对其他饮品形成了顺从的态度，因为这些饮品可以暂时性地替代咖啡、为消费者提供解渴或美味的奖赏。然而，这种顺从的态度并不稳固。将来如果条件具备，他仍然会首先选择购买咖啡。又比如，一位热爱低碳生活的上班族平时喜欢走路或骑自行车上班，但某一天公司临时有急事需要他提前到达，那么他就很有可能为了避免迟到而使用滴滴打车等网约车软件。此时他就是为了避免惩罚而对网约车产品采取了顺从的态度，这种态度并不稳固，很容易改变。

　　第二种投入水平是身份认同。我们知道人类是一种社会性动物，这意味着我们要遵循社会规范，而我们也经常处于一种社会压力之下。身份认同指的是，为了与他人或者其他团队保持一致而形成的态度。当我们在超市购物时，原本可能购买有机蔬菜的动机并没有特别强烈，因为它们的价格相对昂贵，而在口感上与普通的蔬菜差异不大。不过，如果我们身边的朋友都购买有机蔬菜的话，我们也可能会为了与他们保持一致而做出相同的举动，这就是身份认同的力量。商家也常常利用消费者的身份认同心理来设计广告词，例如哈根达斯冰激凌的广告语"爱她，就请她吃哈根达斯"，成功地将购买其产品的行为转化为爱一个人的表现。因此，许多消费者为了表达对另一半的真心，都纷纷选择去购买哈根达斯。

　　第三种投入水平是内部化，它是一种高水平的态度投入。如果一种态度对我们来说已经根深蒂固，那么它很有可能已经内部化，甚至成了我们价值体系的一部分。这种态度对于我们非常重要，也难以被改变。我们之前讨论过，可口可乐之所以在美国如此成功，一个很重要的原因是消费者对它的积极态度已经内部化，它成了美国人生活方式的一部分。这也就解释了，为什么尽管其他饮品可以提供更多不同口味的选择，却始终难以撼动可口可乐在美国人心目中的地位。对于商家而言,消费者对其产品有着身份认同,甚至内部化的态度至关重要。

一家主打定制化旅游产品的旅游公司,没有选择主打性价比,规避市场上严重的同质化竞争,打出了"一期一会"的品牌理念,致力于让旅行者在每一次旅行中都能获得独特而回味无穷的旅行体验。"一期一会"由日本茶道文化发展而来,最初指的是茶道表演者会在心里怀揣"难得一面,世当珍惜"的心情,诚心招待每一位前来品茗的客人。很多人在生活中也秉持着"一期一会"的理念,会格外珍惜人生中的每一次不同的经历,每一段不同的旅程。可想而知,对于秉持这样理念的旅行者来说,他们会对这家旅行公司的经营理念产生深层次的认同,以至于形成内部化水平的积极态度。

【思考题】 你能想出促使消费者对一个品牌或者产品形成内部化态度的举措吗?

6.2 态度相关理论

了解态度的定义、态度形成的三种方式和消费者态度的三种不同投入水平之后,我们将探讨与态度有关的几项重要理论,这些理论都可以为商家所用。

6.2.1 态度的功能理论

第一项理论是态度的功能理论。这一理论认为,态度之所以存在,是因为它服务于特定的功能。对于同一件产品,两个人可能持有相同的态度。然而,驱动这一态度形成的背后原因却可能截然不同。因此,对于营销者来说,在试图去改变消费者的态度之前,有必要先弄清这一态度形成的原因。

态度的功能理论认为,态度包含了三种重要的功能,分别是效用功能、价值表现功能和自我防御功能。效用功能指的是,产品的使用应当为消费者带来奖赏以及效用(utility)。效用是经济学中的基本概念。对于消费者来说,效用是个体通过消费产品而获得的自身需要和欲望的满足程度。比方说,美味的食品通常提供的就是效用功能。事实上,市面上的大多数产品,都提供了一定的效用功能。

价值表现功能指的是,消费者通过产品的使用表达自己的价值观,或者表达出自己是怎样的人。举例来说,滑板的使用者可能希望通过滑板传递出自己热血、激情、有性格、有态度的特点;喜欢小众产品的消费者则可能希望借滑板传递出自己不跟风、有独特品位的特点。价值表现功能与我们之前讨论过的自我概念密切相关,它可以帮助消费者达到理想自我的状态。

自我防御功能指的是,消费者通过使用某款产品,帮助自己防御来自外界的威胁,或者自己内心的感受。一个有关自我防御的经典案例是雀巢的速溶咖啡。尽管速溶咖啡大大降低了手动研磨咖啡的工作量,这一产品却遭到了家庭主妇的抵制。一开始,商家百思不得其解。通过调研和访谈他们才了解到真实的原因。对于家庭主妇来说,手工研磨咖啡是她们日常生活中的重要一环,也充分体现了她们的价值。因而,这款产品的推出其实对她们造成了威胁。了解到这一点之后，雀巢咖啡转而强调速溶咖啡的其他优势，才慢慢获得了家庭主妇的认可。对于很多产品来说，它们之所以成功，恰恰是因为帮助消费者实现了自我防御。比如，万宝路香烟广告中出现的西部牛仔的形象，可以吸引那些对自己的阳刚之气不够自信的消费者。另外，止汗喷雾其实应用的也是类似的原理。

【思考题】 假设你在一所高校 MBA 项目的市场推广部工作。近年来，MBA 市场竞争激烈，你所在高校的生源不够理想。你在学习了态度的功能理论之后，意识到不同的考生对于 MBA 项目其实有着不同的诉求，有的考生是出于功能性的考虑，有的考生是为了表达自我，有的考生则是为了自我防御。你能否能针对这三类不同的考生，设计不同的营销策略，从而吸引他们报考你校 MBA 呢？

6.2.2 自我知觉理论

接下来我们将介绍态度相关的另一项理论——自我知觉理论。这一理论认为，人们通过观察自己的行为来判断自己的态度，就像我们会通过观察他人的行为来了解他人的态度那样。根据这一理论，如果我们主动购买了一件产品，并且产品在使用过程中并未出现严重的问题，那么我们通常会对这一产品持有积极的态度。因此，只要是我们主动养的猫，哪怕它很丑，我们也会很爱它。

这一理论有助于解释日常生活中的很多小策略。首先是得寸进尺策略。它指的是，如果希望对方同意你提出的一个大的请求（不情之请），那么可以先请他答应你一个小的请求。这种效应也被称为"登门槛效应"，它最早来源于推销行业的一个常用推销技巧，说的是如果推销员能成功踏入消费者家的大门，那他最后就有很大的可能性推销成功。因为在通常情况下，如果顾客讨厌推销员，或者对推销的东西不感兴趣，是根本不会让推销员踏进他家的。这也是为什么许多促销活动都会邀请消费者试吃、试用，因为向试吃、试用产品的消费者推销产品时会更容易。在人际交往中也可以应用这个策略，比方说，你有一个喜欢的女孩，可以先加她的微信，再试图约她出来吃饭。一个女生同意添加你的微信，通常意味着对你没有那么反感，甚至还不乏好感。为了与这种态度保持一致，在添加你的微信之后，她就有可能会接受你的吃饭邀约，而你也就有机会让你们的关系更进一步。

与得寸进尺策略相类似，低球策略也是一种有效的诱发态度改变的方法。低球策略指的是，先尽可能轻描淡写地描述你的真实请求，这样一来，对方很可能会答应，一旦别人接受了这一请求，再展示出所需要对方付出的不菲的代价。比如，如果你打算请某老师做你的论文指导教师，但是你知道对方很忙，很有可能会拒绝这一请求。这时，你就可以首先对他说："老师，我想请您担任我的论文指导教师，我知道您很忙，平时不会去打扰您的。"这样一来老师可能就同意了，但是之后即使你经常需要咨询老师一些问题，老师也不能反悔了。在市场营销中，商家往往会在价格策略中使用低球策略。例如，许多装潢精美的餐厅会在外面的招牌上写上一个超低价以吸引人们走近餐厅，如"特价午餐 13 元起"。一旦人们被外面牌子上的低价吸引进店，即使进店之后不喜欢这种超值午餐的配菜，但考虑到其他菜式的价格更贵，也会选择继续留在店里用餐。

还有另一个营销中常用的小策略，尽管与自我知觉理论的关系不大，在此也一并介绍。这个策略是以退为进，它的核心观点是，如果你觉得对方不太可能答应你真正的请求，那么可以先提出一个更为极端的请求，在遭到对方的拒绝之后，再提出你真正的请求。这时，对方可能会出于不好意思而答应这一请求。举例来说，临近期末，你有一篇课程论文要提交。不过，你没有足够的时间进行资料的搜集工作，因而想请你的同学帮忙。你可以首先请他帮你代写这篇论文，在遭到拒绝后，再请他帮你搜集资料，他很可能会答应你。当然，代写论文属于严重的学术不端，我们并不鼓励这种做法。

6.2.3 认知失调理论

接下来，我们将介绍与态度相关的最重要，也最有趣的一项理论。这一理论关注的现象，在日常生活中无处不在，我们每个人都在不知不觉中做出过这一理论预测的行为。在进行具体介绍前，我们先阅读两句话："可口可乐是我最喜欢的饮料。它尝起来很糟糕。""我爱我的女朋友。她是我见过的最大的白痴。"在日常生活中，你是否听到过其他人说出类似的话呢？如果没有的话，你有想过这是为什么吗？在现实生活中，之所以类似的话语很少出现，是因为在使用与态度相关的元素时，我们通常会保持前后一致，而不是前后矛盾。当它们之间存在矛盾时，我们通常会做出改变，从而让它们保持一致。这就是认知失调理论的主要观点。

认知失调是社会心理学中最经典的现象之一，我们先一同来看一个例子。1970 年，在美国的俄亥俄州，警察枪击了四名手无寸铁的示威大学生。在正常的逻辑中，民众应当对警察的所作所为予以谴责。奇怪的是，当地民众选择去编造和传播很多诋毁受害大学生的传闻。例如，他们声称，受害的大学生之所以遭受了枪击，一定是因为他们本身的行为就不够检点。明明是警察失控开了枪，民众却找出很多理由来为他们的不当行为开脱。而这，恰恰是因为认知失调在起作用。其实，当地民众的本性并不坏，他们并不是故意去编造和散播这些虚假的传闻。他们之所以这么做，只是为了消除自己心头的"疙瘩"。在当地民众的传统认知中，警察是善良的、是他们的守护神。而这一次，警察枪击了大学生，似乎做出了不当的行为。于是，民众对于警察的信任与警察的行为之间产生了认知上的冲突，给当地民众的心理带来了极大的不适感。为了缓解甚至消除这种不适感，当地民众选择赋予警察枪击大学生的行为一个合理的解释。他们唯有去从事件的另一方，也就是受害大学生身上挑毛病，才能从认知失调中走出来。同样的道理，我们之所以经常为自己犯下的错误开脱，是因为每个人在自己的心中都是积极、正面的。我们并不想因为一个小错误就改变对于自身的评价，因而需要将自己的错误合理化，为自己的不当行为找理由，才能走出认知失调。

从社会心理学的角度看，每个人都希望自己态度与行为保持一致，这是我们的一种心理需要。正所谓表里如一，言行一致。一旦我们的想法、信念、态度与行为之间出现了不一致，就进入了一种认知失调的状态。这种状态会让我们产生不适感，为了消除这种状态，我们其实只有两个选择：要么去改变自己的态度，要么去改变自己的行为。很多时候，行为已经发生，无法改变，我们只能改变态度。

关于认知失调，学者们做过很多有趣的实验，比如：有一位大学教授邀请了两组同学来参与一项实验，实验的任务非常无聊。一组同学获得了很高的报酬作为补偿，另一组同学则获得了很低的报酬。实验结束后，教授请参与实验的同学对于实验任务的趣味性进行评价。请你猜一下，哪一组同学会认为这一实验更有趣呢？实验的结果可能出乎你的意料，参与实验获得很低报酬的那一组同学认为这一无聊的任务更有趣。你猜对了吗？在这里，认知失调在悄悄地发挥作用。对于获得很高报酬的那一组同学来说，他们为自己参与无聊的实验找到了合理的理由——那就是获取报酬。对于另一组同学来说，他们经历了认知失调：既然参与无聊实验的行为已经发生，又找不到其他合理的理由，那么就只好改变自己的态度，说服自己这个实验没那么无聊了。

在另一项研究中，学者们发现，参与赌马的人，也就是为赛马下注的人，对于自己下注的马，有着更强的获胜信心，这也是认知失调带来的结果。在这么多匹马当中选择了一匹下注，这并不容易。既然下注这一行为已经发生，那么就要对它更有信心才是。

在日常生活中，认知失调这一现象屡见不鲜。举例来说，假如你面对两位同样优秀的追求者，很难在二者之间做出选择。当你不得不做出选择之后，通常会进行心理建设，将自己的选择合理化。对于你没有选择的那位追求者，你会多挑挑刺；对于你欣然接受的那位追求者，则会去发掘其身上的闪光点。再举一个例子，如果在一场爱情长跑中，你和伴侣经历了重重阻碍，比如双方家长严重反对，这时你们通常会爱得更深。换言之，他人的不看好有可能成为你们感情的催化剂。你们心里可能会想：我们的感情经历了这么多阻碍，但我们仍然坚持了下来，这一定是真爱。最后，很多女生在面对男生的追求时，往往不会一上来就答应，而是会多制造一些困难，这会让男生更爱自己。正在阅读本教材的女生，如果你也这么做过，那么你也是在日常生活中应用认知失调的高手。

学术前沿 6.1

做出艰难选择导致的积极态度，真的很脆弱

从日常的柴米油盐酱醋茶到昂贵的大额消费，在物质生活空前繁荣的当下，消费者通常可以在许多类似的、同样具有吸引力的选项中自由选择。不过，一旦决策涉及一些非常重要的事项或者高昂支出（如升学、买房），人们往往会慎重起来，尤其是当个体面对两个具有同等吸引力的选项，而不得不做出一个决策时，这种决策会异常艰难。在消费情境中，这种决策变得更加复杂，这是因为企业所采取的策略是尽量减少竞争产品之间的差异，或想方设法向消费者强调，不同产品之间可能有与消费者相匹配的价值权衡。

那么，消费者应当如何在这种两难局面下做出选择呢？在一项来自斯坦福大学的研究中，研究人员要求消费者针对数码相机、汽车音响两类产品做出简单或困难的决策。在简单的决策要求下，参与者只需在喜欢和不喜欢的产品之间做出选择；在困难的决策要求下，参与者需要在两个早期阶段排名和喜欢程度相似的产品之间做出选择。

研究发现，为了证明自己的选择是正确的，人们通常会在选择后对他们选择的选项表现出更加积极的态度和行为。这种行为就像给确定的选项建立了一个"积极泡沫"。之

所以是"泡沫"，是因为一项研究发现，只要当消费者获得了与该决策相关的负面信息，这种积极的态度很容易瓦解，即使获知的负面信息处于细枝末节，且强度不高。人们在表面上表现出的对于产品的强烈的积极态度，其实隐藏着导致最终崩盘的更大的脆弱性。因为这些积极的态度本就几乎没有客观根据，只是人们为了保持一种认知一致性而达成的"协调"状态。

现实中风险更大的艰难决策场景——比如购买昂贵的耐用品，为爱人选择礼物，或者选择工作、大学或房子——恰恰是人们最希望拥有准确和稳定态度的场景。遗憾的是，研究结果表明，在这些情况下人们的态度实际上可能是最具脆弱性和泡沫性的，看起来很坚定，但实际上却很容易崩盘。面对重要的决策时，提升和建立产品选择的动机可能会在短期内提升人们的幸福感、确定感，但随着时间的推移和经验的积累，可能会带来更严重的负面情绪。

文献来源：

AB., L., & TORMALA, Z. L. 2010. Fragile enhancement of attitudes and intentions following difficult decisions[J]. Journal of Consumer Research, 37(4), 584-598.

在人际交往中，对于他人的第一印象之所以难以改变，也是因为认识失调。如果你对一个人的第一印象是不思进取，即使有一天你看到他在"得到"或"喜马拉雅"上学习课程，可能也会劝自己说："他呀，只是做做样子，三天打鱼，两天晒网罢了。"在日常生活中，认知失调可以为我们所用。如果你想结交一位新朋友，那最好的方式就是先请他帮一个小忙，类似的请求通常都不会遭到拒绝。而有了这次互动之后，他很可能会对你形成积极的态度：要知道，态度和行为之间是需要保持一致的，如果帮助了一个自己不喜欢的人，是会发生认知失调的；而有了这种积极的态度之后，你们之间的关系就有机会更进一步了。要知道，本杰明·富兰克林就是这么做的。他曾表示，通过向一位不喜欢他的议员借书，从而与他成为要好的朋友。社会心理学中也把这一现象命名为"富兰克林效应"。

在工作场景中，认知失调也非常普遍。我们总是对轻而易举获得的东西不够珍惜。在面试一家公司的过程中遇到的困难越多，当我们拿到录取通知之后，对于这家公司的认同感就会越强。有时，即使我们入职后发现这家公司很一般，没有达到我们的预期，这种一开始形成的积极态度也很难在短时间之内改变，我们反而会进行自我洗脑。很多公司深谙其道，已经在招聘时这么做了。

作为消费者，我们身上也经常发生认知失调。举例来说，当我们因为一款产品的价格过高而最终放弃购买时，往往不愿意承认这一点，而是列举出这款产品的不足。相应的，认知失调理论在商业中也有着广泛的应用。对于商家而言，密切关注消费者对于产品的满意度非常重要。不过，商家也不需要过于担心。一旦消费者发生了购买行为，他们通常会想方设法地让自己的购买行为合理化，努力找出这一产品的优点。这也就解释了，为什么我们对于自己拥有的产品，总是那么爱不释手了。认知失调理论在商业中的另一个应用是在促销环节。如果你是超市的食品促销员，在消费者品尝样品之后，可以问他们这样一句话："你觉得怎么样？"通常情况下，在品尝免费的样品之后，消费者出于礼貌会回答说："还不错。"无论这是真实的感受还是客套，它都形成了一种积极的态度。有了这种正面的评价，你再顺水推舟地让消费者做出购买的行为，也就没那么难了。此外，与工作场景中的认知失调应用类似，哔哩哔哩弹幕视频网等平台为新用户的注册设置了重重门槛。如果没有正式会员的赠送和引荐，普通用户必须事先花大量时间准备和学习，答题通过后才能注册为会员。在各大平台想方设法吸引用户的大背景下，这一举措看上去有些不可思议。不过，这一机制的设计者一定很了解认知失调：相比随随便便就能注册成为会员，哔哩哔哩的会员身份来之不易，让人倍加珍惜。目前哔哩哔哩的会员具有极高的忠诚度和用户黏性，其注册机制的设计功不可没。

这给我们带来的启示是，在公司或产品的运营中，也可以应用认知失调的原理。如果你在进行网络社群的运营，通常会在他人申请进群时设置一系列的门槛，比如转发、分享、截图后才可以加群。一方面，这些要求起到了宣传、推广的作用；另一方面，历经困难才加入群组的人，会更加珍视群组成员的身份。

【思考题】 让我们做一次对自我的反思，思考自己在生活中是否出现过态度与行为不一致的现象。比如，你一向推崇健康的饮食习惯，但有一次大快朵颐，吃了一顿烧烤。再比如，你是反对物质主义的，有一次却买了一款昂贵的首饰。回忆一下，当初你为什么会做出这样的行为？你又是如何消除认知失调的状态，让自己的行为合理化的呢？

学术前沿 6.2

洗手行为可以洗去认知失调

在金庸的武侠小说中，如果武林中的高手要想退隐江湖，会出现"金盆洗手"的场面，并宣誓从今以后再也不过问武林中的是非恩怨，从此远离纷争。退出武林可不是一件容易的事，"洗手"之后就能保证做到吗？可能你也曾疑惑过，这种"洗手"的仪式真的有意义吗？以往的研究证实，洗手确实可以洗走罪恶感。而学者们在一项新的研究中发现，洗手还能洗走认知失调：如果人们在做出一个困难的选择之后洗手，确实更容易接受并适应自己做出的决定。

在这项研究中，研究者开展了两项实验。在第一个实验中，研究人员让大学生志愿者浏览 30 张 CD 唱片的封面，从中挑选出 10 张，按照喜好程度进行排序。参与者们被告知，他们可以选择将排在自己喜好程度第五或第六顺位的 CD 唱片带回家，作为参与所谓"产品调查"的礼品。需要注意的是，被试只能从这两张评分接近的唱片中选择一张带走，鱼和熊掌不可兼得。接下来，研究人员要求参与者评价一款洗手液。实验组的被试被要求用洗手液洗手，控制组的被试则只需观察洗手液的瓶子，随后两组被试均被要求做出评价。离开实验室前，研究人员再次要求参与者对其挑选出 10 张唱片进行评分，从而了解参与者的态度是否在做出决策后发生了变化。结果发现，那些没有洗手的学生在做出选择后对其所选的 CD 唱片的评分显著高于他们未选择的唱片。也就是说，研究者们在他们身上观察到了经典的认知失调现象，这表明他们在为自己所做的选择寻求正当的理由。有趣的是，那些在做出决策后洗手的学生对于他们选择和拒绝的 CD 唱片的排序与开始的时候大致相同。换言之，他们的偏好并没有受到自身决定的影响，认知失调现象消失了。

在第二个实验中，学生们通过观察图片，在四款不同的果酱中选择一款作为参与研究的奖励。做出选择后，学生们要继续完成表面上与挑选果酱环节无关的实验任务，即一款消毒抹布的产品调查。控制组的被试直接使用抹布进行擦拭，实验组被试则需要先洗干净自己的手再测试抹布的效果。最后，所有同学被要求评估四款果酱预期的味道。这一实验也获得了与第一个实验类似的结果。控制组被试认为自己选择的果酱会比未选择的果酱尝起来更好吃，也就是发生了认知失调；实验组被试的洗手行为则洗去了认知失调，对四款果酱的评价相当。

这两项实验的结果说明，物理清洗对个体造成的心理影响超出了道德范畴。就像洗手可以清除我们以往的不道德行为一样，洗手还能够清除我们以往所做的决策痕迹，并降低我们为这些决定找理由的必要性。事实上，洗手可以帮助人们消除迟疑，接受并适应自己做出的选择。这给我们带来的启示是：面对困难抉择时，一旦做出了决定就去洗手吧，把那些迟疑和认知失调都洗掉！当然，任何事物都具有两面性，洗手带来的不全是好处。有研究发现，洗手会削弱一个人的道德观，假如陪审团在做出裁决前洗手，他们的裁决就会变得更加宽松。

文献来源：
LEE, S. W., & SCHWARZ, N. 2010. Washing away post-decisional dissonance[J]. Science, 328 (5979), 709-709.

6.3　改变消费者的态度：劝说

从本节开始，我们将站在营销者的视角上，探讨应如何去改变消费者的态度，从而让消费者购买我们的产品。首先，我们从劝说的角度进行探讨。劝说，指的是积极去改变他人态度的尝试。一直以来，研究人员都在探究有哪些因素促使我们对他人的请求说"好"。毫无疑问，我们被他人说服的诱因是有科学依据的，而且其中很多都出人意料。在日常生活中，人们常常使用一些经验法则来指导决策，例如考试中遇到不会的选择题就选"C"。但研究发现，这些经验法则中只有六条是指导人类行为的普遍规律，它们是互惠、稀缺、权威、一致性、喜好和舆论。理解并合理地使用它们，可以极大地增强你的说服力。接下来，我们分别讨论这六项营销者可以用来改变消费者态度的小技巧，这其中会应用到很多心理学原理。

第一项小技巧是互惠，它指的是，当人们首先获得一些东西时，会更愿意予以回馈。在现实生活中，如果朋友邀请你参加他们的聚会，你就会感觉自己有义务邀请他们参加你将来主办的聚会。如果一个同事帮了你的忙，那么你就欠对方一个人情。在人情社会中，人们更可能对他们有所亏欠的人说"好"。

在美国，纸质信件的往来是一件非常普遍的事。因此，时至今日很多知名的调查公司，比如尼尔森，仍然通过寄送信件的方式开展用户调查。遗憾的是，大多数寄出的信件都石沉大海了。尼尔森决定做出改变，在信封中放入一美元现金作为酬谢。这一小小的举动，就使得问卷的回收率增加了 65 百分点。互惠原则最好的证据之一来自于学者们在餐馆进行的一系列研究。或许，在你上一次去餐馆用餐时，服务员在结账时给过你一份小礼物，可能是玩具，或者是固体火锅底料，又或许只是一颗普通的薄荷糖。那么问题来了：送一颗薄荷糖会影响到消费者给服务者的小费金额吗？大多数人凭自己的直觉都觉得不会，但一颗廉价的薄荷糖的确会带来小费金额的提升。这项研究发现，在用餐结束时给用餐者一颗薄荷糖通常会让小费增加 3% 左右。有趣的是，如果礼物翻一番，例如提供两颗薄荷糖，小费增加的金额不止会翻一番，而是会翻两番，增加 14% 左右。最有趣的是，如果服务员送上一颗薄荷糖后，在开始离开餐桌时突然停下来，并转过身对顾客说："再给你们这些善良的人一颗薄荷糖。"小费会涨 23%。这种现象的发生不在于服务员具体给了消费者什么，而是在于给的方式。因此，运用互惠原则的关键首先是给予，除此之外，还需确保你给予的是个性化的、意想不到的。

第二项小技巧是稀缺性。简而言之，人们更想要那些不能轻易获得的东西。商家在推出新产品的时候，经常会做出免费赠送样品的举措。如果你是商家的话，会选择赠送两个样品，还是五个样品呢？从节约成本的角度出发，你可能会赠送两个样品。其实，这还有额外的好处。人们总是对那些稀缺的东西趋之若鹜，对于唾手可得的东西却不够珍惜。如果你仅仅赠送了两个样品，消费者会更喜欢这一产品，将来也会有更大的概率购买它。稀缺性的另一个应用是限量销售，或者说"饥饿营销"。比如人们可以为了买到星巴克门店当天最后一个限量猫爪杯而大打出手；苹果手机新发布时人们愿意在门店外彻夜排队等候，只为成为首批用户。此外，有些产品天然具有稀缺性，因此对消费者具有别样的吸引力，比如"年份原浆"。

2003 年，英国航空公司（British Airways）宣布一段时间后不再运营每日两次的伦敦至纽约的协和航班（London-New York Concord），因为这种航班的运营不划算。而决定被公布的第二天，这趟航班的销售量就开始"起飞"。值得注意的是，航班本身没有发生任何变化。它当然没有飞得更快，服务也没有突然变得更好，机票价格也没有下降，只是因为它已经成为一种稀缺资源，人们就更想要得到它。稀缺性原则带给我们的启示是，仅仅告诉人们，如果他们选择了你的商品和服务，他们会得到什么好处，是远远不够的；作为商家，你还要指出你的提议的独特之处，以及如果他们不考虑你的提议，他们会失去什么。

第三个小技巧是权威性，它指的是，人们更容易相信权威的信息源。因为人们通常会认为，权威的信息源有自己的信息筛选机制，会为自己发布信息的真实性和可靠性背书。举例来说，当我们看到一个品牌在央视打广告时，我们就会自然而然地对这一品牌高看一眼。又比如，如果物理治疗师在诊疗室的墙上挂上他们获得的医学证书，就能说服更多的病人遵守他们推荐的锻炼计划。2021 年 4 月，上海市政府推出定制化的商业补充医疗保险"沪惠保"。产品上线短短一个月时间，上海市就有超过 575 万人投保，投保率高达 30%。长期以来，我国民众过度依赖社会医疗保险，对于商业性补充医疗保险缺乏足够的了解和正确的认知。很多民众罹患重病后，才发现自己所患的疾病不在社会医疗保险的大病统筹范围内。事实上，自行购买一定保额的商业性补充医疗保险很有必要。以"沪惠保"为代表的商业性补充医疗保险之所以获得良好的市场反应，是因为这些产品获得了政府背书，具有权威性。

权威性原则告诉我们：真正重要的是在你尝试向别人施加影响之前，让对方知道是什么让你成为一名可信的、知识渊博的权威人士。当然，有时这会带来问题，因为你不能亲自告诉每一个潜在客户你有多聪明。一个可行的方法是，安排别人来推销你。

在一项研究中，一组房地产经纪人在安排人员去接待客户时，首先向客户提及该接待人员的资质和专业知识，这一小小的举动就促使更多的客户选择在随后与接待人员签订了相关的服务合同。这些经纪人告知那些有兴趣的客户："我会安排某人来为您服务，他在这方面有超过 15 年的从业经验。"虽然是一句简单的介绍，却会显著增强消费者对其的信赖度。可以说，这是一种既合乎职业道德又不会花费额外成本的好方法。

第四个小技巧是一致性，这一技巧是认知失调理论的应用。它表现为人们喜欢和他们之前说过或做过的事情保持一致，而这种一致性是通过寻找和要求对方做出的小的初始承诺来激活的。在一项研究中，研究人员发现，有一个社区中很少有人愿意在自家门前的草坪上竖起一块难看的木板，来支持他们社区的安全驾驶活动。然而，令人惊讶的是，在附近一个类似的社区，表示愿意竖起这个难看的告示牌的房主的数量是前一个社区的四倍。这究竟是为什么呢？其实是因为在十天前，他们已经同意在自家的前窗上放一张小的明信片，以示他们对安全驾驶活动的支持。而这张小卡片作为最初的承诺，导致了后续活动的参与率有 400% 的增长。

类似地，另一项研究发现，仅仅通过让病人自己而不是工作人员在其接下来的预约卡上写下预约细节，就将医疗中心的预约取消率减少了 18%。另一个例子也符合这一原则：一所以色列高校的学生计划通过募捐来帮助残疾人，不过，他们没有直接组织募捐，而是先让当地居民签署了一份愿意帮助残疾人的志愿书。真正的募捐发生在两周之后。由于人们希望保持自己态度与行为的一致，有了之前签字的行为，这次募集的金额比平时翻了一番。因此，当使用一致性原则寻求对他人行为的影响时，可以先去达成一个自愿的、积极的和公开的承诺，最好能以书面形式得到这些承诺，这对人们后续的行为会有更加强大的影响。

第五个小技巧是喜好，它指的是，我们倾向于赞同我们喜欢或者欣赏的人的观点，并且我们的行为会受到他们的影响。很多品牌都会花重金邀请公众形象好的明星为自己的产品代言，就是出于这样的原因。不过，是什么让一个人喜欢另一个人呢？说服相关的科学研究告诉我们有三个重要的因素。首先，我们喜欢和我们相似的人。其次，我们喜欢赞美我们的人。最后，我们喜欢那些为了共同目标而与我们合作的人。在对两所知名商学院的 MBA 学生进行的一系列谈判研究中，一些学生被告知："时间就是金钱，直接谈正事吧。"最后只有大约 55% 的人能够达成一致。然而，第二组被告知："在开始谈判之前，互相交换一些个人信息，找出你们的共同点，然后开始谈判。"遵循这一建议后，有 90% 的人能够获得令人愉快的结果，而这些结果对双方的价值要比前一组高出 18%。因此，要驾驭好"喜好"这一强大的原则，一定要努力寻找与对方的共同点，并在希望影响对方之前给予真诚的赞美。

最后一个小技巧是舆论。人类是社会性动物，每时每刻都笼罩在社会舆论和社会比较的压力之下。通常情况下，我们会努力保证自己的行为是符合社会规范的，不会显得特立独行。因此，在我们做出决定之前，通常会观察一下他人的态度和行为。这就给营销者创造了机会，他们可以先营造社会舆论，进而改变消费者的态度。比方说，原本普通消费者可能对有机蔬菜兴趣寡淡，但在舆论的攻势下，他发现自己周围的人都已经开始采购有机蔬菜，那么他也很可能会加入采购和倡导有机蔬菜的阵营。

当消费者处于不确定状态下时，舆论的作用会格外强大，人们会观察别人的行为，再决定自己的举动。你可能已经注意到，酒店经常在浴室里放一张小卡片，试图说服客人重复使用他们的毛巾。常见的做法是通过卡片上的文字让客人注意到重复使用毛巾对环境保护的好处。事实证明，这是一个较为有效的策略，相比没有任何环保提示，它带来了35%左右的遵从性。但有没有更行之有效的方法呢？数据显示，大约75%的人在入住酒店四晚或更长时间时，在入住期间重复使用过毛巾。那么，如果我们从舆论原则中吸取经验，如实地把这些信息写在卡片上，并说明"入住我们酒店的75%的客人在他们住宿期间会重复使用毛巾"，结果会如何呢？事实证明，这种做法让毛巾的重复使用率进一步提升26%。

现在，想象一下，下次你入住一家酒店，你看到卡片上写着："75%之前在这个房间入住的旅客重复使用过他们的毛巾。"你会怎么想？你可能会这样想："我希望和他们使用的不是同一条毛巾。"和大多数人一样，你可能认为这个信息不会对你的行为产生任何影响。不过，事实证明，简单地改变标识上的几个字，诚实地指出之前客人的做法，就是最有效的。了解到之前入住同一房间的旅客的所作所为之后，我们的行为会受到更大程度的影响。因此，科学告诉我们，除了依靠我们自己的能力去说服别人，我们还可以指出很多人在做什么，尤其是与被说服者类似的人。

没错，遵循这六个经过科学验证的说服技巧，往往只需要做出很小的，甚至是无成本的改变，就可以显著提升我们的劝说能力。

【思考题】 你能否通过刚刚学到的劝说技巧，去劝说在课堂上沉迷于游戏的同学认真听课？

6.4 改变消费者的态度：从传播模型出发

前面我们从劝说的角度提出了几项营销者改变消费者态度的小技巧，下面我们将通过传播模型介绍其他一些有效的举措。传播模型详细说明了营销者在与消费者沟通的过程中应当关注的重要因素。如果营销者可以对这些环节进行准确的把握，就很可能会改变消费者对于商品和服务的态度。传统的传播模型如图6.1所示。

随着时代的发展以及研究的不断深入，学者们对于传播模型也有了新的认识和看法。传统的传播模型认为，在与消费者沟通的过程中应当关注的重要因素包括：第一，信息源。这是传播开始的地方。第二，信息本身。我们可以通过很多不同的方式来传达同一个信息，因此，选择恰当的方式非常重要。第三，媒介。任何信息都必须通过媒介来传递给消费者。最后一个要素是信息的受众，在市场营销中这个受众是消费者。此外，信息源会收到来自消费者的反馈，然后营销者可以根据这种反馈做出有针对性的调整。

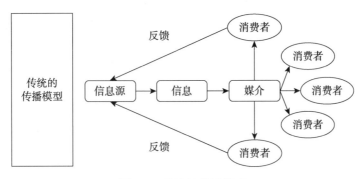

图 6.1　传统的传播模型

　　传统的传播模型其实存在一个问题，那就是忽略了消费者在口碑传播过程中发挥的巨大作用。事实上，消费者很少直接给予商家反馈。但是，他们会积极地对其他消费者进行口碑的传播。而这种口碑，会对其他消费者的态度和行为产生重要的影响。就如营销者们常说的："一次好口碑传播会给公司带来几个新顾客，而一次坏口碑传播可能会使公司损失几十个潜在顾客。"

6.4.1　信息源

　　让我们回到传统的传播模型中，来看看营销者可以通过哪些方式和渠道改变消费者的态度。我们的讨论从信息源开始。由不同的信息源发送同样的信息，起到的传播效果可能截然不同，这就是信息源效应。如果希望有效地传播信息，信息源应当具备两种特征，分别是可信度和吸引力。

　　可信度，指的是信息源在其发布的信息方面是否是权威的、客观的。一方面，信息源应当足够专业，在特定的领域具有足够丰富的专业知识。比如，一位心理学家在电视节目上谈论心理健康问题是让人信服的，但请他来聊转基因食品可能就没那么合适。另一方面，信息源应当是客观的。尽管邀请一位营养学博士聊养生是非常合情合理的，但一旦消费者了解到他是保健品公司花钱雇来的，那么消费者对他说的话就会多一分怀疑。这是因为，尽管他有足够的知识，但受利益驱动，不一定会传递客观信息。

　　信息源应当具备的第二项特征是吸引力。它指的是，人们是否喜欢这个信息源。营销实践中，很多商家选择明星作为代言人，就是为了增强信息源的吸引力。值得注意的是，吸引力可能导致盲目信任，甚至发生晕轮效应。晕轮效应指的是，如果我们认定一个人在某一方面非常优秀、表现突出，可能会在潜意识中认为，他在其他方面也非常优秀。举例来说，我们可能会下意识地认为一位运动健将也具备领导才能，尽管二者之间不具备必然联系。晕轮效应在市场营销中具有广泛的应用：一方面，品牌可以邀请大众喜爱的明星来做产品的代言人，尽管他并不一定专业，消费者仍然愿意模仿他们的行为。另一方面，

拓展阅读 6.1　晕轮效应简介及其在市场营销中的应用

品牌应想方设法地塑造正面的品牌形象。一旦这种品牌形象塑造成功了，也会产生晕轮效应，消费者会支持该品牌生产的每一款产品，甚至支持品牌的每一个决定。

对于商家来说，选择一个同时具备可信度和吸引力的信息源固然是好事。然而，当二者不可兼得时，就不得不做出权衡。那么，商家应当强调信息源的可信度还是吸引力呢？这要视情况而定。一方面，需要关注消费者的个体差异；另一方面，需要关注产品的属性。

首先，只有当信息源提供的奖赏可以很好地满足消费者的需要时，消费者才有足够的动机来接收和处理相关的信息。如果一个消费者特别关注他人的意见，希望自己能融入群体中，那么信息源的吸引力对他来说就特别重要；反之，如果一个消费者内心特别强大，有自己的判断，他会更加看重信息源的可信度。

其次，任何产品的使用都伴随着一定的风险。有的产品伴随着较高的性能风险，因为它们使用起来较为复杂，而且容易出现故障。如果希望吸引消费者购买这类产品，商家应当选择可信度高的信息源。比如当消费者需要选购手机、数码相机等高科技产品时，具有相关专业知识的测评者所推荐的产品会被认为更加可靠，也更受到消费者的认可。因此，比起单纯靠外形靓丽的明星代言、推广高性能风险产品，营销者还应邀请专业人士为自己"摇旗呐喊"。此外，有的产品可能伴随着较高的社会风险，比如人们会担心自己因为穿错衣服或者戴错首饰而被其他人嘲笑。对于这类产品来说，选择有吸引力的信息源就显得至关重要。

目前，品牌代言人扮演着品牌最重要的信息源的角色。如果代言人选择恰当，具备说服力，那么可以对产品销量产生积极的带动作用。遗憾的是，有时我们会觉得有些品牌的代言人缺乏说服力，这是因为他们与代言的产品之间并不匹配。如果邀请一名足球运动员为珠宝、首饰代言，可能很少会有消费者愿意为之买单吧？邀请明星担任代言人还存在一个潜在风险，那就是一旦明星被爆出丑闻，会对其代言的品牌造成致命的打击。品牌除了在挑选代言人方面更加慎重，在合同中加入保护性条款之外，另一个可行的举措就是使用国民度高的虚拟形象作为代言人，比如电影《疯狂动物城》中的兔子朱迪和狐狸尼克等备受喜爱的虚拟形象。使用虚拟形象担任代言人，代言费用较低，也不会被爆出丑闻。何乐而不为呢？

6.4.2 信息

接下来我们讨论传播模型中改变消费者态度的第二种渠道：信息本身。对于营销者而言，向消费者传递一份有效的信息是一件非常重要的事。因此，营销者们需要思考很多关于信息的问题。比如，应当通过图像还是文字的方式传递信息？信息重复的频率，应如何把握？应当将自家产品与竞争对手进行比较吗？

首先应当考虑如何把握信息重复的频率。你是否听说过单纯曝光效应？这一效应指的是，即使我们最初对于一项事物没有好感，随着曝光次数的增加，我们对它熟悉程度不断加深，对它的好感也会增强。对事物是这样，对人亦是如此。这一效应在日常生活中的应用是，如果你喜欢一个女生，那么就更多在她的面前出现吧。在不讨厌你的前提下，随着见到你次数的增多，她对你的好感也会加深。从这个角度看，短时间内广告的大规模"轰炸"，对于品牌来说很有帮助。

与此同时，值得注意的是，信息重复频率的增加也有负面影响，那就是带来习惯化：消费者对于这一信息已经产生免疫，不再对这一刺激材料投入注意力。那么，究竟应当如何把握信息重复的频率呢？根据双因素理论，信息的重复既有积极影响，也有消极影响。一开始，随着曝光次数的增加，积极影响要大于消极影响；然而，一旦超过一个临界点，消极影响就大于积极影响了。就像我们之前讨论过的那样，营销者可以在保持产品高曝光度的同时，对于产品的广告做出一些细节上的改变，从而让消费者在最大程度上保持对于信息的新鲜感。

另一个值得思考的问题是，要不要做比较型广告，也就是将自家产品与其他知名品牌的产品进行比较。在中国，广告法中有明确规定，广告中不得涉及其他品牌具体的商品或服务，更不能借此贬低其他生产经营者的商品或服务。因此，在中国几乎没有比较型广告。美国则认为比较型广告能鼓励竞争，且有助于为消费者提供更多的信息，增加消费者的选择权，因此并不禁止这样的广告形式。一般来说，做比较型广告的通常都是不知名的品牌。比如某品牌在一则牙膏广告中通过与高露洁牙膏进行对比，试图说服消费者，其牙膏在防蛀牙方面，比高露洁更有效。遗憾的是，比较型广告通常很难受到消费者的认可。一旦品牌传播类似的消息，消费者甚至会觉得这个信息源都不可信了。正所谓杀敌一千，自损八百。

一则成功的商业广告可以扣动消费者的心弦。打动消费者的方式有很多，因此，在做广告时营销者应当想清楚，他们希望通过广告，达到怎样的诉求。首先，营销者面对着情感与理性诉求之间的选择。情感诉求指的是，让消费者产生在情感上的共鸣；理性诉求指的则是，为消费者提供尽可能客观而专业的知识。在一支强调情感诉求的公益广告中，随着全球气候的变暖，一只小北极熊失去家园。如果你被这支广告打动，那么在将来很有可能会使用节能灯泡。同样为一款产品做广告，比方说一支牙膏，营销者既可以打感情牌（高露洁的爱心牙膏），也可以强调配方与药效（云南白药牙膏）。究竟哪种诉求更有用？目前学术界还有争议。营销者可以做几支不同的广告，在不同的广告中，强调不同的诉求。

营销者还可以在广告中强调幽默诉求。比如杜蕾斯曾发布一张海报，海报上有一辆婴儿推车，价格标签上写着 217 美元，婴儿推车下方的杜蕾斯安全套的价格标签上则写着 2.5 美元。通过对比，杜蕾斯幽默地向消费者传达了这一信息：其产品可以帮助消费者节省一大笔费用。又比如，在脑白金的电视广告中，老年动画人物灵活的舞蹈动作以及朗朗上口的广告词"今年过节不收礼，收礼只收脑白金"，让人印象深刻，忍俊不禁。

那么在广告中，幽默是否总是有效的呢？首先要承认的是，幽默的广告确实可以在第一时间抓住我们的眼球。然而，它也存在潜在的问题：有时，消费者的注意力可能完全被幽默元素所吸引，而没有关注到营销者希望去传递的核心信息；有时，消费者甚至会觉得自己受到了侮辱和取笑。因此，作为营销者，在设计幽默广告时，应当注意哪些事项呢？在这里给大家提供一些建议：第一，在广告中应当凸显品牌和产品的信息，这是广告的核心信息；第二，幽默的元素只是起到辅助作用，不应当掩盖住核心信息；第三，应当设计巧妙的笑点，以防消费者认为自己被取笑了；第四，幽默元素的选择应当与品牌的形象相匹配。比如上面提到的脑白金的广告中，品牌将产品的名字编入一段别具一格的歌谣中，让消费者容易记住。此外，广告中老年人新潮的装扮配上灵活、动感的舞蹈，充分呼应了脑白金作为保健品的功效，在设计上十分巧妙。

在拍摄广告时，营销者也可以考虑应用恐惧诉求。恐惧诉求强调的是个体当前的行为可能带来的负面结果。通过把这些可怕的结果呈现出来，促使消费者去改变自己的态度和行为。对于营销者而言，如果希望在广告中使用恐惧诉求，有两条注意事项。第一，在广告中，应当只呈现适度的威胁，如果广告呈现的结果过于恐怖，可能会适得其反；第二，仅仅呈现威胁是不够的，还应当为消费者提供解决方案，即使用你推荐的商品或服务。

【思考题】 假设你在政府部门工作，希望拍摄一支公益广告，鼓励大家在酒后使用代驾服务。如果你打算应用情感诉求，你会怎么做？如果你打算应用恐惧诉求，你会怎么做？有没有办法将二者有机的结合，从而起到最佳的传播和说服效果？

此外，如果信息可以恰当地通过艺术化的形式呈现，也可以起到很好的传播效果。在广告中，一种常用的艺术化形式是隐喻。碧浪洗衣粉的一支广告展示了一副打开的手铐，而这副手铐的外表面包裹了不同颜色的面料。它象征的是，这款洗衣粉可以帮助我们解开手洗的束缚——把各种颜色的衣服一起机洗，不用担心衣服被染色。通常隐喻类的广告理解起来会有一定的难度，但当消费者心领神会之后，就会对品牌产生较深的认同感。

值得注意的是，采用艺术化的形式来传递信息也是一把双刃剑。只有当消费者对于广告投入高度的注意力，经过深度的认知加工之后能够正确领悟广告的内涵，这类广告才能起到效果。因此，在制作这类广告时，可以加入一些文字，来帮助消费者去消化和理解营销者希望传递的信息。

6.4.3　信息的受众

最后，我们探讨改变消费者态度的第三种渠道，也就是信息的受众。如果试图改变消费者的态度，那么商家必须首先了解他们的目标消费者。只有这样，商家才能确定选择怎样的信息源、传播怎样的信息才是最有效的。关于信息的传播，消费者行为学领域有一个精细加工可能性模型 ELM。该模型由派蒂和卡乔鲍在 20 世纪 80 年代早期开发，认为消费者在接收信息时，有两种不同的加工路径（即个人态度形成、改变的思考过程），而消费者的涉入度决定了哪一种认知过程会被激活。涉入度指的是消费者对于目标对象的关心、重视程度。在高涉入度的情况下，会激活中心路径；在低涉入度的情况下，则会激活边缘路径。

面对一则广告，如果消费者认为广告中包含的信息与自身高度相关，或者非常有趣，那么他会认真关注广告内容，积极思考广告呈现的观点，并对这些观点做出认知反应。这时，消费者激活的是中心路径。如果消费者认同广告的观点，就会对广告中的品牌和产品产生积极的态度。比如，怀孕的准妈妈通常会非常关注未来宝宝的健康。因此，当她们看到呼吁在孕期禁烟、禁酒的公益广告后，通常会积极思考，并且被广告说服。

与中心路径相反，当消费者没有足够的动机去认真思考广告中的信息时，边缘路径就会被激活。这时，消费者会根据广告中的边缘信息进行认知加工。常见的边缘信息包括产品的包装、信息源的吸引力、一则信息出现的情境，这些信息之所以被称为边缘信息，是因为它们不是产品质量的决定性因素。当消费者对产品的涉入度较低时，他们并不太关心产品本身，因而容易受到边缘性线索的影响。举例来说，对于软饮料而言，外包装的设计和代言人的选择可能至关重要，尽管它们并非软饮料质量的决定性因素。

本章小结

消费者的态度指的是消费者对于一个客体（广告、品牌、产品）做出的持久而概括性的评价。消费者的态度之所以至关重要，主要有两个方面的原因：一方面，消费者的态度影响了他们后续的购买行为，营销者可以通过对消费者态度的调查，对产品的销量进行预测。另一方面，态度是相对稳定而持久的。如果消费者对于品牌或产品形成了积极的态度，除非发生了严重的负面事件，这一态度都不容易被改变。

消费者通过学习形成态度。具体来说，包括三种方式，分别是经典条件反射、工具性条件反射和观察学习。

自我知觉理论认为，我们通过观察自己的行为来判断我们的态度，就像我们会通过观察他人的行为来了解他人的态度。认知失调是社会心理学领域最重要的现象之一，它指的是个体的态度与行为不一致、前后矛盾，这种状态会让人们产生不适感。为了消除这种状态，人们或者改变自己的态度，或者改变自己的行为。

六项经过科学研究论证、营销者可以用来改变消费者态度的劝说小技巧为互惠、稀缺、权威、一致性、喜好和舆论。

传统的传播模型认为，营销者与消费者沟通的过程中应重点关注的要素包括信息源、信息本身、信息媒介、信息受众，它们都有机会改变消费者的态度。

案例分析

青岛啤酒——逆风飞舞，舞入年轻化舞台

线上资源

本章测试

第 7 章

购买与处置

如果将消费过程进行划分，可以分为购买前、购买中、购买后三个阶段。在前面的几个章节中，我们分别探讨了感觉与知觉、学习与记忆、自我与人格、消费者的态度，讨论的都是第一个阶段——购买前。而本章集中探讨的是第二个阶段——决策中，也就是当消费者做出购买决策时，会对其购买决策产生影响的因素。

试想一下，在圣诞节即将到来之际，你正在商场中购物，你打算为家人和朋友购买一些节日礼物。在做出购买决策时，你会考虑哪些因素呢？或者说，哪些因素可能会影响你的决策？毫无疑问，这其中的影响因素太多了。你购买礼物的对象，你对礼物的期待，购买礼物时你的心情，商店当天的氛围等，都会影响你最终的决策。不过，总体而言，对消费者决策产生影响的这些因素主要来自两个方面，分别是消费者的前置状态和购物环境。

前置状态是消费者打算购买以及在购买前一刻的心理状态，包括产品用途、购物取向、时间压力、情绪等。以圣诞节购物为例，此时所购产品的产品用途是作为节日礼物。如果你是一个比较注重实用性的人，那么你更有可能去购买日常能用到的产品而不是鲜花等消耗品，这就是购物取向对你的影响。时间压力方面，越接近圣诞节，你面临的时间压力就越大，在挑选礼物时做出的决策越快、越匆忙；也就是说，越临近你需要这个产品的时间点，你的时间压力就越大。可想而知，这种时间压力会影响你的购买决策。此外，你在购物时的情绪也会影响你的决策。假如你在购买礼物当天心情很好，那么你很有可能会选择平时觉得很贵的礼物。总而言之，前置状态一方面反映了你的购买动机，另一方面反映了很多其他的个人因素，包括偏好、情绪、压力等，这些都会影响最终的消费决策。

购物环境因素包括消费体验、购买点刺激和销售互动。依旧以圣诞节购买礼物为例，如果有两家店铺，一家门口有打扮成圣诞老人的工作人员欢迎你，店铺内都是与圣诞节有关的精心装饰，同时还播放着欢乐的圣诞歌曲；另一家仅仅是播放着圣诞歌曲，贴着圣诞海报。你会更倾向于去哪一家店铺呢？显然，大家都会偏好第一家，因为第一家能给人带来更好、更契合环境的消费体验。此外，我们会发现，在圣诞节来临之际，商家都会将最热销的圣诞产品摆在橱窗中展示，这样一来，从门口经过的顾客会更容易被吸引，这就是购买点刺激，也属于购物环境因素。接下来我们将对这些因素进行详细的探讨。

◆ **学习目标**

1. 消费情境包含哪些因素？为什么营销者需要重视消费情境？

2. 产品的使用情境如何影响消费决策？它与情境性的自我形象有何不同？针对不同的情境，商家应如何开展营销活动？

3. 店内决策有哪些重要影响因素？

4. 哪些物理因素会影响消费者的店内决策？

5. 什么是心理账户？它会如何影响消费者的店内决策？商家如何引导消费者改变心理账户的划分？

6. 时间作为一种稀缺资源，是如何影响消费者的消费决策的？为什么我们总觉得时间紧迫？有哪些方法可以帮助商家降低消费者感受到的等待时间？

7. 哪些社会环境因素会对消费决策产生影响？什么是共同消费者？它如何影响消费者的决策？

8. 有哪些现代科技手段可以帮助商家研究消费者的店内决策？

9. 我们为什么会发生冲动性消费？什么样的人更容易冲动消费？如何避免？

10. 消费情绪为什么重要？哪些因素会影响人们的消费情绪？目前有哪些先进的技术手段可以帮助商家识别消费者的情绪状态？

11. 如何判断消费者的一次购物体验是否上佳？情绪模型有哪两个维度？它如何描述人的情绪？

12. 消费体验为什么很重要？什么是体验经济？有哪些体验经济的典范？人们更愿意为体验消费买单，还是为实物消费买单？

13. 体验如何分类？如何为消费者营造丰富体验？商家能为体验定价吗？

14. 为什么消费者满意度备受重视？如何提升消费者的满意度？

15. 消费者通过哪些常见的方式处置产品？如何做到"断舍离"？这其中蕴藏着什么商机？

7.1 消费情境

在本章中我们首先要探讨的是消费情境。消费情境涉及的因素很多，不仅包括销售的商品或服务，还包括很多其他因素，比如消费者购买产品的原因以及消费者在购物环境中的感受等。其中，消费者购买产品的原因就是我们在第 1 章中曾经探讨过的消费动机。由于消费者的需要不同，其消费动机会有不小的差异，这涉及三个与动机相关的理论，分别是驱力理论、期望理论和自我决定理论。从期望理论的角度出发，动机对消费行为的影响就与情境密切相关。人们在不同的情境中往往有着不同的期望，为了达到这些不同的期望，人们做出的消费选择也会有所不同。由此可见，情境与消费者的购买行为之间存在密切联系，购买行为受到产品使用情境的影响很大，这就是营销者非常重视消费情境的重要原因。

除了情境与消费者的购买行为之间存在密切联系，营销者非常重视消费情境的另一个原因是，消费者在不同的情境中会扮演不同的角色，即在不同的消费情境中，消费者的自我形象会有所不同。在圣诞节购买礼物的消费决策中，同一位消费者可能会是朋友、子女或是恋人的角色，这种不同情境下的形象会导致他们做出不同的决策，比如送给恋人戒指无疑会是一个很浪漫的选择，但是送给父母或是朋友就不太合适，这就是情境中的自我形象对消费者的影响。接下来，我们将从产品与情境以及消费者与情境的角度出发，围绕情境与购买行为之间的关联以及消费者情境性的自我形象，来对消费情境进行更细致的探讨。

7.1.1　产品的使用情境

当我们打开自己的衣柜，会发现里面挂满了各式各样的服装，我们之所以要购买这么多套衣服，一方面是想要更好地打扮自己，另一方面是因为不同的衣服适用于不同场合。在购买一件衣服之前，我们会思考自己会在什么时候穿它。假如你是一位大学生，平时都在上课，周末会去兼职实习或者跟朋友一起休闲娱乐，显然在这些不同的情境中，你需要的服装也会有所不同。例如，你在上课时穿着的服装会偏休闲，兼职实习时的服装则较为正式，而在休闲娱乐时可能会穿一些自己喜欢但平时不太适合穿的衣服，比如汉服，这就是使用情境与购买行为之间的关联。此外，如果你有逛实体书店的习惯，你会发现每个月摆放在重点书架上的书籍种类会有所不同。以美国为例，由于很多美国人都有在暑期度假的习惯，书店会在 6 月中下旬推广一些适合供假期消遣的读物。

另外，我们常说的应季产品，也充分体现使用情境与购买行为之间的关联，例如端午节的粽子、春节的对联、母亲节的康乃馨、冬天的火锅、夏天的冰淇凌……这些产品的使用情境，有的是基于文化，有的是基于季节。通过这些特定的联结，人们一到相应的节日或季节，就会产生相应的购买行为。由此可见，情境对购买行为的影响几乎体现在我们日常生活中的方方面面。

随着社会化媒体的出现和发展，消费者在社会化媒体上发布的信息，也成了营销者密切关注消费者一举一动的有利工具。如果消费者发布了一条新的状态或者转发了一条新闻，商家会通过算法从中解读出重要的信息，从而有针对性地为消费者推送广告，例如你在微博上发布了一条最近想减肥的消息，那么接下来你很有可能会在刷微博时看到微博为你推送的减肥产品。

7.1.2　情境性的自我形象

产品的使用情境主要是强调产品本身与情境之间的关联对消费决策的影响，接下来我们要探讨的情境性的自我形象，强调的则是消费者本身与情境之间的关联对消费决策的影响。让我们设想一位男性，当他和心仪的约会对象约会喝酒时与和一群好朋友聚会喝酒时，他在消费方面会有什么不同？显然，他会做出不同的选择：如果是和心仪的约会对象喝酒，他可能非常在意自身的形象，因而会选择比较有格调的酒吧，点一杯较为昂贵的香槟；如果是和朋友们开怀畅饮，他可能会选择一家大排档，点一杯扎啤。同样是喝酒，由于消费者希望在不同的情境中打造出不同的自我形象，他们在消费上也会做出迥异的选择。

在辩论类综艺节目《奇葩说》中曾经设置了这样一个议题——生活在外地，我过得不开心，要不要跟爸妈说？这个议题在网络上也引起了许多人的争论与共鸣。有的人选择跟父母说，因为他们想展现出一种成年后依旧与父母亲近的形象，让父母对他们的人生有一种参与感；大多数人可能都选择不跟父母说，因为他们希望在父母心中塑造一种生活很幸福的形象。虽然是两种截然不同的选择，但背后反映的都是子女对父母的爱。

其实，这一点在消费行为中也有一定的体现。有的人在父母面前消费时，会选择一些物美价廉的产品，以表现出一种勤俭持家的形象，不让父母为他们的生活担心；而有的人会选择购买一些平时舍不得购买的产品，从而表现出自己有一定的经济实力，能够负担自己的生活，这背后是希望父母可以不再为他们担忧。情境性的自我形象背后，反映着诸多的心理状态，或有孩童时的天真烂漫，或有成年后的成熟稳重，或有初入社会的勇敢自信，或有饱经沧桑后的豁达从容……正是这些不同的心理，使得我们在不同的情境中做出了不同的选择。

此外，欢度中秋佳节时吃月饼一直是中华民族的传统习俗。现在，许多人会在中秋节将月饼作为礼物送给客户、朋友，并且根据送礼对象的不同，选择的月饼种类和包装也有所不同，这其实也是一种情境性自我形象的体现。如果我们对生活进行过观察就不难发现，现在许多月饼厂商都会对同一款月饼采用两种售卖形式，一种是散装，一种是礼盒装。其中礼盒的包装还分为很多种，例如送给恋人的礼盒包装会富有浪漫气息，送给客户的包装则较为正式，送给长辈的又会具有传统特色。选择散装月饼的顾客可能是为了与家人、朋友分享，礼盒装显得过于正式，散装月饼会更随意、亲切一些；购买礼盒装月饼的顾客的目的往往是送礼，考虑到在不同的人面前，他们想表现的形象也有不同，所以商家推出了不同的包装。在这一方面，商家可以说是对顾客情境性的自我形象了解并"贴心"服务到了极致。

7.1.3 消费情境的启示

前面我们探讨了产品的使用情境与情境性的自我形象对消费决策的影响，这两个因素一个来自产品本身与情境的关联，另一个来自消费者本身与情境的关联。这对营销者的启示是，在制定产品的市场细分策略之前，营销者应当充分考虑其使用情境。具体来说，营销者需要考虑哪些人群是这款产品的目标消费者，以及这款产品有哪些使用情境。有了这些思考之后，就可以建立起一个矩阵，从而根据消费情境的不同，有针对性地进行产品的推广，并突出产品的不同特征。

以防晒霜为例，这款产品的目标消费者可以根据年龄划分为儿童、成年男性和成年女性三个不同的人群，还可以根据肤色和皮肤的敏感性进一步细分。使用场景包括户外运动、旅行以及日常出行等。举例来说，如果一款防晒霜的目标消费者为儿童，那么营销者接下来需要思考儿童在哪些情境下需要使用它。显然，对于儿童来说，由于日常大部分时候都在室内，只有在户外运动、旅行等长时间的户外情境下才会需要使用防晒霜。根据以上的思考，营销者在进行推广时，需要强调这款产品成分温和、适合儿童那种比较敏感脆弱的肤质，同时还需要着重强调产品的防晒力度和有效防晒时间。而如果一款防晒霜的目标消费者是孕妇，由于孕妇的身份比较特殊，并且她们不会在室外逗留过久，对于她们而言，防晒霜的成分是否适合孕妇的体质显然比防晒效果重要得多。基于这些思考，营销者在推广这款防晒霜时，需要着重强调防晒霜成分的安全性，以及安全性与防晒力度之间的平衡性。

7.2　影响实体店内购买决策的因素

根据情境决定购买某一产品后，消费者接下来要做的就是选择一家合适的商店完成购买行为。时至今日，我们的很多消费行为已经发生了巨大改变，线上购物成了主流的消费形式，在很大程度上挤占了实体店的销售额。不过，线下的一些购物体验仍然是线上购物无法取代的，很多消费者至少还是会在特定情况下选择在实体店内完成产品的购买。在消费者造访实体商店之前，他们对于想要购买的产品通常已经有了一定的了解。不过，还有许多其他因素也在影响消费者的购物体验以及最终的购买决策。提到消费者的店内决策，实体店的形象一定是影响店内决策的首要因素。我们在第 5 章中曾探讨过品牌的个性，实体店的形象其实反映出的就是它的个性，其中的影响因素分为有形因素和无形因素。

有形因素指的是一些物理因素，包括商店的地址、装潢，出售的产品。有时，仅仅是改变店面的装潢，就可以升级品牌的形象，让消费者感到眼前一亮。星巴克在这方面就是一个成功的案例。曾经的星巴克采用统一的装修风格。2008 年全球经济危机发生后，星巴克在全球范围内关闭了许多门店。其管理者逐渐发现，统一的装修风格虽然能提升开设和管理新门店的效率，但会导致消费者将星巴克看作与肯德基和麦当劳一样的快餐店，这显然与星巴克高端、精致化的定位不匹配。接下来，星巴克对旗下门店的装修风格进行了大幅度的变革。如今星巴克的设计工作室已遍布全球。星巴克的门店设计原则是，每一家门店都结合当地消费者的审美偏好进行装修，甚至星巴克会依据当地建筑风格或商圈特色，思考如何将融入。例如，位于上海城隍庙的星巴克，外观就像座现代化的庙；而位于苏州周庄古镇的星巴克，外观看上去就像当地的古色古香的建筑一样，不看招牌都很难会发现这是星巴克。这种在品牌基调的基础上发挥个性特色的店面设计，为星巴克带来了巨大的收益，使得星巴克尽管从未在大众媒体上花过一分钱的广告费，但依然火遍全球，我们也不难理解为什么星巴克会说"我们的店就是最好的广告"。影响实体店形象的无形因素就更多了，销售人员是否专业、是否友善，经常来光顾这家店的消费者是什么类型，这家店的退换货政策如何，都会在无形中影响消费者的店内决策。

接下来，我们将针对这些有形和无形的因素来进行具体探讨。

7.2.1　物理因素

仔细回想一下，在你经常光顾的商店中，是否有一家商店是因为店面装修别致而让你屡次前往呢？随着经济与社会的不断发展，大街小巷上逐渐出现了风格多样的店铺，甚至有许多店铺单从外观看，辨别不出来是卖什么产品的。之所商家在装修上花心思，是因为店铺的装修不仅能帮助商家吸引顾客，有时还会提高顾客店内决策时的购买欲望。那么，商店中具体有哪些物理因素会影响店内决策呢？

第一个因素是商店的布局。一个合理而巧妙的布局，应该会让消费者在逛商店的过程中不断发现新的诱惑。宜家就是一个典型的成功案例（见图 7.1）。熟悉宜家的人都知道，一旦走进宜家，需要逛完所有的区域，才能走到结账区。而在这个过程中，顾客可能会被各种各样诱人的小物件或者是打折的产品所吸引，从而在不知不觉中购买了许多本来没有计划要购买的产品。

图 7.1　布局巧妙的宜家，让消费者在逛商店的过程中不断被诱惑
图片来源：Pexels

此外，实体商店营造的氛围也很重要，这由商店的装修风格、室内温度、播放的背景音乐等因素决定，甚至商店中萦绕的气味也会对消费者的决策产生影响，例如赌场中散发的某些气味，会促使顾客把更多的钱投到老虎机中。去过拉斯维加斯赌场的人可能会发现，拉斯维加斯的每一个赌场都有自己的专属香味，这些香味十分独特，是各个赌场精挑细选出来的，目的就是吸引顾客停留更久的时间。早在 20 世纪 90 年代早期就有研究者做过一项关于赌场气味的实验，研究发现同一区域有香味时，游客投入的赌资相比没香味时增加了 45.1%。这其实与我们之前讨论过的感觉和知觉有关，这使商家特别关注颜色、气味和声音等因素的应用。如果商店的氛围能让消费者感到精神愉悦，消费者就会在店里停留更长的时间，进而花掉更多的钱。国外就有研究发现：与提供人造光照明的商店相比，使用自然光的商店销量会更高；在餐厅中，相较于播放节奏舒缓的音乐，播放快节奏的背景音乐会让用餐者食量大增。

7.2.2　销售人员

除了商店的布局和氛围，销售人员对消费者店内决策也有着重要的影响，他们是产品与消费者之间的桥梁。在我们的日常购物中，销售人员的好坏很多时候会决定我们对一个商店的印象。相信大多数人都有过因为对某一家商店的销售人员服务不满意，而把这家商店拉入黑名单的情况。研究表明，一个好的销售人员，应当做到以下几点。

首先是着装得体，因为他们代表了商家的形象、是商店的门面，这也是许多大品牌的店铺人员会统一着装的原因：得体的着装会让他们显得更专业，更容易获得顾客的信任。细心的你一定发现了，房地产中介大多西装革履。在电视剧《安家》中，房地产中介门店店长房似锦新上任后，首先整顿的就是店内中介们的着装问题。因为对于中介这类服务行业来说，着装在很大程度上会影响客户对他们专业性的判断。就像《安家》中的角色王子健所说，他服务的大部分客户资金实力雄厚，穿普通的制服对于服务这样的客户群是远远不够的，更有格调的款式才会让他们信任。因此，王子健的西装比一般的服装更考究，品位也更独特。对于客户来说，正式的着装不仅会显得工作人员更专业，同时也会让客户感觉自己受到了重视。

其次，一个好的销售人员还应当具有足够强的动机来做好销售的工作，因为在消费者和销售人员接触的过程中，消费者能直观地感受销售人员对工作的热爱程度，当他们觉得销售人员的推销很真诚时，更有可能去购买产品。销售人员的真诚不仅体现在语言上，还能从仪态动作中体现出来。日本"推销之神"原一平为了能让自己的微笑在别人看起来是发自内心的真诚，进行了长时间的训练。他提前预设了各种场合，针对不同的场合进行微笑练习，最终总结出著名的"38 种微笑"，这帮助他从一个相貌平平、不被人看好的专科生跃升成为全日本业绩排名第一的"推销之神"。由此可见，能让顾客感受到真诚，对于销售人员而言至关重要。当然，想做到真诚，不仅仅是简单的在言语和仪态表情上展现出来就够了，还需要销售人员设身处地地为消费者着想，通过充分了解客户的信息和心理，站在他们的角度去考虑他们的需求，从而推荐最适合顾客，同时也是顾客最需要的产品。

最后，优秀的销售人员会努力寻找自己和顾客之间的相似之处，这样可以在很大程度上拉近二者间的心理距离。这个相似之处可以很小，比方说有着共同的星座，或者来自同一个地方。试想一下，如果你到一个陌生的环境、购买一款自己完全不熟悉的产品，当销售人员向你推销产品时，你心理上会不会有些戒备？假如此时销售员在与你进一步聊天后告诉你，你的外貌跟他的某一位朋友或者亲人非常相似，你是否会稍微放松一些？大多数时候，当销售人员表示他与顾客之间存在一些相似之处或者关联时，往往代表着他能理解顾客的一些想法，这无疑能拉近二者之间的心理距离，从而将产品顺利销售出去。

7.2.3　消费者的心理账户

消费者的店内决策还会受到心理账户及其预算的影响。2017 年，芝加哥大学的讲席教授理查德·塞勒因其在行为经济学领域做出的卓越贡献获得了当年的诺贝尔经济学奖。理查德·塞勒教授的一个突出贡献就是率先提出了心理账户理论。我们在前面章节中也曾简要介绍过该理论，心理账户理论认为人们不仅有对物品进行分类的习惯，针对资金的收入和支出，人们也会在不知不觉中为它们设立不同类型的账户，从而管理和控制自己的消费行为。也就是说，消费者会为日常的消费设置不同的心理账户，并且为这些心理账户设置相应预算。如果预算不够了，消费者就可能会放弃购买某款产品。因此，商家应该想方设法诱导消费者为其出售的产品设置单独的心理账户或转变消费者心理账户的设置，这样一来，就不太容易出现因预算不够而放弃购买的情况了。

引导消费者转变心理账户的一个可行举措是，让消费者将自己的产品归入情感维系的心理账户中。假设你每个周末都有与家人一起看一场电影的习惯，因为这是你陪伴家人的一种方式，那么，即使这个月你在其他方面的消费超出预算，你也不会轻易取消这方面的支出。尽管看电影实质上是一项娱乐支出，但因为你在心中与它建立了情感联结，所以看电影的支出成为你每个月独特的"固定支出"，即属于情感维系账户。通常来讲，即使其他心理账户预算超支，也不会影响消费者对情感维系账户中产品的消费。

值得说明的是，广义的情感维系账户可以不涉及他人。相信许多人都听过"生活需要一点仪式感"这句话。这句话流行后，我们慢慢发现原本生活中不那么必需的产品会因为仪式感而让我们不能割舍，例如营造浪漫氛围的香薰蜡烛、每天清晨的一束鲜花等。通过仪式感，商家将产品归入消费者情感维系账户，让消费者在心里为它们留下独特而不可替代的位置（见图 7.2）。

图 7.2　通过仪式感，商家将产品划归消费者情感维系账户

图片来源：Pexels

关于情感维系账户，一位同学分享过一个生动的例子：之前她想买一款手工八音盒。这款八音盒虽然玩起来很解压，但是价格偏高。她把这款产品推荐给一个要好的朋友，果然，她的朋友也对这款八音盒非常心动。但是考虑到它的价格，两人都没有立即购买。直到某一天她提议，她和她的朋友可以互相送"礼物"。于是她们分别给对方购买了这款八音盒。她们把这笔支出从"娱乐消费"划归至了"人情消费"，从而让此次购买行为合情合理。

通常情况下，消费者的心理账户都会对消费行为产生重要的影响。不过，优惠折扣会影响消费者心理账户发挥的作用。我们都经过这样的经历，本来没打算购买一些产品，但是逛街时看到某一产品正在打折促销，就忍不住买了下来；网购时，面对一些购物节的满减优惠产品，我们也会忍不住"剁手"。这是因为人们都是损失厌恶的，尽管心理账户能帮助人们管理和控制自己的消费行为，但面对打折促销这种"捡便宜"的好机会，大多数人还是无法轻易拒绝。了解到自己容易被诱惑之后，很多人采取各种办法避免看到促销信息，例如不走近打折的商店，不在购物节时逛淘宝。但所谓"道高一尺，魔高一丈"，通过一些特殊手段，商家还是可以将优惠信息推送给消费者。举例来说，消费者连接上商家提供的 Wi-Fi 时，商家就已得知消费者在商店附近或已经进店。这时，商家会及时向消费者推送优惠券，从而让消费者被他们的优惠产品所吸引。

7.2.4 时间因素与时间稀缺

提到时间，最近流行起一个类似于生活方式（lifestyle）的新鲜词汇——时间风格（time-style），它指的人们对于时间的态度以及分配时间的风格。对所有人来讲，每天都只有 24 个小时。因此有的人会选择早早下班，和朋友以及家人一起欢度美好时光；有的人则选择在公司忙碌加班，甚至每次购物都会一买一大堆，通过囤货避免在购物上花费过多时间。从消费行为的角度看，这表明具有不同时间风格的人往往会表现出不同的消费行为。

由此引出了对人们的消费体验产生重要影响的另一项因素——时间。严格意义上讲，时间是一个经济学变量，因为它属于稀缺资源。我们每个人的时间都非常有限，但我们想做的事却有很多。因此，如何把有限时间分配到不同的活动中，一直是困扰许多人许久的难题。学生时代的我们，一直在学习如何平衡学习与户外运动的时间，毕竟好的身体素质才能保障高效的学习；步入职场的我们，又需要不断去学习如何平衡工作与家庭。无论在人生的什么阶段，平衡好生活、将有限时间分配到不同活动中永远是我们逃不开的议题。

消费者在做出购买决策的过程中，时间同样会对其消费行为产生重要影响。一方面，对于消费者来说，时间充裕的购物与时间不充裕的购物，最后做出的购买决策显然会不太一样。举例来说，每到平安夜，购物中心总会变得熙熙攘攘。人们不再精心挑选，而是简单扫一眼，就把还算不错的产品一把抓到了购物车中。这是因为，圣诞节近在眼前，仅剩的时间使得他们无法再像之前时间充裕时那样对礼物挑挑拣拣，甚至货比三家。不仅在线下购物中是这样，网络购物亦是如此。每年淘宝"双十一"购物节，越接近零点，消费者对产品的要求就越低，为了凑单或是不愿错过折扣，消费者往往不假思索地把一些产品加入到购物车中。

另一方面，有一个与时间有关的概念是时间稀缺，我们每个人都体会过这种心理感受。时间稀缺性为商家创造了很多商机。由于了解到很多职业女性为了兼顾工作和家庭，在时间方面非常稀缺，有一个销售速溶汤剂的商家就通过一则广告向目标消费者传递出这样的信息：如果你忙于工作而没有充足的时间去照顾孩子，不妨去试试我们的速溶汤剂。这很准确地抓住了消费者的痛点，满足了消费者的需要。此外，净菜、扫地机器人、家用洗碗机等产品都很好地帮助消费者解决了时间稀缺的问题。随着经济、社会的不断发展，都市生活的节奏也变得越来越快，我们都不可避免地会经历越来越多的时间稀缺。因此，于商家而言，帮助消费者克服时间稀缺性，无论在现在还是未来都会是一个很好的营销策略。

为什么我的时间总是很稀缺？

生活中，我们似乎很少感觉到时间十分充裕，总会有一种时间紧迫感。为什么有时候明明时间还很多，我们却总觉得时间所剩无几？

2015年的一项研究告诉了我们答案：消费者对目标冲突的主观感知影响了他们对时间的感知。这项研究由杜克大学、斯坦福大学、鹿特丹伊拉斯姆斯大学的学者共同开展。研究中的目标冲突指的是，个人需要完成的任务与任务间的属性和需要投入的资源具有很大差异或者完全冲突，例如省钱与购买高质量的产品，或者工作和家庭。

在这项研究中，学者们让被试参与了一系列的实验室实验。在实验一中，被试被随机分为四组，分别遵循时间冲突组、金钱冲突组、一般冲突组或控制组的要求。在时间冲突组中，被试会被要求："列出两个你觉得相互冲突的目标，因为它们争夺你的时间。"在金钱冲突组中，参与者读道："请列出两个你觉得相互冲突的目标，因为它们在争夺你的金钱。"而在一般冲突组，参与者仅仅被要求列出相互冲突的目标，但没有收到关于冲突类型的具体指示。在控制组中，被试仅仅被要求列出两个目标。在这些操纵后，每组被试都会被要求填写一份关于主观时间感知的量表。实验一的结果发现，所有三种被引导去感知目标冲突（包括时间目标冲突、金钱目标冲突、一般目标冲突）的被试随后都会有时间紧迫感。

为了研究内在的原因，研究者展开了第二项实验，在这项实验中，被试依旧被操纵产生了三种类型的目标冲突，分别是时间目标冲突、金钱目标冲突以及一项与资源无关的目标冲突。接着他们中的一部分人被要求描述一个感知到目标冲突的时刻（高冲突组），另一部分人则被要求描述没有感受到这些目标冲突的时刻（低冲突组）。之后每组被试都被要求填写一份关于主观性时间感知的量表以及一份感知压力与焦虑的量表。实验二结果显示，相比低冲突组被试，高冲突组被试会感觉时间更紧张，并且会更有压力、焦虑感也会更强。这表明目标之间的冲突是通过增加参与者感受到的压力和焦虑，进而降低他们对于时间的感知的。

从上述研究中我们可以发现，感知目标之间存在更大的冲突会让人们感到拥有更少的时间，这是因为感知目标的冲突会使消费者产生更多的压力和焦虑感，从而让人在主观上产生时间紧迫感。此外，这项研究还证明了这种效应会影响消费者对待消费和时间的态度：通过让人们感到可用时间更少，感知到更多的目标冲突，会降低人们等待产品的意愿，并且增加他们为节省时间而付费的意愿。不过，学者们同时提出了一些解决方案。实验结果显示，慢慢呼吸或者重新评价自己的目标，能够有效地帮助消费者正确认知时间，减少时间紧迫感。

文献来源：
ETKIN, J., EVANGELIDIS, I., & AAKER, J. 2015. Pressed for time? goal conflict shapes how time is perceived, spent, and valued[J]. Journal of Marketing Research, 52(3): 394-406.

既然时间因素对购买决策有着十分重要的影响，那么降低消费者的等待时间无疑是商家需要去努力实现的方向，因为这会在很大程度上影响消费者的满意度。在实体店购物时，有时我们会遇到排队的情况。除非你是某个品牌的忠实粉丝（如苹果公司的忠实粉丝），为了在第一时间抢购到新上市的产品，会心甘情愿排很长时间的队，在大多数情况下，消费者都讨厌排队，因为排队会让我们宝贵的时间资源变得更稀缺。那么，有什么办法可以降低消费者的等待时间呢？

其实这个问题可以从两个方面解决，首先是降低顾客的实际等待时间，这也是大多数商家在努力做的。近年来，许多商家都推出了自己的小程序或手机应用，通过这些小程序和手机应用，顾客可以在手机上提前预约餐厅的座位。顾客即使没有提前预约，也可以通过手机了解到各大餐厅的实时等位情况以及预估的等位时间。在降低顾客等待时间方面，麦当劳则一直在努力，无论是开设汽车穿梭餐厅，还是在门店内引入自助点餐系统，为的都是降低顾客的等待时间，从而更好地服务顾客。

另一方面，商家可以降低消费者感知到的等待时间。举例来说，你有没有想过，为什么很多电梯间会安装镜子？之前我们讨论过自我的概念，由于每个人都非常在意自己的外貌，有了镜子后，即使电梯在每一层都停，搭乘电梯的人也有事可做，所以在心理上会觉得搭乘电梯的时间没那么长了。在电梯间安装显示屏、播放产品广告也是基于同样的考虑。除了可以降低消费者感知到的等待时间，还可以抢占消费者宝贵的注意力资源，可谓是一箭双雕。

在降低消费者感知到的等待时间方面，海底捞无疑是一个典型的成功案例。许多人都爱去海底捞吃火锅，尽管很多时候需要排队，但去用餐的人还是络绎不绝。当然这与海底捞无微不至的服务有很大的关系，但还有一个重要的原因：在海底捞等待用餐的顾客，可以在等待时享受美甲服务，或是与朋友一边吃着免费的小吃一边玩海底捞提供的五子棋之类的小游戏，乐在其中的顾客自然减少了感知到的等待时间。很多咖啡厅会引导顾客在柜台前排成横排而不是竖排，除了通过视觉错觉有效地降低了消费者感知到的等待时间之外，还将产品及其制作过程充分展示在消费者面前，消费者很有可能会因此产生计划外的消费。

软件和应用开发商们也充分洞察了消费者的内心，为了降低消费者感知到的等待时间，他们做出了一项贴心的设计。回想一下，当我们使用某款手机应用或是某个电脑软件，无论是在刚打开时、更新时，还是播放广告时，我们都会看到进度条或完成的百分比。虽然我们在等待时可能会不耐烦，但是这种可预知的等待还是在一定程度上降低了用户的反感程度。

相比于那些常见的略显刻板、单调的进度条，精明的开发者们还开发了属于自己品牌的独特的进度条，例如国内知名的视频弹幕网站哔哩哔哩（b 站）的进度条就十分有趣，是一个跳动的 b 站 logo，甚至当加载失败时显示的都是基于 b 站吉祥物的特别设计的图案。这些充满设计感的加载图案一方面提升了品牌的形象，另一方面分散了用户的注意力，降低了他们的焦虑感。

除此之外，商家在显示进度条的时候还别有心机。现在许多软件在显示下载进度条时，刚开始的速度会非常快，而在结尾，进度条的速度会下降，因此我们下载时常常会发现进度条很快就走到了 99%，但是那最后 1%的等待时间会很久，甚至超过前面 99%的等待时间。不得不说，从用户心理来看，如果进度条在 50%处就减慢，大家可能会觉得加载过程卡住了，从而很容易会放弃下载；而当进度条达到 99%时，放弃下载的概率就会大大降低，因为大家通常会觉得，都已经等待了 99%，最后那 1%值得一等，这也是迅雷惯用的伎俩。

还有一个降低消费者感知到的等待时间的例子是机场的托运。很多经常搭乘飞机出差的商旅人士已经养成不再托运行李的习惯。因为，一旦有了托运的行李，除了要提前很久到达机场办理托运，还要在航班着陆后耐心等待行李到达，这需要耗费许多时间。因此，为了降低乘客等待行李过程中的焦虑感，机场的设计者设置了一个小小的"骗局"。他们在设计机场时，会有意地让下飞机之后的乘客绕路。比方说，原本 5 分钟就可以走到行李转盘，可是却偏偏让你走上 15 分钟。人在运动过程中会觉得时间过得比较快，也不会觉得特别无聊。这样一来，在行李转盘前等待行李的时间就大大缩短了，乘客的满意度也随之大幅提升（见图7.3）。

图 7.3　机场乘客下机后的动线设计，为的就是降低乘客感知到的等待时间
图片来源：Pexels

此外，我们在搭乘航班时，经常会遇到航班的延误。一旦这种情况发生，我们通常会感到很焦虑，因此，中航信推出了一款巧妙的手机应用——航旅纵横。在这款应用上，乘客除了可以关注实时的航班动态，还可以参与"旅豆"竞猜的小游戏，"旅豆"是一种虚拟货币，可以用于兑换各种小礼品。参与竞猜的乘客会对航班能否准时到达进行竞猜（见图 7.4）。事实上，有了这一竞猜机制之后，不管航班有没有准时到达，游客都会很开心。如果航班准点到达的话，乘客等待的时间少了，即使损失了一些"旅豆"，他们也会很开心；如果航班延误，乘客也没那么郁闷，因为获得了很多"旅豆"。

7.2.5　共同消费者

在日常消费行为中，除了物理因素、销售人员、消费者心理账户等因素会影响消费者的店内购买决策，一些社会环境因素也会影响消费者使用产品的动机以及他们对于这款产品的主观评价，进而对消费者的购买决策产生影响。对消费者购买决策产生重要影响的一项社会性因素是共同消费者，即处于同一个购物环境中的其他消费者。设想一下，

图 7.4 手机应用航旅纵横很好地降低了航班延误后乘客的焦虑感

图片来源：航旅纵横

当你在购物时，你是希望在购物环境中有更多的共同消费者，还是更少的共同消费者呢？如果是在逛商场，很多人应该会希望店内的其他顾客少一些，如此一来就可以从容地挑选衣服，并且拥有更为私密的试衣间。为此，许多商家都在试衣间上下了不少功夫。2018年，都市丽人的智慧零售登上了《哈佛商业评论》中文版的年度零售数字化案例榜。为了给消费者带来更好的购物体验，都市丽人智慧零售的门店内提供了电子试衣篮服务。顾客只需在一定时间内扫描产品的条码选择更换衣物，想要更换的衣物就会被直接送至试衣间内，这给顾客带来许多私密性和便利，使得消费者不再受到共同消费者的影响，能够更自在地购物，获得更好的消费体验。虽然都市丽人的成本增加了，但是口碑得到了很大的提升，吸引到更多的客户。

不过，如果是观看比赛、演唱会或者是去酒吧喝酒的话，很多人应该会希望有较多的共同消费者（见图 7.5）。此时，消费者需要的是热烈的氛围。显然，共同消费者太少的话，氛围会显得很冷清，消费者的情绪反而高涨不起来。

这一系列现象说明，有时共同消费者会起到类似产品特征的作用，提升消费者的唤醒水平，为消费者带来更强烈的体验。唤醒度指的是一个人从情境中感受到的刺激的高低程度。不过，高唤醒度究竟是好事还是坏事，取决于消费者对于唤醒度做出的解释。有的时候人们会感到很热闹，有的时候却会觉得很拥挤。举例来说，如果一个普通的教室坐满了人，几乎没有空座，你会觉得很拥挤；但同样的教室，同样的人数，如果是在举办一次派对，你又会觉得很热闹。

除了共同消费者的数量，共同消费者的类型也会间接成为产品特征，进而影响消费者的体验。举例来说，当我们在逛商场时，有时会根据光顾一家商店顾客的层次来判断

图 7.5　在特定场景中，消费者希望有更多的共同消费者

图片来源：Pexels

这家商店的层次，这也解释了为什么有一些高端餐厅会要求顾客穿着正装就餐，甚至在早期种族歧视最为严重时，有一些高级餐厅会拒绝让黑人进店用餐。

第 91 届奥斯卡金像奖最佳影片《绿皮书》中就有这样一个片段：世界级的黑人爵士钢琴家唐想要在一家邀请他去演奏的高级酒店的大厅用餐，尽管他身穿燕尾服，却仍然遭到大厅经理的拒绝，只因为他是黑人，而与他同行的白人保镖托尼却能随意进入。虽然这个例子比较极端，毕竟"以貌取人""人以群分"的观点是不正确的，不过单从消费行为的角度分析，无论是关注顾客的肤色还是专注顾客的服装，餐厅都有自己的用意。有些餐厅的目标消费者比较"高端"，为了保持餐厅的高端形象，他们将店内顾客也作为自己餐厅的一项重要特征，从而对顾客做出一些特定要求，甚至是对顾客进行筛选。另一个例子是，有些热门酒吧会以貌取人，在等待入场的顾客中优先挑选一些光鲜靓丽的帅哥美女入场，从而吸引更多的顾客来消费。尽管这涉及歧视，但商家的确有自己的生意经。

7.2.6　实体店洞察消费者的方法

为了更好地了解消费者，商家正在通过各种方法记录、研究消费者的行为，而随着科学技术的不断发展，这些手段也越来越创新。消费者在超市购物结账时，会拿到购物小票，这对于消费者来说是一个购物凭证；而对商家来说，消费者的购物小票中反映了他们许多重要的个人信息。例如某位消费者两次都购买了火鸡、番茄和桃子，由此商家就能推断出这位顾客对火鸡、番茄和桃子是有一定偏好的。接下来，商家可以向该顾客推送一些与这类产品相关的上架信息、优惠券等。

除了定向地向消费者推送信息，购物小票上的信息还能帮助商家去生成用户画像，从而更好地诱导顾客做出购买决策。举例来说，当商家看到一位消费者同时购买了零度可乐、代餐粉和魔芋时，商家可以初步推断出这位消费者可能正在减肥，从而向其推送一系列与减肥相关的产品。另外，试想一下，如果同一位消费者在几次购物中，分别购入了狗粮、儿童玩具、渔具、玻璃水等商品，你能推断出什么？答案很显然，这位消费者可能是一位家里有孩子和宠物狗的已婚男性，并且他可能爱好钓鱼。如此一来，用户侧写就有了初步轮廓，而随着购物信息的增加，用户画像也会越来越清晰，商家也能更精准地诱导消费者做出决策。比如，针对这位消费者，推送家庭量贩装产品信息的效果要明显好于推送普通装产品信息。

如今，眼动等技术手段也逐渐被应用于消费者行为研究。通过这些技术，商家甚至可以观察到消费者在某一产品上停留的具体时间，这能帮助商家更为精准地了解消费者的行为。在本书的最后一章，我们会专门介绍前沿的神经科学技术和方法在消费者行为领域的应用。

7.3　冲动性消费

在前文中，我们提到商家为了让消费者购买他们的产品无所不用其极，从门店装修到把握共同消费者的层次，再到设计全方位的消费体验，可以说是面面俱到。这也不可避免地导致了消费者的一些冲动性消费。相信大家之前都有过这样的经历，原本没有打算购买一款产品，然而当你在超市货架上看到它时，却无法抵抗把它买下来的诱惑，这种现象就是冲动性消费。初次接触消费者行为学时，很多同学可能会混淆冲动性消费和强迫性消费。实际上，这两个概念有本质上的差异。如果不确定的话，可以回到第 1 章，看一下强迫性消费的定义。

对于商家来说，消费者的冲动性消费无疑意味着无限的商机。在消费场景中，到处都是商家的小心机，比如许多零售商会把口香糖等冲动型产品摆放在收银台附近触手可及的位置。还有一个我们可能很难意识到的冲动性消费的重要助推器是信用卡，尽管人们都是损失厌恶的，但如果使用信用卡的话，因花钱而感受到的痛苦就会大幅降低，因而会发生冲动性消费。很多时候，我们在发生冲动性消费后都会感到后悔，这种后悔会导致我们想主动去抵抗消费冲动。遗憾的是，大多数时候，这种主动抵抗不仅徒劳的，甚至会导致更多的冲动性消费。研究显示，如果一个人在当下抵抗住消费的冲动，往往会在稍后更加放纵自己。

讨论到冲动性消费时，我们有必要先从商家视角转换为消费者视角。关于冲动性消费，有三个问题值得我们去关注。第一个问题是，作为消费者，我们为什么会做出冲动性消费的行为？第二个问题是，哪一类人最容易发生冲动性消费？第三个问题是，我们应当怎样做，才能尽可能地避免产生冲动性消费？

首先，人们之所以会发生冲动性消费，主要是因为人类有一种追逐即时奖赏的倾向。当我们追逐即时奖赏时，会更关注眼前的欲望，忽视长远的发展，因而发生一些冲动行为。与即时奖赏相对的概念叫做延迟满足。20 世纪 60 年代，美国斯坦福的心理学教授曾经做过与延迟满足有关的实验，研究发现相比追逐即时奖赏的孩子，那些延迟满足的孩子的自我控制能力更强，在没有监督的情况下能恰当控制和调节自己的行为。接下来长达数年的跟踪研究结果显示，不论是学习、工作还是体重管理，他们都做得更出色。

也就是说，延迟满足具有长期的积极影响。

研究显示，有三类人会更容易做出冲动性消费。第一类是具有冲动性人格的人，也就是在整体上具有冲动倾向的人。这类人不仅容易发生冲动性消费，还容易做出其他冲动性的行为，如不安全的性行为。第二类人是付款时感受到的痛苦程度较低的人。特雷森·普雷勒克和乔治·勒文施泰在《红与黑：储蓄与债务的心理账户》中就曾提出，我们在付款时会因为考虑到要花钱而感到痛苦，如果我们想得越多，这种痛苦就会越明显。后来，这种由支付带来的痛苦也通过认知神经科学的研究被进一步证实了，这种痛苦的情绪会刺激大脑的特定区域，使人产生生理上的痛苦。也就是说，大多数人在付款时都会感受到一定程度的痛苦，不过，这种痛苦的程度却是因人而异的。如果一个人在付款时感受到的痛苦程度较低，那么他就更容易做出冲动性消费。毫无疑问，线上购物正在降低我们每个人购物时的痛苦程度。

第三类人是追求满意解的人。之前我们曾探讨过，人们在做决策时有两种不同的倾向。第一种倾向是寻求最优解，即试图去找到最优的解决方案；第二种倾向则是寻求满意解，也就是找到让自己满意的解决方案即可。对于寻求最优解的人来说，做出任何决策都不是一件容易的事，因为他们会仔细比较全部备选方案。相反，如果一个人寻求的是满意解，做决策就要容易得多，只需找到第一个满足要求的解决方案就够了；也就是说，对于这类人而言，做决定是一件很容易的事。所以也不难理解，为什么他们更容易做出冲动性消费的行为了。

那么，我们应该怎样做才能尽可能地避免产生冲动性消费？首先，我们可以尽可能地在购物时使用现金，当看到钱包里的现金数量减少，我们感受到的由支付带来的痛苦会更多，这有助于减少冲动性消费。其次，当我们在网上购物时，可以先把想买的产品放在购物车中一段时间，过几天后，再去判断这是否是我们想要的产品。最后，应当选择合适的购买时间。不知大家有没有这样的经历，当你在很饿的时候去超市购物，往往会买过多的食物；而当你吃得很饱甚至很撑的时候去购物，则不会买太多食物。以线上购物为例，据相关数据显示，一天中线上购物成交量最多的时候往往在深夜，这时的人们在购买产品时会更容易发生冲动性消费。因此，选择合适的购物时间可以帮助我们减少冲动性消费。

尽管消费者在降低冲动性消费的努力中苦苦挣扎，于商家而言，冲动性消费无疑能帮助他们实现利益最大化。在本节的最后，让我们再转换到商家的视角，探讨商家可以如何去利用消费者冲动性消费的倾向。对冲动性消费心理最直接的应用就是购买点（point of purchase）刺激，即通过恰当的产品陈列等营销策略，提升冲动性消费发生的概率。购买点刺激，既可以是精心设计的产品陈列，让消费者注意到冲动型产品；也可以是在移动端推送的优惠券，也就是在消费者进店之后向其即时推送各式优惠券；还可以是食品的试吃促销。此外，面对消费者抑制自身消费冲动的举措，商家可以反其道而行之。消费者在唯品会上选购产品时，假如把产品加入购物车中，必须在 20 分钟内付款，否则购物车中的产品就会自动消失。乍一看，这一举措有些反直觉：绝大多数商家都会永久性保存购物车中的产品，除非消费者主动删除。唯品会之所以这么做，是不希望给消费者缓冲、理性思考的时间。在时间压力下，面对着错失优惠机会的损失厌恶，消费者很可能做出冲动性消费的行为。

7.4　消费者的情绪

在 7.2 节探讨影响店内决策的物理因素时，我们提到餐厅的色调会影响消费者的店内决策，事实上这一现象与消费者的情绪有很大的关系。我们都知道蓝色、紫色等冷色系的颜色代表冷静，使人情绪平稳。研究表明这类颜色会使人减少食欲，而红色、橙色、黄色等暖色系的颜色代表着活力，使人情绪活跃，因此会增加人的食欲。这也是肯德基、麦当劳的装修以红、黄色为主的原因，不仅能让店铺醒目，还能增加顾客的食欲。情绪在消费者决策中发挥了重要的作用。在本节中，我们就要探讨消费情绪，了解情绪的魔力。

7.4.1　情绪模型

情绪对于商家的重要性不仅体现在情绪能影响消费者是否购买一件产品或者购买产品的数量。许多商家之所以努力营造消费者在消费体验中的正性情绪，是因为情绪可以帮助塑造品牌形象。例如，麦当劳一直以来的宣传理念就是贩卖快乐，无论是通过"更多快乐、更多欢笑就在麦当劳"的宣传口号，还是授予麦当劳叔叔"麦当劳首席欢乐官"的称号，麦当劳都在积极为顾客营造欢乐的情绪，为顾客带来欢乐的体验。不仅是麦当劳，必胜客的欢乐餐厅、可口可乐的欢乐营销都是典型的成功案例。

的确，商家们已经充分意识到情绪会影响消费者购物时与购物后的体验。一次购物体验是否上佳，主要取决于它能否诱发令人满意的情绪状态。情绪维度模型认为，情绪状态主要分为两个维度，分别是愉悦感和唤醒度。其中，愉悦感描述的是一种情境能否给人带来愉悦，或者说一个人喜欢还是不喜欢一种情境；正如我们在前文中介绍过的那样，唤醒度描述的是一个人从情境中感受到的是强烈的刺激，还是感受不到任何刺激。愉悦感与唤醒度的不同组合能带来不同的情绪状态（见图 7.6）。同样是高唤醒度的情境，参加节庆活动时，人们通常会感到兴奋，而参加示威游行时，他们可能会感到悲伤或愤怒。从这个模型上看，似乎愉悦感比唤醒度更重要，因为无论兴奋还是放松，都是较为理想的购物体验。

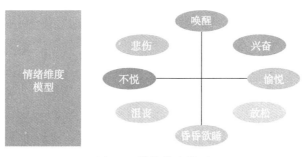

图 7.6　情绪维度模型

7.4.2　消费者情绪的重要性

　　对于商家来说，为消费者提供令人愉悦的购物体验，确保消费者在购物过程中有正性的情绪十分重要。这是因为人们在不同的情绪状态下，会采用不同的信息加工模式。根据精细加工可能性模型，当消费者有着正性的情绪时，他们会采用信息加工的边缘路径——也就是说，他们更多会受到情绪的驱动，基于启发式做决策，因而不太会关注广告信息中的具体细节。在第 2 章中，我们专门聊到了启发式，启发式会在不知不觉中，让消费者落入商家精心布置的甜蜜陷阱。

　　正是因为消费者的情绪非常重要，商家才会想方设法地了解消费者的情绪状态。从前商家想要了解消费者的消费情绪，往往都是通过问卷调查。现在，随着人工智能技术的发展，情绪识别技术迅速发展起来，许多公司都研发出了专门的情绪识别软件。苹果数字化语音助手 Siri 背后的声控技术公司 Nuance 就研发了一款通过语音识别情绪的技术产品，通过在系统中添加情绪识别功能，系统可以根据用户说话的言语腔调了解他当下的情绪感受。

　　除了通过语音识别消费者的情绪，商家还研发了视频动态识别情绪状态的技术（见图 7.7）。法国一家连锁书店就应用了这种情绪识别技术了解消费者的情绪状态，其在旗下的一家门店观察购物者的各种动作和面部表情。如果顾客走过某一书架，却又面带疑惑地回到书架面前，书店人员就会收到软件的提示，从而上前帮忙。这一技术的应用使得该公司的销售额增长了 10%。这项由巴黎创业公司 Angus.ai 研发的情绪识别技术，目前也在许多的知名公司和机构进行了测试，包括巴黎机场、家乐福等。

图 7.7　巴黎创业公司 Angus.ai 研发的情绪识别技术

图片来源：Angus.ai 官网

　　应用这种识别面部表情的技术，商家得以了解消费者真实的甚至无意识状态下的情绪；而利用这种情绪数据，商家能高效地改进自身的营销策略，比如可以判断消费者的微笑是否发自内心。研究结果显示，我们可以通过一些细节有效地判断一个人的微笑是否发自内心。如果对方微笑时出现眼睑的放松，那么这在很大程度上是一个真实的微笑；反之，如果这个微笑只是挂在嘴边，有点皮笑肉不笑的感觉，那么它可能只是一个社会性微笑。根据这一结果，一家家电公司在投放一款洗衣机前，通过人工智能技术捕捉了消费者面对这款洗衣机的面部表情和情绪反应，在了解到消费者的真实感受后，进行一定改进才进行了投放。

随着越来越多先进技术的成功研发，人与设备的交互模式也将越来越精准。零售技术公司 Cloverleaf 甚至研发出可交互式的杂货店，这种杂货店内使用的货架将加载数字化货架展示系统。该系统内含内置探测器，可以识别出货架前消费者的情绪状态及其人群属性信息。据 Cloverleaf 的 CEO 介绍，这种数字化货架的数码屏会根据顾客距离货架的远近展示不同的内容，接着数码屏内的光学传感器会通过人们的嘴、眼睛、眉毛等有特征器官的线条边缘和点位来识别顾客的面部表情，并帮助识别出顾客的性别、年龄和种族等人口统计学信息。与此同时，探测到的面部数据会被实时上传到专门的面部识别软件，该软件会将顾客的情绪归入喜悦、悲伤、生气、害怕和惊喜等几个类别，以帮助 Cloverleaf 判断在产品上架、产品展示以及产品定价等环节上的顾客满意度。该数字化货架在测试阶段，就帮助一家杂货店提升了 37% 的销售额。

在这个大数据时代，一场有关消费者"情绪数据"的竞赛正在如火如荼地进行着，最新的情绪追踪技术甚至已经用到了眼动追踪、脑电图、电流皮肤反应、心电图和面部肌电图等，射频识别（FRID）、人工智能（AI）、虚拟现实（VR）等先进技术以及未来可能会出现的更先进的技术都在不断向商家输送越来越精准的消费者信息。对于商家而言，在收集有价值信息的同时，如何保证数据收集的合理性、有效地保护消费者的信息安全是亟须考虑的问题。商家在追逐商业利益的同时，也要承担起一定的社会责任。

7.5 消 费 体 验

You've got to start with the customer experience and work backwards to the technology. You can't start with the technology and try to figure out where you're going to try to sell it.

（你必须从客户体验开始，逆推所需的技术。你不能从技术开始，试着找出你可以把什么作为卖点。）

——史蒂芬·乔布斯

提到用户体验，许多人都会想到那个信奉"细节为王"、对产品美学有着极端追求的苹果公司创始人史蒂芬·乔布斯。2007 年那个圣诞节火起来的不仅有苹果公司，还有乔布斯的产品制胜法则——用户体验。苹果公司对用户体验的关注，使得它在进入市场后很快便获得了很高的用户忠诚度，并在全球范围内广受青睐。每一代苹果产品的推出，都体现着苹果公司在提升用户体验方面的极致追求，更简洁的设计、更友好的用户界面、更舒适的手感、更高端的外观，一直都是苹果公司研发每一款新产品时的基本准则。除了提升使用产品时的用户体验，打造消费环节独到的用户体验也值得所有商家，特别是线下商户高度关注。

时至今日，虽然线上购物占据消费的比重越来越高，但是许多人仍然选择线下购物，因为有许多体验是线上购物无法提供的。总结来看，线下购物为消费者提供了至少三种独到的购物体验。第一种是社交的体验。有时我们会和朋友相约一起逛大型商务综合体。逛商店可能并不是我们的主要目的，和朋友一起看场电影、吃顿饭、打打游戏，或许才是我们的真正目的所在。第二种体验是讨价还价。这能带来兴奋感和成就感，让很多消费者乐此不疲。第三种体验是宾至如归、被服务的感觉。这也是驱动很多人来实体店购物的原因之一。

有的时候，我们可以在线上和线下两种渠道购买到相同的商品和服务，但当我们选择不同渠道时，其实寻求的是截然不同的体验。比如，在国外，喜欢在线下赌场中赌博的人，更享受那种社交的氛围；而喜欢在线上赌博的人，会更注重私密性带来的安全感。2020 年全球新冠肺炎疫情期间，由于居家隔离的需要，人们不得不选择线上办公与学习，云演唱会、云综艺成了人们在家重要的娱乐手段。在这场疫情到来之前，如果让人们在现场观看演出和居家看直播之间做出选择，许多人都会更喜欢现场的氛围。然而，这次疫情期间的云演唱、云综艺却让许多人的想法发生了转变，发现了线上观看演出的魅力所在。例如美国知名女星雷迪·嘎嘎（Lady Gaga）策划举办的 One World 演唱会，这场云端演唱会聚集了全世界许多大牌的明星、歌手、艺术家……虽然少了现场音乐的临场感，却依旧让观众沉醉其中。随着科技的不断发展，线上观看演出今后会给人们带来更多视与听的新体验。

在上一节中，我们探讨了消费者的情绪体验以及消费情绪对于商家的重要性。商家之所以在研究消费者情绪上花费很多的精力与巧思，究其根本也是为了了解消费者的消费体验，进而为提升消费体验、进行产品改进和革新找到准确的切入点。由此可见消费体验对于商家的重要性。在本节中我们将深入探讨消费体验的相关内容。

7.5.1 体验经济

1970 年，美国著名未来学家阿尔文·托夫勒在其开创性的著作《未来的冲击》中曾提到："一种提供精神上满足的经济正在被创造出来，人们将努力争取更高的'生活质量'。产品制造商将增加产品的'心理容量'，服务的心理成分将扩大，我们将见证体验产业的增长，其唯一的输出是预先创造的体验，包括为客户提供冒险、危险或其他有趣的模拟环境。"

到了 1998 年，"体验经济"一词正式由约瑟夫·派恩和詹姆斯·H. 吉尔摩在《欢迎进入体验经济》一文中首次提出。他们将体验经济描述为继农业经济、工业经济和服务经济之后的下一个经济形式。伴随着服务经济的快速发展，体验经济也迅速蓬勃发展起来。除了我们上文中提到的苹果公司，IT 行业的微软、谷歌，娱乐行业的迪士尼、好莱坞，餐饮行业的星巴克、肯德基、麦当劳等，都因对消费体验的高度重视而获得成功，成为行业佼佼者。

其中，星巴克的体验式营销可以说提供了零售体验的典范。作为全球最大的咖啡连锁店，星巴克高品质的咖啡体验、独特而不失温情的环境体验、品质一流的服务体验、诚挚的情感互动体验使其在当下激烈的竞争环境中仍保持长盛不衰。在 7.2 节中，我们曾提到星巴克在门店设计上的独特思考，可见星巴克对细节的关注也是其体验营销获得成功的一个重要原因。对于商家而言，产品本身或者产品的核心功能固然重要，但是对消费体验的关注无疑是让商家脱颖而出的另一个关键要素。消费体验的重要性主要体现在以下两个方面。

（1）体验能够为产品创造新的价值

这一点从星巴克的例子中也能看出。在中国市场上，星巴克的咖啡售价一般高于市面上同类型的产品。然而自 1999 年星巴克进入中国市场以来，就广受中国消费者的喜爱，并拥有很高的产品忠诚度。当今，在全球范围内，中国市场成了星巴克除美国本土市场以外的第二大市场。虽然星巴克的咖啡本身性价比不高，但是对于星巴克来讲，其售卖的并不只是咖啡本身，而是打造"第三空间"，提供一种星巴克独有的咖啡体验。也就是说，消费体验为星巴克的咖啡创造了新的价值。多年来，咖啡零售行业竞争者不断增加，市场竞争愈演愈烈，即使有公司能在咖啡品质上达到与星巴克相媲美，甚至超过星巴克的水平，他们也很难提供星巴克那种独到的体验，这就是星巴克稳坐行业第一的重要原因。

回到用户体验上，苹果手机的用户体验也为其产品带来了很高的附加值。目前在手机市场上，已经有不少公司在技术上达到甚至超过了苹果公司的水平，然而当前苹果手机的用户忠诚度与市场占有率依然很高。Counterpoint Research 的数据显示，2019 年第三季度，苹果手机拿下了整个智能手机行业利润的 66%，约 80 亿美元，剩下 34% 的利润由三星、华为、小米、OPPO、vivo 等手机厂商瓜分。这一市场局面与苹果手机带来的独特体验密不可分，只要苹果公司不停止对提升用户体验的追求，就能源源不断地为其产品带来新的价值。由此可见，对于任何公司而言，想要确保在激烈的市场竞争中站稳脚跟，打造属于自己的独特体验，都是品牌的必经之路。

（2）体验相比实物能给消费者带来更大的幸福感

学术前沿 7.2

体验消费还是实物消费？这是一个问题

如果给你一笔钱，让你选择看一场期待已久的球赛或是去一家你一直想去却又舍不得去的餐厅吃一顿，你会如何选择？2003 年，科罗拉多博尔德大学的鲍文（Boven）和康奈尔大学的吉洛维奇（Gilovich）做了一个实验，招募了 90 名哥伦比亚大学的本科生，并把他们随机分为两组。一组被试需要回忆他们最近一次超过 100 美元的体验性消费，另一组被试则需要回忆最近一次超过 100 美元的物质性消费。接着让他们对这次消费的满意度和幸福感进行评价。结果表明，相比于物质消费，体验消费让他们更开心和满足，并且他们会觉得体验消费更有价值。这项研究告诉我们，购买体验比购买实物更容易让人们感到幸福。

然而，随着研究的不断深入，学者们发现事实并非总是如此，体验消费并不总会带来更好的体验。2014 年开展的一项研究表明，这种选择偏好会因人而异，也就是说有一些人本身就偏好体验消费，而另一些人偏好物质消费。显然，对于偏好物质消费的消费者而言，体验消费并不会使得他们更快乐。该研究甚至发现，对于这类消费者，无论是体验消费还是实物消费都不会让他们感到更快乐。偏好物质消费的消费者似乎失去了快乐的能力，这真是一个令人悲伤的结论。

文献来源：

VAN, BOVEN, L., & GILOVICH, T. 2003. To do or to have? That is the question[J]. Journal of Personality and Social Psychology, 85(6): 1193.

ZHANG, J. W., HOWELL, R. T., CAPRARIELLO, P. A., & GUEVARRA, D. A. 2014. Damned if they do, damned if they don't: Material buyers are not happier from material or experiential consumption. Journal of Research in Personality, 50, 71-83.

体验除了能为产品带来附加值，从消费者心理的角度看，体验还能为消费者带来拥有实物以外的幸福感。2003年，康奈尔大学的吉洛维奇等学者通过研究发现，与物质消费相比，体验消费能给消费者带来更高水平的幸福感。对于实物消费来说，幸福感主要来源于对物品的拥有，但现实中我们往往会发现随着时间的流逝，这种来自拥有权的幸福感会很快下降。体验消费则有所不同，其带来的幸福感主要来自体验时的舒适享受。体验消费的每一刻都是唯一的、不可复制的，并且这种体验可以作为记忆保存下来。在第1章中我们介绍过马斯洛的需要层次理论，它的观点是人的需要由低到高分为生理需要、安全需要、归属需要、尊重需要、自我实现需要等五个层次。相比于实物消费，体验消费能够更好地满足人的高层次需要，而体验经济时代的到来也充分显示出，现在有越来越多的人都在追求体验消费。

学术前沿 7.3

你幸福吗？什么样的经历会让你更幸福？

试想一个问题，一位20岁的年轻人说他很幸福，与一位70岁的老人说自己很幸福，他们所感受到的是否是同一种幸福？2014年，沃顿商学院的莫吉尔纳（Mogilner）和巴塔查尔吉（Bhattacharjee）等学者开展的研究告诉我们，他们口中的幸福可能不是同一种。该研究发现，幸福感并不只是简单的因人而异，对于不同年龄的人而言，幸福的定义可能是不同的。

莫吉尔纳和巴塔查尔吉共计开展了八项研究。在前三项研究中，他们让一组参与者思考最近哪段平常或不平常的经历让他们感到开心、幸福，并让参与者对这些经历的幸福程度打分。随后他们又邀请另一组参与者分析第一组参与者列举出的经历，思考这种经历是否会让自己感到开心、幸福，并让他们对幸福感进行评分。在第三项研究中，他们还研究了与他人共处的需要是否会影响平常或不平常的经历带来的幸福感。前三项研究一致发现，平凡经历与特殊经历本身不会影响幸福感水平。这让我们疑惑，难道人们并不会偏好不寻常的经历？

在后续的研究中，研究者利用脸书（Facebook）对年龄因素的影响进行深入探究。需要说明的是，在这几项研究中，研究者并非采用实际年龄，而是通过让参与者回答"他们认为自己余生还有多少年"来测度他们的感知年龄。学者首先让参与者描述自己最近的状态更新，并且确定这种状态是平常经历还是特殊经历，接着又请年龄相仿的参与者介绍一段自己的幸福经历。研究结果发现，对于那些认为自己余生还很长的人来说，相较于平常经历，特殊、非凡的经历会使他们更幸福；而对于那些认为自己余生相对较短的人来说，从平常经历和特殊经历中获得的幸福感相当。也就是说，平常经历所带来的幸福感会随着年龄的增长而增加。

两位学者认为，这一研究发现对于市场营销者具有重要的启示。之前营销者总会认为，非同寻常的经历要好过稀松平常的经历，进而想方设法把消费者的普通经历转变为非同寻常的经历，以期能带来产品销量的提升。这项研究则告诉我们，这一举措是否奏效实际取决于目标人群。营销者需要确定自己的目标人群，才能明确他们对幸福的定义，从而为他们做出相应的承诺。

文献来源：

BHATTACHARJEE, A., & MOGILNER, C. 2014. Happiness from ordinary and extraordinary experiences[J]. Journal of Consumer Research, 41(1): 1-17.

消费行为工具箱

为消费者营造难忘体验

消费体验能为商家带来许多价值，既然消费体验如此重要，商家要怎么做才能为消费者营造出良好的消费体验呢？什么样的体验会更令人难忘呢？总结来看，要想为消费者营造出难忘的消费体验，商家们可以从以下几个角度着手。

（1）打造统一的主题

说到为消费者营造体验，一定要提到两大主题乐园——迪士尼和环球影城。通过观察可以发现，这两大乐园都有着统一的主题，依靠这种独特的主题来吸引消费者，为消费者营造出独特的消费体验。世界上有太多的乐园，拥有一个旗帜鲜明的主题无疑更能吸引消费者，从而脱颖而出。此外，一个鲜明的主题能够帮助他们更好地树立自己的品牌。乐园在进行扩张时，能够在融合当地特色基础上，让自己的主题更加有创意。

因此，为消费者营造良好体验的第一步就是创建统一的主题。在主题设计方面，迪士尼做得非常成功。自华特·迪士尼1955年创建第一家迪士尼乐园开始，迪士尼不断推出以童话故事、科学幻想为主题的卡通形象，从最初的米老鼠和唐老鸭到后来的加勒比海盗系列，迪士尼通过这些深入人心的动画形象不断强化自己的主题文化和品牌形象。以上海迪士尼乐园为例，它包含七个主题园区——米奇大街、奇想花园、探险岛、宝藏湾、明日世界、梦幻世界和迪士尼·皮克斯的玩具总动员。通过整合相关主题，迪士尼从建筑、演出、场景设置等方面来展现和塑造故事情节。"主题、情节、场景"是迪士尼主题乐园模式不可或缺的三个基本要素，正是这种体现到细节的主题化让迪士尼坐上了全球第二大跨国传媒企业的位置。

尽管迪士尼乐园珠玉在前，想要模仿它，通过主题化吸引消费者也并非易事。资料显示，近十年我国本土开发的主题公园中，约有80%的乐园都已倒闭。主题的创建并不仅仅是为了标新立异，从根本上看是要为消费者营造一个独特而又舒适的体验，要想通过主题化的经营策略来吸引消费者，需要做到以下几点。

首先是打造有价值的主题。迪士尼的主题文化之所以能够深入人心，是因为它都是以迪士尼动画为依托，每一个主题园区都对应着单个或系列核心动画和形象，也就是说迪士尼深入人心的主题背后有着深受大众喜爱的迪士尼动画。在全世界，不少人或多或少看过迪士尼动画，这就使得消费者与迪士尼主题之间建立了联系。这种纽带使消费者被迪士尼的主题设计所吸引，在进入乐园后有更强的代入感。因此，主题化的设计应当要结合目标消费者的特征和当地的文化特色，选择能够被广泛接受的主题，形成自己的主题文化。有一些主题确实具有特色，但这种特色仅仅能够满足消费者一时的好奇心，并不能持续吸引消费者，也很难在其基础上进行创新。

其次是创新。迪士尼有一句口号是"乐园永远没有造完的一天"。一方面，迪士尼每次设计新项目，都会在建好模型后用微型摄像机从各个角度拍摄，力求完美；另一方面，迪士尼会在紧扣文化的基础上进行主题创新。要确保自己的主题能够持续创新，商家要保证自己的主题不仅仅是一个具有某种特色标识的象征，更是一种传递企业和品牌文化的、连接企业与消费者的文化。与此同时，商家的每一步创新都要紧扣这个主题文化，这样就可以在为消费者带来全新体验的同时，加强消费者对主题文化的认同感，提升他们的品牌忠诚度。

最后，具有明确的主题文化后，商家的经营策略也应紧扣主题。通过这些经营策略，调动消费者的情绪，增强他们对主题文化的认同，让他们全方位地感受到主题带给他们的独特体验。一种可行的经营策略是场景化，一个紧扣主题的场景能给消费者带来深刻的记忆，当消费者一进入场景，甚至还没有进入时，就能融入场景中，这种最初印象能够帮助消费者更深入地沉浸在商家想要营造的体验中。

（2）调动所有感官

本节中，我们介绍了一项研究，它的结论是体验消费相比实物消费能够给人带来更强的幸福感。派恩和吉尔摩在《体验经济》一书中提到："虽然体验本身无影无踪，但人们之所以期待体验，是因为它的价值可以长久地存在于每个人的内心。"可以说，最深刻的体验往往都变成了记忆，可以长久地停留在人们的脑海中。那么问题来了，如何才能给消费者留下印象深刻的体验记忆呢？有研究显示，参与记忆的感官越多，印象就越深刻，记忆的时间也就越长。因此，营造体验的第二个关键要点就是，体验要尽可能调动消费者的所有感官。

人类的五种感觉，即视觉、嗅觉、味觉、触觉、听觉都可以吸引消费者，它们能触发基本感官的潜意识，诱发消费者的特定情绪。研究表明，在人们接收到外界信息中，83%以上是通过视觉，11%要借助听觉，3.5%依赖触觉，其余则源于味觉和嗅觉。试想一下，一家披萨餐厅，是在门口张贴一张充满诱惑的广告海报更有吸引力，还是播放具有声音刺激和视觉冲击的广告视频更吸引人呢？毫无疑问，视频广告更吸引消费者，因为它调动了更多的感官，再配上从餐厅飘散出来的披萨香味，这种全方位的感官刺激，会给顾客留下深刻的印象。即使路过的消费者这次因为种种原因没有进店消费，他下次想吃披萨时可能也会回忆起这段经历。

那么，商家要怎样做才能充分调动消费者的感官，为顾客提供全方位的愉悦体验呢？毕竟，不同产品的属性差异很大，提供全方位的感官体验并非易事。我们一起来看几个例子，这几个例子的共性在于，普通大众并未意识到调动某种感官对于例子中的产品的消费体验的重要性，但这种感官刺激却在无意识中影响了消费体验。

首先是嗅觉体验，前文中我们曾提到拉斯维加斯的赌场会使用一些特制的香氛，这从嗅觉上给消费者带来了独特体验，从而吸引了消费者。类似的例子还有新加坡航空，新加坡航空邀请专业调香大师调制了一款专属的香水，新航所有的产品，例如提供给乘客的热毛巾，都带着这股香味，这为消费者带来了一种独特的体验，增加了消费者对新航的好感。此外，这种来自嗅觉的体验相比视觉体验持续更久。一项关于嗅觉与记忆的研究显示，人们回想 1 年前闻到气味的准确度约为 65%；如果是回忆 3 个月前看过的照片，准确度仅有 50%。也就是说，嗅觉体验虽然是一种相对温和的体验，不具有太强的冲击力，却能给人带来更持久的记忆。

接下来我们来看一个跟触觉有关的例子。在苹果公司之前，鲜有手机公司会关注触感对于消费者使用体验的影响，当时大家都在手机的性能、电池、配置甚至价格等方面较劲。即使到了现在，在手机的触感体验方面，苹果公司仍是行业佼佼者。乔布斯对产品触觉的观点是："当你打开 iPhone 或者 iPad 的包装盒时，我们希望那种触觉体验可以为你定下感知产品的基调。"这或许就是苹果手机拥有极高的用户忠诚度的重要原因之一。

听觉体验的典型例子是可口可乐。普通的软饮料厂商通常不会关注产品带来的听觉体验。不过，可口可乐在给人带来味觉享受之外，也给消费者带来了特别的听觉体验。提到可口可乐时，大多数人首先想到的可能不是可口可乐的味道，而是可口可乐打开时"呲"的一声以及随之而来的气泡外冒的声音。可口可乐通过市场调研发现，这种打开瓶盖瞬间"呲"的一声，让口渴的人获得了极大的满足感，他们对可口可乐的好感在这个瞬间达到了顶峰。这种体验无疑帮助可口可乐吸引到众多忠实的消费者。

通过前面举出的几个例子，我们能够发现，想要为消费者提供全方位的体验，商家需要跳出产品本身的属性，勇于创新，从细节中把握每一种能够吸引消费者的感官刺激。与此同时，也要注意调动感官刺激的合理性，例如在洗涤剂中融入味觉体验可能就不是一个好的想法。

（3）提供纪念

前面我们介绍了营造体验的两个关键因素，分别是打造统一的主题和调动所有感官。做到这两点无疑能为消费者带来一次难忘的体验。但是，要想让消费者更长久地记住这种体验，就涉及了第三个关键因素——提供纪念。

我们常见的纪念方式主要有照片、纪念品等，这些有形的纪念性物品，一方面帮助延续了消费者的体验，另一方面融入了与消费者自身情绪相关的经历。如何通过设计让体验带给消费者的纪念更有价值、更有意义，是商家要重点关注的内容，因为并非所有与体验有关的物品都有纪念价值。好的纪念品应当紧扣主题化体验，让消费者的体验能够融入纪念品中，并通过纪念品的"交际"功能把体验传递给他人，以此吸引新观众。据报道，迪士尼主题乐园 40% 的收入来自纪念品的销售。去过迪士尼的人会发现，迪士尼的纪念品商店选址很特别，当你刚从一个项目出来，就能马上看到与这个项目有关的纪念品商店，很多人看到纪念品时还沉浸在刚才的体验中，很容易就决定购买，从而也强化了这一纪念品与体验之间的联系。

此外，提升纪念品与消费者之间的互动，也能为消费者带来独特的体验。迪士尼有一种独特的纪念品，就是只换不卖的隐藏米奇系列徽章。这一系列的徽章只能通过和演职人员交换获得，并且一次最多只可以换两枚。这种互动式的纪念品为游客带来更多的乐趣，营造了丰富且独特的体验。除了隐藏徽章，迪士尼还采用射频识别（RFID）技术推出互动式护照体验"梦想护照"。购买梦想护照的游客可以在乐园内各指定地点收集官方印章，集齐所有印章后就会获得一枚特殊的印章作为纪念。"梦想护照"不仅为游客带来了精彩纷呈的体验，由于游客亲身参与到这本"护照"的办理过程中，这种互动式的体验纪念也给这份纪念品带来了特别的意义。

7.5.2 体验的类型

像产品一样，体验也有自己的特征，要想设计出一个独特的、具有创新性和创造力的体验，并为自己的体验进行定价，商家需要了解体验的维度。约瑟夫·派恩和詹姆斯·H. 吉尔摩认为，体验有两个重要维度。第一个维度是消费者的参与水平，按参与水平的高低分为主动参与和被动参与。有时，消费者是在主动的参与创造体验的过程或者在体验中扮演重要角色，例如参与一项体育活动、进行一项手工创作等。对于这类体验来说，消费者是否参与决定了体验水平的高低甚至体验存在与否，毕竟如果一位消费者买了门票进入游泳馆，却连泳衣都没换，也没有下水，体验感会很低，甚至为零；有时，消费者则只是在被动地接受体验，并不参与体验的创造，例如观看体育赛事、看演唱会、看画展等。

体验的第二个维度描述的是消费者与体验之间的背景关联程度，这个维度的两端分别是吸收式和浸入式。举例来说，当你在家中观看一场体育比赛时，就是吸收式体验；同一场比赛，如果是在比赛现场观看，周围的环境包括其他观众、场馆内的声音、气味等，会让你觉得更有感觉和氛围，这就是浸入式体验。再比如，当你在家中看电影时，不论你如何布置环境，都比不上电影院里的 IMAX 和 3D 环绕所带来的效果。这也就是说，消费者与环境的交互程度越高，消费者的体验就越偏向于浸入式体验。

根据这两个维度，派恩和吉尔摩将体验分为了四类，分别是娱乐性体验、教育性体验、审美性体验和逃避性体验。娱乐性的体验，例如看电视、听音乐会等，往往是被动参与的吸收式体验。教育性体验，例如上课或参加某项技能的培训等，往往需要更主动的参与，但由于参加教育性活动对参与者的能力有一定的要求，具有一定的难度，这种体验大多是吸收式的，很难成为浸入式体验。逃避性体验（这种命名很有意思，我们不能"顾名思义"）既可以像参加教育活动一样积极主动，同时又可以沉浸于快乐中，例如出门旅游、打游戏等，也就是说，逃避性体验的参与者在接受商家创造体验的同时，还能主动创造新的体验。而当消费者减少主动参与，逃避性就变成了第四种体验——审美性体验，这类体验活动包括观看艺术展、欣赏某一静态景观等。在这种体验过程中，参与其中的消费者仅仅是沉浸在活动或环境中，但是他们自身对活动或环境几乎没有影响。

以上的四种体验仅仅是将体验进行类别上划分，现实中许多体验并不单纯属于其中的某一类，而是其中几种甚至所有四种的结合，在两个维度之间找到了最佳的着力点。举例来说，迪士尼乐园就为消费者提供了包含四种类别体验的丰富体验，通过精心设计，进入迪士尼乐园的游客们，可以按照自己的需要，随意享受自己需要的体验，这或许是迪士尼在各种国家、各种年龄层次的消费者中都广受欢迎的原因之一。毕竟它可以满足消费者想要的所有体验，怎么会不令人心动呢？

7.5.3　为体验定价

看到为体验定价，许多人可能会觉得很荒谬，体验这种无形的东西怎么定价呢？许多人会觉得，体验就是一种服务，是商家需要尽到的一种义务。不过，随着体验经济时代的到来，人们逐渐明白真正的体验并不仅仅是服务，体验的价值其实远高于服务的价值。正如随着服务经济的深入，商家在服务上不断投入，许多商家开始为服务收费；随着体验经济的不断发展，商家也需要对体验收费。

目前，除了迪士尼乐园那样专门为消费者提供体验的商家，如果让其他提供高质量体验，但主打有形产品的商家们为体验收费，或许很多商家不会愿意。毕竟，在其他商家都没有对体验明码标价时，首先为体验收费会带来很大的市场风险，极有可能引发消费者的不满。尽管如此，有些商家真的在对体验收费。

通过观察一些传统意义上产品性价比不高却依然广受欢迎的公司就会发现，人们选择它们的原因大多是这些公司的产品能为他们带来一些更舒适或独特的体验。前面我们讲过，人们都是损失厌恶的，当人们花同样的价钱能买到同样的产品甚至是质量更好的产品时，为什么还会有那么多人选择性价比不高的产品呢？海底捞近年来在国内十分火爆，尽管海底捞的价格比许多火锅店都高，但依然广受欢迎，各个门店的顾客络绎不绝。问及原因时，大多数消费者给出的都是同一个理由，海底捞的服务好、体验佳，能让人体会到一种宾至如归的感觉。我们不难发现，其实许多商家都在无形中对体验收费。

然而，与其让消费者发现自己在无形中被动为体验付费，不如商家自己主动为体验定价。派恩和吉尔摩就提出，商家需要明确为体验定价并收费。他们认为，为体验定价会迫使商家不断营造更好的体验来吸引消费者。虽然为体验定价在很多人看来并不会起到吸引消费者的效果，但是事实上，已经有商家在一定程度上开展了对体验的定价，比如沃尔玛旗下的高端会员制商店山姆会员店。要在山姆会员店购买商品，需要先购买会员资格。作为线下商店，山姆会员店甚至提供了许多线上购物网站难以提供的购物体验，例如整合全球采购资源，让会员能够购买到国内外畅销的商品；无忧退换货，14 日内在确保产品包装完整情况下，会员可以办理退货；送货服务，提供 48 小时内指定区域送货服务；针对企业会员，还可以提供专业的商业采购解决方案。除此之外，山姆会员店对细节的关注及其规范性也是它吸引消费者的原因之一，从商品摆放到通道设计无不体现出山姆会员店对细节的用心。正是这些一流的消费体验，让消费者心甘情愿为高达 100 美元的高级会员年费买单。近几年来，山姆会员店在美国的销售增长率一直在稳步提升。

体验与服务一样，很多时候都是以无形的方式被人们感知到，它不像有形商品那样可以被量化，因此对于体验的定价可以按照三种方式进行：第一种是按时间收费，消费者为一定时间段内的体验付费，这个时间段可以按分钟、小时、天、周、月、季度或年来划分，具体选择需要考虑商家自身的情况。第二种是按场次收费，也就是我们常说的入场费，不过这个入场费可以与时间收费结合，例如在一个月内有三次入场的机会。第三种是按活动收费，消费者入场后可以选择特定的活动进行付费体验，这样一来，消费者获得了更大的选择权。

7.6 消费者满意度

美国《财富》杂志社对"全球 500 强企业"的跟踪调查结果显示，企业顾客满意度每提升 1 百分点，5 年后企业的平均资产收益率将提高 11.3%。许多公司都深刻认识到顾客满意度的重要性，每年投入大量经费在消费者满意度调查上，许多专业的调查机构也应运而生。华为对消费者满意度尤为关注，其公司宗旨就是"以客户为中心"。华为的满意度体系是闭环的，通过第三方满意度调查，华为会对相应流程进行处理，一环接着一环，逐一监督解决和落实。此外，华为会分层级开展客户满意度调查和评估，包括第三方客户满意度、业务满意度、项目后客户满意度、售后满意度等，努力从各个视角全面了解消费者满意度。除了第三方机构的满意度调查，华为还有自己的业务满意度评估团队。正是由于对顾客满意度高度关注，华为的顾客满意度一直稳步上升。2019 年中国顾客满意度排名中，华为超过苹果成为第一（见图 7.8），而 2015 年华为还仅仅排在第五名。

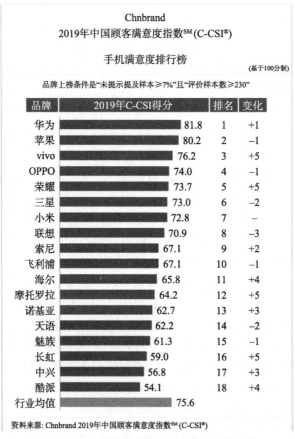

图 7.8 2019 年中国顾客手机满意度排行榜

图片来源：Chnbrand

时至今日，大多数商家追求的都不再是一锤子买卖，而是回头客。因此，作为吸引回头客的关键，口碑在这个互联网时代也变得越发重要。有了好口碑，也就有了"自来水"，即消费者会自发地对自己满意的产品进行宣传，比如发微博和微信朋友圈。举例来说，2015 年暑期，有一档国产动画片《大圣归来》横空出世，在票房上大放异彩。然而一开始，并没有人预料到这部电影会如此成功。它之所以取得了成功，靠的就是过硬的质量，以及"自来水"们的口口相传。从这个例子中可以看出，对于商家而言，仅仅把一款产品卖出去远远不够，商家需要去密切关注消费者对于产品的满意度，即消费者购买这款产品之后对其的态度。

除了关注消费者的满意度，如果消费者存在不满，优秀的商家还会格外关注消费者产生不满的原因。以一家航空公司为例，他们曾详细调研乘客搭乘航班的体验。根据调研结果，他们发现乘客对于空中环节的满意度通常比较高，而真正会让乘客产生不满的是办理值机的环节和等待托运行李到达的环节。了解到这一信息后，这家公司就更加注重提升值机和托运环节带给乘客的旅行感受与体验。

为了提升消费者的满意度，商家可以从两方面着手进行改进。首先，是进一步提升商品和服务的质量，这一点的重要性毋庸置疑，前文中提及的降低消费者的等待时间就是提升服务水平的做法之一。第二步则是管理消费者对于产品的预期。关于满意度有一个公式，满意度等于结果减去个体的期望，也就是说对于同样的结果，个体初始的期望值越高，最终的满意度就越低。同样是考试获得满分，如果考生原先没有抱有这样的期待，就会获得意外之喜；而如果本身就抱有一定期待，那么同样的结果并不会带来很高的满意度。在工作中也是一样，如果一位员工在刚开始工作时表现非常出色，尽可能展现了全部实力，人们会对他抱有更高的期望。日后他的表现再出色，别人都会觉得这是理所应当的，不会对其有很高的满意度。甚至一旦这位员工在某项工作中表现不佳，他人对他的满意度就会大幅降低。

期望值对于满意度的影响，在消费行为中也有类似的体现。根据期望不一致模型，消费者会基于之前使用类似产品的经验以及他们手头掌握的有关产品的信息，形成对于产品质量的期望。如果产品的实际使用体验与消费者的预期一致，消费者不会对此做出过多的反应；如果产品的实际使用体验低于消费者的预期，消费者的满意度就会大幅降低；而如果产品的实际使用体验高于消费者的预期，消费者则会感到非常满意。

举个例子，在选择餐厅时，顾客可能会根据一家餐厅的选址、装潢和价位对这家餐厅的品质做出预判。因此，同样是发现杯子上有手指印，如果这件事发生在一家高档餐厅中，顾客往往会感到非常恼火；但如果是发生在路边的小店，他们却有可能毫不在意，简单地用纸巾擦拭后就继续用餐了。从这个例子可以看出，商家必须合理地管理消费者的预期。

那么，商家要怎么做才能合理地管理消费者的预期呢？一方面，商家不要做出自己无法兑现的过度承诺。举例来说，如果一道菜的分量较小，餐厅的服务员可以在顾客点菜时告知顾客，让顾客有一个心理上的准备。关于这一点，有一个特别有意思的案例。一家公司的售后服务时效总是受到消费者的诟病，但是该公司又无法在短时间内加快售后服务代表响应的速度，因而选择反其道而行之，延长了承诺消费者的售后服务响应时间。比如，原本承诺在一天内做出响应，现在，改为承诺在两天内做出响应。有趣的是，实施这一举措后，消费者对于该公司售后服务的满意度反而提升了。

另一项进行预期管理的重要举措是，当产品质量出现问题时，迅速采取行动恢复消费者对于产品的信心。纸里终究包不住火，如果选择隐瞒真相的话，最终的结局往往是引火烧身。因此，直面产品的质量问题，迅速地提出合理的解决方案，比如召回全部存在质量隐患的商品，才是正确的危机公关之道。

最后，如果消费者已经对产品的质量产生了不满，他们可能会通过以下两种不同渠道表达自己的不满。第一种渠道是直接和商家沟通，要求商家做出赔偿。第二种渠道是负面的口碑传播。这是因为有的消费者会因嫌麻烦而不愿去找商家索赔，或者对他们而言，这种损失不算大。他们表达不满的方式可能是在社会化媒体上分享自己的购物经历和产品的使用体验，从而让其他原本对该产品感兴趣的消费者产生顾虑，甚至最终放弃购买。由此可见，哪怕只是小小的质量问题，也可能会带来品牌危机。因此，商家务必要重视消费者的满意度。

7.7　商品的处置

在本章中我们谈到了冲动性消费，冲动性消费一方面给我们的心理上带来许多的懊悔与负担，另一方面也为我们的商品处置带来了很多问题。近年来，有一个概念火爆了各大资讯平台和朋友圈，那便是"断舍离"。在人们的生活中，长期无节制的购买行为也是许多商品被闲置的重要原因。

对于这些物品的处置，我们可以采取以下几种处理方式：一种是把用不到的物品放在房间的角落，正所谓眼不见心不烦；另一种则是把保养得不错的物品捐出去；最后一种是将物品进行二次销售。不过，如果没有加以引导，我们闲置在家中的大多数物品，很有可能最终还是出现在了垃圾堆中，这便为商家创造了不少的商机。一方面，转转、闲鱼等二手的交易平台应运而生，并吸引到了许多用户参与。这是因为，同一件物品，对于一位消费者来说，可能已经没有了价值，但是对于另外一位消费者来说，它可能是宝贝。另一方面，有一些企业把消费者的"断舍离"视为了打造自身品牌形象的契机，它们会在宣传中鼓励消费者去回收不再使用的商品，甚至承诺给予消费者物质奖励。这一举措可以在消费者心中塑造出一个有社会责任感的品牌形象。

除了那些冲动和无节制的购买行为带来的商品闲置，还有一类闲置物品比较特别，这些物品往往是最难"断舍离"的一类。每个人都有几件自己珍视的物品。有时，我们甚至会对这些物品产生依恋，即使有些物品已经不能使用，我们也很难扔掉它们。比如，一位至亲送给自己的一件毛衣，哪怕穿旧了，上面有一个洞，我们也舍不得扔掉它。

对于个人而言，要和自己珍爱的物品说再见，情况要复杂得多。通常情况下，"断舍离"的仪式感要做足，就像和老朋友说再见一样。经常被采用的仪式主要有三种：第一种仪式是拍照留念，为陪伴过我们的物品留下影像，也为我们自己留下美好回忆；第二种仪式是转移地点，"断舍离"是一个过程，需要一点点地去接受它们的离去；如果我们打算把物品捐出去，那么第三种仪式是物品的清理，也就是把珍爱的商品整理并包装好，让它们以最好的姿态去迎接新的主人。

本章小结

在本章中，我们围绕消费者对产品的购买与处置，探讨了对消费者购买决策产生影响的因素，并进一步探讨了消费者购买后的满意度，以及消费者对商品的处置。

我们首先介绍了消费情境，它对消费行为的影响主要源自两方面：产品的使用情境和消费者在不同情境下的自我形象。产品的使用情境指的是，产品本身的功能适用于不同的情境，情境下的自我形象指的是消费者在不同情境下想要展示出不同的形象。这启示商家依据情境划分产品的功能，有针对性地吸引消费者。

关于消费者做出购买决策时会对决策产生影响的因素，我们分别讨论了一系列有形和无形因素。其中，店内决策的影响因素主要包括店面装修的物理因素、销售人员特质、消费者的心理账户的设置及预算、最新科技手段的应用、时间因素、共同消费者、最新科技手段的应用等，以上的这些因素共同影响了消费者决策过程中的情绪和体验感，进而影响了消费者最终的购买决策。

冲动性消费的影响因素很多，最主要的原因是人们有追逐即时奖赏的倾向。有三类人更容易进行冲动性消费，分别是具有冲动性人格的人、付款时感受痛苦程度较低的人、追求满意解的人。避免冲动性消费的方式有三个，使用现金付款、延后购买、选择在不易产生冲动行为的时间点购物。

在消费者的情绪部分，我们着重介绍了情绪模型，按照愉悦感与唤醒度两个维度将情绪划分为兴奋、放松、沮丧和悲伤四种组合。了解消费者的情绪状态，是商家研究消费者行为不可或缺的一环，情绪数据的竞争对当今的市场竞争至关重要。

关于消费体验，我们除了探讨它对消费决策的影响，还探讨了如何为消费者营造更难忘的体验。具体来看，可以打造统一的主题、充分调动消费者感官、提供纪念几个角度着手。此外，我们对体验进行了分类，按照消费者参与水平和背景关联程度将体验分为娱乐性体验、教育性体验、审美性体验和逃避性体验。我们还探讨了为体验定价的可行性，并提出了三类不同的定价方式。

消费者完成购买行为后，企业非常关注其满意度。消费者满意度的调查不仅关注消费者对产品的满意程度，还关注消费者产生不满的原因，这是商家改进产品以及相关策略的重要依据。商家可以通过两种方式提升消费者满意度，一是提升商品和服务质量，二是管理消费者的预期，原因是过高的预期和过低的预期都会影响消费者的心理感受。

最后，关于闲置物品的处置，主要有三种方式：继续保留、捐赠、二次销售。

在本章中，我们对消费者的整个购买决策链条进行了详细的介绍。希望读者可以深入了解在消费者决策过程的每个环节中直接或间接影响其最终购买决策的因素，在此基础上了解在消费者完成购买行为后，还有哪些环节和因素会影响其后续的购买行为。

案例分析

像迪士尼一样打造绝佳体验

线上资源

本章测试

第 8 章

影响消费者的外在因素：群体与社会化媒体

生活中，我们或许都有过这样的经历：在逛街时，看到人群聚集就会想要凑上去看看；相邻且主营业务相同的两家陌生店铺，如果其中一家顾客排起了长龙，另一家门可罗雀，那么大家往往都会选择光顾排长队的店铺。此刻，排队等待也显得没那么痛苦了。如今，类似的现象也"蔓延"到了网络购物中。最近几年"双十一"等购物狂欢节中，网络直播卖货达人们可以带来巨大的销售额。当下，网红直播带货越来越火，带货红人数不胜数，他们直播间的商品一经开售就几乎"秒空"。网购盛况的背后有着许多因素，销售模式的转变、群体的影响、网络媒体的传播、口碑营销等都在影响甚至改变我们的消费行为和消费方式。

在前面的章节中，我们系统介绍了影响消费者的内在因素，从感觉与知觉、学习与记忆，到自我与人格。其实，影响我们消费行为的不仅仅有内在因素，还有很多外在因素。举例来说，没有人是一座孤岛，我们都生活在社会中，根据不同的角色身份，我们从属于不同群体，比如特定的年龄群体、地域群体、行业群体……正是这些不同的群体构成了我们所处的社会。因此，群体以及一些社会化的衍生物会对我们的各种行为，包括消费行为产生重大的影响。在本章中，我们将针对群体和社会化媒体展开探讨，探究这些因素是如何影响消费者的。

◆ 学习目标

1. 什么是参照群体？它对消费者有哪些方面的影响？参照群体对消费行为的影响程度有哪些决定性因素？社会性力量是什么？具体包括哪些？

2. 参照群体怎样划分？如何判断一个人是否属于一个参照群体的成员？

3. 什么是保持一致性动机？有哪些因素会影响人们的保持一致性动机？

4. 从众、服从和依从分别是什么？如何区别从众、服从和依从？

5. 群体会对消费者产生哪些特别的影响？这些影响对商家有怎样的启示？

6. 什么是意见领袖？它有哪些影响？如何识别一位好的意见领袖？

7. 有哪些特殊类型的意见领袖？他们如何影响消费者？对商家有何启示？

8. 口碑传播是什么？为什么商家要重视口碑传播？

9. 人们为什么会进行口碑传播？如何让更多人自发地进行口碑传播？

10. 负面口碑有什么影响？怎样才能管理好品牌和产品的负面口碑？

11. 什么是社会化媒体？网络社区又是什么？它有哪些形式？如何调动网络社区成员的积极性？

12. 社群经济是什么？为什么说社群经济是去中心化的？

13. 群体智慧是什么？它对商家有什么启示？

8.1 参 照 群 体

在民族生活中，有组织的群体始终扮演着一个重要角色，但这个角色从来都不曾像今天这么重要。群体的无意识行为取代了个人的有意识活动，是当下这个时代的主要特征之一。

——古斯塔夫·勒庞《乌合之众》

众所周知，人类是社会性动物，而每个人都从属于一个或多个群体。群体影响了人们大大小小的行为，这种影响有时是在人们有意识状态下发生的，比如我们为了融入一个群体，可能会去购买特定的产品；有时这种影响可能是在无意识中产生的，比如受到群体着装风格的影响，人们可能无意识地改变了自己的审美。在消费者行为学中，有一个重要的概念是参照群体，它指的是对于一个人具有重要相关性的个体或群体，参照群体会对消费行为产生重要的影响。参照群体既可以是真实存在的，也可以是虚拟的。比如我们身边的朋友就是真实存在的参照群体，而中国的年轻人是我们广义上的参照群体，属于虚拟的参照群体。

8.1.1 参照群体的影响

对于消费者来说，参照群体会产生三个方面的影响，分别是信息性的影响、功利性的影响和价值表达的影响。

信息性的影响指的是当消费者面临不确定性时，会主动去寻求来自参照群体的信息以降低购买的不确定性和风险，比如从身边的朋友那里获取信息，听取这一领域内专家的意见，直接依据代言人来推断产品的质量等。通过这些信息，消费者扩大了对产品和品牌的认知，决策能力也相应提高。例如，我们在购买电脑时，首先会询问周围懂电子产品的家人和朋友，了解哪款电脑性能更好；刚开始接触股市时，会先咨询"懂行"的朋友哪只股票更有潜力。这也解释了为什么在牙膏和牙刷广告中，品牌常常会安排演员身穿白大褂，扮演医生出镜，而许多运动品牌都会邀请专业运动员代言，这些专业人士无疑是最容易成为消费者的参照群体的人群。当然，随着消费方式的改变，网络购物的时兴，消费者的信息来源也发生了转变，店铺的评级、他人的购物评论等都增加了消费者对产品的认知，提供了宝贵的信息，提升了他们的决策能力。

功利性的影响指的是，消费者在做出购买决策时，为了迎合参照群体的期望，其个人偏好可能会受到参照群体偏好的影响。为了融入该群体，消费者有时甚至会完全放弃个人偏好，这一点我们在第 5 章探讨印象管理时也曾提及。功利性的影响在生活中十分常见，例如职场人士的穿衣风格往往趋于一致，因为他们会受到其他同事穿衣风格的影响。再比如，一个喜欢经常在家里举办社交派对的人，其家庭装修风格很可能会受到其朋友的偏好影响。有时候，如果个体选择了与群体相违背的产品，甚至有可能受到群体的排斥甚至惩罚。例如虽然有的公司在招聘时没有明确要求面试者身着正装，但是一般应聘者去面试时都会选择相对正式的着装。假如你穿了一身运动服去参加面试，面试官可能会因此降低对你的印象分。现实中，如果一个商家声称使用某一产品可以帮助消费者获得他人的认可和赞许，或者宣称不使用某款产品就得不到社会的认可，它就在利用功利性影响。

价值表达的影响指的是消费者由于对参照群体的认同，会关注自己在他人眼中的形象，并选购特定的产品，进行印象管理。价值表达的影响主要从两个方面体现：一是个体有心理上的归属需要，由于对特定群体十分认可和喜爱，个体希望自己能成为该群体的一员，因此会积极主动地做出与该群体一致的行为。例如，如果一个人对自己职场精英的身份十分自豪，他会积极购买与职场精英的身份相匹配的产品，包括服饰、手表、汽车等。二是个体有自我实现和自我提升的需要，希望自己与参照群体中的成员一样，因此会学习或模仿该群体成员的行为以不断提升自我。例如，如果一个人想要成为律师，他可能会积极地去参加辩论赛，精心打理自己的外表，让自己看起来更有说服力。

【思考题】　思考我们介绍的参照群体的三种影响。你能不能回顾自己之前的经历，为每一种影响举一个例子？

8.1.2　参照群体影响程度的决定性因素

虽然参照群体会对我们的消费行为产生影响，但是这种影响有时很大，有时又微乎其微，其影响程度主要取决于以下三种因素。

第一个因素是消费者对于参照群体的态度。这种态度包括忠诚度、认可度、情感性支持的需要等。虽然个体有动机去学习和模仿参照群体的行为，但是这种动机受到我们对参照群体的态度影响。如果某一消费者对某一参照群体的忠诚度、认可度或情感性支持的需要很低，那么该参照群体对该消费者的影响也很微弱；而当消费者对一个参照群体的忠诚度、认可度或情感性支持的需要很高时，他就会有很强的动机去学习和模仿参照群体的行为，此时参照群体对他的影响就很大。在这些态度中，情感性支持有着非常强大的力量。以戒烟为例，参加戒烟小组的人对情感性支持的需要很高，因此参照群体对他的影响很大。这也解释了为什么参加戒烟小组的人戒烟成功的概率要远远高于独自戒烟的人，这就是来自参照群体的情感性支持的力量。

第二个因素是产品的使用风险大小。如果一个产品的使用风险非常小，则消费者不太容易受到参照群体的影响。比如日用品等价格较低的产品或产品试用装，它们的试错成本很低，即使踩雷也损失不大。反之，如果一个产品的购买和使用伴随着较大的风险，那么消费者在进行购买决策时会倾向于向参照群体寻求建议，这一类产品包括电子产品和教育机构课程等。一方面，消费者不常购买这类产品，有关这类产品的信息专业性又较强，个人很难做出准确的判断；另一方面，这类产品的价格偏高，试错成本很高，个体不敢轻易做出决策。

第三个因素是参照群体具有的社会性力量的大小。社会性力量指的是改变他人行为的能力，这种能力的来源包括参照权、信息权、合法权、专家权、奖赏权和强制权。接下来，我们逐一进行介绍。

社会性力量的第一项来源是参照权，它指的是由于个人的能力或者自身魅力所带来的力量。如果我们因为钦佩或羡慕一个人而模仿他的行为，那么他对我们来说就具有参照权。我们常说的明星效应其实就源自明星对社会公众的参照权。

第二项来源是信息权，它指的是个人对于信息的掌握程度。如果一个人掌握了其他人想要了解的信息，那么他就拥有了信息权。比如时尚杂志的编辑就拥有信息权，因为他们了解最新的流行趋势；再比如中介公司，他们了解业内最新、最全的行情信息。

第三项来源是合法权，它指的是以社会协议的形式授予某些人的权力，比如警察、士兵、教授都因其职业而具有合法权。有时候，在人们看来，甚至仅仅一件制服都有合法性的力量，这也就解释了为什么医学院的学生在实习中也要穿上白大褂。因此，这种力量有时也会被商家有意"借用"，例如在电视广告中，让广告演员身穿白大褂来推广相关产品，从而让消费者觉得他说的话值得信服。

第四项来源是专家权，它指的是由于在专业领域内具备专业知识而获得的力量。科学家以及专业的影评人，都因其在自己专业领域内的知识而具备专家权。

第五项来源是奖赏权，它指的是能够给其他人提供正强化的社会性力量。在选秀节目中，评委就具有奖赏权，因为他们可以决定选手能否晋级。

第六项来源是强制权，它指的是通过社会性的威胁或者恐吓来施加影响。公司的管理者就具备强制权，可以对业绩不佳的员工进行惩罚。但是一般来讲，强制权的威胁往往只在短期内有效。此外在消费行为领域，这一力量的使用很少见。

这六种社会性力量，不仅决定了参照群体对消费者行为影响的大小，在组织行为中，它们也是领导者的权力来源，影响着下属的行为。合理利用这六种力量的管理者可以对员工产生更大的影响，从而可以更好地履行自己的管理职能。

【思考题】 管理者可以如何应用六种社会性力量增强员工在工作中的投入？商家应当如何应用这六种力量去影响消费者的行为？

学术前沿 8.1

我们为什么购买品牌？——参照群体的影响

为什么大多数的人都有自己钟情的品牌，并且愿意忠诚于它？学者们认为，人们购买产品不仅仅是为了产品的功能，更是为了产品的意义。因此，品牌可以是符号，用来创造和定义消费者的自我概念。也就是说，如果一个品牌能够帮助消费者实现自我激励的目标，这个品牌就与消费者的自我联系在了一起。近期有研究表明，消费者会通过选择使品牌用户成员和自我形象保持一致性的品牌来构建自我形象。这是一个自我构建的过程，消费者在参照群体和他们使用的品牌之间形成联想，并通过选择与自己从属的群体，即内群体使用的品牌，同时排斥自己不从属的群体，即外群体使用的品牌，从而将品牌融入自我概念当中。不过，每个人构建自我的方式有所不同：有些人依赖于群体来构建自我，因此他们会关注与内群体保持一致的品牌；有些人在构建自我时就更为独立，他们会更关注与外群体的比较，以强调个体差异化。因此，尽管群体对消费者的品牌选择会产生重要影响，这种影响会因个体自我构建方式的不同而不同。

2005 年，美国范德堡大学的艾斯卡拉（Escalas）和贝特曼（Bettman）就研究了这一问题。他们在实验中招募了两类消费者，分别是自我构建为独立性的消费者和自我构建为依赖性的消费者。研究者们让这些参与者指出自己从属的群体（内群体）和不从属的群体（外群体），并列出他们认为与内群体一致或不一致的品牌以及与外群体一致或不一致的品牌。最后，研究者们让这些参与者对他们所列出的所有品牌进行自我-品牌联系程度评分。研究结果显示，与那些与内群体形象不一致的品牌相比，消费者认为与内群体形象一致的品牌具有更强的自我-品牌联系。从研究结果来看，内群体对自我-品牌联系的积极作用高于外群体对自我-品牌联系的消极作用。此外，自我构建为独立性的消费者，他们的外群体品牌联想对自我-品牌联系的负面影响相比自我构建为依赖性的消费者更强。

这项研究的结果表明，消费者使用品牌，是为了创造或交流他们的自我概念，而在这个过程中，消费者会将品牌在与参照群体的联系中所产生的品牌意义作为自我概念的建构依据。因此，对于品牌而言，为自己的目标消费者设定一个合理的群体特征，是影响消费者对品牌选择的重要因素。

文献来源：

ESCALAS, J.E., & BETTMAN, J. R. 2005. Self-construal, reference groups, and brand meaning[J]. Journal of Consumer Research, 32 (3), 378-389.

8.2 参照群体与消费行为

人就像动物一样有着模仿的天性。模仿对他来说是必然的，因为模仿总是一件很容易的事情。正是因为这种必然性，才使所谓时尚的力量如此强大。无论是意见、观念、文学作品还是服装，有几个人有足够的勇气与时尚作对？支配着大众的是榜样，不是论证。

无论组成群体的个人是谁，不管他们的生活方式、职业、性格和智力是不是一样，他们被转变为一个群体这一事实，便使他们拥有了一种集体心理，这种集体心理使得他们在感受、思考和行动时，其方式完全不同于每个个体在孤立状态下感受、思考和行动时所采取的方式。

——古斯塔夫·勒庞《乌合之众》

8.2.1 参照群体的划分及其影响

依据是否从属该参照群体，我们可以将参照群体划分为成员型参照群体和非成员型参照群体（见图 8.1）。成员型参照群体，顾名思义，指个体所从属的参照群体，一般由我们认识的人组成，比如我们的同事、同学、朋友。成员型参照群体又可进一步分为主要群体和次要群体，主要群体指那些与个体频繁接触的人，包括家人、同事、朋友等组成的群体，这类群体规模往往不大且非正式，但是与消费者存在密切联系，对消费者的行为有着较大影响；次要群体指那些与个体疏于接触的群体，这类群体多是正式的且规模较大，但是成员与成员、群体与成员之间交流较少，相互之间的影响自然也少，例如协会、兴趣小组等。

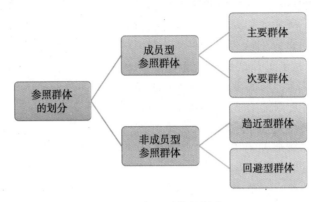

图 8.1　参照群体的划分

非成员型参照群体指的是与个体之间没有从属关系的群体。其典型代表是渴望型群体，一般是由我们并不认识但是钦佩的人组成的，比如明星、知名运动员、著名作家等各行业精英。在第 1 章中我们介绍过，个体的动机可以根据方向的不同划分为趋近型和回避型两类。个体想要实现和趋近的，被称为趋近型动机；想要回避和预防的，被称为回避型动机。相应地，参照群体也可以根据动机方向进行划分为趋近型群体（即渴望型群体）和回避型群体。很多人想要成为趋近型群体中的一员，同时会极力避免成为回避型群体中的一员。比方说，很多人极力避免自己成为书呆子或者孤僻的人。

不同类型参照群体的应用在商家的营销策略中随处可见，例如电视广告往往就是按照成员型参照群体和非成员型参照群体来分别制作，进而对消费者施加影响。有时，广告主角是生活中的普通人，这时广告商是在利用成员型参照群体对消费者施加影响。例如多芬的"真我"系列，作为大众的一员，普通人出镜的广告更容易引发大众的真情实感。一般情况下，广告主角是大明星，因为大明星属于趋近型参照群体的成员，其明星光环会引发消费者的模仿行为，从而对大众消费者产生重要的影响。

此外，相较于对个体更具吸引力的趋近型群体，回避型群体对消费者的影响其实会更大，这也为商家提供了新的商机。举例来说，所有人都不想成为"油腻"的人，因此如果能在广告中，安排一个"油腻"的人或形象使用竞争对手的产品，那么消费者对其竞争对手的好感度可能就会大幅降低。当然，这种做法可能会涉及不当竞争。

最后，我们来看一类特别有趣的参照群体——"黑粉"俱乐部，该俱乐部的成员往往因同一个明星或同一个品牌而聚集在一起。然而，他们聚集在一起并不是出于对这一明星或品牌的喜爱，而是出于对这一明星或品牌的厌恶。对于"黑粉"俱乐部，许多人的第一反应往往都是抵制、打压。然而，无论是对明星还是品牌，抵制或者清理自己的黑粉并不一定是一个明智的做法。即使是星巴克和耐克这样的知名品牌也有黑粉，想要做到人人都喜欢，是一项不可能完成的任务。另外，虽然"黑粉"对品牌的打击力度可能会很大，但是"黑粉"带来的巨大曝光度也能帮助明星或品牌被更多人知晓，这也是很多艺人公司选择"黑红"道路的原因。最后，品牌或明星的"死忠粉"可能会在与"黑粉"争吵的过程中，变得更为忠诚，这对品牌或明星来说，未尝不是一件好事。

学术前沿 8.2

秘密消费：总有些东西要独自享用

不可否认的是，我们的时代正向着社交化的方向大举迈进。时至今日，很多产品的消费都带有较为明显的社交属性，人们在选购产品时常常会在脑海中浮现出使用该产品的社会化场景，比如亲朋好友、同事之间的聚会。有趣的是，有部分产品更适合在非社会化的场景中使用。不少精明的商家深谙此道，把秘密消费作为产品差异化的卖点进行大肆宣传。一直以来，以冰激凌、曲奇饼、巧克力棒、水果干为代表的享乐型食品都是秘密消费的主阵地。学术研究显示，适合在独处时秘密消费的产品通常会获得人们更为正性的评价，也有更大的概率被消费者从一众同类产品中选中。消费者，特别是女性消费者，在秘密消费一款产品时，往往会仔细品味该产品，更为深度地沉浸在消费行为中。如果产品还不错，通常会给消费者留下深刻印象。学者们通过八项经过科学设计的实验发现，只是简单向女性消费者宣传秘密享用一款产品的好处，就可以有效地提升女性消费群体对该产品的评价。

让我们回到商业实践中，看看商家们是怎么做的。哈根达斯冰激凌的一款经典广告语是"秘密感动时刻"；类似的，多芬沐浴露的广告语是"多芬沐浴有一个秘密"。来自英国的银河巧克力公司在其广告中公开鼓励消费者秘密消费其出产的巧克力棒，它的广告语是"你是我的小确幸。嘘！藏起来，别告诉其他人！"这些公司的营销团队中，或许藏着洞察消费者内心秘密的消费者心理学家。需要指出的是，并非所有产品都适合秘密消费。因此，推出主打秘密消费的营销企划之前，最好充分考察产品类别与秘密消费之间的适配性。

文献来源：

RODAS, M. A., & JOHN, D. R. 2020. The secret effect: secret consumption increases women's product evaluations and choice[J]. Journal of Consumer Research, 46(6), 1093-1109.

8.2.2　参照群体成员身份的决定性因素

前面我们介绍了，参照群体可以按照从属关系分为成员型参照群体和非成员型参照群体。那么，有哪些因素会影响个体与群体之间的从属关系呢？研究发现，个体是否成为一个参照群体的成员主要取决于以下几项因素。

第一项因素是物理距离。物理距离越近，就越有可能进行社会互动，相互间的影响就越大。同学和同事往往有更大的机会成为朋友，背后就是这个道理。

第二项因素是曝光度。有研究显示，哪怕我们原本对一项事物没有任何偏好，但只要这项事物的曝光度足够高，我们也会慢慢对其产生好感。这也就解释了为什么政客们在竞选总统时，会竭尽所能地在各种媒体上进行宣传。同样道理，一件艺术作品获得的曝光度越高，我们就会觉得它的艺术水平越高（这也说明，大多数人其实没那么懂艺术）。事实上，曝光度会对我们产生潜移默化的影响，这种影响比我们想象中大得多，这一效应也有一个专业的命名，叫作单纯曝光效应。这一效应使得人们在进行选择时，更容易相信他们熟悉的事物。

第三个因素是群体的凝聚力。它指的是群体成员之间彼此吸引的程度，以及人们对于群体成员身份的重视程度。一个群体的凝聚力越强，群体对其成员决策的影响也就越大。

拓展阅读 8.1　简单曝光效应

8.2.3　保持一致性动机

消费者受到参照群体影响的原因有很多，但归根结底，是因为他们在选择产品时有和其他人保持一致性的动机。这种动机源自人们感受到的，或真实存在或假想中的社会压力，这种压力迫使他们改变自己的信念或者行为。生活中，各种无形的社会规范都会对我们的消费行为产生影响。举例来说，情侣之间在重要节日以及纪念日互赠礼品，已经成为一种约定俗成的习惯。再比如说，男士与女士之间的第一次约会，男士往往会主动买单。可以说，保持一致性的动机无处不在，而影响我们与其他人保持一致性的因素有很多，主要包括以下五项。

第一项因素是文化压力。例如，美国社会崇尚个性与自由，因而，消费者会倾向于"离经叛道"，以彰显自己的个性。而在东方文化背景下，比如中国和日本，人们倾向于与群体保持基本的一致性，不愿意过于特立独行。

第二项因素是个体对于反叛的恐惧。在学校里，如果过于特立独行，可能会遭到排挤；在公司中，过于彰显个性、不够融入团队，则有可能失去升职的机会。这些都驱使人们与群体保持基本的一致性。

第三项因素是承诺。一个人对群体的贡献越大，就会越珍惜群体成员的身份，与群体保持一致的动机就越强。举例来说，如果一个人已经为了自己的偶像花费了大量的时间和金钱，那么他就更有可能去做粉丝后援会要求做的事，即与其他粉丝组成的群体保持一致性。与承诺密切相关的一个原则是最小利益原则，它指的是，在一段关系中情感投入更少的那一方，往往在这段关系中具有更大的话语权。思考一下你和你的伴侣的相处模式，是否符合这个原则呢？

第四项因素是群体的特征。一个群体的规模越大，群体成员就会越顺从。这是因为，对抗一大群人要比对抗几个人困难得多。同时，群体成员的专业性越强，行为的一致性越强，群体成员保持一致性的动机就越强。

第五项因素是一项个人特质，即一个人是否容易受到其他人的影响。通常情况下，资深的成功人士往往对他人的看法毫不在意，他们充满自信，也并不热衷于进行印象管理。这类人会追随自己的内心，参照群体对他们的影响微乎其微。

8.2.4　参照群体的相关理论

前面我们介绍了保持一致性动机。在现实生活中，我们会发现保持一致性的倾向无处不在：社会上出现谣言时，尽管谣言看似非常不合理，大众却依然很容易轻信谣言，例如哄抢碘盐；在购买产品时，会下意识去关注别人在用什么、当下流行什么，也就是跟风；投票选择时，会倾向选择大家都认可的而不是自己喜欢的……可以看出，人们的行为每时每刻都在受到群体的影响，这种诉诸群体的现象看似原因一致，实则大有不同。接下来我们从社会心理学出发，介绍这种现象下三种看似相同实则有很大区别的行为：从众、服从和依从。

从众（conformity）是指由于群体的引导或压力，个人的观念与行为向着与多数人相一致的方向变化的现象。这种群体压力对个体产生的影响，可能是直接的，也可能是内隐的。例如个体如果不从众，群体会对个体采取威胁或惩罚行为，这种影响便是直接的；而内隐的含义是，个体自己会认为如果自己不从众，就会受到群体的威胁和惩罚，那么即使群体并没有对个体进行威胁和惩罚，这种影响依然真实存在。判断从众的关键在于是否涉及个体对群体的屈从或让步，由此可以看出，生活中那些少数服从多数的现象大多属于从众行为。

对于从众行为的起因，社会心理学家认为主要有以下三个：一是行为参照，即我们在本章前面介绍到的，人们在日常生活中，特别是在具有很大不确定性的情况下，会认为他人行为具有很大的参考价值；二是偏离恐惧，与群体行为不一致所带来的不确定性与风险，会促使人们产生畏惧，从而拒绝与群体不一致的行为；三是人际适应，根据自我价值定向理论，个人对某些群体的隶属关系，是其自我同一性的重要构成部分，也是其自我价值感的重要来源。也就是说，人们需要通过与群体保持一致来获得群体认同，从而维持稳定的社会人际关系。

服从（obedience）是指个体或群体在权威命令下，迫于规范的压力而按照他人命令行动的现象，它是一种直接、外显的人际影响。关于服从的研究中有一项经典实验，即米尔格莱姆的权威-服从实验。这一实验表明人类有服从权威命令的天性；在某些情景下，人们甚至会背叛自己一直以来遵守的道德规范，听从权威人士去伤害无辜的人。这一实验结果在当时的社会引起了轩然大波，也让人们不禁思考，为什么权威会导致人们出现强烈的服从行为？

从社会心理学的角度看，人们产生服从行为主要有两个原因：第一个原因是合法权力的影响，合法权力赋予命令者权威，同时让接受命令方认为自己有服从的义务。例如学生有服从老师的义务，下属有服从上司的义务，犯人有服从狱警的义务。除了这种稳定的社会角色分配，一些临时性的角色关系也让被命令者认为自己有服从的义务，例如权威-服从实验中的被试对实验操纵人员的服从。第二个原因是责任转移，发布命令的权威者让服从命令的人认为，自己行为带来的结果由权威者负责，本人无须承担责任。这让他们在服从时会做出背叛道德的行为，尽管他们在日常生活中都是普通人，甚至是非常有道德的人。由此也不难理解为什么二战时有很多侵略方的士兵会对其他国家的民众做出惨无人道的伤害并且毫无悔意，因为对于他们来说，无论自己怎样泯灭人性的行为，都只是因为服从命令。

依从（compliance）是指个体因为他人的期望压力而接受他人请求，做出符合他人期望行为的现象。依从与服从最大的区别在于，依从不具备强制特征，依从者没有受到外在权威的影响，因此依从行为往往是自发行为，例如在发生灾害时，人们会受到媒体影响而主动进行捐款。这也是为什么有很多人会研究话术，学习如何表达才能让他人接受自己的请求。

从众、服从和依从三者的区别在于压力源不同，从三者的定义我们可以看出，从众的压力传导机制是个体感受到群体压力后产生自我跟从。依从与从众的影响机制相似，也是一种自发的跟从行为，但区别在于，依从所感受到的压力往往是请求者定向施加的，而从众所感受到的压力不是压力源特定向其施加的。服从与前两者的区别在于，服从行为具有强制性，服从者的服从不是自发产生，而是受到外在权威的驱动，命令者与服从者之间有着规定性或强制性的社会角色分配。

学术前沿 8.3

米尔格莱姆的权威-服从实验

1963 年，美国社会心理学家米尔格莱姆进行了一项权威-服从实验，实验通过报纸广告招募了 40 名被试，这些被试来自许多行业，并不局限于某一群体，因此该实验结果具有广泛的适应性。

实验开始之前，米尔格莱姆专门聘请了合格的"演员"，扮演本实验的另外两个重要角色。一位扮演身着传统灰色实验室工作服的主试，即实验中的权威人士，另一位则负责扮演实验的另一位被试。当真正的被试进入实验室后，主试和被试演员也会进入。真正的被试会被告知，自己与另一位被试，即被试演员，会进行一项有关学习中的惩罚效应的研究，两位被试会通过抽签的方式选择自己的角色（按抽签结果扮演学生或老师的角色）。实际上，被抽的签上写的都是"教师"，也就是说，扮演教师角色的始终是真被试，而被试演员则始终负责扮演被要求进行联想记忆的学生，同时也是电击的"承受者"。抽签结束后，主试会让学生对各种各样的单词配对进行联想记忆，如果学生回答错误，作为教师的真被试就要对学生施加电击。每错一次，教师就需要将电击的幅度增加一级。

在实验开始后，学生与教师会进入不同的房间，教师被要求向学生提出问题，如果学生回答错误，教师就要增加 15 伏电压电击学生。为保证实验顺利进行，学生记忆错误发生的时机都是事先安排好的，并且学生会以其精湛的演技对每种不同的电击水平做出相应的生理和行为反应。随着学生犯错次数的增加，学生遭受的电击程度也越来越强。在此过程中，作为教师的真被试如果稍有犹豫，一旁的主试即权威会以命令口吻让他继续。一边是学生的呻吟和求饶，一边是权威的命令，米尔格莱姆想要研究的就是被试们对权威的服从程度。

最后的实验结果让人出乎意料。在本次实验研究之前，米尔格兰姆曾让耶鲁大学的学生对实验结果做过预测，平均来看，学生们预测只有1.2%的被试会一直听从主试的命令，然而最后实验结果是65%左右的被试会按照主试的命令将实验进行到底，将电压施加到435～450伏（见表8.1）。这样的结果让米尔格兰姆本人也大为吃惊，但这也让人们意识到人类有一种服从权威命令的天性：在某些情景下，人们会抛弃自己一直以来遵守的道德规范和底线，听从权威人士的指示去伤害无辜的人。

表 8.1　米尔格莱姆权威–服从实验的研究结果

最终施加电压水平（V）	拒绝在该电击强度上执行命令的被试人数（人）
轻微的电击（15～60）	0
中等的电击（75～120）	0
较强的电击（135～180）	0
很强的电击（195～240）	0
猛烈的电击（255～300）	5
极为猛烈的电击（315～360）	8
危险：严重的电击（375～420）	1
最高危险级别（435～450）	26

文献来源：

MILGRAM, S. 1963. Behavioral study of obedience[J]. The Journal of Abnormal and Social Psychology, 67 (4), 371.

8.2.5　参照群体中的特殊行为

视频 8.1　米尔格莱姆的权威–服从实验视频

　　参照群体的存在使得人们在其影响下会做出一些不一样的行为，发生一些有趣的现象。

　　第一个现象是去个性化，它指的是，人们会融入群体，在群体中做出一些自己平常不会做出的举动。一个群体包含了很多位成员，每一位成员获得的注意力都十分有限；人们倾向于把群体视为一个整体，而不太可能把注意力聚焦在单个群体成员身上。举个例子，即使你平时是一个像"哈利·波特"系列中的赫敏那样的好学生，在参加朋友聚会以及狂欢节派对这一类群体活动时也有可能表现得非常疯狂。

　　去个性化也许能帮助一个人获得勇气，比如帮助一个内向胆小的人变得开朗活泼，但很多时候去个性化不一定是一件好事。去个性化的概念最早由法国社会学家古斯塔夫·勒庞提出来，他称这些去个性化者为"乌合之众"。当人们置身于群体时，去个性化为他们营造出一种责任模糊的环境，在这种环境下，人们可能会做出违反社会规范与道德，甚至是法律的事情。例如，一些平日里温文尔雅的人，置身于网络时就会满口脏话，甚至会恶意诽谤他人，对他人实施网络暴力。我们可以利用去个性化积极的一面，克服自己的性格弱点，但同时也要警惕它带来的对群体的盲从以及责任意识的淡化，要保持独立思考。

　　第二个现象是社会堕化，它指的是，置身于群体中的人可能会表现出搭便车的行为，不会再像原来那样尽职尽责。举例来说，在完成小组作业时，总会有个别成员的贡献非常有限。研究人员发现，去餐厅就餐时，如果只是为数不多的几个人用餐，那么每个人都会遵循社会规范，支付合理的小费。然而，如果是一大群人一起用餐，那么平均下来每个人支付的小费都会比原来少得多。这也就解释了为什么很多餐厅针对 6 人以上的就餐者，会收取固定比例小费。对于群体的管理者来说，群体中的社会堕化需要警惕：在管理群体时，应制定清晰的规章制度，明确每个人的责任与义务，防止有人"搭便车"或者产生"法不责众"的心理。

第三个现象是冒险倾向，它指的是，当一群人在一起时，每个人都会变得比原来更加愿意冒险。因此，如果团队集体决策，人们往往会选择更为激进的方案，因为群体决策使得每个人承担的责任变得有限，并且决策的结果也没有特定的承担者。这一现象在日常生活中也屡见不鲜，平日里胆小的人，在融入群体时，也会愿意去尝试一些平日里不敢做的事情。

这三种现象在无形中为商家提供了新的商机。一方面，商家鼓励人们结伴购物，因为相比一个人购物，人们在结伴购物时会发生更多的计划外消费，消费金额也会更高。另一方面，商家喜欢在人群聚集的地方推广高风险的商品和服务。以医疗美容为例，当有人陪伴时，人们更敢于尝试这些原本不敢尝试的产品。

学术前沿 8.4

与朋友结伴购物更容易发生计划外消费

本书在第 7 章中介绍了冲动性消费，即计划外的消费。学者们发现，很多时候冲动购物最容易受到个体因素的影响。然而，除了我们已经介绍的个体因素，有时候与朋友结伴购物也会导致我们进行冲动性消费，美国得克萨斯大学阿灵顿分校的罗教授就通过研究证明了，与朋友结伴购物确实更容易使人发生计划外消费。

这项研究将 152 名被试随机分配到四个组中，分别是高凝聚力的朋友组、低凝聚力的家人组、高凝聚力的家人组和低凝聚力的朋友组，以测试不同组的被试对同一物品的消费选择。举例来说，高凝聚力的朋友组中的被试被告知，他们在购买产品时是与一群关系特别好的朋友一起去的；而低凝聚力的朋友组中的被试被告知，他们在购买产品时是与一群刚认识的兼职同事一起的。实验结果发现，无论是高凝聚力还是低凝聚力，朋友的存在都会增加被试的购买冲动，但家庭成员的存在会降低这种冲动。对营销人员而言，这一研究结果有如下的启示：针对团体的优惠折扣，以朋友群体为目标会比以家人群体为目标更有效。

文献来源：

LUO, X. 2005. How does shopping with others influence impulsive purchasing?[J]. Journal of Consumer Psychology, 15 (4), 288-294.

8.3 意 见 领 袖

近年来，越来越多的人发现国产美妆崛起了，"国货崛起""国货之光"等字眼充斥各大媒体平台。从数据上来看，的确如此：2019 年"双十一"开场十分钟，百雀羚成交破亿；开场十三分钟后，完美日记也同样破亿；自然堂全网销售额突破 7.47 亿……其中，完美日记拿下天猫"双十一"彩妆类品牌第一名，力压美宝莲、雅诗兰黛、兰蔻等一线国际品牌，成了第一个荣登天猫"双十一"彩妆榜首的国货品牌。

2016 年成立品牌，2017 年注册天猫旗舰店，2018 年"双十一"开场仅 90 分钟便成为天猫首个成交额破亿的品牌，完美日记的发展速度可谓惊人，这背后离不开它的 KOL 营销策略。KOL 的英文全称是 key opinion leader，即意见领袖，其通常拥有更多、更准确的产品信息，与群体互动频繁且被群体所接受或信任，对群体的购买行为有很大影响。完美日记的营销策略就是将宣传、推广资源密集投放于社会化媒体平台的 KOL，从而吸引消费者，形成口碑效应的。网络直播带货达人就是典型的 KOL。本节中我们将详细介绍意见领袖以及他们是如何影响消费者行为的。

8.3.1 意见领袖的定义及其影响力

从定义上看，意见领袖指的是能够频繁、深度地影响其他人的态度和行为的人。在我们的身边，总有一些人给出的建议相比其他人的建议更有分量，这些人就是意见领袖，他们在参照群体中有着一定的影响力，能够影响他人对一个产品或一个品牌的印象。

许多品牌在刚开始进入市场的时候，会选择借助意见领袖的影响力来帮助其打开新市场，例如我们前面提到的完美日记。冰激凌品牌酷圣石（Cold Stone）在进入日本市场的时候，为了在短时间内打开品牌的知名度，就着手在当地寻找消费者中的意见领袖。经过市场调查，他们发现，职业女性在日本冰激凌市场目标消费者当中往往扮演着意见领袖的角色。于是，他们组织了一次时装表演，请模特们在酷圣石的连锁店中先品尝冰激凌，再穿上时装进行走秀。如此一来，便成功打消了都市丽人对于冰激凌高热量的顾虑，从而通过她们引领了消费的潮流，打开了新市场。类似的例子还有一款新上市的饮料。商家打算在当地的社区进行推广，因此其瞄准了那些热衷于社交、朋友众多且经常举办社交派对的意见领袖，为他们提供免费的饮料。这一企划非常成功，让这款饮料迅速地打入了当地市场。

意见领袖的作用不仅体现在新市场的开拓上，许多营销企划都充分利用了意见领袖的影响力。淘宝 2015 年开展的"新势力周"活动，就通过邀请小众的意见领袖来宣传一些独立风格的品牌。此外，粉丝经济也充分体现了意见领袖的作用。比如一些电影明星选择自己制作电影。很多电影不管本身质量高低，都获得商业成功，这很大程度上归功于粉丝经济。随着互联网的不断发展，意见领袖获得了越来越高的重视，意见领袖开始入驻网络平台宣传品牌。2019 年 6 月，小米创始人雷军入驻小红书，正式成为一名时尚 KOL。入驻不到一周，雷军发表了超过 20 篇笔记，被网友戏称为小米的"宣传委员"，对于小米来说，这位有趣的意见领袖无疑增加了消费者对其的关注度与好感度。

在我们的日常生活中，还有两类特殊的意见领袖，我们或许都不认为他们是意见领袖。第一类人是市场行家，他们会积极搜集大量最新的市场信息，并且热衷于和周围的人分享这些信息，这让他们感到充实而快乐。市场行家总是对新上市的产品了如指掌，知道可以去哪里买到它们。生活中，我们每个人身边都不乏这样的市场行家。市场行家甚至还发展成为了专门的职业，比如美食鉴赏家、游戏试玩家等。第二类人是代理消费者，他们受雇于普通消费者，为消费者的决策提供信息，有时候他们甚至会代替消费者去做出决策，室内设计师、股票经理人、职业买手，甚至大学里就业指导中心的咨询老师都属于代理消费者。

8.3.2 识别意见领袖

随着互联网的不断发展，微博、小红书、抖音、哔哩哔哩的商业推广红人越来越多，意见领袖的红利显而易见。因此，对于商家而言，识别出意见领袖至关重要。现实中，大多数意见领袖具有一些共同的特征。比方说，他们通常是一个特定领域中的专家，这使得他们分享的信息、提供的观点能够让大多数人信服，并且专家的身份使得他们必须保持公正，因为这关系到他们的可信度与商业变现能力。

有时候，意见领袖很多，甚至不属于同一类型。因此，识别出最具影响力的意见领袖是重中之重。首先，一个好的意见领袖应当在社交方面非常活跃，与消费者互动频繁，在线上或者线下具有重要的社交影响力。其次，意见领袖还应对消费者具有一定吸引力，这有助于增强亲近感，拉近消费者与他们之间的心理距离。有很多直播带货的网红，但并不都能做到李佳琦那么成功。有些红人的语气、表述和发布内容可能会因为过于刻意而引发消费者反感。相比之下，李佳琦在专业性之余，兼具真诚、耐心和亲和力，这帮助他获得了大众的好感。

其次，一位成功的意见领袖，往往与普通消费者处于相同的社会阶级，但他们在社会地位和受教育程度方面却又比普通的消费者略高，这使得他们在让人感觉亲近的同时，还能获得一定的公信力。近年来，抖音、快手等短视频平台的诞生，让直播带货成了一个欣欣向荣的行业。一时间如何拍摄与推广视频、如何写推广文案的培训课程大受欢迎，草根阶层的网红如雨后春笋般竞相涌现。虽然直播带货成了一个人人都可以尝试的职业，但有一定教育背景或者社会地位的人往往更容易脱颖而出，甚至他们在刚进入行业时就能受到广泛关注。例如锤子科技创始人罗永浩仅仅发布要直播的消息就登上了微博热搜，首次直播就获得了广泛关注。尽管因"台词糟糕""业务不娴熟"而遭到网友吐槽，罗永浩的直播间在线人数一度高达 390 万，整场直播累计观看人数超 4 800 万，三个多小时的直播实现了 1.1 亿元的交易总额，创下抖音直播带货新纪录。

最后，意见领袖需要勇于承担风险，敢于率先尝试新的产品，因为他们的使用体验，会给普通的消费者，尤其是那些偏保守的消费者，提供宝贵的经验作为参考。

识别意见领袖在从前或许并非易事，但在大数据时代已经不再那么困难。大数据让商家可以轻松获得意见领袖的推广曝光度、推广后的转化率等一系列能够证明意见领袖影响力的数据，从而选择出最具影响力的人为自己的品牌和产品发声。除了合理利用这一系列数据，商家还要警惕数据造假问题，现在刷评论、刷单、刷流量的现象屡见不鲜，商家应当持续关注意见领袖在网络平台上推广产品后的用户留存率等长期数据。

8.3.3 纽带强度

在日常生活中，人与人之间的纽带强度有强有弱。强纽带往往是我们的家人和亲密的朋友；弱纽带可以是朋友的朋友，可以是我们在一次活动中偶然认识的人，也可以是我们在日常生活中接触到的收银员、理发师等。

对于商家来说，面对海量消费者，找到与消费者有强纽带关系的意见领袖很困难。此外，很多时候弱纽带反而会对消费者产生更大的影响。一方面，弱纽带的推荐虽然强度较弱，却更不容易让人觉得受到侵犯。例如当朋友向你推荐某一产品时，你可能会因为关系过于亲密而不好意思拒绝，但会觉得自己受到了侵犯；而当一个陌生人向你推荐某一产品时，你反而不会因为需要顾及情面而有被迫下单的压力。另一方面，强纽带的人往往与你关系亲密，你们的喜好、接触的领域与人群多有重叠，因此当他们向你推荐某一产品时，你可能早就用过了；弱纽带的人圈子不同，彼此之间的接触较少，喜好有一定的差异，因此他们有时可能推荐一些你没有接触但是乐意尝试的产品。弱纽带的推荐在生活中也多有体现。举例来说，作者在宾夕法尼亚大学访学期间就曾看到一家餐厅老板向理发师大力推荐自家新开业的中餐厅，甚至提出为理发师免单，由于理发师每天会接触到大量的顾客，餐厅老板希望借助她的影响力来推广自己的餐厅。

8.4　口 碑 传 播

中国有句俗语叫"酒香不怕巷子深"，这句话放在过去也许没错，但在这个信息大爆炸的互联网时代，不得不说"酒香也怕巷子深"。信息的丰富甚至过载让消费者的选择空间空前增大，也让市场竞争日趋激烈。然而凡事都有两面性，尽管互联网带来了激烈的竞争，它也为信息传播带来了更多的渠道与便利，"一夜成名"的例子不胜枚举。互联网的发展不仅使得信息的数量爆炸性增长、信息传播的速度急剧加快，还改变了传统营销中信息不对称的情况。从前商家在报纸上刊登广告信息、在电视上播放广告片、在大街小巷贴满海报……通过各种各样的方式都很难实现将信息有效地传播到目标消费者。时至今日，互联网的发展大大拓宽了信息传播的方式和渠道。与此同时，随着大数据时代的来临，商家们甚至实现了精准、定制化的信息推送。信息传播对于营销效果的影响可以说是决定性的，而提到信息传播，必然要提到一个词——口碑。小米创始人雷军曾提出他的互联网七字诀：专注、极致、口碑、快。在这个七字诀中，雷军认为整个互联网思维的核心就是口碑。

事实证明雷军是对的，纵观小米的发展历程，每一个关键的发展节点都离不开口碑传播，从最开始 MIUI 系统的 100 位内测体验用户到后来的"米粉"节，小米深谙要想在互联网红利中分一杯羹，口碑永远都是核心。对于一个品牌而言，好的产品和品牌文化毫无疑问是形成口碑的关键，它能够帮助品牌建立用户忠诚；口碑传播作为吸引更多消费者的关键，则是商家们需要关注的另一个重点。口碑传播最大的魅力就在于，让用户不仅忠于产品和品牌，还能自发地帮助进行宣传。对商家来说，口碑传播是什么，它与传统的信息传播有什么区别，如何管理口碑传播，都是需要关注的问题，也是接下来我们要深入探讨的内容。

8.4.1 口碑传播及其影响

口碑传播指的是在人与人之间传递产品信息，是一种非正式传播。也就是说，口碑传播只存在于消费者与消费者之间，不包括营销人员与消费者之间的信息沟通与传递。由于是在认识，甚至是熟悉的人之间传递信息，通过口碑传播了解到的产品信息，往往比通过其他营销渠道获得的信息更可靠。相比于营销渠道发布的信息，口碑传播的可信度更高，是因为它是用户的自发行为，不存在商家的刻意美化，也不存在利益驱动。因此，这类信息对于消费行为的影响也更大一些。此外，口碑传播往往是一种双向沟通，信息传播者和信息接受者可以通过问答来进行深入的沟通，这使得口碑传播能更有效地传递信息。前面我们曾介绍过人们会有与身边的人保持一致的动机，这也进一步提升了口碑传播的影响力。

口碑传播在日常生活中十分常见，我们的每一次交流中都有可能包含着许多口碑传播。比如，当你看到朋友穿了一件很有型的衣服时，你可能会在夸赞之余，询问他的衣服是什么品牌的。再比如，当你想换换口味、尝试新的餐厅时，你的朋友可能会向你推荐他之前去过的令他十分满意的餐厅。在我们的日常生活中，口碑传播无处不在，甚至在很多时候，我们都没有意识到自己主动进行了这么多口碑传播的工作。

除了接收他人的口碑传播以及对他人进行口碑传播，有时我们也会去主动寻求别人的口碑传播，因为除了个人的使用体验，我们也会关注他人的使用体验，甚至有时其他人的观点可能会对我们的购买决策产生更大的影响。一个典型例子是家具和家居用品，尽管房子主要是自己住，但在采购家具方面，我们却特别喜欢听取亲朋好友的意见。此外，当我们对一款产品不够熟悉、缺乏足够专业知识的时候，会特别依赖口碑传播。典型的例子是技术革新性的电子产品，每当有新的电子产品上市时，除了官方的发布会和宣传信息，最受关注的就是电子产品发烧友们的测评。这些测评与商家们精心设计的发布会和宣传视频一样受欢迎。

此外，口碑传播吸引营销者的魔力在于，有时候它可能会带来意外的收获。百事可乐旗下的饮料激浪（Mtn Dew）就因为口碑传播意外获得了成功。这款饮料初上市时，消费者群体中有人指出它的咖啡因含量较高。这一消息经过口口相传，使得这款饮料一炮而红。这种成功提醒了营销者，口碑传播的重要性不可小觑。

8.4.2 口碑传播的驱动力

口碑传播往往是消费者的自发行为，通常情况下，这一行为并不能为消费者带来额外的收入。那么，大家为什么还会主动进行口碑传播呢？

第一个可能的原因是，这款产品对于我们来说是高涉入度产品，它的重要性使得我们对它津津乐道。举例来说，当你做了很多功课，花费很长时间挑选并购买了一款满意的汽车后，你可能很想与他人介绍这款汽车，并分享自己的购车经历。

第二个可能的原因是自我表现。如果我们掌握了很多有关产品的信息，我们可能会更愿意和别人主动去聊这款产品，因为这会让我们显得知识很渊博。此外，有研究发现，自我表达和披露信息是一种内在奖励，甚至人们会愿意放弃金钱奖励而选择与他人分享观点。

第三个可能的原因是利他主义。如果一个人对周围的人非常关心，则会更积极地进行口碑传播：一方面，将一些好的产品分享给他人；另一方面，防止周围人因为买到质量不佳的产品而花费冤枉钱。我们在第 5 章提到的高宜人性的人，往往更热衷口碑传播。

以上三种原因共同驱动了人们的口碑传播行为，这种积极甚至主动的口碑传播，也为商家提供了新的市场契机。大众点评等用户生成内容的平台应运而生，为人们提供分享自己的使用体验的平台。关于用户生成内容，我们将在第 10 章进行详细介绍。此外最近几年出现了一个全新的职业——酒店试睡员。他们的日常工作就是到不同的酒店接受并评估酒店提供的服务，并且出具尽可能客观的评估报告，供其他消费者参考。由于他们不是受雇于测评的酒店，大多数消费者对于他们的评价会更加信任，从而认真考虑这类口碑传播的信息。

学术前沿 8.5

分享信息是对自己的一种内在奖励

口碑传播获得更多消费者信任的主要原因在于，它是分享者的自发性行为。那么，人们为什么会愿意主动与他人分享自己的经验？

哈佛大学的泰米尔（Tamir）和米歇尔（Mitchell）在一项研究中探究了这一问题。在这项研究中，泰米尔和米歇尔招募了一群被试，询问他们是否愿意分享自己对于喜欢的滑雪板或者喜欢的小狗的态度和想法。与此同时，她们对被试的脑部进行扫描。结果发现，当被试分享个人观点时，他们大脑的脑电波与自己获得钱财与食物时一致。由此她们发现，分享能让人们产生获得奖励的感觉。

研究者还做了另一项实验，实验参与者被要求对一些基本任务进行快速选择。两项任务分别是发一会儿呆和告诉别人自己喜欢吃什么三明治。在不同组别中，实验人员为被试的不同选择设置了不同的奖励。在一组被试中，选择发呆的被试所获的奖励比选择分享信息的被试者更多；而在另一组被试中，选择分享信息的被试比选择发呆的被试获得的奖励更多。实验结果发现，无论是哪一组被试，他们都愿意放弃金钱奖励，而选择与他人分享观点。

由此可以发现，对多数人而言，与他人分享自己的经验和信息可以让他们获得一种内在的奖励，这种内在奖励甚至会超过外在奖励带给人们的愉悦感。

文献来源：
TAMIR, D. I., ZAKI, J., & MITCHELL, J. P. 2015. Informing others is associated with behavioral and neural signatures of value [J]. Journal of Experimental Psychology: General, 144 (6), 1114-1123.

8.4.3　如何让口碑传播更有效

前文我们介绍了口碑传播的重要性及其影响。口碑传播作为一种消费者的自发性行为，在对产品的宣传中发挥着不可忽视的重要作用。口碑传播相比于传统广告营销有着两点主要的优势：一是口碑传播不是推销活动，相比存在刻意修饰与夸大成分的广告词，来自周围人直白、客观的评价更容易让人相信；二是口碑传播的目的性更强。虽然商家竭尽全力想让更多的人看到自己的产品广告，但是广告的观看者中真正的目标消费者却可能只占少数，这就更凸显了口碑传播的优势，毕竟没有人会向一位未婚人士推荐一款婴儿纸尿裤，或是向一个不爱玩游戏的人推荐一款最新的游戏手柄。口碑传播的魅力在于，它的每次传递都具有很高的目的性，这种高效的传递方式一旦持续，一传十，十传百，就实现了信息的快速传播。

尽管口碑传播的好处非常多，但是要想让自己的产品通过口碑传播广为流传，变得流行，却并非易事。宾夕法尼亚大学沃顿商学院的市场营销学教授乔纳·伯杰在其著作《疯传：让你的产品、思想、行为像病毒一样入侵》（以下简称《疯传》）中提出了 STEPPS 原则（见表 8.2），告诉人们什么样的信息具备疯传的感染力。该原则指出了六项关键因素：社交货币（social currency）、诱因（triggers）、情绪（emotion）、公共性（public）、实用价值（practical value）和故事（stories）。接下来，我们将具体介绍这六项感染力原则，从而了解如何让我们的产品和信息引发人们持续不断的关注和评论。

表 8.2　《疯传》中提出的 STEPPS 原则

因素	解释
社交货币（social currency）	我们会共享那些能让我们显得更优秀的事情
诱因（triggers）	顶尖的记忆，风口浪尖的提醒
情绪（emotion）	当我们关心时，我们会去分享
公共性（public）	构建可视的、正面的事物
实用价值（practical value）	如果有用，人们会情不自禁地分享
故事（stories）	以闲聊为幌子的信息传播

第一个原则是社交货币。前面我们曾经提过，人们会关注自己的形象，而形象的塑造除了依靠穿着、配饰、使用的产品之外，还有一种重要因素——我们的言谈。我们对于一个产品或思想的评论也会影响他人对我们的看法，这就是社交货币。因此，社交货币原则的关键就在于我们要洞悉消费者的内心需要，设计出一些有助于他们达到期望形象的信息，满足他们在口碑传播过程中表现或炫耀身份的需要。

第二个原则是诱因。回想我们日常生活中的谈话，话题的类型总是多种多样。我们常常会在谈论到某一话题时猛然感到诧异——为什么这个话题与刚开始谈论的话题相差甚远？这是因为人们往往都是想到什么说什么。因此，要想让大家谈论到我们的产品，首先要提醒他们想起我们的产品，激发记忆的因素就是诱因。商家应该设计出一种能够在特定环境下激活消费者记忆的产品线索。一旦人们在某种环境下碰到这个流行的线索，就会联想起我们的产品，例如提到炸鸡就会想到啤酒，提到冬天就会想到火锅。

第三个原则是情绪。人们在情绪高涨的时候往往会更想去与他人分享。一般而言，高唤醒度的情绪（如高兴、愤怒、悲痛等）更能促进分享。例如当你发现一家电子科技公司攻克了一个你一直关注的技术难题，或者你在一家商店遭到了非常不公正的对待时，你可能想迫不及待地告诉别人。温和的情绪（如满足、郁闷）则不容易激发人们分享的欲望。例如，你只是在某一天吃到了你比较想吃的食物或是想进一家商店却发现它今天不营业时，很少会想要去跟别人分享这个消息。因为在乎，所以分享。具有传播力和感染力的信息往往都能够激发人们强烈的即时情绪。能够触动和激活人们的情绪，是设计传播信息的关键。

第四个原则是公共性。人们很难模仿自己看不到的事物，因此公共性的关键就是观察。要想让别人产生模仿行为，首先要让自己的产品具有观察性。仔细观察后，我们会发现苹果笔记本电脑的徽标对使用者来说是倒置的，而对于他人来说是正向的（见图8.2），这就让它具备了公共可视性。凡事越醒目，就越容易被模仿，也越有可能流行起来，驱动人们分享的关键要素就是公共可视性。因此，商家们要想让自己的产品和创意被更多人看到，就要设计出具有自我宣传能力的产品，这样才能使得被购买的产品，能够继续影响他人的行为。

图 8.2　苹果笔记本电脑更改徽标方向的目的是为了促进传播

图片来源：Pexels

第五个原则是实用价值。人们愿意去分享一个产品的重要原因是这个产品具有实用价值。因此，人们的这种分享能够实现对他人有所帮助，或者是帮助他人节约时间，或者是帮助节省金钱，又或者是对健康大有裨益。总之，要想让自己的产品脱颖而出，就要发挥自己的专长，突出自己独特的产品价值，尽可能地向顾客提供更高的实用性与价值，提高产品的性价比。

第六个原则是故事。相比于直白的信息，人的大脑更容易记住一个跌宕起伏的故事，而当人们关注故事的时候，里面的信息也就被悄然传播了。故事就像容器，不仅装满了情节和趣味，还盛有寓意和人们的思考，一个好的故事能让信息传播获得事半功倍的效果。在《疯传》中，作者举了知名快餐连锁店赛百味的例子，赛百味最初的广告词是类似于"赛百味有 7 款低于 6 克脂肪含量的三明治供你选择"之类的描述，虽然单纯、直白，但是毫无新意，因此不仅没有获得推广的效果，还很容易被遗忘。于是，赛百味开始向大众征集广告，最终选用了一则故事来进行宣传。在这则故事中，一位重达 425 磅[①]的男性通过吃赛百味的三明治瘦了 245 磅。故事的娱乐性和结局都令人出乎意料，使得许多想要减肥的人都积极宣传这个故事，让很多人都得知有一个人通过吃赛百味三明治

① 磅，英制质量单位，1 磅约合 0.453 6 千克。

瘦了 245 磅。因此，要想让自己的产品流行起来，商家需要将产品的设计和创意等信息融入故事中，还要考虑如何让人们愿意叙述你的故事。赛百味的故事能够获得广泛的传播，源于它包含社交货币、能够引发震惊（情绪原则）并且提供了有关健康的实用信息（实用价值原则），一个好的故事应当将前面介绍的全部要素巧妙融入。

8.4.4 负面口碑管理

在这个互联网时代，口碑传播的重要性与日俱增，商家要格外重视品牌和产品的口碑。与此同时，由于人们都是损失厌恶的，相比正面的口碑，会更为关注负面的口碑，比如人们在看淘宝产品评价时，往往会更关注中评和差评。因此，对于商家而言，需要时刻警惕负面口碑带来的威胁，正所谓好事不出门，坏事传千里。一旦品牌爆发了产品质量问题，很有可能迅速演变为一场危机事件。

一个典型的例子是达美乐披萨 2009 年发生的一场品牌危机。达美乐披萨的一家门店的两名员工在网络上发布了一段恶搞视频。视频中两人对正在制作和即将送出的披萨做出了打喷嚏等恶心行为。视频一经上传，迅速获得大众的关注，一时间达美乐披萨成为众矢之的。遗憾的是，事情刚发生时，达美乐公司的高层却没有打算对视频做出任何回应，他们期待负面信息的热度会慢慢降低。但事实表明，高层的判断完全失误了，负面口碑的问题并没有自动消失，它随着人们不停传播，不断发酵，严重损害了公司的声誉和形象。意识到危机的高管们在两天后，终于开始采取行动，开除两名员工并对该门店进行整顿。与此同时，公司高层也公开向大众道歉，这才勉强化解了这场危机。

由此可见，对于负面口碑，听之任之是不能解决问题的，快速而积极地采取对策，才能尽早遏制负面口碑的传播，减少其对公司的负面影响。要想及时掌握口碑信息，把握时效性，公司就要对口碑进行有效的监控，在出现负面口碑的第一时间，了解负面口碑的信息，这样才能快速响应，尽早地采取有效对策。

除此之外，精明的商家应该意识到，有时候负面口碑是无法完全规避的，对于同一款产品，人们不可能都给出正面评价。既然负面口碑不可避免，对于商家而言，这也许可以成为一次重新打造品牌形象的机会，比如上面提到的达美乐公司。道歉后的达美乐公司，由于其滞后的危机处理，品牌形象大受打击，公司也陷入了低谷。2010 年，公司却通过一个不合常理的措施实现逆袭。新上任的 CEO 斥巨资租下纽约时代广场的巨幕，实时吐槽达美乐。公司还鼓励并征集人们吐槽达美乐的素材，甚至还为点击率最高者准备了现金大奖。由此在全美掀起了一股吐槽达美乐热潮，让达美乐获得了极大的关注。与此同时，CEO 也适时宣布了整顿措施，一举扭转了公司被动的局势。还有一个例子是 2020 年因为新冠肺炎疫情饱受用户吐槽的钉钉。由于新冠疫情的隔离需要，上班族被迫用钉钉在家办公，而学生也不得不用钉钉进行线上学习，这使得大家对钉钉颇有怨言，因为它破坏了假期的自由。尽管钉钉这次形成负面口碑着实有些委屈，但众多用户对钉钉 APP 的低分评价，确实也让钉钉面临不小的危机。意识到负面危机的钉钉，采取了堪称教科书般的

视频 8.2 "钉钉本钉，在线求饶"的鬼畜视频

公关举措，在网上发布了名为"钉钉本钉，在线求饶"的鬼畜视频，一时间赚足了眼球。这种贴近年轻人娱乐方式的视频发挥了作用，在增加曝光度的同时，还挽回了用户的好感度，不仅评分渐渐回转，用户数量也逐渐上升。

学术前沿 8.6

性别影响了你对负面口碑的传播？

很多时候，相比某一品牌或产品的正面口碑，我们会更关注其负面口碑。有研究指出，消费者传播负面口碑的可能性是传播正面口碑的两倍。研究发现，影响人们传播负面口碑的因素主要有两个：一是关系密切程度，消费者更有可能将负面口碑传播给那些与他们关系密切的人；二是对他人及自身形象的关注，如果担心自身形象会因传播负面口碑受到损害，消费者传播负面口碑的可能性会降低。

以上提到的两个因素会因性别不同而产生不同的影响。由于女性通常更关注他人，而男性更关注自我，这就导致男性与女性对待负面口碑传播的态度有所不同。2014 年，得克萨斯州立大学圣安东尼奥分校的张教授等人研究了男女在不同关系密切程度下的反应。在第一项研究中，他们首先探究了男性与女性在分享负面口碑的意愿程度上是否存在差异。实验过程中，被试被要求回忆一次最近不满意的消费经历，并选择是否与他人分享这一经历，对自身愿意分享的程度进行评分。研究发现，女性比男性更愿意分享负面口碑，并且她们与接受者关系越密切，就越愿意传播。

根据这一结果，张教授等人推测，"男女有别"是因为男女对自己和他人的关注程度不同。为此他们设计了第二项实验，研究关注自己和关注他人的人在分享负面口碑上的做法是否存在差异。他们让一组被试考虑自己的行为会给他人带来什么影响，而让另一组被试考虑自己的行为会对自身产生什么影响，在此基础上，让他们对负面口碑传播做出选择。结果发现，被引导关注他人的人更愿意分享负面口碑。

文献来源：

ZHANG, Y., FEICK, L., & MITTAL, V. 2014. How males and females differ in their likelihood of transmitting negative word of mouth[J]. Journal of Consumer Research, 40 (6), 1097-1108.

8.5　社会化媒体

小米的联合创始人黎万强曾经提出口碑传播的铁三角——发动机、加速器和关系链，它们又被称为口碑传播动力系统的三个核心，其中发动机即产品，加速器即社会化媒体，关系链即用户关系。一个公司拥有了一款好的产品，就能营造一个良好的口碑；而好口碑的传播需要公司善用社会化媒体，高效的传播渠道应当要把社会化媒体作为口碑传播的"加速器"。小米 MIUI 系统的前 50 万用户基本都是依靠产品口碑在论坛中获得，而第 50 万个到第 100 万个用户是由微博这样的社会化媒体推动获得。在上一节中，我们着重介绍了口碑传播以及商家应当如何引导消费者进行口碑传播、做好口碑管理，本节我们将着重介绍口碑的"加速器"社会化媒体，探究社会化媒体是什么，以及它是如何影响消费行为的。

8.5.1　社会化媒体的定义

社会化媒体，指的是互联网上基于用户关系的内容生产和交换平台，在这种平台上，人们在彼此之间分享意见、见解、经验和观点。在我国，常见的社会化媒体包括各种社交网站、APP 等。在大众的语言中，通常称它们为社交媒体。不过，更专业的叫法是社会化媒体。作为一种新型在线媒体，社会化媒体有两个关键词，一个是我们在前文提到的 UGC（用户生成内容），另一个就是 CGM（消费者产生的媒体），这两个关键词直观地展示了社会化媒体给予用户的极大的参与空间。也就是说，在社会化媒体中，掌握主动权的是用户，是消费者。

从社会化媒体的定义可以看出，社会化媒体具有如下特征：第一个特征是参与。社会化媒体可以激发感兴趣的人主动地贡献内容和反馈，它模糊了媒体和受众之间的界限。第二个特征是公开。大部分社会化媒体服务都是免费的，它鼓励人们评论、反馈和分享信息。第三个特征是交流。传统媒体是类似"广播"的形式，是一种"一对多"的单向流动。社会化媒体的信息传播则是双向的，是一种"多对多"的交流。第四个特征是社区化。在社会化媒体中，人们可以很快地形成一个社区，并就共同感兴趣的内容进行有效的沟通。第五个特征是连通性。大部分的社会化媒体都具有强大的连通性，通过链接和整合，将多种媒体融合到一起。

从社会化媒体的定义和特征中，我们不难发现它与传统媒体的区别。社会化媒体最具颠覆性的一点是，它的参与者是个人，而不再是组织和机构。互联网给予每个人发声的权利，我们不再只是扮演信息的接收者，还扮演信息发送者的角色。社会化媒体诞生后，品牌与产品的口碑传播变得更为迅速，信息的覆盖面也变得更广，这使得全世界各地的消费者都能在第一时间了解到最新的产品信息。

8.5.2　网络社区

在社会化媒体中有一种特殊的类别，叫作网络社区，它指的是包括 BBS（论坛）、贴吧、公告栏等形式在内的网上交流空间。同一主题的网络社区集中了具有共同兴趣的访问者，也就是说同一网络社区中的参与者往往有着共同的话题，能够在互动中与社区的其他成员更亲近，并体验到作为成员的归属感。因此，网络社区可以帮助成员获取各种信息，包括与品牌和产品相关的口碑信息。

网络社区作为一种虚拟社区，除了成员都在线上进行沟通之外，它还具有社区本身拥有的一些共同特征，比如成员基于共同的兴趣而聚集，管理模式比较民主而非专治、集权，每一位成员都有投票权和发表意见的权利等。在网络社区中，成员参与水平非常重要，甚至能决定一个网络社区的生死存亡。无论一个网络社区曾经多红火，如果成员渐渐不再发言，这个社区距离关闭也就不远了。遗憾的是，有研究显示，只有 10% 的用户会为网络社区创造内容、做出贡献，剩余 90% 的用户是只获取信息的"潜水者"。

为了调动社区成员参与的积极性，一些成功的网络社区源源不断地为用户们提供简单、有趣的参与形式，调动用户的积极性，提高用户的参与度，例如新浪微博的超话社区（见图 8.3）。访问超级话题的用户有着同样的爱好，可以是喜欢同一个明星，可以是都爱好摄影，还可以是都关注某一个热点话题。每个超话中往往都有一些死忠粉，超话社区内的成员在死忠粉的引导下，会每天来超话进行签到、发帖、看帖、投票、打榜等行为。此外，超话有严格筛选规则，超话内帖子的内容只能与该超话有关，从而将不是真正热爱这个明星或者某事物的人隔离在圈外。这一系列的做法为各个超话社区成员建立了一个具有高度认同感和强烈氛围的网络社区，因而超话社区的参与度越来越高，用户黏性逐渐提升。

图 8.3　新浪微博超话社区
图片来源：新浪微博

　　除了设计一些有趣的社区参与形式，网络社区也可以为用户提供一些激励，以鼓励社区成员创造内容。在第 7 章中我们提到的哔哩哔哩（bilibili）是一个比较成功的例子。首先哔哩哔哩具有清晰的社区划分 [见图 8.4（a）]，每日都会列出社区排行榜，这极大地提升了用户创作的积极性。另外，哔哩哔哩有明确而公正的内容激励机制，例如首页推荐按点击量排序、按粉丝量和点击量给予奖励、设置实物奖牌等。2019 年哔哩哔哩还相继推出了"新星计划""bilibili 创作激励计划"等激励计划。其中，"新星计划"旨在鼓励新人 UP（uploader）主，"bilibili 创作激励计划"则根据原创视频质量给予激励，通过这种方式将资源投放至真正为哔哩哔哩提供优质内容的原创用户。哔哩哔哩还开设了"bilibili 创作学院" [见图 8.4（b）]，指导新人 UP 主创作优质内容。

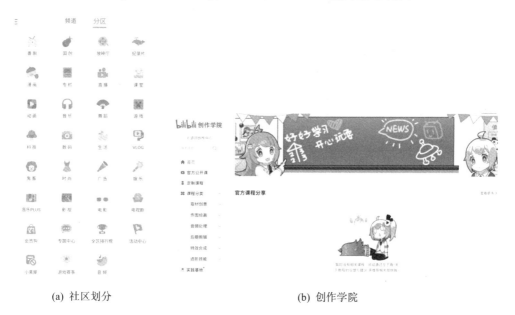

(a) 社区划分　　　　　　　　　　　　(b) 创作学院

图 8.4　视频弹幕网站哔哩哔哩的分区以及创作学院
图片来源：哔哩哔哩

有了大规模用户的参与，网络社区就拥有了商业价值。看到成员的高度参与，投资者才会加大投入，比如如今广告商会在微博向大 V、草根红人及明星等投放大量商业推广，让其发布产品相关的微博，从而使自己的产品覆盖更多不同圈层的用户。

8.5.3　去中心化的社群经济

在本章中我们曾提到过粉丝经济，随着社会化媒体的快速发展，粉丝的重要性愈发明显，一时间许多企业都开始进行互联网转型。为了深入挖掘更多的粉丝，粉丝经济的"升级版"——社群经济应运而生。

在了解社群经济之前，我们先来了解一下什么是社群。社群是基于传播媒介聚合到一起，进行信息传播、情感交流、文化和价值共享的用户群体。它与网络社区的区别在于，社区更强调成员之间的共同爱好，而社群更强调成员的共同价值观或共同目标，也就是说社群成员之间的关系更紧密，这种强关系下的社群所衍生出来的经济形式，就是社群经济。在第 7 章中我们曾介绍过体验经济，体验经济进一步衍生和发展为社群经济，在社群经济下，用户可以参与到产品的设计中。

一个典型的社群案例涉及前文提到的小米口碑铁三角中的"关系链"——用户关系。小米维系用户关系的关键就在于"和用户做朋友"，开放商品和服务的运营过程，让用户参与到产品研发过程中来，提升用户参与感，促成一种参与式消费。在创业之初，小米邀请了 100 位内测用户，让他们参与到产品设计中去；企业发展中期，小米又举行了线下的小米同城会，与"米粉"交朋友，让发烧友最先体验产品。此外，小米还专门设立了"米粉节"回馈"米粉"，这一系列的举措使得小米与米粉之间建立了一个庞大的社群。在这一社群下，小米获得了极高的用户忠诚度，同时也在不断吸引更多的米粉。

作为一种立足于互联网时代的升级版粉丝经济，社群经济最典型的特征是去中心化。去中心化指的是，在一个分布有众多节点的系统中，每个节点都具有高度自治的特征。节点之间彼此可以自由连接，形成新的连接单元。在去中心化的结构中，不存在一个一直处于结构中心的节点，任何节点在任何阶段都有可能成为结构的中心，而任何中心对节点都不具有强制性。节点与节点之间的影响，会通过网络形成非线性因果关系。这种开放式、扁平化、平等性的系统现象或结构，被称为去中心化（这也是目前大热的区块链技术的核心）。

社群经济的这种去中心化的特征使得社群成员间的信息传播是交互式的，即每个社群中的成员既是信息的传播者也是信息的接收者，成员之间的关系是平等的。这种交互对等、双向传播的信息传播方式，使得社群成员之间具有极大的黏性，因而我们也不难理解为什么小米最初的 100 个发烧友能聚合出 10 万人规模的小米社区。

8.5.4　群体智慧

由于社会化媒体以互联网为载体，营销者与消费者之间的传统关系被打破了，营销者不再是单方面地向消费者进行营销和信息传播，很多消费者也深度参与到品牌的营销过程中。近年来，参与感越来越受到企业重视，小米甚至还提出了参与感的"三三"法则，着重强调参与感的重要性，主要原因就在于群体智慧。群体智慧的精髓在于，尽管每个人掌握的知识以及拥有的智慧都是有限的，但是一旦把人们集结在一起，这个群体要比群体中的任何成员，包括其中的专家学者都更有智慧。

基于群体智慧的理念，一种全新的商业模式诞生了，就是向消费者征集产品设计创意。一个成功的例子是优衣库，优衣库每年都会面向全球征集 T 恤的设计，并从中选出最优秀的方案进行生产。把设计的机会交给消费者的做法，一方面让提供优胜设计方案的消费者获得了物质和精神奖励；另一方面，获胜的方案也会获得消费者的充分认可，生产出来的 T 恤往往都会大卖。

学术前沿 8.7

请告诉顾客，你的产品设计来自用户

为了创造适销对路的新产品，越来越多的企业开始向用户征集创意，将产品设计的权利开放给消费者。事实证明，这种策略是有效的，因为消费者最懂自己的需要，然而，在产品出售时，企业是否需要提示这款产品的设计来源，明确告知这款产品的设计源自用户参与呢？假如明确提示，会产生什么影响呢？

一项来自日本政法大学西川（Nishikawa）教授等人的研究就深入探究了这一问题。他们与日本消费品领军品牌无印良品合作开展了两项实验，一项在其消费电子部门进行，另一项则在其食品部门进行。两项实验中，研究者将印有"来自用户参与"标签的商品随机投放到旗下门店。两项实验结果类似，提供"来自用户参与"的标签让产品销售额提升了 20%。

由此可见，对于企业而言，在产品设计中应用群体智慧除了可以收获更好的创意，提升消费者对新产品的接受程度，还有其他作用。如果在产品标签上明确提示该产品设计过程有用户参与，企业可以获得更高的利润。这是因为，积极地向顾客传达设计的来源，能够帮助企业将自己的产品与竞争对手的产品区分开来。

文献来源：

NISHIKAWA, H., SCHREIER, M., OGAWA, S., & Fuchs, C. 2017. The value of marketing crowd sourced new products as such: evidence from two randomized field experiments[J]. Journal of Marketing Research, 54 (4), 525-539.

本章小结

在本章中，我们介绍了影响消费者的一类重要的外在因素——群体与社会化媒体。在消费者的整个消费决策过程中，群体都发挥着重要的作用。这其中，参照群体是最具重要相关性的群体，在影响消费行为的过程中扮演着重要的角色，他们从信息性、功利性和价值表达三个方面对消费者产生重要影响。参照群体对消费者影响的大小主要取决于消费者对于参照群体的态度、产品的使用风险大小和参照群体具有的社会性力量大小。

参照群体按照有无从属关系可以划分为成员型参照群体和非成员型参照群体。成员参照群体中的消费者具有更高的保持一致性动机，这种动机受到文化压力、对反叛的恐

惧、承诺、群体特征、个人特质等因素的影响。个体是否会成为一个参照群体的成员主要取决于物理距离、曝光度和群体凝聚力。人们受到群体影响的表现形式看似相似，实则存在三种不同的类型，分别是从众、服从和依从，三者的主要区别在于压力源不同。此外，参照群体对个体产生的影响很容易会导致个体在群体中失去了自身的特征，并且出现社会堕化现象，产生"搭便车"行为。

意见领袖作为群体中的重要角色，能够频繁、深度地影响其他人的态度和行为。随着时代的发展，还衍生了两种特别的意见领袖——市场行家和代理消费者。对商家而言，意见领袖的信息传播能够帮助企业获得更高的销售额。因此，识别出核心意见领袖具有重要意义。

在群体中，信息大多通过口碑传播。人们愿意与他人分享的原因主要包括对产品有着较高涉入度、自我表现需要和利他主义。对商家而言，如果希望更多的消费者参与到产品的口碑传播中，需要让自己产品相关的信息具备六个因素：社交货币、诱因、情绪、公共性、实用价值和故事。相比正面口碑，人们更关注负面口碑，企业应当恰当地管理自己的负面口碑。

社会化媒体的出现加深了群体对个人的影响，也让口碑传播的形式变得更加丰富。在社会化媒体中，网络社区扮演着重要的角色，调动成员积极性是其运营过程中至关重要的任务。此外，社会化媒体带来了去中心化的社群经济、交互式的信息传播。它还带来了一种全新的商业模式，让用户参与设计，充分利用群体智慧。

案例分析

参与感：小米口碑营销的核心

线上资源

本章测试

第 9 章

影响消费者的外在因素：社会阶层与生活方式

　　作为消费者，在日常生活中有很多外在因素会影响我们的选择。上章讲到，由于人有与群体保持一致性的动机，在做出消费决策时会受到群体及社会化媒体的影响。在本章中，我们将继续探讨其他外在因素——社会阶层与生活方式。其实，两章内容间存在一定关联，社会阶层与生活方式在一定程度上也决定了我们所接触的群体和社会化媒体。

　　开始本章的探讨之前，我们首先来看一个关于买房的例子。在电视剧《安家》中，房地产中介接手了一个棘手的公寓房源。这套两室一厅的公寓房不仅面积小，其中一室还被一个长长的室外过道隔离在外。由于设计奇葩，这套房子十年都未售出，因为对于绝大多数买房的人来说，这套房子显然不仅不实用，而且性价比低。然而，在房地产中介的努力下，最后这套"跑道房"却成功被售出，购买者是一对受过高等教育、事业有成，并且与老人、孩子一起居住的夫妇。对于这对夫妇来说，那个被隔离出去的房间，既满足了他们工作时可以远离孩子喧嚣的诉求，又给了他们压力大时能独自放松的空间。这个例子很好地体现了社会阶层与生活方式对消费者的影响。同样的产品，对于处于不同社会阶层与具有不同生活方式的人来说，其价值也不同。消费者在消费时可能会做出截然不同的选择。接下来，我们深入探讨社会阶层与生活方式对消费者行为的影响。

◇ 学习目标

1. 什么是需求？与需要的区别是什么？消费者的需求取决于哪两个因素？
2. 购买能力指的是什么？什么是可支配收入？什么是可自由支配收入？
3. 人们对金钱持有哪两种态度？它如何影响消费行为？
4. 消费者信心会如何影响消费行为？口红效应是什么？
5. 什么是社会阶层？它有哪些划分标准？社会阶层如何影响消费决策？
6. 社会地位如何影响消费行为？什么是先赋地位？什么是成就地位？社会流动指的是什么？了不起的盖茨比曲线阐释了什么？
7. 如何通过社会阶层预测消费者的行为？
8. 社会比较指的是什么？它有哪些影响？
9. 社会地位象征与奢侈品消费之间有着怎样的联系？人们对奢侈品有哪些不同的态度？商家应当如何应对部分消费者购买假冒奢侈品的行为？

10. 生活方式是什么？它如何影响消费行为？

11. 品牌联合指的是什么？它如何通过生活方式影响消费行为？

12. 根据消费者的消费动机和拥有的资源，可以将消费者划分为哪八种类别？

9.1 收入与金钱观

9.1.1 购买能力与购买意愿

消费者产生的消费金额越高，商家就越开心。不过，对于消费者来说，究竟要不要花钱才是关键的问题。要深入了解这个问题，我们首先要回顾微观经济学中的一个重要概念——需求量，它指的是消费者愿意并且能够购买的商品和服务的数量。从这个定义上看，消费者对商品和服务的需求取决于两项重要因素，一是他们的购买能力，二是他们的购买意愿。微观经济学对于这两个概念有着明确的解释，购买能力指的是消费者以货币形式购买产品的能力，购买意愿指的则是在消费者货币收入既定的情况下，对于在特定产品上发生消费行为的态度。要使消费者产生对商品和服务的需求，这二者缺一不可。当消费者有购买意愿却没有购买能力时，即使购买意愿再强烈，由于没有足够的金钱，最终也无法产生消费行为；而当消费者有购买能力却无购买意愿时，同样也不会发生消费。举例来说，哪怕消费者手中有足够的钱，对一款产品表现出了兴趣，只要他们觉得现在不是购买这款产品的最好时机，当下对这款产品就没有购买意愿，也就有可能会推迟消费。

关于需求的两项先决条件，很多其他因素会影响它们各自的产生和发挥的作用。首先来看购买能力。消费者的收入是影响消费者购买能力的关键因素，这其中涉及两项相关但具有一定区别的概念。第一个是可支配收入，它指的是一个家庭在缴纳各项税款和非税性支出后剩下的收入。顾名思义，这部分收入可以由消费者来支配。第二个与收入有关的概念是可自由支配收入，它指的是扣除应缴纳所得税、社会保障性消费以及日常生活必需品（衣、食、住、行等）消费之后剩余的、消费者可以自由支配的那部分收入。从定义上来看，可自由支配收入要比可支配收入少得多，并且该收入主要用于满足人们的娱乐需求，例如看电影、旅游等。

接下来，我们来讨论购买意愿。我们会如何去花钱，很大一部分取决于我们对待金钱的态度。总的来看，人们对待金钱有两种截然不同的态度。有一类人在付钱时感受到的痛苦程度较高，因此他们会尽可能地少花钱。如果这种态度非常极端，这类人会被称作守财奴。与之相反，另一类人不太能够感受到支付带来的痛苦，购物可以给他们带来无限的快乐。如果这种态度过于极端，这类人被称为挥霍无度的人。当然，在实际生活中这两种情况出现的概率都比较低，我们当中的大多数人都处在中间位置，或偏守财奴一些，或偏挥霍无度一些。

金钱具有魔力，除了可以影响我们的消费行为，还可以帮助我们去缓解社会性的痛苦。一项著名的实验研究显示，在人际互动中受到排斥后，人们会对金钱表现出更强烈的渴望。其实这种现象在生活中也非常普通。如果一个人在年轻的时候因为没有钱而遭遇过挫折或歧视，那么接下来他很可能会努力赚钱，希望通过拥有财富获得其他人的尊重和认可。还有一个与这一结论相关的有趣的实验，它发现金钱有时甚至可以帮助我们缓解生理上的痛苦。我们都知道，如果把手伸到冰水中，会感受到刺骨的寒冷，显然这种体验会让人感到不舒服。然而，这项实验结果却显示，当人们在点过钞票之后再把手伸到冰水中，会感觉没那么痛苦了。这是个体报告的生理感受，其实是心理因素在起作用。而且，这种影响发生在我们的潜意识中，也就是说我们并没有意识到金钱可以缓解生理上的疼痛。

【思考题】 你对待金钱持有的是怎样的态度？金钱观是否影响了你的消费行为？如果是的话，它产生了怎样的影响？

学术前沿 9.1

金钱的魔力

人们常说"钱不是万能的，但没有钱是万万不能的"。金钱作为一项重要的社会资源，在我们的生活中发挥着举足轻重的作用，因此，获得金钱会让人们感到愉悦，失去金钱通常会让人们感到痛苦，区别在于每个人对这种痛苦的感知不同。

现任职于浙江大学的周欣悦教授在 2009 年就通过实验证明了金钱在减轻生理和心理痛苦中发挥的重要作用。通过六个实验，该研究得出了三项重要结论：首先，社会排斥和身体痛苦会导致个体增加对金钱的渴望；其次，数钱能够增强个体面对社会排斥时的承受力，也能减轻个体身体上的疼痛感；最后，记住花钱的感觉会让个体更容易因社交排斥和身体疼痛而感到痛苦。这项前沿研究进一步证实了：金钱作为一种重要的社会资源，相比其他时候，在个体受到威胁以及处于逆境时会发挥更大作用；获得金钱能减轻人们的痛苦，失去金钱会增加人们的痛苦。

周欣悦教授开展的这项开拓性研究在国内外学界和业界都引发了高度关注。沿着这一主题，国外学者发表于 2018 年的研究还发现，金钱能够缓解焦虑，减少人们与死亡相关的想法。这一结论由波兰华沙社会科学及人文学院的阿加塔（Agata）和美国威斯康星大学麦迪逊分校的托马斯（Tomasz）提出。该研究开展了六项实验，采用不同的测量方法，在不同的人群中不断验证假设：在面对死亡焦虑时，金钱能让人减少与死亡有关的想法。此外，实验 3 和实验 4 发现，金钱是通过唤起人们的自我价值感，即自尊来发挥作用的；实验 5 发现金钱的效应仅对那些将自我价值与金钱联系在一起的人起作用；实验 6 则发现，无论诱发金钱概念在前还是唤起死亡威胁在前，这一效应都稳定存在。也就是说，金钱在缓解焦虑方面具有较高的稳定性，即使有时只是简单提到与金钱相关的概念，都能使金钱发挥它的作用。

文献来源：

ZHOU, X., VOHS, K. D., & BAUMEISTER, R. F. 2009. The symbolic power of money: Reminders of money alter social distress and physical pain[J]. Psychological Science, 20 (6), 700-706.

GASIOROWSKA, A., ZALESKIEWICZ, T., &KESEBIR, P. 2018. Money as an existential anxiety buffer: Exposure to money prevents mortality reminders from leading to increased death thoughts[J]. Journal of Experimental Social Psychology, 79, 394-409.

9.1.2 消费者信心

除了人们对于金钱的态度之外，消费者信心也会对消费行为产生重要影响。消费者信心指的是消费者对于未来的信念，它会显著地影响消费者对可自由支配收入的分配，这种信念分为两部分：一部分是对于未来整体经济形势持有的或者乐观，或者悲观的态度。例如，2008年金融危机发生后，由于人们整体上对未来的经济形势都不抱乐观的态度，在整个社会层面上，消费行为发生了很大的改变。一方面，人们的非必要购买行为大大减少；另一方面，人们的消费习惯发生了巨大转变，会更多关注产品的实用性和耐用性，消费时更加理性。消费者信念的另一个组成部分是对接下来一段时间自己的收入水平的预测。如果消费者预测接下来的经济形势一片大好，就可能会增加并且升级当前的消费，不再为将来而储蓄。同理，如果消费者预测自己接下来会获得升职加薪的机会，他们可能当下就不再对自己吝啬，会想方设法地犒劳自己。

可以看出，人们对整体经济形势和自身收入水平的预估会对整个社会的总体消费水平产生影响。2020年突如其来的新冠肺炎疫情对全世界的经济造成了重创。对于2020年原本计划主办奥运会的日本来说，奥运会能否如期举办会在很大程度上影响其民众的消费信心。日本原计划将本次奥运会作为扫除日本15年通货紧缩和经济衰退的触发器，在目前执行的货币宽松政策、财政刺激以及结构改革基础上，成为带动日本经济腾飞的第四架马车。由此可见2020年奥运会对于日本经济形势的重振和消费者信心的重建有着至关重要的影响，这也解释了为什么日本在新冠肺炎疫情暴发初期，竭尽全力地想要确保奥运会顺利举办。

实际上，一个国家的整体经济形势确实会对消费行为产生重要的影响。例如，一旦发生经济形势下行，高端的邮轮航线的票很难出售，而各种快餐店却可能顾客盈门。国际经验表明，人均GDP达到5 000美元时，邮轮市场才会起步；而人均GDP达到10 000美元至40 000美元时，邮轮市场才会快速发展。也就是说，邮轮的目标受众具有一定经济实力，因而经济形势不景气势必会影响该行业发展。

总之，我们对于自己的未来的信心以及对于未来经济形势的预判，共同决定了我们可以在多大程度上自由支配我们的收入，以及我们会使用可自由支配收入购买什么类别的产品。著名的口红效应与消费者信心密切相关。学者们曾通过分析历史数据，发现了一个有趣的现象：在发生经济的大萧条之后，奢侈品品牌的口红的销量却会上升。这背后的原因是，在经济大萧条的局势下，消费者没有足够的钱购买奢侈品牌的时装和挎包，而口红作为一个能帮助消费者彰显自我的表达型产品，即使在经济大萧条下，它的价格也是消费者所能承担的。因此消费者会选择购买奢侈品牌的口红，用有限的预算来满足自己的欲望。

口红效应在很多行业都有充分的体现，美国电影行业就是一个很好的例子，20世纪二三十年代的经济危机，让好莱坞进入了发展的腾飞期。因此，电影票房成了反映一个国家经济运行状况的晴雨表。在经济形势不好的情况下，演唱会市场可能会变得非常不景气，但是电影市场却可能会一片红火，原因是电影的票价不高。在经济形势不好的时候，人们的工作没有那么繁忙了，但是也没有足够的钱出去度假，此时看电影这种低成本的娱乐方式变成了人们的首选。因此，对于一个国家来说，电影票房的持续大幅度增长，未必是一件好事。

9.2 社会阶层与消费行为

2019 年奥斯卡金像奖颁奖典礼上，韩国电影《寄生虫》可以说创造了历史。作为第一部拿下奥斯卡最佳影片的非英语片，《寄生虫》同时获得了最佳导演、最佳原著剧本、最佳国际影片三项大奖。这部电影以韩国的两个家庭为对象，淋漓尽致地展现了贫困阶层和富裕阶层生活上的天壤之别。与以往揭示阶层鸿沟的电影的不同之处在于，在这部电影中导演没有刻意去丑化任意一方。正如贫困家庭的母亲所言："要是我那么有钱，我比她还善良。"

整部电影中，导演通过海量的细节向观众展示了两个阶级存在的巨大差别。故事情节在贫困家庭趁富裕家庭出游后占据他们豪宅的那个雨夜开始发生转折，回到半地下室的贫困家庭发现自己租住的房子因为暴雨袭击几近被淹没。电影至此更是将两个阶级之间的差距展现到了极致：贫困阶层只因为一场暴雨就变得无家可归，富裕阶层却可以在第二天欢乐地举办派对，故事至此也开始走向最后的悲剧结局。正如导演奉俊昊所言，这是一部"不同阶级之间的难以平等共存以至于下位者不得不寄生于上位者之中"的黑色喜剧惊悚片。

社会阶层的鸿沟以及社会阶级的固化是社会发展过程中不可避免的问题，它对人们生活最直观的影响就体现在消费上。作为影响消费行为的重要外在因素，社会阶层与消费行为的研究也一直是消费者行为领域的研究重点。接下来，我们就来具体了解社会阶层的概念、划分，以及它是如何影响消费行为的。

9.2.1 社会阶层的定义

从定义上看，社会阶层指的是，由具有相同或相似社会地位的社会成员组成的相对持久的群体。换言之，社会阶层描述了一个人在整个社会上所处的地位。处于同一社会阶层的人，通常情况下会具有很多的相似性。举例来说，他们可能会有类似的职业、类似的生活方式以及类似的收入水平，在兴趣爱好方面也会有很大共同点。社会中很多重要的资源都是有限的，比如说优质的教育资源和医疗资源。在中国，买房一直是一件民生大事，而人们买房优先关注的就是房源配套的教育和医疗资源。归根结底，还是社会阶层在发挥作用。由于每个人所处的社会阶层不同，这在很大程度上决定了他是否有机会去获取这些稀缺的资源。

从这一点可以看出，社会阶层确实会对消费行为产生重要的影响。一方面，我们从属于哪个社会阶层，影响了我们作为消费者是否会购买某一件产品。以本章开头的"跑道房"为例，对于普通家庭来说，单独隔离出去的房间会让住在那里的人很不方便，并且会有孤独感；但对那对高知夫妇来说，单独隔离出去的房间却给了他们工作与独自放松的空间。另一方面，我们想要成为哪个社会阶层的人，也影响了我们对一款产品的偏好和喜爱程度。这是因为，当我们想要成为一个特定社会阶层中的人时，我们就会去模仿这个阶层中的人群的消费行为。例如，当你刚刚从学校毕业迈入职场，你的身份由学生转变为了职场人士，为了让自己更像是一个成熟的职场人士，你在买衣服的时候往往会根据公司中大部分人的风格来进行选择，有时这种模仿甚至是一种无意识的行为。

【思考题】 既然社会阶层这么重要，我们可以通过哪些消费线索，或者说，通过哪些产品的使用来判断一个人所处的社会阶层？通过这些线索预测一个人所处的社会阶层的准确性如何？

9.2.2　社会阶层的划分

从前面的介绍中我们不难发现，人们会因其所属的社会阶层不同而产生不同的消费。因此，我们有必要对社会阶层进行划分。很多人习惯通过收入水平或使用的产品来判断一个人所处的社会阶层，然而时至今日，仅仅通过一位消费者使用的产品去判断他所处的社会阶层，已经变得越来越困难，越来越不可靠。一方面，当下消费者的消费观发生了很大的改变，比如，现在许多上班族都会购买名牌挎包，但在其他方面却捉襟见肘。另一方面，近年来市场上出现了许多所谓的轻奢品牌，即大众能支付得起的奢侈品，也逐渐占据了很大的市场份额。这些轻奢品牌以大众阶层为目标消费群体，以这些人的购买力，尽管买不起真正高价的奢侈品，比如跑车，但买得起较高质量的产品。既然产品的使用不是判定一个人所处社会阶层的有效指标，究竟应当通过什么指标来判断社会阶层呢？

学者们认为，职业声望是判断社会阶层的一个重要指标。一种典型的职业排序是：在某些专业领域具有权威性的职业（如医生、大学教授）和商界精英（如大公司的 CEO），他们的排序最高，基层的体力劳动者排序则较低（见图 9.1）。事实上，很多学者认为，职业声望是判断社会阶层最好的指标，这是因为不同职业的声望在比较长的时间阶段内都会保持稳定。此外，在不同的文化背景下，公众对于职业声望都有着较为一致的观点。从个人层面上看，职业声望之所以重要，是因为一个人从事的职业在很大程度上决定了

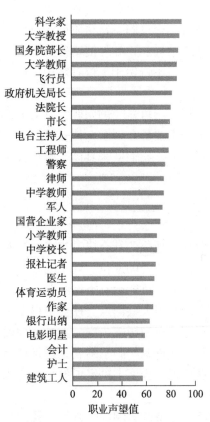

图 9.1　中国职业声望排行榜
图片来源：作者绘制

他会如何度过自己的闲暇时光，以及其家庭资源的分配方式，因为这反映了他们的教育背景、收入水平甚至是家庭背景。不仅如此，职业声望甚至有时还会决定一个人的审美及政治取向。以政治取向为例，在美国，学术圈、娱乐圈或者媒体支持民主党的概率会比较高，而从事农业或者石油开采等工作的人支持共和党的概率会更高。

与职业声望相比，收入水平其实并不是社会阶层的决定性指标。相比一个人有多少钱，他会如何去花钱或许更能说明问题。举例来讲，即使一个人把握住了商机，赚了一大笔钱，但如果他没有在其他方面进一步提升自己，通常情况下也只会被认为是暴发户，而不是上层社会的人。除了职业声望之外，受教育的水平也可以在一定程度上预测一个人所处的社会阶层。当然，这一指标并不是独立的，因为接受教育的水平往往与一个人从事的职业以及收入水平密切相关。

除了经济变量，社会阶层的划分标准还包括社会变量和政治变量两种，其中社会变量包括个人声望、社会联系和社会化，政治变量则包括权力、阶层意识等。除了使用某一单一变量来评判个体所处社会阶层，学者们还使用复合变量法，即使用综合指标划分社会阶层。最典型的是科尔曼（Coleman）提出的地位指数法，该方法从职业、教育、居住区域、家庭收入四个方面综合测量消费者所处的社会阶层。

9.2.3 社会地位和社会流动

之前我们曾提到，同一社会阶层的成员往往具有相似的社会地位。然而，具有相同社会地位的人，其消费行为可能也会有很大的差别，一个最典型的例子是英国的新贵族和旧贵族。英国是现代社会中少有的还保留着"贵族"概念的国家。在英国的贵族历史中，新旧贵族之争一直是人们津津乐道的话题。旧贵族往往都与优雅、高贵这些词挂钩，新贵族则往往会被认为是暴发户，二者之间的消费行为甚至教育理念都存在着天壤之别。由于想要获得旧贵族以及社会的认可，新贵族一直都在努力模仿旧贵族，想要学习成为一个优雅的贵族。伊顿公学是英国最著名的贵族学校（见图 9.2）。尽管许多人对它嗤之以鼻，认为它是旧社会的毒瘤，但是每年报名这所学校的人依然非常多，很多坐拥丰厚资产的富豪们想让自己的孩子到伊顿公学读书。

图 9.2 伊顿公学是英国最著名的贵族学校，以"精英摇篮""绅士文化"等闻名于世

图片来源：Unsplash

从英国新旧贵族的例子来看，根据地位来源的不同，社会地位可以划分为成就地位与先赋地位。如果一个人通过努力学习和工作，获得了更高的社会地位，这种地位叫作成就地位；如果一个人出身名门望族，含着"金汤匙"出生，这种地位则是先赋地位。前者就是我们所说的新贵族，后者则是旧贵族。对于旧贵族来说，他们想要向外界展示的是家族和血统的显赫，而不是金钱，所以他们不会随意展示自己的财富，而会比较关注公共服务以及慈善事业。可以说，他们终其一生都在训练自己如何做一个体面的有钱人。对于新贵族来说，他们刚刚拥有巨额的财富，还没有学会如何花钱，所以他们经常会为自己的社会地位而焦虑和烦恼，并想方设法地去确保自己在做正确的事。具体来说，包括穿"正确"的衣服，出现在"正确"的场合以及用"正确"的酒菜来招待宾客。遗憾的是，有时候他们会迷失自我并且受到旧贵族的歧视与排斥。莱奥纳多·迪卡普里奥在电影《了不起的盖茨比》中扮演的就是这样的一位新贵族——盖茨比。这是一个有人物原型的悲剧性角色，电影的剧情也折射出了世间百态。

聊了这么多有关社会阶层的话题，我们能不能通过努力去改变自己的社会地位呢？这就要提到社会流动的概念。社会流动指的是一个人从一个社会阶层移动到另一个阶层的变化过程。社会流动有三种不同的方向，分别是水平流动、向下流动和向上流动。水平流动指的是在同一个社会阶层内从一个位置移动到另一个位置。比如，从一名小学教师转行做护士。向下流动则是人们不太愿意遇到的，破产以及家道中落描述的就是这样的情境。最后，向上流动是人们期待的。

遗憾的是，几乎每个国家都面临着阶层固化的问题，也就是说，想要通过努力提升自己的社会阶层，并不是一件容易的事。研究结果显示，一个国家社会阶层的不平等程度越高，其社会流动就越慢，正如"了不起的盖茨比曲线"（The Great Gatsby curve）所揭示的那样。该曲线的横轴是各国的基尼系数，反映的是社会不公平程度。其中基尼系数越大，表示社会越不公平；纵轴为"代际收入弹性"，即父辈的收入水平对下一代收入水平的影响，该数值越大，代表收入的代际流动性越低，子女仍然处于父辈的社会阶层的可能性就越高。从该曲线可以看出，基尼系数与代际收入弹性正相关，即基尼系数越大，代际收入弹性就越高。也就是说，社会越不平等，改变自己的阶层就越难。上流社会家庭的孩子，从出生开始就接受了最好的教育，可以说赢在了起跑线上。不过，这并不意味着普通人不再有机会。在中国，高考一直被公认是改变人生的宝贵契机，公平的高考改变了许多年轻人的人生轨迹。

由于每个人都希望能进入更高的社会阶层，这为商家提供了商机。许多商家在进行品牌宣传时，都牢牢抓住了大众的这一心理，很多品牌都在宣传"即使没有那么好的运气，没有出生在名门望族，我们也可以通过努力去改变命运，获得更高的社会地位"这一理念，例如李宁的"一些皆有可能"、耐克的"Just do it"等广告标语都传递着这种理念。这样的品牌理念无疑能够打动消费者的内心，从而赢得消费者对品牌的认同。

最后，我们聊聊社会阶层与世界观。在许多对山区贫困儿童的援助中，援助者以及援助机构都有一个期望，就是带山里的孩子走出大山，看一看外面的世界。这是因为，个人的经历会塑造我们的世界观。来自不同阶层的人，他们往往具有不同的世界观，也就是说，他们看待世界的视角会有所不同。因此，我们可以通过世界观将不同社会阶层的人区分开来。通常情况下，工薪阶层的世界观偏窄，视野不够开阔。举例来说，他们的消费行为可能着眼于满足当前需要，比如购买冰箱和电视机。另外，他们更依赖亲人间的情感联结，他们关心自己的家庭、自己周围的社区以及本地的新闻和球队。与工薪阶层的人相比，处于更高社会阶层的人通常会关注更为长远的目标，比如教育和医疗。他们愿意花钱、花时间去拓宽视野，甚至是学习一些在短期内派不上用场的技能和知识。

9.2.4　社会阶层与消费行为预测

了解社会阶层以及社会阶层如何分类后，接下来我们要探讨社会阶层是如何影响消费决策的。首先是消费分层，社会阶层的分类之所以获得广泛关注，关键就在于它能反映不同群体拥有的物质财富水平，而物质财富往往通过消费品来体现。因此，一些学者提出消费分层，它是社会分层在消费领域的延伸与体现。例如，有研究者根据中国当下的消费情况，将消费者划分为"极低消费水平""低消费水平""中等消费水平""较高消费水平"和"高消费水平"五个层级。除了按消费内容分层，社会分层还表现在消费方式和消费观念上，由低到高的社会阶层对应着特定消费观念，包括保守消费、实用消费、品牌消费、超前消费和炫耀消费。

社会阶层影响消费决策的第二个方面在于媒介接触。高社会阶层的群体往往更多接触纸质媒介，低社会阶层的群体则更倾向于观看电视节目。工薪阶层的消费者往往是具有实用性、真实感、侧重于解决现实问题的广告的受众；高社会阶层的消费者往往更喜欢那些具有巧妙设计、能够体现独特思想和品位的广告（比如此前章节中提到的隐喻广告），只有这样的广告才能将他们与其他阶层的受众区分开来。

我们之前分别探讨了收入水平和社会阶层两种能够影响消费行为的因素，那么，到底哪一项指标可以更好地预测消费者的行为呢？其实这没有定论，取决于产品的类别。我们知道，产品可以为消费者提供功能性价值以及符号性价值。功能性价值关注的是，一款产品可以为消费者提供哪些功能；符号性价值关注的则是，通过使用一件产品，消费者会给其他人留下怎样的印象。

对于价格相对较低而象征性意味明显的产品来说，社会阶层是更好的预测性指标。比方说，一个人所处的社会阶层，会决定他会使用怎样的化妆品、喝什么酒。普通工薪阶层在消费时往往更注重性价比；中产阶级消费时，往往不会过多关注价格，而是比较关注品质与品位。一般而言，这类产品的营销者往往会通过消费者穿戴的衣物、配饰来判断面前的顾客是否属于自己的目标人群。化妆品专柜或品牌服饰的销售人员判断顾客是否会购买自己产品的第一步，就是根据顾客的穿搭来判断其社会阶层，从而为其推荐适合的产品。

对于一些几乎只提供功能性价值而不提供符号性价值的产品，比如大型家用电器来说，收入水平是更好的预测指标。道理很简单，一个人的收入越高，通常就会买越贵的大型家用电器。由此我们发现，在介绍大型家电时，相比于直接就推荐产品，导购往往会先与顾客进行交流，在此过程中掌握一些能判断顾客收入水平的信息，从而精准预测顾客的消费选择。

最后，如果一款产品不仅价格昂贵，还能提供符号性价值，比如跑车和豪宅，那么就要结合社会阶层和收入水平这两个指标对消费行为做出预测。毕竟，要想购买这些产品，只有较高社会地位是不够的，还必须拥有足够的财富。

学术前沿 9.2

越拥挤的地方，人们觉得越 "low"？

人们对他人所处的社会阶层进行判断时，会受到很多因素的影响。现实中，我们常常发现具有更高的社会地位的人往往享有更大的空间，例如飞机上的头等舱座位更宽敞、公司的老板往往拥有面积更大的私人办公室，而世界上人口密度最高的是各地的贫民窟。基于这种习得性的社会知识，人们会在社会密度（social density）和社会地位之间建立一种联系。例如人们会在社会密度增加时，降低对处于该空间人们的社会阶层和收入的判断。也就是说，消费者会觉得拥挤的地方的人群社会地位更低，进而认为拥挤的商店出售的商品价值更低。

威斯康星大学的托马斯（Thomas）和罗宾（Robin）教授就提出了上述预测。他们首先分析了在谷歌图片上通过"上流美国人"和"工薪阶层美国人"关键词搜索出的图片。结果发现，前者图片中的平均人数明显低于后者。接着，他们通过一系列的实验证明：当人们看过不同社会密度的图片后，普遍认为低密度图片里的人的社会地位比高密度图片里的人要高，并且愿意为在没那么拥挤的环境中呈现的产品支付更高的价格。值得注意的是，即便被试们了解了产品的详细信息，不同顾客密度的商店图片仍然能让他们做出不同的消费决策。这说明，消费者基于社会密度做出的判断是非常直观且本能的，习得性的社会知识会对消费行为产生深远的影响。

文献来源：

O'GUINN, T. C., TANNER, R. J., & MAENG, A. 2015. Turning to space: social density, social class, and the value of things in stores[J]. Journal of Consumer Research, 42 (2), 196-213.

9.3　社会地位象征

决定上层地位的因素一直处在变化中。所以导致我们焦虑的因素也在随之不断变化。在一个社会里，我们担心我们没有能力把长矛刺进动物的身体；而在另一个社会里，我们则担心在战场上杀的人不够多；在又一个社会里，我们焦虑自己没有庄园以及跳不好小步舞曲；还有的社会里，我们担心自己对上帝的虔诚度不够高；在现代社会中，我们又焦虑无法从资本市场上获得利益。

——阿兰·德波顿《身份的焦虑》

"身份焦虑"是现代人无法回避的问题。英国学者阿兰·德波顿在其著作《身份的焦虑》中提出，人们总是担忧自己无法与社会设定的成功典范保持一致，从而被夺走尊严和尊重。因此，上层阶级总想将自己与中下层阶级区别开来，而中下层阶级也总想跻身上层阶级。1899 年，美国经济学家凡勃仑在其著作《有闲阶级论：关于制度的经济研究》中提出了有闲阶级的概念，它指脱离了劳役的上层阶级。他们从事的活动通常是非劳役的，例如政治、宗教信仰等。有闲阶级炫耀其自身社会地位的方式有两种：炫耀性休闲和炫耀性消费。在野蛮文化时期，上层阶级主要靠炫耀性休闲来证明自己；在现代社会中，炫耀性消费则越来越多。

不过，随着社会的发展，阶层的分化被隐藏了，它以另一种形式出现，即中下层的攀比性以及由此产生的对上层阶级的依附。因此，我们渐渐发现，富裕阶层想要炫耀自己的有闲阶级身份，却不再那么张扬，"低调的奢华"成了他们新的追求。贫困阶层也开始有欲望用一些廉价的手段把自己伪装成有闲阶级的一员。无论是富裕阶层还是贫困阶层，"身份焦虑"的影响都一直延续了下来，因此，象征社会地位的金钱、时间自然成了人们攀比的重要因素，这种社会比较也让不同的社会阶层表现出不同的消费行为，催生了在行为上截然不同的消费者。接下来我们将具体介绍社会比较以及这种比较下不同消费者的行为。

9.3.1　社会比较

在上一节中，我们探讨了社会地位的两种不同的来源，分别是成就地位和先赋地位。相应地，有钱人也被划分为了两个不同的群体：新贵族和旧贵族。与旧贵族相比，新贵族经常会感受到对身份的焦虑：刚刚获得了大一笔财富，想要向外界展示自己的财富、彰显自己的社会地位，却又不太清楚该怎么做才好。于是，他们经常陷入炫耀性消费中。炫耀性消费指的是富裕的上层阶级，特别是新贵族通过对产品超出实用功能外的铺张浪费，向他人炫耀和展示自己的财力和社会地位，以及这种地位所带来的荣耀和声望。典型的炫耀性消费行为是购买大量豪宅、跑车及奢侈品。从心理学的角度看，炫耀性消费给了人们表达自我的机会，从而帮助人们补全自我的概念。

我们中的大多数人都希望能获得更高的社会地位，并且希望通过购买和使用特定的产品来彰显自己的社会地位。因此，有时人们的购买行为可能并不是出于对产品本身的喜爱，而仅仅是想让别人知道，自己能够负担得起这样的产品。这种寻求更高社会地位的动机，其实是源于社会比较带来的心理压力。

社会比较指的是人们会通过与身边的人作比较来自我衡量。在家庭中我们与兄弟姐妹比较，在学校我们与同班甚至同校同学比较，在职场我们又会与身边同事进行比较。可以发现，社会比较无处不在。有的时候，社会比较会给人们带来激励，让人们在比较中找到自身的不足；然而其他时候社会比较会打击人的信心，让人做出消极行为。因此，商家对于社会比较的应用需要保持谨慎。

要想弄清楚社会比较带来的不同影响，需要先了解与社会比较有关的知识。首先，社会比较是人们了解自身所处地位及周围环境的关键所在。社会比较的动机是客观存在的，在我们的日常生活中，不确定性的情况占据了多数，要想让不确定的信息变得更加确定，社会比较是一个必然的选择。例如，要想知道自己在一次考核中的表现究竟如何，最直观的方法就是去查看自己的排名，了解自己与他人的差距。其次，社会比较有上行和下行两个方向，人们既会与那些比自己优秀的人进行比较，即上行比较；也会与那些不如自己的人进行比较，即下行比较。上行比较会让人们感到沮丧，但也能刺激人们更加努力；下行比较会让人感觉良好，但也可能会使人骄傲自满。因此，人们需要在这里找到一种平衡，既能保持信心，又能更加积极努力。最后，社会比较可能会产生"激励过度"的现象，即在社会比较的过度刺激下，有人可能采取不理智的行为以获得比较的胜利，例如欺骗、诋毁、造谣等。

由于每个人都希望获得比他人更多的财富、更高的声望，这给商家创造了商机。很多公司的会员计划（比如航空公司的常旅客计划）之所以会如此成功就得益于社会比较。会员计划受到欢迎的一个重要原因是人们都希望能够升级为更高级别的会员，从而彰显自己的社会地位。尽管具有寻求更高社会地位的心理是人之常情，但任何一种行为都应该控制程度，需要谨防社会比较的"激励过度"现象。正所谓，过犹不及。日本知名啤酒品牌朝日啤酒就做过一个与之相关的广告。这则广告试图告诉消费者，绝大多数的消费者是品尝不出不同葡萄酒的差异的，不要试图假装能够品尝出区别，从而显示自己的格调了。选择去做真实的自己，做个快乐的消费者，和家人、朋友一起开怀畅饮朝日啤酒，岂不是更好？在许多品牌不断强调自己的产品能让消费者变得与众不同的大环境下，这种劝说消费者接受真实的自己、减少比较行为的广告反而赢得了消费者的青睐。

9.3.2　社会地位象征与奢侈品消费

前面我们提到了炫耀性消费，它的动机在于人们想要彰显自己的社会地位。与炫耀性消费关系最密切的产品是奢侈品。很多时候人们购买奢侈品的主要原因就是彰显自身的身份和地位。接下来我们一起探讨社会地位象征与奢侈品消费。

首先是人们对待奢侈品的态度。现实中，同样是高收入人群，不同的人面对奢侈品的态度也可能会有很大的差异。总体来看，可以划分为三种不同的态度：第一种态度为奢侈品是功能性的，第二种态度为奢侈品是奖赏性的，第三种态度为奢侈品是沉溺性的。强调奢侈品的功能属性的消费者，会购买那些具有恒久价值，也就是说可以保值甚至增值的产品。他们不是在情感或冲动的驱使下做出购买决策；相反，他们会提前做很多功课，尽可能理性地选购产品。例如，这类消费者可能会购买腕表和高档的珠宝首饰。第二类消费者认为奢侈品是奖赏性的。他们渴望获得成功，并且渴望向他人展示自己的成功。因此，他们会选购具有炫耀属性的奢侈品，比如豪车和豪宅。他们希望通过购买这些奢侈品，向外界传递出自己是成功人士的信号。第三类消费者认为奢侈品是沉溺性的。这类消费者往往非常年轻，并且自己还不具备赚钱的能力，花的几乎都是长辈赚的钱。他们之所以沉溺于奢侈品，主要就是为了彰显自我、吸引他人的注意力。

此外，不同的奢侈品品牌，或者同一品牌推出的不同产品，在对待品牌 logo 的问题上，也可能有着不同的做法。有时，我们会看到一款奢侈品有着巨大的品牌 logo，有一款路易威登（LV）的挎包上涂满了品牌 logo。这一做法是想时刻提醒消费者，这是一款奢侈品。有时，我们会发现有些奢侈品品牌相当低调，在它们的产品上几乎找不到品牌 logo 的痕迹，例如法国奢侈品牌思琳（CELINE），只有懂行的消费者才了解。

面对产品 logo 展现的问题，不同品牌，或者同一品牌的不同产品之间之所以会有如此大的差异，是因为他们的目标消费者不同。有的消费者需要通过夸张的 logo 去彰显自己的身份，有的消费者无须通过外在的符号去证明自己的身份。让我们来看图 9.3，它向我们生动地展示了不同消费者对待奢侈品的态度。

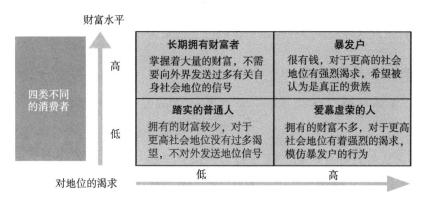

图 9.3　四类不同的消费者

图 9.3 中的横坐标描述的是一个人对于更高社会地位的渴望程度，纵坐标描述的则是一个人拥有的财富水平。相应地，组成了一个 2×2 的矩阵，将消费者划分为了四类不同的人群。

第一类人是长期拥有财富者。他们长期掌握着大量的财富，不需要向外界发送过多有关自身社会地位的信号。他们要做的，是在自己的群体内部发送信号，而这种信号往往是安静的产品信号。这意味着，他们会选择购买低调、品牌 logo 不明显的奢侈品。

第二类人是暴发户。他们往往是在短时间内获得了可观的财富，因此他们对更高的社会地位有着强烈的渴求。他们希望把自己和其他有钱人联系在一起，并且尽可能地避免与穷人产生联系，所以他们倾向于购买那些具有高调的产品信号的产品。也就是说，他们倾向于购买品牌 logo 非常明显的奢侈品。

第三类消费者是踏实的普通人。一方面，他们拥有的社会财富较少；另一方面，他们对于更高的社会地位也没有过多的渴望。因此，他们不会通过产品向外界发送有关社会地位的信号。

最后一类人是爱慕虚荣的人。这类人尽管拥有的财富不多，对于更高的社会地位却有着强烈的渴求。他们渴望成为有钱的人，希望外界认为自己很有钱。因此，他们会模仿暴发户的行为，选择品牌 logo 明显的奢侈品。

在这四类人中，最后一类人，也就是爱慕虚荣的人，最有可能去购买假冒的奢侈品。一方面，他们没有足够多的钱；另一方面，他们又希望让别人认为自己很有钱。于是，购买假冒奢侈品就成了他们最好的选择。而对于那些购买了货真价实的奢侈品的消费者来说，一旦发现有其他人购买了同样款式的假冒奢侈品，通常会感到非常郁闷而恼火，甚至会产生身份焦虑。针对这种情况，他们可能会采取三种不同的应对方案。

第一种应对方案是停止使用和购买这一品牌的产品。这是因为，他们不希望别人误认为自己和购买假冒奢侈品的人是同类。第二种应对方案是躲避，即他们不再强调自己与该品牌之间的情感联结，而且可能会表现出对于该品牌的品牌形象受到玷污的担忧。最后一种应对方案则是去品牌化。由于他们对于品牌具有高度的认同感和忠诚度，因此，他们会去选购那些低调、品牌 logo 不明显的产品。因为他们觉得，真正有地位的消费者不需要通过奢侈品的品牌 logo 来展示自己的社会地位，只有那些社会地位较低的消费者才会这么做。通过这种去品牌化，他们把自己和购买假冒奢侈品的消费者区分开来。

学术前沿 9.3

有钱人的"接地气"——别具一格凸显自己的滴绕模式

滴漏理论（trickle down）认为，地位象征和时尚趋势源自于精英阶层并逐渐向下移动，即时尚是从高到低传递的。该理论由沃顿商学院营销学教授约拿·伯杰（Jonah Berger）提出。不过，在现实生活中我们有时会看到与这一理论不符的现象。比如，一些高端餐厅会提供薯片、通心粉等快餐食品，一些高端人士也会穿破烂的牛仔裤、胶鞋等"低端"服饰。这是因为时尚的流行还遵循另一套模式——滴绕模式（trickle around），即绕过中间人群，下层与上层直接融合，破洞牛仔裤就是典型的例子。破洞牛仔裤的起源是穷人没有钱缝补裤子，但是它的走红却越过了中间层，从下层传播到了上层，然后再向中间层传播。滴绕模式描述的就是这种高阶层人士直接从低阶层人士中获得灵感，从而让流行绕过中间层的现象。

滴绕模式同样由伯杰教授提出，合作者是哥伦比亚大学商学院的席尔瓦（Silvia）。他们在研究中使用了信号传递理论来解释这一现象。研究发现高阶层的人有时会采用与低阶层人群相关的物品作为"昂贵"的信号，从而区别于处于中间地位的人。也就是说，上层人群从低阶层人群中直接"获取灵感"的现象，本质上是上层人群为了凸显自己与中层人群差别的方式。由于社会比较的存在，中层不断模仿上层的消费行为，使得二者在使用产品上的差距逐渐缩小。然而这种依附性也使得中层不会像上层一样从下层中借鉴"时尚灵感"：因为他们不具有左右流行的能力，因而模仿下层的风险太大，代价也很高；此外，他们存在身份和社会地位焦虑，担心因为使用与下层相关产品而被误认为属于下层。这就让滴绕模式具有了存在的意义。

文献来源：

SILVIA, B., & JONAH, B. 2020. Trickle-round signals: When low status is mixed with high[J]. Journal of Consumer Research, 47 (1), 100-127.

9.4　生活方式与消费行为

在本章的前半部分，我们深入介绍了有关社会阶层的知识及其对消费行为的影响，并进一步探讨了社会地位象征相关的消费行为。因此，我们已经认识到，仅仅依靠社会阶层是无法准确预测消费者的行为的。现实生活中，有很多人具有相似的收入和受教育程度，然而在购买和使用的产品上却有很大的差异。

2018 年，一位名叫李子柒的网红火了，她独特的生活方式受到了国内外许多人关注。在现在这个物欲横流的社会，许多都市人饱受社会压力，"浮躁"逐渐成为社会风气的关键词。相比之下，李子柒在乡间"四季更替，适食而食"，实现了许多人向往的生活。许多人都说，李子柒实现了他们心中的"桃源梦"。在同一个社会中，有人追求着代表身份地位的奢侈品，过着极度"精致"的生活，也有人"因需而用"，像李子柒一样回归生活的本质，追求简单的生活；有人过着灯红酒绿、纸醉金迷的夜生活，也有人过着早睡早起的养生生活，还有人过着"朋克养生"的生活……生活方式渗透到我们的消费行为中，从生活的点点滴滴出发影响着我们的消费行为。在本节中，我们将讨论生活方式及其对消费行为的影响。

9.4.1　生活方式

在第 5 章中，我们曾讨论过自我的概念。在当今社会，物质生活水平空前繁荣，每个人都有更大的自由度来选择商品和服务，并且通过这些商品和服务来界定自我，向外界传递"我是怎样的人"的信息。在本节中我们要探讨的生活方式，也与自我的概念有关，它指的是一个人会如何分配自己的时间和金钱。就像人格非常复杂、多种多样，生活方式并没有一个明确的分类标准。不同的人会在各方面分配不同数量的时间和金钱，因而具有不同的生活方式。当然，生活方式同时也具有稳定性，处于同一个时代的人，在生活方式上具有一定的相似性。时间和金钱作为消费最为直接的两个影响因素，它们的分配方式无疑会影响人们的消费行为。当今社会中，人们每时每刻都在做着时间或金钱方面的决策。因此可以说，生活方式对人们消费行为的影响无时无刻不在发生。

在时尚营销界，有一句经典的话，生动地说明了生活方式对于消费行为的重要影响。这句话是"产品是搭建生活方式的积木"。也就是说，生活方式会影响我们的产品选择，而产品选择反映了我们的生活方式。正因为生活方式如此重要，越来越多的营销者开始针对消费者的生活方式展开营销活动。在开展生活方式营销时，学者们发现，消费者会配套使用一些商品和服务。举例来说，一位消费者很喜欢一个服装品牌，他可能会喜欢另一个品牌的墨镜，而这个服装品牌和墨镜品牌，都适合他的生活方式。意识到这一点之后，来自不同产品类别的品牌有时会采用联合品牌策略，即几个品牌会联合推广一种或多种产品。例如，2003 年苏泊尔和金龙鱼两大品牌推出了"好油好锅，引领健康食尚"的联合推广活动。在这次活动中，消费者只要购买金龙鱼的食用油，就有机会抽取苏泊尔的锅作为奖品。同时，苏泊尔和金龙鱼还联合开发了"新健康食谱"，并且举办了健康烹调讲座，告诉顾客怎样选择健康的油和锅。这次品牌的联合，让苏泊尔和金龙鱼在提高销售额的同时，还进一步提升了市场占有率。

在品牌联合营销方面，杜蕾斯近年来多次积极尝试，获得了很好的反响。例如，2017 年杜蕾斯与饿了么联合推出的"419 SOS 速达"服务，2019 年与香水品牌气味图书馆、汽车品牌林肯等的联合，都获得了不错的宣传效果。

尽管品牌联合通常能获得"1+1>2"的效果，但是品牌之间的联合也需要足够谨慎，有一些不当的联合会因为产品特性不同而产生负面作用，就连素以精妙"文案"著称的杜蕾斯也曾在这方面翻过车。2019 年杜蕾斯与奶茶品牌喜茶的品牌联合，就让消费者感觉"恶心""不适"，给品牌双方带来了不小的负面影响。尽管该文案在发布前已进行过五次修改，却还是让人感觉有些不妥。这告诉我们，品牌在联合时，不能只一味追求创意，品牌产品的特性是否一致以及与消费者使用场景的契合性也是关键因素。上文提到了苏泊尔和金龙鱼品牌联合的案例，这两个品牌的产品，一个属于厨房用品，一个属于食品，本身就具有共同的使用场景，并且苏泊尔和金龙鱼都主张"健康与烹饪的乐趣"。因此，它们的联合才能取得很好的效果。

不过，即使有时有些产品在属性上看上去毫无关联，也不乏有一些聪明的营销者能够从中挖掘到创意，例如 RIO 鸡尾酒与英雄墨水的跨界联名营销。二者看似没有共同的使用场景，在产品属性方面也关联不大，然而这款 RIO 英雄墨水鸡尾酒却通过一句"肚里有墨水，RIO 文化人"将两个品牌巧妙地联系在一起。这种创意无疑吸引了大众的兴趣，获得了广泛关注。

图 9.4　网易新闻与饿了么、汉堡王联合推出的"职场独秀餐"
图片来源：网易新闻官网

有时网络媒体公司也能通过品牌联合推广获得更高的关注。例如，网易新闻与饿了么、汉堡王联合推出过"职场独秀餐"（见图 9.4）。这项活动由网易新闻主编王三三代言，其中"独秀"代表着一种适时表达自我、勇敢迈出步伐的职场态度。活动期间，消费者可以通过饿了么的线上汉堡王店订购这份特殊的套餐。这场活动对饿了么和汉堡王的益处不言而喻，与此同时，网易新闻也通过这场活动宣传了自己公司的企业文化和氛围，从而获得了共赢的局面。

9.4.2　价值观与生活方式系统

鉴于生活方式可以较好的预测消费行为，美国斯坦福国际咨询研究所开发了价值观与生活方式（VALS2）系统来区分人们不同的生活方式类型，这一系统也在市场营销实践中获得了广泛的应用，帮助商家研究潜在的目标市场以及如何与消费者进行沟通（见图 9.5）。该模型以消费者拥有的资源数量以及发生消费行为的动机为依据，对消费者进行分类。其中拥有的资源数量，指的是消费者所能获得的资源，包括收入、教育、健康、智力和能力水平等。

消费动机主要包含有三种，分别是理想、成就和自我表达。理想导向的消费者偏好依靠个人的信念和知识做出购买决策，而不太关心他人的观点和看法。成就导向的消费者渴望获得更高的成就，他们关心其他人对于自己的看法。最后，自我表达导向的人以自我为中心，更加关注消费中的情感诉求，以及自己从商品和服务中获得的满足感。

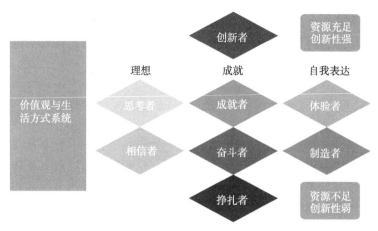

图9.5 价值观与生活方式（VALS2）系统

根据消费者拥有的资源数量与消费动机，消费者被分成了八类。

最顶端的是创新者，他们拥有最多的资源、关心社会的发展，对于变化持开放态度，因此他们喜欢赶时髦，乐于接受新产品、新技术，倾向于通过自己的财富来显示个人的格调、品位和特点。因此，广告宣传对于他们来说效果不大。

第二层的消费者是思考者、成就者和体验者，他们也拥有比较多的资源，但对待生活的态度各有不同。思考者拥有较多的资源，想法比较成熟，因此比较容易满足，喜欢活在自己的舒适区中，不太追求名望。思考者的消费行为更能反映他们的价值观念，因而他们热衷于教育和公共事务。成就者也拥有较多的资源，对于事业的发展具有较为强烈的诉求；他们偏好可预测的风险，愿意去发现真正的自我。以成就为导向的特征使得他们容易被昂贵的产品所吸引。体验者喜欢追赶流行风尚，热衷于社交活动，广告宣传在他们身上具有明显的效果；他们享受去冲破规则的束缚，喜欢冒险，所以他们的购买行为通常较为冲动。

接下来三个群体的消费者是相信者、奋斗者和制造者，他们拥有的资源数量较少。相信者的原则性强，偏好变化较慢，具有较高的品牌忠诚度，他们注重性价比、会选择那些经过消费者和时间考验的品牌。奋斗者和成就者具有一定的相似之处，他们同样很关心他人对自己的评价，希望能获得他人的认可；不同的是，他们拥有的资源较少，相比于追求昂贵产品，个人所拥有资源的限制使得他们只能更加关注形象，在服装上投入更多的花销。制造者作为自我表达导向的人群，易于满足，对外在世界以及物质财富不感兴趣，购买行为倾向于满足基本的需要即可；由于拥有的资源数量不多，他们倾向于自给自足，比如自己修车、种菜。

最后，位于金字塔的底端的是挣扎者，他们的收入最低，拥有的资源最少；因为能力有限，他们只能着眼于现状，购买生活必需品以满足当下的需要。

由此可见，这八类消费者在生活方式上的确有很大区别，因而他们的消费行为也有着很大的差异。有了这一系统，营销者就可以更好地识别和了解他们的目标消费者，从而有针对性的制定营销方案。由于VALS2系统的研究对象是美国人，因而它更适用于区分欧美地区的消费者。在此基础上，国内也有研究者开发了 CHINA-VALS 系统，根据中国消费者的生活形态，将国人划分为积极形态派、求进务实形态派和平稳现实形态派，并以此作为研究中国消费者分类的依据。

本章小结

在本章中，我们介绍了影响消费行为的另一类外在因素——社会阶层与生活方式。在消费领域，需求主要取决于两个因素，购买能力和购买意愿。收入是购买能力最关键的影响因素，其中可支配收入和可自由支配收入是最常被提及的与收入相关的概念。购买意愿受到人们对待金钱态度的影响，守财奴与过度挥霍者是两种极端。

金钱的魔力在于，不仅会影响消费等日常行为，还能减轻人们生理和社会性痛苦。

对未来经济形势、自身收入水平的预期会影响消费者信心，从而对消费行为产生影响。口红效应反映了这种影响，在经济萧条时期，人们倾向于购买单价较低的奢侈品。

社会阶层由具有相同或相似社会地位的社会成员组成，职业声望是社会阶层最好的预测性指标。社会阶层对消费决策的影响体现在，它使得消费行为出现了分层，并且影响了消费者接触到的媒介。

社会地位作为社会阶层的重要衍生物，可以按照获得的渠道分为成就地位与先赋地位，其消费行为有着显著的差异。社会地位并非一成不变，会随着社会流动不断变化，却也受制于国家的社会平等程度。了不起的盖茨比曲线显示：不平等程度越高，社会流动性就越低。

商家可以通过消费者的收入水平及其所处的社会阶层预测其消费行为。社会阶层可以较好地预测价格相对较低但象征性意味明显的产品消费，收入水平则是预测功能性价值高且符号价值低的产品消费的更好的指标。

身份焦虑不可避免的导致社会比较以及人们对于社会地位象征的重视。社会比较使得人们会不断与周围人进行比较，有时这会是一种激励，有时却也会导致人们信心受挫，甚至做出不道德的行为。

许多时候，消费奢侈品是消费者寻求社会地位象征的重要外化表现。人们对待奢侈品的态度主要有三种：一种态度是奢侈品是功能性的，另一种态度是奢侈品是奖赏性的，还有一种态度是奢侈品是沉溺性的。

按照财富水平和对地位的渴求程度这两个维度可以将消费者分为长期拥有财富者、暴发户、踏实的普通人和爱慕虚荣的人。面对购买同款假冒奢侈品的消费者，购买正品的消费者可能会做出三种应对：停止购买、躲避和选择去品牌化的奢侈品。

生活方式指的是一个人分配自己的时间和金钱的方式，许多商家会选择开展品牌联合营销的方式来更好地迎合目标消费者的生活方式。

价值观与生活方式系统可以帮助商家通过了解消费者的生活方式，进而预测消费行为。这一系统按照消费动机和消费者拥有的资源数量将消费者分为八类，分别是创新者、思考者、成就者、体验者、相信者、奋斗者、制造者、挣扎者。

案例分析

拼多多：消费升级或消费降级？

行业洞察

消费升级与降级并存的时代

线上资源

本章测试

第 10 章

消费者行为学前沿

如果让我们为当今的时代添加标签，必然绕不开"互联网+""大数据""人工智能""机器学习"等热门词汇。在之前章节的学习中，我们已经初步感受到消费者行为学的魅力。随着时代的发展、社会的进步，消费者行为学的研究也在不断进步。举例来说，在线上购物大行其道的今日，线上交易的市场份额早已占据商家总销售额的半壁江山。相应的，线上消费行为已成为消费者行为学研究的焦点。在这一背景下，用户生成内容、大数据用户画像等议题引发了学界和业界广泛关注。

作为一门研究人类心理和行为规律的学科，消费者行为学在这个时代迎来了新的发展契机。伴随着学科间的交叉融合，消费者行为学在与心理学、神经科学的碰撞过程中诞生了消费者神经科学等新兴的学科。消费者行为学领域很多之前难以触及的研究问题，在认知神经科学和心理学的助力下，都取得了重要突破。此外，在认知神经科学和心理学领域大放异彩的实验研究方法也被广泛应用到消费者行为学的研究中，通过开展商业实验制定商业决策逐渐受到管理者的重视。在本书的最后一章，就让我们一起进入这些消费者行为学的前沿领域，了解消费者行为学最新的发展趋势，以及学界和业界前沿。

◆ **学习目标**

1. 什么是消费者神经科学？它融合了哪些学科？消费者神经科学为消费者行为学研究带来了哪些新的契机？

2. 什么是在线消费行为？互联网背景下提出的 AISAS 模型和 SIPS 模型有什么区别和联系？

3. 消费者决策旅程包含哪些阶段？它的核心观点是什么？消费者决策旅程的各个阶段是如何对最终的消费决策产生影响的？

4. 消费者决策新旅程模型相对于传统的消费者决策旅程模型有何发展？它更强调企业的哪些能力？

5. 用户生成内容是什么？它为什么重要？用户生成内容有哪些实际应用？

6. 什么是用户侧写？与用户画像的区别是什么？用户画像中包含了哪两类标签？它们分别包括哪些具体信息？大数据用户画像是什么？当前大数据用户画像的主要应用是什么？

7. 什么是田野实验？它在研究消费行为方面有何优势？A/B 测试是什么？它如何应

用？有何优势？

　　8. 什么是心理定价？感知交易价值是什么？它受到哪些因素的影响？

　　9. 参考价格是什么？它是如何影响感知交易价值的？

　　10. 感知价格公平是什么？它涉及哪些经典理论？这些理论如何解释感知价格公平对消费者心理的影响？

　　11. 有哪些方式可以降低消费者的支付痛苦？

　　12. 元认知是什么？它为提升价格认知的愉悦感带来了哪些策略上的启示？

10.1　消费者神经科学

　　在本书之前的章节中，我们多次提到了软饮料行业的两大巨头——可口可乐和百事可乐，这两家公司多年来一直是竞争对手的关系，双方之间的竞争策略和营销企划也成了人们研究的经典案例。从调查数据上看，在美国，可口可乐的支持率要远高于百事可乐（见图 10.1）。然而，研究者做了一项有趣的实验，在撕掉饮料标签后让消费者对这两款可乐进行盲测，选择自己更喜欢的可乐。实验结果出人意料，因为大部分消费者在盲测的情况下认为百事可乐更好喝。

图 10.1　可口可乐承载着记忆、美国人的身份以及美国精神

图片来源：Pexels

　　这究竟是为什么呢？一项经典的消费者神经科学研究告诉了我们答案。这项研究结果显示，与盲测相比，当消费者知道自己在喝可口可乐时，海马体会获得更高程度的激活。这意味着，可口可乐的品牌唤起了消费者更多的回忆。有趣的是，无论消费者是否知道自己在喝百事可乐，海马体的激活程度并没有显著差异。这一实验告诉我们，美国的消费者在喝可口可乐的时候，消费的不仅是口感，更是一种记忆、一种美国人的身份，以及一种美国精神。这也解释了为什么可口可乐公司在 1985 年试图修改产品配方时会遭到消费者的强烈抗议，为此他们不得不尽快恢复了原来的配方。与百事可乐相比，可口可乐可以诱发海马体更大程度的激活，这说明可口可乐具有更高的品牌价值，而这种品牌价值，正是可口可乐产品经久不衰、拥有大量忠实顾客的秘诀所在。在本节中，我们将一起初步了解认知神经科学的技术和方法，以及它们在消费者行为学领域中的应用。

消费者神经科学是有机融合心理学、决策科学、市场营销学和认知神经科学，以阐明消费者的决策行为和心理过程为目标的前沿交叉学科。消费者神经科学应用认知神经科学的方法来研究消费者行为，探究消费者行为在认知神经层面的机制，试图找到消费者行为背后真正的推动力，从而帮助营销者制定恰当的营销策略。

通过前面可口可乐的例子，我们已经初步了解到消费者神经科学的魔力。有研究显示，90%的消费行为是在无意识状态下产生的，这意味着在很多情况下，消费者并不能清晰地描述出自身行为的驱动力。因此，相比传统的问卷调查方法，采用认知神经科学的技术和方法可以更为深入地洞察消费者。消费者神经科学领域常用的工具包括功能性核磁共振成像（以下简称 fMRI）、脑电、眼动等。有了它们的助力，营销者有机会打开消费者决策背后的黑箱，更好地了解消费者对于品牌和产品的真实偏好，从而进一步完善自己的营销策略。以 fMRI 技术为例，通过这一技术，我们可以了解到消费者不同脑区的激活情况，这种激活情况反映了消费者正在进行的认知加工活动，它能够帮助我们了解什么样的营销策略才是最有效的。举例来说，脑岛（insular）的激活情况反映了人类的恐惧和痛苦等负性情绪或预期性的情绪。当消费者面对较高的产品价格时，脑岛就会被显著激活，这预示着消费者购买这款产品的可能性会很低。其他与消费行为密切相关的大脑区域包括前额叶皮质、纹状体等。接下来让我们通过几个具体的例子来深入了解消费者神经科学是如何帮助营销者设计营销策略的。

我们都知道，一支好的广告片要做到抓人眼球，才能起到良好的传播效果。但是，仅仅抓人眼球还远远不够，营销者需要确保消费者的注意力在广告片中的品牌和产品上，因为有时候消费者会被广告片中无关紧要的要素所吸引。以二维码中的平面广告为例，眼动热力图反映了用户浏览和注视的情况，即消费者在观看这则广告时注意力的分布情况。图中的红色区域是消费者浏览和注视最集中的区域；相比之下，黄色和绿色区域吸引的注意力较少。从眼动热力图的结果看，由于图片中的小宝宝特别可爱，消费者的注意力几乎都被小宝宝吸引了，对于广告中的这款纸尿裤产品没有太多关注。这说明这则广告是不成功的，因为广告的宣传并未使得产品得到消费者的有效关注。根据眼动结果，广告主进行了相应的调整。新的眼动热力图显示，调整后广告的宣传效果获得了很大提升。

拓展阅读 10.1　眼动技术在消费者行为研究中的应用示例

除了眼动轨迹，其他一些生理指标也可以反映广告片的宣传效果，包括消费者观看视频时的投入程度、兴奋度、实时心率、皮肤电反应等。例如，研究者测度了消费者观看一则可口可乐视频广告过程中的生理指标（扫描第 211 页二维码查看）。橘色的指标反映的是消费者观看视频时的投入程度，如果投入程度不够高，说明消费者感到了无聊。粉色的指标反映的是消费者的兴奋度，绿色的指标反映的是消费者的实时心率，蓝色指标反映的是消费者的皮肤电反应，它显示消费者的情绪变化情况。除此之外，研究者还实时监测了消费者的眼动轨迹。通过加入更多的指标，营销者得以更全面地了解广告的宣传效果；这些指标之间的相互关系，也能帮助营销者更准确地分析出症结所在，从而"对症下药"，更加精准地开展广告宣传和推广。

消费者神经科学另一个重要的应用领域是电影预告片的测评。很多时候，电影预告片对于电影票房有着举足轻重的影响。一支好的预告片，可以帮助电影吸引大批观众，因此，许多高成本的商业大片，会重金聘请专业的预告片剪辑师来为电影制作预告片。尽管这些剪辑师已经非常专业，但有时他们会误判电影观众的反应。fMRI 可以帮助片方解决这一问题。通过这一技术，剪辑师可以了解消费者对于一支电影预告片的真实反应，从而在预告片投入市场之前，有针对性地对预告片进行修改，起到最佳的宣传效果。

拓展阅读 10.2　皮肤电等生理指标在消费者行为研究中的应用示例

目前，fMRI 技术在市场营销领域的应用已经非常成熟，很多非盈利机构也采用该技术对即将开展的商业推广活动进行提前测试。美国国家癌症研究所希望社会公众更加关注自身的健康状况，并且积极地来电咨询。为此，他们制作了三版截然不同的视频广告。在采用 fMRI 技术对志愿者进行测试之后，他们选择了最受好评的一则广告在电视上进行播放（见图 10.2）。事实证明，这一企划获得了巨大成功，很多人看完广告后都向美国癌症研究所打去了咨询电话。

图 10.2　美国国家癌症研究所采用 fMRI 技术测试公益广告效果

图片来源：National Cancer Institute

除应用 fMRI 技术外，一些广受欢迎的电视节目在制作过程中应用了脑电技术，例如东方卫视的王牌综艺节目《极限挑战》。这档综艺节目自开播以来，一直拥有很高的关注度。"极限男人帮"之间的"团魂"是节目最大的亮点。此外，这档节目还有另一个成功的秘诀，那就是节目的剪辑。无论是电影、电视剧还是综艺节目，其精彩程度很多时候都取决于剪辑水平。每期节目拍摄素材的时长要远远大于正式播出节目的时长，即使是经过初步剪辑的版本，也比正式播出的节目要长得多。那么，怎样的节目内容和剪辑会受到观众的喜爱呢？东方卫视的做法是在每期节目播出前，招募几十名热心观众，让他们在佩戴便携式的脑电设备后观看节目的样片。根据测试的结果，节目组会对样片再次剪辑，从而确保每期节目都能在最大程度上抓住电视观众的眼球。

学术前沿 10.1

消费领域社会助长现象的认知神经科学证据

在第 8 章的学术前沿中，我们提到了一个重要结论：与朋友结伴购物更容易发生计划外消费。这其实源于社会助长（social facilitation），即与他人共同活动时，人们更容易情绪激动，并对事物产生更为强烈的反应。关于社会助长现象还有一个有趣的发现：与朋友一起时，奢侈品对人们的吸引力会大幅提升。

这项研究由伊拉斯姆斯经济学院的波扎里耶夫（Pozharliev）、维伯克（Verbeke）等学者开展。与其他研究的不同之处在于，这项研究采用了脑电技术。研究者们让女大学生观看一系列奢侈品图片。在一种实验条件下被试单独观看，在另一种实验条件下两名被试一同观看。研究结果发现，与同伴一起观看奢侈品图片时，大学生被试的晚期正电位（late positive potential，LPP）的振幅会增大。这意味着，与他人一同观看图片时，被试对奢侈品的注意力和动机水平增强了。

这项研究为消费领域的社会助长现象提供了来自神经科学的证据，加深了学术界对于社会助长效应的理解和认识。这就是神经科学的优势所在，它可以帮助研究者探究消费者自身未意识到的认知加工过程和心理活动，从而为消费者行为研究提供补充的研究角度与思路。对于营销者而言，了解消费者行为背后的神经机制，能够帮助他们更好地预测消费者的行为。

文献来源：

POZHARLIEV, R., VERBEKE, W. J., VAN STRIEN, J. W., & BAGOZZI, R. P. 2015. Merely being with you increases my attention to luxury products: using EEG to understand consumers' emotional experience with luxury branded products[J]. Journal of Marketing Research, 52(4), 546-558.

前面我们介绍了认知神经科学技术在广告宣传以及节目制作与剪辑中的应用。现如今，在电视节目中植入自己的产品广告也渐渐成为商家宣传的主要方式之一。因此，确定植入的广告是否恰当地吸引了观众的注意力就成了新的议题。举例来说，湖南卫视有一档非常火爆的综艺《中餐厅》，这档综艺中就有大量的广告植入。针对这一节目植入广告的传播效果，一家市场营销公司采用皮肤电和眼动技术，对每期节目做了测评。

以节目中植入的一段立白洗洁精的广告为例，研究人员经过测试获得了以下结果：广告一开始，通过人物设问的方式引入对产品的介绍，很好地引发了观众的好奇心，观众情绪上扬、投入度提升；在广告的主体部分，节目嘉宾分享了外国人购买国货的例子，从而间接宣传了这款产品，使得观众的好感度上升，吸引了他们的注意，并且观众的情绪和投入度都维持在较高水平。不过，这则广告的拍摄还存在问题，眼动数据显示，由于拍摄角度

线上资源：湖南卫视综艺《中餐厅》的广告植入片段

问题，产品一部分被遮挡住了，品牌和产品的信息不突出，从而导致尽管节目嘉宾的手指向了产品，观众的视线也没有跟过去的情况。这些测试结果为后续的广告植入提供了经验，以及改进的方向。

截至 2015 年，全球范围内已经创立了超过 100 家主打消费者神经科学的咨询公司和市场营销公司，包括尼尔森和麦肯锡在内的知名公司，也都加入了这一浪潮。尼尔森早在 2011 年就设立了尼尔森消费神经科学部门，如今尼尔森在北美洲、欧洲、亚洲、南美洲都设立了消费者神经科学实验室，由十多位脑神经领域的科学家担任顾问，已经为微软、英特尔、雀巢、丰田、哥伦比亚广播公司等知名公司提供过消费者神经科学的咨询服务。目前，尼尔森的消费者神经科学咨询主要应用于广告制作、包装和视频测试。2014年杜蕾斯推出新产品时，就曾与尼尔森合作，研究了消费者观看广告时的关注度、情感投入和记忆触发。经过认知神经科学的测试，杜蕾斯将原先的 15 秒广告缩短为 7 秒，新广告音乐节奏更快，主题元素得以快速切入，产品展示也更为清晰。通过这些改变，新广告更好地吸引了观众的注意力。杜蕾斯对这项合作的评价是"认知神经科学为我们提供了一条了解观众想法的快速通道"。

除此之外，尼尔森还曾参与了大热美剧《傲骨贤妻》的预告片制作。在《傲骨贤妻》第二季进行市场宣传和推广时，制作了两个版本的预告片：第一个版本主要阐述女主角与男同事的浪漫关系，目的是吸引存量粉丝群体；第二个版本简要介绍了女主角向一名杀人犯寻求帮助的故事片段，目的是吸引潜在观众。尼尔森的认知神经科学测试结果表明，第一个版本在潜在观众群中受到了更高的关注度和情感投入，第二个版本虽然获得了观众的高度关注，但是观众的情感投入较低。这一结果表明，对于不熟悉剧情的潜在观众来说，第二版预告片内容不容易理解，难以产生情感共鸣。根据这一结果，哥伦比亚广播公司最终选择了第一版宣传片。消费者神经科学方兴未艾，学界和业界大有可为。

10.2　线上消费行为

在之前的章节中，我们针对什么是消费者决策以及消费者决策的内在和外在影响因素进行了深入探讨。营销人员对消费者的决策过程进行分析的最终目标，就是确定何时和如何向消费者传达信息。传统意义上，营销者往往只关注信息传播的终端环节。然而，通过之前章节的介绍我们可以发现，随着科技的进步，线上购物变得越来越便捷，越来越多的消费由线下转向线上，这也让消费者决策过程中的影响因素越来越多。这意味着消费者在购买决策过程中的触点大大增多，消费者决策过程也愈发复杂。因此，越来越多的公司、机构开始研究线上消费者以及他们的在线消费行为。针对在线消费者决策的消费者决策旅程模型也应运而生，它的核心在于将营销资源投入到消费者的决策链当中。随着数字营销的发展，该消费者决策旅程又进一步演进为新的决策旅程。接下来，就让我们来具体了解有关线上消费者的行为以及消费决策旅程的知识。

10.2.1　线上消费行为的定义及模型

在线消费者，顾名思义，就是利用互联网做出与消费相关的行为的消费者。因此，在线消费行为不仅仅包括在线购物行为，还包括消费者在互联网上对产品或品牌信息的搜索和分享。尼尔森的数据显示，85%的消费者更相信来自网友和社会化媒体的推荐，因此在线消费者的信息搜索与分享行为是在线消费行为研究的重心，也是学术界近十年来的研究重点。接下来，我们将介绍两个与在线消费行为相关的模型——AISAS 模型和 SIPS 模型。

AISAS 模型是日本电通公司在传统的 AIDMA 模型基础上，针对互联网与无线应用时代消费者生活形态上的变化提出的一种全新的消费者行为分析模型。从 AIDMA 模型与 AISAS 模型的对比（见图 10.3）中，我们可以发现传统的 AIDMA 模型侧重的是线下购物决策。在这个过程中，企业是信息传播的唯一主体，而消费者更多是被动接收信息并做出购买决策。

随着互联网的兴起和发展，新的 AISAS 模型则将消费者在注意产品并产生兴趣之后的信息搜索（search），以及发生购买行为之后的信息分享（share）作为关注重点，在行动（action）环节的前后加上了搜索与分享两个过程。这意味着随着互联网的发展与应用，消费者不再仅仅是被动的信息接收方。相反，在线消费者可以利用网络主动搜索自己需要的产品与品牌信息，从而作出购买行为。在这个模型中，消费者成为除商家以外的信息分享与传播的另一大主体，而这种来自在线消费者的分享行为也成为其他消费者获取信息的重要来源。从图 10.3 中我们可以看到，在线消费者的搜索与分享行为之间形成了有效的流通。

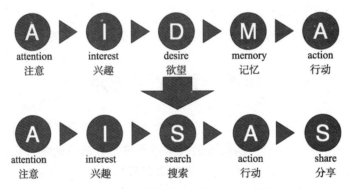

图 10.3　在线消费行为的 AISAS 模型

在本书的第 8 章，我们曾介绍到社会化媒体。社会化媒体的发展在很大程度上拓展了在线消费者搜索和分享的途径和范围，消费者信息传播与分享行为的影响力也越来越大。因此，2011 年日本电通公司又提出了新的 SIPS 模型（见图 10.4），该模型认为消费者的消费过程经历了四个阶段：共鸣（sympathize）、确认（identify）、参与（participate）、共享与扩散（share & spread）。不同于 AISAS 模型，在 SIPS 模型的第一阶段中，消费者注意到的是产品信息以及其他消费者的分享信息，这些信息会引发消费者的共鸣；接着消费者会通过各种媒介，包括搜索引擎和社会化媒体来确认共鸣的信息是否有价值；在第三阶段，消费者通过一系列不同程度的参与行动来做出购买行为，这一阶段的消费者按参与程度由高到低依次为狂热信奉者、忠实客户、粉丝和一般参与者；最后，根据整个消费过程中的体验，消费者可能会自发地在社交化媒体分享自己的消费经历，形成二次宣传。至于什么样的信息和体验会使得消费者愿意主动分享，我们在第 8 章已经详细介绍过，在此不再赘述。值得注意的是，在第四阶段，消费者并非只会分享满意的体验、产生二次推广，他们如果对商品和服务不满意，还可能会分享不好的消费体验，形成负面口碑，这促使企业更加重视自身的口碑。

相比 AISAS 模型，SIPS 模型更好地体现了信息化社会中社会化媒体与消费者行为相结合的新特点，它改变了消费模式。无论是传统的 AIDMA 模型中商家的信息传播，还是 AISAS 模型中消费者的主动分享，都是单方向的。SIPS 模型则认为，不论是消费者与企业之间，还是消费者与消费者之间，都会形成双向互动，并且这种互动的程度随着科学技术的进步也一直在增强。

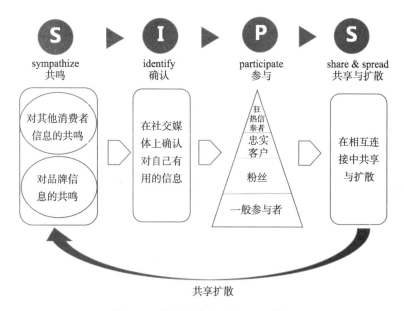

图 10.4　在线消费行为的 SIPS 模型

10.2.2　消费者决策旅程

（1）消费者决策旅程模型

作为业界开展消费者行为研究时最主流的分析框架之一，消费者决策旅程（consumer decision journey）最早在发表于《麦肯锡季刊》的文章中被提出。在这一模型提出之前，营销者们在分析消费者行为时采用的是传统的漏斗模型。漏斗模型关注的焦点是消费者容易受到影响的时刻，即"接触点"。这一模型认为，在消费者做出决策之前，会从唤醒集中提取大量的品牌信息，这反映在漏斗模型中漏斗口较宽的一段。接下来，消费者会系统地筛选备选品牌，并在漏斗中不断向下挪动。在这个过程中，企业们不断向消费者发起营销攻势。最终，消费者从一系列品牌中选择其中之一。遗憾的是，时至今日，漏斗模型已经无法囊括所有的接触点。随着在线购物平台不断发展，消费者面对着空前丰富的选择，漏斗模型也无法涵盖所有影响消费者的关键购买因素。

在这一背景下，2009年，戴维·埃德尔曼和马克·辛格提出了消费者决策旅程模型（也被称为双轮模型）。这一模型增加了消费者利用新技术对商品和服务进行主动评估的环节。这意味着，消费者可以随时改变自己的购买计划。此外，消费者决策旅程中还包含了反馈的闭环，因为消费者在购买商品和服务后，会继续对其进行评估并给出反馈，这使得商家能够不断提升商品和服务的质量，优化品牌体验。消费者决策旅程模型认为，消费者的决策过程是一个循环，其中包括四个重要的阶段，在每个阶段，商家都有机会介入，从而影响消费者的决策。这四个阶段分别是初选、评估、购买成交以及购买后的体验阶段。

在消费者决策旅程模型的初选阶段，消费者会从唤醒集中提取与品牌相关的信息，并根据近期品牌的曝光率以及口碑情况，考虑其中的若干品牌，形成考虑集。因此，对于营销者来说，在这个阶段最主要的任务就是提高自己的品牌曝光度，找到消费者的痛点，在品牌中融入与之相关的信息，吸引消费者的关注，让本品牌进入消费者的考虑集。

接着，在评估阶段，消费者会对进入考虑集中的品牌进行评估，并进一步搜集信息。相比初选阶段，在这一阶段消费者的信息搜集会更多地依赖数字渠道，如搜索引擎、微博以及其他的社会化媒体等。这一阶段过后消费者可能会减少，也可能会增加考虑集中的品牌数量。因此，营销人员要关注处于这一阶段消费者的转化率，从购物车数据、购买意愿表单的填写、产品的点击率等数据着手，分析消费者在形成购买意向后实际的购买情况，以此依据进一步分析哪些信息会有助于消费者做出下一步的购买决策。

在模型的第三个阶段，消费者会作出最终选择，购买某个特定品牌的产品。对于商家而言，提供与最终购买相关的信息至关重要，例如购买渠道、购买服务、折扣优惠等，确保满足消费者的购买需要，同时这也会影响下一步的体验阶段。

最后，在第四个阶段，也就是购买后的体验阶段，消费者会根据商品和服务的使用体验建立新的预期，从而为下一次的决策旅程提供更多的依据。对于营销者而言，最终目的并不仅仅是消费者一次性的购买；如何让消费者进入忠诚闭环，才是不断提升销量的关键所在。因此，在最后的体验阶段，营销人员要积极了解消费者的反馈数据，从而提升商品和服务质量，设计和改进未来的营销策略。

（2）消费者决策的新旅程

随着大数据时代的到来，"互联网+""社群"等概念逐渐进入大众视野，数字营销也开始由传统的单一模式转变为整合模式。在数字化发展日新月异的大背景下，消费者在考虑和评估阶段投入的时间越来越短。这意味着品牌不再被动地对消费者的各个决策过程施加影响，而是试图压缩消费者在考虑和评估阶段的投入，从而在消费者决策旅程中掌握更大的主动权。2015年，戴维·埃德尔曼和马克·辛格在传统的消费者决策旅程模型的基础上进行了改进与升级，进一步提出了新的消费者决策旅程。传统的决策旅程模型认为，消费者在进入忠诚闭环或者再次考虑购买和评估之前，其考虑和评估的时间会较长。这意味着，消费者转而购买其他品牌产品的可能性会增加（见图10.5）。新的消费者决策旅程模型则认为，在数字营销工具的帮助下，商家可以压缩消费者考虑以及评估产品的阶段，将消费者直接带入忠诚闭环，使他们再次购买该品牌的商品和服务（见图10.6）。

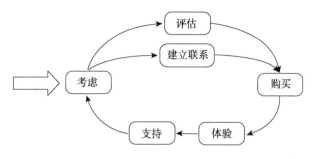

图 10.5　传统的消费者决策旅程模型

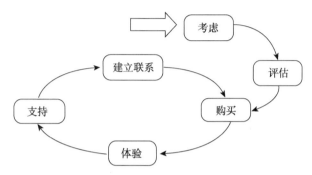

图 10.6　消费者决策旅程的新模型

在升级后的消费者决策旅程模型中，品牌打造出色的数字化消费者决策旅程应当具备四项关键能力，分别是自动化能力、前瞻性定制能力、情景互动能力和决策旅程创新能力。美国广告商协会的调查结果显示，优秀的企业比同行更加了解整个消费者旅程，也更加擅长挖掘与消费者有关的信息并将其融入营销策略中，从而提升业绩。此外，这些企业把自动化视作关键能力，重视利用自动化应对变化，并提供稳定又不乏个性化的消费体验。

自动化能力指的是商家通过互联网，帮助消费者在很短的时间内完成消费。举例来说，之前消费者在线下购买电视机时，要经过一个复杂的过程。首先要通过不同的渠道了解电视机相关的品牌信息，接下来需要在线下完成购买，最后还要等待送货。具备自动化能力的企业能够加快并大幅简化消费者之前复杂的决策旅程。例如，同样是购买电视机，现在消费者只需用手机打开企业官网或者购物 APP，就能详细了解目标产品的性能、价格、尺寸等各项指标，还能与线上客服进行一对一的沟通交流。完成线上下单后，消费者只需在家中等待电视被专人派送过来。这种简单、快捷的流程不仅能够帮助消费者节省时间与体力，这有助于提升消费者的品牌黏性，还能帮助企业大幅降低成本。

前瞻性的定制能力指的是，商家应当从过去或现在的用户互动中搜集信息，充分掌握用户的行为规律，进而加以分析，从中找出可以影响用户决策的关键时间点。例如，通过对用户长期以来的网页浏览数据进行分析，商家可以了解到一位特定的用户是更喜欢看文字性的产品介绍，还是醒目的图片或视频介绍；在获得这一信息后，就可以根据具体用户的偏好不断调整用户浏览到的网站的内容与配置，从而提升其产品的宣传效果。在现实生活中，我们使用的许多手机和电脑软件都具备这项能力，在前面的章节中我们也有所提及。信息的定向推送就是一个很好的例子，商家通过精准分析在线用户的行为，实现将合适的信息推送到用户那里，甚至可以根据分析的结果为用户定制专属他的推送信息。

情景互动能力指的是，利用用户在购买旅程中的地理位置信息（如用户走进了一家酒店）或者虚拟位置信息（如用户开始阅读一个产品的介绍）吸引消费者进行下一步的互动。例如，当消费者进入到购买旅程的某一个关键步骤之后，移动端可以改变屏幕内容，或者根据用户当下的情景提供一条相关信息。以航空公司为例，如果检测到一位旅客已经到达机场，那么航空公司的 APP 可以直接显示电子登机牌所在的页面，这会在很大程度上提升用户体验。在情景互动能力的探索方面，万豪酒店集团是成功的典范（见图10.7）。在客人进入酒店时，万豪酒店集团的手机 APP 就会将房间号发给客人，客人还可以通过手机的指纹识别功能办理入住手续。而当客人到达房间时，手机还能变成打开房门的电子钥匙。此外，这款手机 APP 还会在适当的时机为酒店的客人推送个性化的娱乐和餐饮推荐。

图 10.7　万豪酒店集团的手机 APP 具有很高的情景互动能力

图片来源：万豪酒店集团

最后，决策旅程创新能力指的是，为客户创造和提供新的价值，比如推荐新的服务或体验。通过数据挖掘以及管理者的洞见，公司可以推断出消费者所喜欢的相关服务。举例来说，航空公司的手机 APP 可以将呼叫出租车的服务整合进来，这样就可以方便有需要的旅客预约接机的出租车，从而提升旅客对于航空公司的黏性和忠诚度。此外，公司在设计决策旅程时可以进行开放性测试，例如 A/B 测试，对提供服务的不同版本进行比较分析，从而不断改进提供的服务或体验。A/B 测试是一种基于田野实验的经典商业应用，它以产品为研究对象，目的是为帮助企业从两个或以上产品方案中挑选出最有效的方案。关于田野实验和 A/B 测试，我们在本章的第 5 节中会进行详细的介绍。

10.3　用户生成内容

在前面的章节中，在介绍到产品涉入度以及社会化媒体时，我们曾多次提及用户生成内容（user generated content，UGC）。UGC 是互联网时代，尤其是 Web 2.0 时代最有特色的产物之一，UGC 的发展与互联网的迭代更新紧密相连，在此过程中诞生了许多新的商业模式。时至今日，论坛、社区、自媒体等已经变成了我们日常生活中密不可分的一部分，它们都涉及 UGC。从产品的角度看，知乎、简书、喜马拉雅、今日头条、大众点评等其实都是典型的 UGC 平台。随着用户更深程度的涉入，还衍生出了专业化用户生产内容（professional user generated content，PUGC）。因此，在本节中，我们将深入介绍 UGC 并探讨商家是如何利用 UGC 开展营销和推广的。

10.3.1　UGC 的实例

UGC 是互联网时代的产物，指的是用户通过互联网将自己原创的内容上传至网络平台进行展示。其经典案例是维基百科，通过网上协作编辑的超文本系统，维基百科可由多人共同对网站内容进行维护和更新。不过，维基百科对 UGC 的应用，主要还是为了在编辑成本最小化的前提下实现知识内容的专业化。现如今，人们越来越依赖手机，通过一部手机就可以完成工作与生活中的大部分事项，从购物到学习、娱乐，种类繁多的手机 APP 层出不穷。因此，UGC 也开始受到越来越多公司的关注。作为一种由用户生产内容的方式，UGC 无疑能帮助企业最大程度的节约内容成本。此外，由用户生产的内容也更契合用户的心理需要，可以吸引更多用户。因此，为用户提供更多的 UGC 分享途径，激励他们参与 UGC，对 UGC 的质量进行把控，已经成为当下赢得市场竞争的关键。

互联网时代有一个 1∶9∶90 法则，它指的是在一个网络社区中，90% 的参与者只看内容，并不参与讨论，9% 的用户会进一步参与讨论，只有 1% 的用户会积极创造内容。在前面的章节中我们已经介绍了一些具体案例，探讨当今的企业如何留住 1% 的创作型用户，以及如何鼓励 9% 的参与型用户积极参与 UGC。毕竟，这三种类型的用户不是一成不变的，观众型用户会受到参与型用户和创作型用户的影响，有朝一日可能会变成内容参与者和内容创作者。

由此也能看出，内容生产用户对于商家至关重要。一直以来，鼓励用户分享优质内容都是商家关注的重点，这不仅能吸引更多的用户，还能激励底层用户参与 UGC。因此，许多商家会对用户进行分层，针对不同用户的特点，实施差异化的策略鼓励用户参与 UGC。以简书为例，简书的内容生产用户金字塔自上而下依次为签约作者、推荐作者和主编团队、优质作者、一般作者（见图 10.8）。针对不同类型的作者，简书会分析他们的

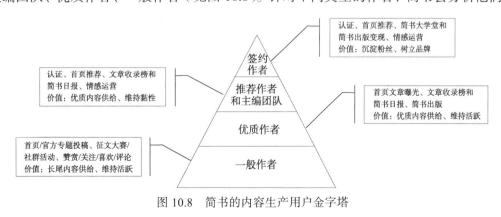

图 10.8　简书的内容生产用户金字塔

价值，再根据价值的不同向其分配平台资源。由于签约作者拥有巨大的粉丝量，能为公司品牌带来价值，简书会为其投入较多的平台资源，对其进行认证、首页推荐并提供出版变现的机会等。底层的一般作者是优质 UGC 的潜在创作者，且人数众多，他们能够为简书带来活跃度。因此，简书也会为一般作者提供一些激励措施，例如征文大赛、首页投稿等。

学术前沿 10.2

来自移动设备的 UGC 更容易让人信服？

从消费者决策旅程模型中我们了解到，在 UGC 当道的背景下，对于消费者而言，其他消费者的购后评价是最重要的 UGC。因此，什么样的 UGC 更容易让其他消费者信服，就成了营销者近期关注的焦点。近期的一项研究就发现，来自移动设备的 UGC 更容易让其他消费者信服。

在这项研究中，来自达特茅斯大学的格雷瓦尔（Grewal）教授和斯坦福大学的史蒂芬（Stephen）通过五项子研究探究了移动设备（评论发表的终端）如何影响消费者对于在线评论的感知以及购买意愿。在第一项子研究中，研究者从世界上最大的旅游网站猫途鹰（TripAdvisor）上收集了150万条用户评论，测试了在移动设备上撰写的评论是否会影响一篇评论收到"有帮助"的投票数量。结果显示，在带有"via mobile"（通过移动设备）标签的评论中，"有帮助"的投票比例要高得多。随后，研究者又引入了购买意愿作为因变量，结果表明，来自移动设备的用户评论会显著增加消费者的购买意愿。

在后续的子研究中，研究者通过实验，操纵了被试感知到的评论写作努力程度，并测量了他们对评论可信度的感知。统计结果表明，来自移动设备的 UGC 之所以会增加消费者的购买意愿，是因为消费者认为，作者在移动设备上创作 UGC 时需要付出更多的努力，而在消费者的思维模式中，会将这种高努力与 UGC 的高可信度挂钩。

文献来源：

GREWAL, L., & STEPHEN, A. T. 2019. In mobile we trust: the effects of mobile versus nonmobile reviews on consumer purchase intentions [J]. Journal of Marketing Research, 56 (5), 791-808.

10.3.2 UGC 的商业应用

现如今，UGC 正在被广泛应用到市场营销活动的各个领域。你有没有读过这样一句话——"万头攒动火树银花下，不必寻我，如欲相见，在各种悲喜交集处。"这句话为基于 UGC 的市场营销做了一个很好的注解。

许多人也许都还记得网易云音乐（现在被网友戏称为"网抑云"）最初大火的过程，当其他音乐播放类产品都还专注于音乐品质以及音乐授权等方面的竞争时，网易云音乐另辟蹊径，以独特的方式将自己与用户连接了起来：通过搭建歌迷之间的情感社区，网易云音乐成功地将听歌和留言互动结合在了一起。相比于其他几大音乐播放类软件，网易云音乐的评论区风格明显有所不同。在其他音乐软件的评论区，充斥了很多无意义的刷屏内容，比如粉丝应援内容；唯有网易云音乐的评论区是一股"清流"，在这里，人们交换听歌的感受，分享人生的经历和故事。由于人是感性的动物，这样的评论风格给了听众一个情感抒发的出口，并且为不同的听众搭建起了交流、互动的平台。网易云音乐也充分利用了优质的评论这一 UGC，来进行品牌的宣传。每当人们打开网易云音乐，就会首先看到它的品牌标语——"音乐的力量"，这其中传达的就是由评论带来的人与人之间的情感力量。音乐是传递这份力量的介质，而这就是网易云音乐成为"后起之秀"的秘诀所在。不仅如此，大火之后的网易云音乐又以 UGC 为基础，推出了"音乐专列"等成功的营销企划，从而进一步吸引到了大批的忠实用户。

应用 UGC 进行市场营销的另一个成功案例是江小白，江小白的成功也是借助 UGC 触达目标群体，进而影响其消费决策。虽然江小白并不是互联网产品，但是它把自己变成了 UGC 的载体。在每瓶江小白的包装上，都有一句令人十分动容的话，而这些引发无数人共鸣的话其实是来自于江小白的用户。这些来自用户本身的文案能够准确地捕捉目标消费群体的情绪，引发了他们强烈的情感共鸣，使他们对江小白这款产品产生较深的认同感，最终使得江小白从一众知名白酒品牌中脱颖而出。

视频 10.2　一汽马自达推出的品牌 MV《走自己的路》

一汽马自达也曾推出过与 UGC 相关的营销企划。在一次别出心裁的营销企划中，一汽马自达推出了自己的品牌 MV《走自己的路》。马自达声称，这支 MV 的拍摄取材于 3 000 多名粉丝的真实故事。在向用户们征集故事的过程中，马自达与用户建立起了直接的对话机制，并在这支 MV 中将自身的品牌主张与 UGC 进行了有机融合，将其带入到了生活化的场景中——让追梦的精神和马自达的汽车陪伴消费者的追梦旅程不断前进。这种做法引发了大量用户的情感共鸣，起到了很好的传播效果。

坐落于澳大利亚第一大城市悉尼的精品酒店集团 57 Hotel 的管理者发现，入住酒店的旅客喜欢在酒店里自拍。这既是旅客自我表达的方式，也为酒店提供了进行内容营销、通过社会化媒体扩散至旅客朋友圈的好机会。于是。酒店精心设计出统一的旅客自拍发帖主题标签，在浴室镜子上写下带有旅客姓名的欢迎辞，并附上主题标签。这一温馨的安排鼓励更多旅客进行自拍，并自发在社会化媒体上传播，进而打响了酒店知名度。

值得注意的是，以上介绍的四款产品本身都不是 UGC 平台。其中，江小白、一汽马自达和 57 Hotel 甚至都不是互联网产品。然而，它们准确地把握了用户生成内容的精神内核，成功地将其用到了自己的营销企划中，这一做法值得很多商家深入思考与借鉴。另外，前三款产品有一个共同之处，那就是满足了消费者的情感诉求。在移动互联网时代，用户对于网络的诉求已经不再是简单的获取信息，而是从冷漠的旁观者变成了主动分享、主动表达的参与者。并且，越来越多的人有强烈的意愿去分享自己的观点，抒发自己的情绪。这些都启示我们，有时候市场营销可以不那么简单粗暴，如果能够打动消费者的内心，也有可能实现在不知不觉中助推其消费。这就是 UGC 告诉我们的营销理念。

10.4　大数据用户画像

生活中，我们可能都有过这样的经历：假设你是一名足球球迷，有一天当你打开手机淘宝时，突然发现应用首页为你推荐了足球鞋和球赛周边；或者你是一名美妆爱好者，当你在淘宝搜索过化妆品后，打开微博，可能会刷出好几个美妆博主的视频，并且被她们的开箱及测评视频深深吸引。你有没有想过，这究竟是巧合，还是淘宝等平台有意而为之的精心设计呢？

在我们的日常生活中，这样的"巧合"几乎无处不在，它使得用户与其他人，用户与产品之间的匹配度大大提升。从商业的角度上看，用户购买的转化率、用户对于内容的阅读和观看时长也都大幅提升了，而这就是商家的"心机"所在。那么，究竟是什么因素导致了这种在互联网时代大的格局改变呢？其实，这背后的逻辑是大数据和机器学习。平台根据用户的行为，充分了解用户的偏好，形成专属用户画像，从而定向地为用户推送能够吸引他的内容。在第 7 章中我们也曾提及用户画像，通过追踪消费者的购物小票，根据其购买的产品类型，商家可以分析出用户的偏好、性别、兴趣爱好、家庭成员等，从而生成用户画像，为其定向推送特定产品的信息。本节中我们就要来详细探讨定向推送策略中应用的用户画像究竟是什么，以及它还有哪些其他方面的应用。

10.4.1　用户画像与标签

近些年来，标签化一词非常流行，我们每个人都有属于自己的标签，例如一个人的标签可能是男性、"90 后"、上班族、游戏爱好者、摄影发烧友等，而这一系列的标签共同构成了他的用户画像。简单来说，用户画像就是用户信息的标签化。随着大数据时代的来临，利用大数据收集并深入挖掘一个人的信息，形成他的标签已不再困难。当下，只要具备获取数据的能力，我们每个人都能生成想要了解的用户的画像。值得注意的是，用户画像不仅仅可以是某一个体用户的画像，还可以是基于用户之间的关联分析和相似属性而形成的群体用户画像。笔者指导的学生就曾经基于大众点评的 KTV 团购数据生成了"90 后"用户画像（见图 10.9）。有了这个画像之后，KTV 团购业务典型消费者的形象跃然纸上。

用户画像中使用到的标签主要分为静态和动态两类。静态的用户画像数据指的是独立于产品之外的属性，以人口统计学信息为主，包括性别、年龄、学历等。动态的用户画像数据指的是用户在产品场景内的动作，既包括关注、点赞、加入购物车、下单等显性动作，也包括页面停留时长、重复浏览的次数以及重复浏览的位置等隐性动作。这些动态的数据，能够透露出用户重要的个人信息，并在不知不觉中为商家所用。举例来说，如果你最近在淘宝平台下单购买了一本专业的书籍，结合你的年龄信息，淘宝可以轻松地推断出你是一名在校大学生，以及你可能就读的专业。又比如你在短时间购买了沙发等一系列的家具，淘宝可能会知道你正入住新居。此外，结合你的收货地址、入住的楼盘及其房价水平，那么你的消费能力，淘宝就会一清二楚。可以说，在这个大数据的时代，消费者早已没有隐私可言。因此，在发展大数据用户画像的同时，商业伦理也是企业需要密切关注的问题，因为不恰当的信息收集和应用会导致用户信任的缺失。

图 10.9　大众点评 KTV 团购业务的 "90后" 用户画像

图片来源：傅雯. 基于在线用户行为的 MD 网 KTV 业务的营销策略优化研究[D]. 上海外国语大学，2019.

10.4.2　用户画像的应用

通过前面对于用户画像的介绍，我们已经初步了解了它对商家的意义及重要性。用户画像之所以重要，还因为它可以广泛地应用于各种场景中。第一个应用场景是搜索引擎，通过构建用户画像，搜索平台可以在用户通过关键词搜索时，结合他的用户画像，对搜索结果进行进一步筛选，从而为用户提供更符合其需要的信息内容。著名搜索引擎公司谷歌便利用了这一方法，通过它的 Kaltix 算法，按兴趣爱好对用户进行分类，为不同类别的用户提供不同排序的结果。

第二个应用的场景是精准营销。举例来说，很多广告主都会在各大平台上投放广告。如果是在过去，在对用户一无所知的情况下，想要获得比较好的推广效果，广告主就必须将广告覆盖到尽可能多的用户，而这样做的代价无疑是很高的。而现在，投放平台基于历史数据生成了用户画像，这帮助广告主把广告精准地推送到目标用户群体那里，从而实现花更少的钱，获得更好的宣传和推广效果。关于精准营销，一个典型的例子就是美团旗下的猫眼电影，对于爱看电影的人来说，这款手机应用一定并不陌生。在猫眼上，我们可以获得每一部电影的购票情况以及想看该电影的大数据用户画像（见图 10.10）。这些信息可以帮助电影的出品方和宣传方更好地了解其目标观影人群，从而对他们进行精准营销。此外，这些用户画像还可以帮助各方提前准备好电影的宣传策略，甚至还会对预告片以及电影本身的内容进行微调，从而使得电影在上映后占据先机。

第三个应用场景是优化产品的使用体验，提升用户的留存率。国外知名视频平台

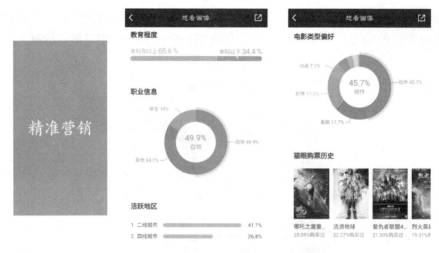

图 10.10　大数据用户画像在精准营销方面的应用：猫眼电影的"想看画像"

图片来源：猫眼电影

YouTube 就是一个很好的例子。YouTube 的智能推荐功能非常强大，甚至有时候用户会觉得，YouTube 比他们要更了解自己。这是因为，通过用户观看过的视频以及在观看视频期间的动作，YouTube 为每一位用户都生成了他们的用户画像，从而帮助用户在短时间内找到他们感兴趣的视频。除此之外，大数据用户画像还可以用于辅助产品的设计，通过动态数据中的显性和隐性动作，产品经理可以对产品进行有针对性的优化，从而确保该产品可以很好地满足核心用户的需要。随着产品的不断优化、改进，为用户提供定制化的产品服务与体验也成了新的趋势。

对于商家来说，不断提高自己的服务水平、优化自身产品的使用体验永远都是留住顾客的第一要点。如今这个道理已经深入人心，在这种情况下，机器学习等技术就成了商家在激烈的市场竞争中脱颖而出的关键所在。当下的大数据用户画像技术其实还有很多地方需要继续优化。例如，很多用户都经历过这样的困扰，当他只是无意间搜索了某一项内容后，就会源源不断地收到其不感兴趣甚至令其反感的内容推荐。用户不堪其扰，觉得自己的隐私权受到了侵犯。因此，对于商家而言，如何识别有效信息，进行合理推荐，是下一步的关键所在。

用户画像的第四个应用场景是行业研究。行业研究基于的不是个体用户的画像，而是群体层面的大数据用户画像。通过大数据用户画像，行业研究者可以了解行业的最新发展动态，从而制定相应的策略。以今日头条为例，2018 年，今日头条基于 120 万头条号的创作者大数据生成了用户画像，这一用户画像显示，生活、体育以及娱乐内容是头条号创作者最喜欢创作的内容。根据这一结果，今日头条的 CEO 对公司未来的发展策略进行调整，推出"千人百万粉计划"：未来一年内，在平台上扶持一千个拥有一百万粉丝的账号，改变以往的智能推荐，取而代之的是智能社交推荐。这意味着今日头条将从智能分发时代走向智能分发和粉丝分发相结合的"智能社交"时代，正式开启粉丝红利期，享受粉丝红利。

值得说明的是，在这个大数据时代，可以洞察消费者心理的定性研究仍然有重要的价值。这是因为，富有经验的访谈者可以在访谈中洞察没有被消费者表达出的需要。2003年，联合利华旗下的夏士莲拟推出两款洗发水，分别针对干性和油性发质的消费者。在拍摄广告片之前，夏士莲招募了两类不同发质的女性消费者进行分组访谈，访谈问题围绕"发质给你的生活带来了什么困扰"。出乎意料的是，两类消费者面对这一问题时的反应截然不同：干性发质者侃侃而谈自己因为干性发质而遇到的糗事，油性发质者则保持沉默。当时，项目负责人认为油性发质者的沉默背后必有隐情，通过进一步访谈得知，油性发质者很担心别人会对自己形成"不爱干净"的印象，她们竭尽所能不让别人发现自己的头发会出油。洞察这一点后，夏士莲推出的两款广告片直击人心，起到了很好的宣传效果。这一案例带给营销者的启示是，应当亲临调研现场，把握住直接接触消费者的机会。

10.5 消费行为研究进阶：商业实验

对于互联网产品的用户而言，用户体验的一个核心要素是个性化。关于企业对于产品个性化的追求以及在这方面做出的努力，我们在前面章节中已经介绍过很多成功的案例。然而，对于企业来说，仅仅做到不断开发新技术，为用户提供更加深入的定制化体验还远远不够，因为企业无法准确预测自己推出的个性化体验究竟会因其独特性而受到消费者的青睐，还是会因其侵犯消费者隐私而遭到排斥。因此，对于企业来说，确定怎样形式的个性化定制更容易被用户接受是至关重要的。

享誉全球的旅游服务供应商缤客网（Booking）就在个性化推荐的优化方面做了很多新的尝试，它的企业文化是通过实验来实现更好的个性化服务。虽然是旅游相关的企业，缤客网却拥有强大的 IT 技术实力。缤客网拥有自己的实验平台，可以进行 A/B 测试。目前该实验平台已经运行了多年，积累了丰富的经验。缤客网的员工被鼓励根据现有数据提出假设并通过科学的实验来进行验证，这使得缤客网建立了一种倡导多样性的实验文化。普通读者可能难以想象，缤客网每天会针对用户体验进行超过一千次的实验。通过一系列的实验，缤客网可以做到比竞争对手更快试错，从而不断对产品进行改进。

A/B 测试是田野实验在业界的重要应用。在这个风起云涌、瞬息万变的时代，企业单纯依靠管理学的理论发现或者管理者的经验法则和洞见来进行决策，已经变得越来越不现实。很多管理者为此付出了惨痛的代价。时至今日，企业想要取得商业上的成功，需要精准地了解用户，而这离不开深入探究消费者行为和营销策略的田野实验。在本节中，我们将介绍田野实验及其在业界的应用——商业实验。

10.5.1 田野实验

田野实验，又称现场实验，是指应用科学的实验方法去检验在自然环境下，而非实验室中发生的干预对个体行为决策的因果影响，其精髓在于在现实世界中做出研究者希望探究的设定，然后开展随机实验，确保实验对象在不知情的情况下参与到研究中。在本书的心理定价部分，我们将介绍许多价格和折扣策略，其实这些策略，都可以通过田野实验来获得。举例来说，当我们走进任何一家大型零售商店，都会发现一些全国性的大品牌正在进行价格促销，这些促销活动通常由生产商开展。然而对于零售商而言，这些促销活动可能让人喜忧参半。虽然较低的价格可能会带动产品的销量，但是促销活动可能会降低他们自有品牌产品的销量。自有品牌产品的利润率通常会高于生产商产品。因此，如何应对生产商开展的产品促销，是一起促销还是保持原价成了零售商重点关注的问题。

面对这个问题，一家零售商就做了一项田野实验，以确定在销售全国性品牌的产品的同时，如何有效推广自己的自有品牌产品，提高自有品牌产品的市场份额。该零售商设计了 6 个实验条件，1 个是对照组，其他 5 个是实验组。这 5 个实验组分别设置了不同的折扣水平，折扣幅度从 0 到 35% 不等。零售商将 6 个实验条件随机分配至 6 个商店，每个商店都有 1 个实验条件混合分布在不同的产品中。例如，A 商店中自有品牌的糖有 20% 折扣，自有品牌的睫毛膏是全价；B 商店的睫毛膏是打折的，但糖没有。重要的是，零售商的管理者不知道自己正在参与实验，因而无法有意或者无意地影响实验结果。实验结果显示，对自有品牌产品进行适度折扣的促销，相比完全不促销，能为零售商多带来 10% 的利润。因此，当竞争对手的全国性品牌进行促销时，该零售商也会对自有品牌的产品进行折扣促销。通过田野实验，该零售商找到了应对制造商促销的策略，从而进一步提升了利润。

事实上，田野实验的作用不仅在于告诉管理者应当怎么做，它还能帮助管理者发现人们行为的内在动机，从而更好地理解人们的行为、并对其进行引导。约翰·李斯特在其出版的《隐性动机》一书中介绍了一项田野实验。为了给自己的环境政策分析中心筹集经费，约翰去拜访了一位慈善组织的筹款专家。这位专家给了约翰一个建议：慈善届一般认为，募捐中需要的种子资金，也就是筹款开始前已经先期筹集到的资金，应该是筹款目标的 33%；也就是说，33% 是筹款中的魔法数字。约翰听闻大喜，随即却又产生了好奇：为什么不是 10% 或者 50% 呢？带着这个问题，约翰决定在自己进行的真实筹款活动中开展一项田野实验。

实验的结果表明，33% 法则并不准确：当告知捐款者已经筹集了 33% 的资金时，捐款数目相较于 10% 的情况确实有所提高，但是当告知捐助者已经筹到了 67% 的资金时，捐款数目仍会进一步上升。这一结果表明，慈善届专家们一直坚守的 33% 规则其实只是民间的经验法则，这使他们错失了更多善款。约翰发现，潜在的捐款者可能并没有足够的时间和精力去调查每一家慈善机构的真实性和可靠性。因此，当他们发现一家慈善机构已经募集到很多资金时，就会认为其他捐款人已经进行了充分的调查，从而更信任该机构，并更愿意捐款。

通过田野实验，约翰深入挖掘了慈善事业背后的经济学原理，揭示了应如何合理利用激励机制吸引新的捐助者。这也是田野实验最大的作用所在，即帮助人们找到内在机制，弄清问题背后的根本原因。对于营销者而言，应用商业实验可以帮他们更精准地洞察消费者，研究他们行为背后的内在机制。事实上，这种方法的准确性与效度在一定程度上超过了我们前面多次提及的大数据及其衍生技术，值得商家重点关注。

随着大数据技术的出现与发展，营销者通过收集海量数据，可以对消费者进行更为深入的分析。然而，大数据也为营销者带来了许多挑战。首先，大数据更关注"是什么"而不是"为什么"，也就是说，相较于因果关系，大数据更关注行为之间的相关关系，可能落入相关关系陷阱。举例来说，看到一位"流量小生"作为封面人物的时尚杂志销量很高，一个品牌就高价签下他作为代言人。然而，经过大手笔的营销推广后发现，这位代言人对本品牌产品销量的带动作用十分有限。这是因为，品牌的管理者将代言人的网络热度与产品高销量之间的相关关系，错误地理解为因果关系，未能找到拉动销量的真正驱动力。另外，由于数据规模过于庞大、数据之间的相关关系错综复杂，数据的有效性及精确性难以控制，如何处理数据以及选择哪些数据又成了营销者的新挑战。例如前面提到过，很多平台的算法不够成熟，会给出大量用户不感兴趣，甚至招致用户反感的推荐内容。通过田野实验来研究消费行为，就能完美避免这两个方面的问题。一方面，田野实验在产生和收集数据之前，会从寻找终极解决方案的角度出发，首先考虑变量之间的因果关系；另一方面，以应用为导向的出发点使得通过田野实验收集的数据更为贴近营销者真正关注的问题，从实验中获得的结论可以直接为管理者所用。

10.5.2　商业实验的经典案例

田野实验能够帮助管理者找到终极解决方案。其中，以产品用户为对象的 A/B 测试是田野实验在业界最经典的应用场景。2013 年，全球著名的互动娱乐软件公司 EA（Electronic Arts Inc.）为其最受欢迎的游戏之一《模拟城市》推出新版本时，计划向客户提供促销优惠，以带动游戏的销量。为了取得最佳的促销效果，EA 对网页上预售价格的位置进行了 A/B 测试。在 A 版本中，价格选项界面上方显示了一个巨大横幅，提醒消费者"预订后，下次购买可减免 20 美元"（见图 10.11）；B 版本则删去了横幅，仅显示价格选项（见图 10.12）。业界的传统观点认为，凸显促销信息可以带来更大的销量。出人意料的是，不提示优惠信息的 B 版本相较于 A 版本，在用户转化率上提升了 43.4%。由此可见，有时候基于管理者经验和直觉制定的营销策略并不一定会取得预期中的良好效果。这是因为消费者的心理会受到诸多因素的影响，尤其是伴随着社会化媒体的流行，消费者心理也变得愈发复杂。基于田野实验的 A/B 测试，可以对营销方案进行直接检验，寻找到最有效的方案和策略。

图 10.11　EA 公司《模拟城市》预售促销界面的 A 版本

图片来源：EA 公司官网

图 10.12　EA 公司《模拟城市》预售促销界面的 B 版本

图片来源：EA 公司官网

习惯海淘的朋友，对于美国亚马逊网站的购物界面一定并不陌生。亚马逊的一项重要业务是推荐用户办理联名信用卡。最初，信用卡推荐位被放在用户选购产品的页面，然而问津者寥寥，浪费了宝贵的产品展示位。后来，产品经理提议把推荐位修改到购物车结算的界面。A/B 测试结果显示，这一举措大幅提升了用户的信用卡申请率。在被正式采纳后，它为亚马逊带来了上亿美元的营收增长。

在我国互联网企业中，字节跳动是应用 A/B 测试的先锋。也许你没有听说过字节跳动，但你一定听说过今日头条、抖音等现象级的互联网产品。字节跳动是这一系列产品的母公司。它之所以能不断引发互联网热潮，靠的并不是好运气，而是开展科学的田野实验，通过 A/B 测试来驱动增长。今日头条这款产品在被定名之前，团队成员没有像其他公司那样进行头脑风暴，没有组织民主投票，更没有让高管直接拍板。他们首先仔细研究了手机应用市场上排名前十的应用，拟定了几个备选方案，然后开始分渠道进行 A/B 测试，随机选择潜在用户投放了界面、功能、Logo 完全一样，只在命名上有所区别的产品。接下来，管理团队统计各个渠道的应用下载量、用户活跃度等核心指标，经过对数据的对比分析，最终确定了"今日头条"的名字。如今，字节跳动在各项业务中广泛应用 A/B 测试，成了业界先驱。

2018 年，创立美图秀秀、开发美颜相机等明星产品的美图公司在用户社区化转型过程中，也大量使用了 A/B 测试来提升用户对其拍摄功能的使用率。在推出新款 APP "潮自拍"时，美图就针对默认首页、取景页标签的设计方式等进行了 A/B 测试，并对新用户的行为开展实验。为了解决多个实验下样本数过大、成本过高的问题，美图启用了定向分流，单独选中并针对新用户进行实验，实现 APP 内的精细化运营。这一系列实验，不仅帮助美图增加了活跃用户，还提高了留存率。时至今日，全球范围内领先的互联网公司推出的每一款产品，甚至做出的每项优化和改动，都经过了严格的 A/B 测试。谷歌每个月都会从上百个 A/B 测试中找到十几个有效方案，这种对满意度的极致追求是谷歌获得成功的重要原因。

业界以产品用户为对象的田野实验，关注的对象并不只是线上用户。事实上，田野实验的开展对于企业线下业务营收的增长也至关重要。以产品定价问题为例，英国收音机头乐队在 2007 年曾发行一张专辑，这张专辑的定价方式很特别，歌迷可以任意选择免费下载或是支付 65 美分的低价，这个"想付多少钱就付多少钱"的策略一下子出了名，连带着专辑的销售额也大增。受这一策略的启发，田野实验的开拓者之一约翰·李斯特与迪士尼乐园合作设计了一项大型田野实验。在这项实验中，迪士尼乐园选择了一个游乐项目，在游乐过程中对游客进行抓拍，游客自由选择是否购买照片。对照组照片的定价固定，实验组则采用"想付多少钱就付多少钱"的定价策略。与此同时，在每个组中还加入了另一条件，即是否告知游客，会将其所获得的一半收入捐给慈善机构，这样一来，实验对象被随机分为了四个组。实验结果显示，相对于固定价格策略，在"想付多少钱就付多少钱"策略下，购买照片的人数提高了 15 倍；此外，在"想付多少钱就付多少钱"外加慈善捐助的策略下，游客平均支付的金额多出了 5 美元。集腋成裘，这可不是小数目。

随着时代的不断发展，营销者面临的挑战越来越多，也越来越复杂。营销者要充分认识到，有时并不是能力欠缺导致他们不能做出最优的决策，真实情况是管理者在纷繁复杂的现实面前，难以找到问题的真正症结所在，无法了解用户的真正需要。通过开展商业实验的方式来优化营销策略，为营销者提供了一个了解用户真正的痛点，从而有针对性地为消费者提供服务的契机。对于营销者来说，通过商业实验来研究消费行为背后的内在机制、优化营销策略，也许是他们未来必须具备的一项能力，拥有这项能力的营销者才能更从容地应对未来的挑战。

10.6　心　理　定　价

作为全球最大的咖啡连锁品牌，星巴克除了在提供消费体验上具有独到之处外，其定价模式也别具一格。去过星巴克的人会发现，在中国的星巴克咖啡只有三种规格，分别是中杯（tall）、大杯（grande）、超大杯（venti）。不同于其他饮品店，星巴克不提供小杯（short）规格的选项。尽管在国外有些地区星巴克有小杯的选项，但也很少有人会下单。在中国，星巴克咖啡由中杯升大杯仅需要三元，但却能获得相当于中杯三分之一的增量。由于星巴克本身定价就较高，因此在星巴克，很多人都会选择大杯。

这一举措真正的获利者是星巴克。对于星巴克来说，消费者选择由中杯升大杯，其成本增量十分有限。之所以很多人会愿意选择大杯，其实是星巴克的"价格锚点"策略在起作用。由于这种特殊的规格设定，少了小杯的规格，人们很容易对现有的最小规格，即中杯形成第一印象，于是中杯变成了锚点。这会影响人们的价值判断，让人觉得大杯物超所值。另外，本身大杯的称呼也会让人觉得更赚。这种系列价格策略的实施，很大程度上影响了消费者的价格感知，使得定价偏高的星巴克获得了更高的销量，成为全球最大的咖啡连锁品牌。

商家传统的定价策略往往都将关注点放在了竞争对手的定价上，寻求比对手更优的定价策略。然而，随着社会经济的不断发展，各个行业的市场竞争越来越激烈。如果希望留住甚至吸引到更多消费者，不仅要关注行业内其他竞争者的定价，还要关注消费者的价格感知等心理因素。因为消费者并非总是理性的，很多时候他们都处于一种有限理性，甚至非理性的状态。在这一背景下，本节中我们将从消费者心理的角度来讨论商家的价格策略，包括消费者的心理会如何影响其价格感知，以及商家应如何从消费者的价格感知角度出发来制定价格策略。

10.6.1 感知交易价值

产品定价是确保企业盈利最重要的环节之一，而价格的制定又是最难的部分。如果提高产品价格，企业利润可能会降低，因为销量会降低；而如果降低价格，假如销量没有出现预期中的较大幅度的增长，那么企业的总体利润也可能会降低。经济学家认为，产品价格的关键在于需求和供给的变化；营销者则认为，产品定价时需要关注三个层面，交易层面的销量、客户价值层面的感知价值和市场战略层面的行业水平。接下来，我们将集中探讨客户价值层面的感知交易价值。

作为消费者购买决策过程中的一个关键节点，感知交易价值最为直接地影响消费者最终的购买决策。从价值一词的本义来看，它反映的是消费者的一种权衡，即消费者在产品使用中获得的收益和为购买该产品支付的价格之间的权衡。准确来讲，交易价值就是消费者在感知收益与感知价格支出之间的权衡。换言之，价值等于感知收益减去感知价格。从这一点出发，学者将交易价值定义为交易本身带给消费者的快乐，其感知会对消费决策产生重要影响。

消费者对产品价值的衡量很大程度上源自于感知收益与感知价格的差距。对于同一款产品，这种差距的大小会因人而异。因此，一场交易最终的结果是否会让消费者满意，取决于感知收益与感知价格两方面。从消费者心理的角度出发，改变感知收益和感知价格主要可以从四个因素着手，分别是参考价格和实际价格的差异、价格公平的感知、支付痛苦和元认知。在本节中，我们会从这四个角度探讨如何提高消费者的感知交易价值。

10.6.2 参考价格

在前文星巴克的例子中可以发现，消费者在制定决策的过程中，往往会先将产品价格与参考价格进行对比，这就是在第 1 章中我们介绍过的价格的锚定效应。早在 1974 年，后来的诺贝尔经济学奖得主卡尼曼（Kahneman）与其合作者特沃斯基（Tversky）就发现，人们在面对不确定的事物时，往往会依靠参照点进行评估，这种参照点即"锚点"（anchor）。人们通过参照点进行评估，从而降低事物的不确定性。因此，在产品价格的评估上，人们也会选择一个参考价格，即价格锚点，从而降低消费决策中的不确定性。通常情况下，消费者心中的参考价格来自记忆中的价格，包括以往消费中支付的价格、广告中产品的价格、相似产品的价格等。这些参考价格会影响消费者对产品价格的感知与评估，进而影响感知交易价值和购买决策。

乍一看，价格锚点似乎会对产品的销量产生不利的影响，因为消费者总能找到更划算的对比对象。不过，精明的商家可以反其道而行之，从价格锚点中找到新的定价策略，那就是为消费者设定一个价格锚点。星巴克独特的规格设置，把消费者的注意力吸引到中杯上，让中杯咖啡的价格成为消费者心中的价格锚点。通过对比，消费者很容易发现大杯更加划算，从而选择购买大杯。在这一过程中，消费者对定价偏高的星巴克咖啡的感知价格也降低了，反而会产生一种很划算的"错觉"。在星巴克的营销策略中，这种利用价格锚点的策略很常见。例如，进入星巴克的消费者，往往会先看到售价 20 元的依云矿泉水，尽管这些矿泉水的销量惨淡，但是每一家咖啡门店都会在货架上摆上它。与之相比，30 多元一杯的咖啡显然更划算一些。摆在显眼位置的依云矿泉水无疑是在提醒消费者，购买星巴克的咖啡十分划算。因此，对于商家而言，与其让消费者将自己的产品与市场上诸多产品进行对比，不如提前为消费者设定一个有利于自己的价格锚点，从而降低消费者的价格感知。

10.6.3　感知价格公平

在消费者对产品价格的感知中，除了参考价格与实际价格的差异，价格公平与否也是重要的影响因素。尽管在对价格公平的评估中，参考价格与实际价格的差异也是一项重要因素，但是消费者的价格公平感知的关键在于自己的购买价格与比较方价格之间的差异。因此，价格公平感知指的是消费者对于自身与其他比较方面对的产品价格的差异是否公正、合理或公平的评估以及与之相关的情绪体验。关于价格公平感及其影响因素，主要有以下三个理论：双权利原则（principle of dual entitlement）、公平理论（equity theory）和社会比较理论（social comparison theory）。接下来我们分别进行介绍。

双权利原则由 2002 年诺贝尔经济学奖的获得者卡尼曼提出，该理论认为消费者对于价格公平性的感知基于对两种权利的信念：这两种权利分别是企业有权获得合理的利润和消费者有权支付合理的价格。该原则意味着：一方面，企业不能在产品供不应求时或者企业获得垄断地位时，为了增加利润而提高价格；另一方面，当制造成本上升时，企业有权通过提高价格来维持利润。在此基础上，消费者会将产品实际价格与参考价格进行比较，也就是我们前面所说的感知价格差异，若存在较大的感知价格差异，那么消费者会产生不公平感。

由于市场信息总是不对称的，很多时候商家都占据优势地位，因此双权利原则会依赖于消费者对商家行为的解读。这意味着，当商家为了提高利润而故意提升产品价格时，消费者会有负面的反应；对于消费者而言，因为成本变动而产生的产品价格变动更容易让他们接受。此外，如果企业提高价格的做法违背了默认的社会规范，那么消费者也会认为自己所支付的价格是不公平的。由此可知，如果企业单纯因为供过于求等原因单方面提高产品价格，那么消费者会产生不公平感。海底捞在新冠肺炎疫情期间曾进行提价，这一举措招致了许多消费者的不满。尽管当时海底捞面对的是门可罗雀的局面和日趋紧张的资金链，消费者也没有领情——毕竟，疫情对广大消费者的收入也造成了重创，海底捞的做法被认为是乘人之危。后来海底捞恢复了原价，并做出官方道歉，才勉强平息了风波。

公平理论的提出最早是为了解决企业管理中员工的激励问题，该理论从社会交换的角度探讨了员工对公平的判断过程，即将自己的投入–产出比与比较对象，包括同事或者自己在其他时期的投入–产出比进行比较；只有当自己的投入–产出比与比较对象的投入–

产出比相同或相近时，员工才会感到公平，大于或小于后者都会使得员工产生不公平感。2003 年，博尔顿（Bolton）等学者将公平理论引入到价格公平中，认为价格公平感本质上是一种社会比较过程。面对同样的产品，消费者产生的价格不公平感的主要来源是比较方支付的价格以及其他非金钱投入上的差异。也就是说，价格公平理论主要强调结果和参照点，任何一方面的不公平都会使消费者产生不公平感。例如，在一场交易中，如果自己支付了比其他消费者购买时或者比自己的上一次购买时更高的价格，消费者就会产生不公平感。另外，当其他消费者购买后获得了赠品或者代金券而自己没有得到时，消费者也会产生不公平感。从公平理论中我们可以看出，消费者对价格公平的感知源自很多方面。如果希望降低消费者的不公平感，商家不仅要着眼于当前的价格，还要保证产品价格不在短期内发生过大的变动。否则，消费者会觉得自己在某一时期支付了不公平的价格。这一理论可以解释，为什么越来越多的线上商户会为消费者提供长达 15 天的价格保护服务期。

在公平价格感知方面，社会比较理论是公平理论的延伸。相比于公平理论，社会比较理论侧重参考价格和交易环境。该理论认为，相似的比较方或比较环境会激发人们的同化效应，而不同的比较方或比较环境则会让人们产生对照效应。具体而言，当价格存在差异时，如果交易的相似程度较高，例如有同样的购买渠道，此时消费者缺乏足够的有关差异的信息来解释价格存在差异的原因，那么同化效应会让消费者认为他们有权力支付同样的价格。与之相反，交易之间的相似程度较低时，交易的差异化信息能够部分解释价格上存在的差异，那么对照效应会使消费者降低对于支付同样价格的心理期望，从而能够更坦然地接受价格上的差异。社会比较理论对于商家的启示在于，商家需要为自己的价格差异提供足够的信息，确保消费者可以理解自己支付的产品价格与他人不同的原因。值得注意的是，对于商家来说，不仅需要为较高的价格提供合理的解释，同样需要为较低的价格提供合理说明，否则消费者可能会因价格过低而质疑产品的质量，从而产生价格不公平感。

10.6.4 降低消费者的支付痛苦

在之前的章节中，我们多次提到支付金钱会使消费者产生痛苦，即支付痛苦。损失厌恶的基本观点是，面对同样数额的损失和收益，个体对于损失带来痛苦的感知要比对收益带来快乐的感知更强烈。人们都是损失厌恶的，尽管支付金钱后能获得相应的产品，支付带来的痛苦会让人们在消费过程中的愉悦感大幅降低，从而降低感知收益和整体的感知交易价值。既然支付金钱购买产品总会让消费者感到痛苦，那么，降低消费者对支付金钱的感知，就能有效地降低他们在付款时产生的痛苦。总结来讲，有以下五种方式可以有效地降低消费者对支付金钱的感知。

第一种方法是去除有关价格的符号。在日常的消费中，我们难免会看到有关价格的各种信息，从产品包装上的参考价格、货架上的价格标签到打车时的计价器，这些有关价格的标签符号无时无刻不在提醒我们，我们需要支付金钱才能获得相应的产品。因此，要想降低消费者的支付痛苦，不妨试着去除有关价格的"提示"。这种方法并不是让商家不要提供产品的价格信息，而是通过去除价格符号来降低消费者对支付金钱的感知。可行的举措包括在价格标签上仅显示数字，而不包含货币符号。此外，倡导电子支付也是一个好办法，消费者只用提供二维码或者"刷脸"即可完成支付，在整个过程中不会看到任何与货币有关的符号，这大大降低了消费者对支付金钱的感知。在这一方面，优步（Uber）深有体会。在消费者使用优步的过程中，优步并不会像传统出租车行业一样，每时每刻都按里程数计价。此外，优步也不存在线下交易，整个支付过程依托消费者的电子钱包自动进行，显著降低了消费者的支付痛苦。

第二种方式是为消费者创造一个支付中介。现实生活中我们常常会发现，有许多企业或娱乐性的场所会使用自己的"货币"，例如腾讯 QQ 的 Q 币、游戏厅的游戏币、赌场的筹码等。此外，许多超市也会推出购物卡、礼品卡之类的代币卡。无论是商家自己的"货币"还是代币卡，这都是在创造一种新的支付媒介，这在无形中改变了消费者的支付方式，尽管消费者仍然在支付金钱，却很难感受到支付痛苦。

第三种方式与第二种有着异曲同工之妙，那就是让消费者在消费之前先付款。在支付中介中，消费者虽然也是先花钱购买"货币"或代币卡，但其基本原理在于，利用创造的支付媒介来降低支付的感知。而消费前预先付款的原理则源自于巅峰结尾理论（peak-end theory），即人们对体验的记忆取决于巅峰与结束时的体验（可以回顾第 4 章的内容），而过程中的任何体验，包括好的体验与不好的体验都对记忆没有太大影响。因此，通过预先收费，消费者最后留下的就是使用商品和享受服务的感受与体验，如此一来，支付痛苦便在记忆中大大降低了。

第四种方式是将消费者的注意力转移到与时间有关的因素上。在日常生活中，除了金钱这种可见成本，还有一种不可见的成本比金钱更有价值，那就是时间。因此，与其告诉消费者他们需要为购买行为花费多少金钱，不如告诉他们，这次购买能够让他们获得更有价值的东西，那就是时间。举例来说，与其告诉消费者一台洗碗机能够帮助他们把碗洗得多干净，或者这道技术工艺的性价比如何，不如告诉消费者，购买这台洗碗机能帮助他们节省多少时间。

第五种方式是打包出售自己的产品。回忆之前在餐厅就餐的经历，我们会发现绝大多数餐厅都会推出套餐。此外，还有一些商家会为一些产品推出打包价。这些策略往往试图告知消费者，打包购买折扣更高。然而，商家是逐利的，事实上打包出售会给他们带来更多的利润。站在消费者的角度，很难细化打包出售的每一件产品的价格，因此消费者很容易相信打包购买能够让自己获益。这时，于消费者而言，通过打包购买可以支付更少的钱，收获更多的产品，支付带来的愉悦感轻松超过了它所带来的痛苦。由此，消费者感知到了更高的交易价值。

10.6.5　提升价格认知的愉悦感

消费者在消费过程中需要对众多交易相关的信息进行处理，例如比较产品价格、计算折扣的大小等。在处理这些信息的过程中产生的认知，会决定消费者在此次交易中的感受（或快乐或痛苦），这会影响消费者对于收益的感知，进而影响整体的感知交易价值。这种信息处理的过程涉及元认知。元认知指的是个体对自身从事的认知活动的认知，包括对自身认知活动的自我意识、自我调节和自我监控。元认知体验是元认知的重要组成部分。事实上，消费者在做决策时往往会依赖于元认知体验。一个典型的例子是，消费者会下意识地认为，如果一种食品的名字晦涩难懂，那么它可能存在食品安全问题。从元认知的角度出发，提升消费者的元认知体验能够提升其感知收益，进而提高感知交易价值。

元认知对人的影响是潜移默化的，消费者很难意识到元认知对自己的影响。在前面的章节中，我们已经从参考价格、感知价格公平和感知支付痛苦的角度出发，分别探讨了消费者对于价格以及支付过程的感知。不过，站在商家的立场上，从元认知的角度选择恰当的定价策略也能提升消费者对价格认知的愉悦感，它能从源头上降低消费者对于产品价格的感知。这里涉及一个与元认知相关的理论——流畅性效应。研究表明，当人们处理信息更为流畅时，他们会获得更愉悦的感受，并且大脑会将这种愉悦感归功于接收到的信息。因此，要想提升消费者对价格认知的愉悦感，就需要提升他们对价格的认知流畅性，即处理信息的简单程度与快捷程度。具体来讲，有以下策略可以提升消费者价格认知的流畅性。

第一个策略是将不同价格的产品摆放在不同的位置。首先，应将低价产品摆放在货架靠左的位置。这是因为，在人们的认知中，方位会与一些特定的概念相关联。人们会把数字概念化为假想的水平线，数字从左到右逐渐变大。从元认知的角度看，人们在处理数字信息时会倾向于把数字从左边开始按照从小到大的顺序排列。因此，将更小的价格数字放在左边提升了认知的流畅性，从而促使大脑产生较低的价格认知。

其次，可以把促销价格放在原价右边，因为在大脑的认知中，较小的数字放在右边的时候人们更容易计算出差值（见图 10.13）。此外，相关研究表明，当促销价格位于原价右方时，消费者感受到的促销幅度更大。不过，采用这一策略时，适合的折扣幅度也是商家需要关注的问题：当折扣特别高或者特别低时，将折扣价格放在原价左边的效果会更好。这是因为，过高的折扣会使得消费者对产品质量产生质疑，而过低的折扣则有可能让消费者觉得商家有机会主义倾向。此时将折扣价格放在左边，就能对消费者的感知起到干预作用。

$$100 - 47 = ?$$
$$-47 + 100 = ?$$

图 10.13　被减数的位置会影响计算流畅性

第二个策略是根据消费者的名字和生日定制价格。研究发现，消费者对含有与其名字或生日同样字符（或者发音）的价格更有好感。假如消费者的生日为 5 月 14 日，那么看到价格为 51.4 元或者 5.14 元的产品时，他会有更强的认同感。这背后的心理机制是内隐自我理论，人们会更喜欢那些和自己相关或相似的事物。人们倾向于选择那些和自己的名字或者生日数字有关联的事物。不仅在购物中，人们选择定居的城市、从事的职业，都有可能会受到内隐自我的影响。从这一点发散开来，我们可以联想到商家喜欢使用让消费者有好感的数字，例如 8 和 6 等在中国具有好的象征意义的数字。的确，在现实生活中以 "8" 为小数位的定价策略大行其道。

第三个策略是向消费者展示价格的两个约数。2011 年，曾有研究者做了一项实验，他们向实验参与者展示了几张披萨的海报（见图 10.14）。在 A、B 海报中，披萨饼是可以无限续量的，而 C、D 海报中，披萨饼的续量是有限制的。实验结果出人意料，C、D 两张海报的效果更佳。这是因为，C、D 两张海报中展示了两个相乘恰好等于价格的数字。

图 10.14　必胜客设计的几款不同的披萨促销海报

图片来源：必胜客官网

大脑中有一种固有的算法关联，使得常用的运算对象与运算结果之间产生关联，从而帮助人们进行简单的运算，这种关联叫作 "数字事实"。正是由于这种关联的存在，人们在看到两个数字的时候可以轻易地求出和与积。因此，当广告中出现最终价格的两个约数时（例如 36 的约数为 4 和 9），消费者能轻松算出它们的乘积，即实际价格。因为运算正确，消费者对这个价格的认知获得了肯定，从而产生愉悦感，而这种愉悦感会被消费者误认为是对价格本身的认同。需要注意的是，采用该策略时，约数的数量只需要两个，过多的约数会增加运算量，反而会降低消费者的认知流畅性。

第四个策略是按合适的顺序展示价格。研究结果显示，产品和价格出现的先后顺序会决定消费者最终购买决策的标准：如果首先展示的是产品，那么消费者会把产品质量作为购买决定的标准；相反，如果首先展示的是价格，那么消费者在决策时就会更加关注价格。这里涉及产品类别与价格展示策略的匹配。选购奢侈品时，消费者更看重的是产品质量而不是价格。因此，在销售奢侈品时，售货员应当先展示产品，再展示价格。对于台灯、水杯等实用型产品，先出现产品价格则会让消费者将性价比作为购买标准，从而产生更强烈的购买意愿。

本章小结

在本章中,我们介绍了消费者行为学的几个前沿领域,包括消费者神经科学、线上消费行为、用户生成内容、大数据用户画像、田野实验、心理定价。

在消费者神经科学部分,我们了解到消费者神经科学是结合心理学、决策科学、市场营销、认知神经科学以阐明消费者决策行为和心理过程的交叉学科,在学术界也被称为神经营销。它能够探究消费者在认知神经层面的活动机制,找到消费者行为背后真正的推动力,从而帮助营销者制定恰当的营销策略。

线上消费行为部分中,我们了解到在线消费者是应用互联网进行与消费相关行为的消费者,这里的行为不仅包括在线购物行为,还包括消费者在互联网上对产品或品牌信息的搜索和分享。AISAS 模型和 SIPS 模型是两种针对互联网和移动互联网时代消费者生活形态的变化而提出的全新的消费者行为分析模型。其中,SIPS 模型是在 AISAS 模型的基础上经过进一步改进而提出的,它更好地体现了信息化社会中社会化媒体与消费行为相结合的新特点,强调消费者与企业之间、消费者与消费者之间的双向互动。

麦肯锡提出的消费者决策旅程是业界开展消费者行为研究时采用的最主流的分析模型之一,它包括四个阶段——初选、评估、购买成交和购买后的体验。而随着营销模式的改变,消费者决策新旅程在原来的消费者决策旅程基础上做出改进,它强调自动化能力、前瞻性定制能力、情景互动能力和决策旅程创新能力。

UGC(用户生成内容)是指用户通过互联网将自己原创的内容上传至网络平台进行展示。在互联网时代,它是企业低成本地吸引更多用户的重要方式。非 UGC 的平台也可以准确把握用户生成内容的精神内核,将其成功地应用到自己的营销企划中。

用户画像的本质是用户信息的标签化。用户画像中使用到的标签主要分为静态和动态两类。静态的用户画像数据指的是独立于产品之外的属性,动态的用户画像数据指的是用户在产品场景内的动作。当前用户画像的主要应用场景包括搜索引擎、精准营销、优化产品体验、行业研究等方面。

田野实验是指应用科学的实验方法去检验在自然环境下,而非实验室中发生的干预对人们行为决策的影响。它的优势在于能够洞察人们行为背后的内在机制,从而帮助商家做出更优化的决策。商业实验的经典应用是 A/B 测试。A/B 测试以产品为研究对象,目的是利用田野实验从企业制定的两个或更多方案中选出其中较有效的一个方案。

感知交易价值指的是交易本身带给消费者的快乐,它取决于感知收益与感知价格之间的差异。消费者心中的参考价格来自消费者记忆中的价格,包括以往消费的价格、广告中的价格、相似产品的价格等,它会影响消费者对于产品价格的感知与评估,进而影响感知交易价值和购买决策。消费者的感知价格公平取决于他的购买价格与比较方价格之间的差异,这其中涉及双权利原则、公平理论和社会比较理论等,可以为商家所用。

降低消费者对支付的感知是降低消费者的支付痛苦的有效方法,它包括五种方式:去除有关价格的符号,为消费者创造一个支付中介,让消费者在消费之前先付款,将消费者的注意力转移到与时间有关的因素上,打包售出自己的产品。

　　元认知体验是元认知的重要组成部分,消费者在做决策时往往会依赖于元认知体验,这启示商家可以通过提升价格数字的认知流畅性来提升消费者对于价格认知的愉悦感,具体包含四个策略:合理摆放不同价格的产品和价格标签,根据名字和生日定制价格,向消费者展示价格的两个约数,以合适的顺序展示产品的价格。

案例分析

用户画像:我们在为谁做产品?

商业实验:企业快速成长的秘密

线上资源

本章测试

参 考 文 献

HALL, L., JOHANSSON, P., TÄRNING , B., SIKSTRÖM, S., & DEUTGEN, T. 2010. Magic at the marketplace: Choice blindness for the taste of jam and the smell of teap[J]. Cognition, 117(1), 54-61.

DHOLAKIA, U. M. 2006. How customer self-determination influences relational marketing outcomes: Evidence from longitudinal field studies[J]. Journalp of Marketing Research, 43(1), 109-120.

WANG, Z., MAO, H., LI, Y. J., & LIU, F. 2017. Smile big or not? Effects of smile intensity on perceptions of warmth and competence[J]. Journal of Consumer Research, 43(5), 787-805.

GOODMAN, J. K., & LIM, S. 2008. When consumers prefer to give material gifts instead of experiences: The role of social distance[J]. Journal of Consumer Research, 45(2), 365-382.

Shiv, B., Carmon, Z., & Ariely, D. (2005). Placebo effects of marketing actions: Consumers may get what they pay for[J]. Journal of Marketing Research, 42(4), 383-393.

GOSWAMI, I., & URMINSKY, O. 2016. When should the ask be a nudge? The effect of default amounts on charitable donations[J]. Journal of Marketing Research, 53(5), 829-846.

JOHANSSON, P., HALL, L., SIKSTRÖM, S., & OLSSON, A. 2005. Failure to detect mismatches between intention and outcome in a simple decision task[J]. Science, 310(5745), 116-119.

HAGTVEDT, H., &BRASEL, S. A. 2017. Color saturation increases perceived product size[J]. Journal of Consumer Research, 44(2), 396-413.

TOWNSEND, C., & SHU, S. B. 2010. When and how aesthetics influences financial decisions[J]. Journal of Consumer Psychology, 20(4), 452-458.

SPANGENBERG, E. R., GROHMANN, B., & SPROTT, D. E. 2005. It's beginning to smell (and sound) a lot like Christmas: The interactive effects of ambient scent and music in a retail setting[J]. Journal of Business Research, 58(11), 1583-1589.

BARASCH, A., DIEHL, K., SILVERMAN, J., & ZAUBERMAN, G. 2017. Photographic memory: The effects of volitional photo taking on memory for visual and auditory aspects of an experience[J]. Psychological Science, 28(8), 1056-1066.

TAMIR, D. I., TEMPLETON, E. M., WARD, A. F., & ZAKI, J. 2018. Media usage diminishes memory for experiences[J]. Journal of Experimental Social Psychology, 76, 161-168.

GARBINSKY, E. N., MOREWEDGE, C. K., & SHIV, B. 2014. Interference of the end: Why recency bias in memory determines when a food is consumed again[J]. Psychological Science, 25(7), 1466-1474.

HUANG, X. I., HUANG, Z.T., &WYER, R.S. 2016. Slowing down in the good old days: The effect of nostalgia on consumer patience[J]. Journal of Consumer Research, 43(3), 372-387.

SONG, X., HUANG, F., & LI, X. 2017. The effect of embarrassment on preferences for brand conspicuousness: The roles of self-esteem and self-brand connection[J]. Journal of Consumer Psychology, 27(1), 69-83.

GINO, F., NORTON, M. I., & ARIELY, D. 2010. The counterfeit self: The deceptive costs of faking it[J]. Psychological Science, 21(5), 712-720.

MATZ, S. C., GLADSTONE, J. J., & STILLWELL, D. J. 2016. Money buys happiness when spending fits our personality[J]. Psychological Science, 27(5), 715-725.

RATNER, R. K., & KAHN, B. E. 2002. Impact of private versus public consumption on variety-seeking behavior[J]. Journal of Consumer Research, 29 (2), 246-257.

GARDNER, b. b. & lEVY, S. J. 1955. The product and the brand[J]. Harvard Business Review, 33(2), 33-39.

SIRGY, M. J., & DANES, J. E. 1982. Self-image/product-image congruence models: Testing selected models[J]. ACR North American Advances.

AAKER, J. L. 1997. Dimensions of brand personality[J]. Journal of Marketing Research, 34(3), 347- 356.

AB., L., &TORMALA, Z. L. 2010. Fragile enhancement of attitudes and intentions following difficult decisions[J]. Journal of Consumer Research, 37(4), 584-598.

LEE, S. W., & SCHWARZ, N. 2010. Washing away post-decisional dissonance[J]. Science, 328(5979),

709-709.

ETKIN, J., EVANGELIDIS, I., & AAKER, J. 2015. Pressed for time? Goal conflict shapes how time is perceived, spent, and valued[J]. Journal of Marketing Research, 52(3), 394-406.

VAN, BOVEN, L., & GILOVICH, T. 2003. To do or to have? That is the question[J]. Journal of Personality and Social Psychology, 85(6), 1193.

ZHANG, J. W., HOWELL, R. T., CAPRARIELLO, P. A., & GUEVARRA, D. A. 2014. Damned if they do, damned if they don't: Material buyers are not happier from material or experiential consumption[J]. Journal of Research in Personality, 50, 71-83.

BHATTACHARJEE, A., & MOGILNER, C. 2014. Happiness from ordinary and extraordinary experiences[J]. Journal of Consumer Research, 41(1), 1-17.

SCHMITT, B. 1999. Experiential marketing[J]. Journal of Marketing Management, 15(1-3), 53-67.

ESCALAS, J.E., &BETTMAN, J. R. 2005. Self-construal, reference groups, and brand meaning[J]. Journal of Consumer Research, 32(3), 378-389.

RODAS, M. A., & JOHN, D. R. 2020. The secret effect: Secret consumption increases women's product evaluations and choice[J]. Journal of Consumer Research, 46 (6), 1093-1109.

MILGRAM, S. 1963. Behavioral study of obedience[J]. The Journal of abnormal and social psychology, 67(4), 371.

Luo, X. 2005. How does shopping with others influence impulsive purchasing?[J]. Journal of Consumer Psychology, 15(4), 288-294.

TAMIR, D. I., ZAKI, J., & MITCHELL, J. P. 2015. Informing others is associated with behavioral and neural signatures of value[J]. Journal of Experimental Psychology General, 144(6), 1114-1123.

ZHANG, Y., FEICK, L., & MITTAL, V. 2014. How males and females differ in their likelihood of transmitting negative word of mouth[J]. Journal of Consumer Research, 40(6), 1097-1108.

NISHIKAWA, H., SCHREIER, M., OGAWA, S., & FUCHS, C. 2017. The value of marketing crowd sourced new products as such: Evidence from two randomized field experiments[J]. Journal of Marketing Research, 54(4), 525-539.

ZHOU, X., VOHS, K. D., & BAUMEISTER, R. F. 2009. The symbolic power of money: Reminders of money alter social distress and physical pain[J]. Psychological Science, 20(6), 700-706.

GASIOROWSKA, A., ZALESKIEWICZ, T., & KESEBIR, P. 2018. Money as an existential anxiety buffer: Exposure to money prevents mortality reminders from leading to increased death thoughts[J]. Journal of Experimental Social Psychology, 79, 394-409.

O'GUINN, T. C., TANNER, R. J., & MAENG, A. 2015. Turning to space: Social density, social class, and the value of things in stores[J]. Journal of Consumer Research, 42(2), 196-213.

SILVIA, B., & JONAH, B. 2020. Trickle-round signals: When low status is mixed with high[J]. Journal of Consumer Research, 47(1), 100-127.

COLEMAN, R. P. 1983. The continuing significance of social class to marketing[J]. Journal of Consumer Research, 10(3), 265-280.

POZHARLIEV, R., VERBEKE, W. J., VAN STRIEN, J. W., & BAGOZZI, R. P. 2015. Merely being with you increases my attention to luxury products: Using EEG to understand consumers' emotional experience with luxury branded products[J]. Journal of Marketing Research, 52(4), 546-558.

REIMANN, M., CASTAÑO, R., ZAICHKOWSKY, J., & BECHARA, A. 2012. How we relate to brands: Psychological and neurophysiological insights into consumer-brand relationships[J]. Journal of Consumer Psychology, 22(1), 128-142.

GREWAL, L., & STEPHEN, A. T. 2019. In mobile we trust: The effects of mobile versus non-mobile reviews on consumer purchase intentions[J]. Journal of Marketing Research, 56(5), 791-808.

EDELMAN, D. C. 2010. Branding in the digital age[J]. Harvard Business Review, 88(12), 62-69.

GREWAL, D., MONROE, K. B., & KRISHNAN, R. 1998. The effects of price-comparison advertising on buyers' perceptions of acquisition value, transaction value, and behavioral intentions[J]. Journal of

Marketing, 62(2), 46-59.

KAHNEMAN, D., SLOVIC, S. P., SLOVIC, P., & TVERSKY, A. (Eds.). 1982. Judgment under uncertainty: Heuristics and biases. Cambridge University Press.

KAHNEMAN, D., KNETSCH, J. L., & THALER, R. 1986. Fairness as a constraint on profit seeking: Entitlements in the market[J]. The American Economic Review, 728-741.

CAMPBELL, M.C. 1999. Perceptions of price unfairness: Antecedents and consequences[J]. Journal of Marketing Research, 36(2), 187-199.

BOLTON, L. E., KEH, H. T., & ALBA, J. W. 2010. How do price fairness perceptions differ across culture? [J]. Journal of Marketing Research, 47(3), 564-576.

MEIER, B. P., & ROBINSON, M. D. 2004. Why the sunny side is up: Associations between affect and vertical position[J]. Psychological Science, 15(4), 243-247.

DEHAENE, S., BOSSINI, S., & GIRAUX, P. 1993. The mental representation of parity and number magnitude. Journal of Experimental Psychology: General, 122(3), 371.

BISWAS, A., BHOWMICK, S., GUHA, A., & GREWAL, D. 2013. Consumer evaluations of sale prices: Role of the subtraction principle[J]. Journal of Marketing, 77(4), 49-66.

教师服务

感谢您选用清华大学出版社的教材！为了更好地服务教学，我们为授课教师提供本书的教学辅助资源，以及本学科重点教材信息。请您扫码获取。

》教辅获取

本书教辅资源，授课教师扫码获取

》样书赠送

市场营销类重点教材，教师扫码获取样书

 清华大学出版社

E-mail: tupfuwu@163.com
电话：010-83470332 / 83470142
地址：北京市海淀区双清路学研大厦 B 座 509

网址：http://www.tup.com.cn/
传真：8610-83470107
邮编：100084